本系列教材是

上海市市属高校第三批应用型本科试点专业

"国际经济与贸易"专业建设成果

普通高等院校经济学
"十三五"规划重点教材

宏观经济学

裴瑱　潘瑞姣／主编

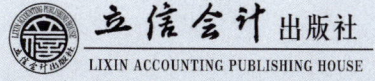

图书在版编目(CIP)数据

宏观经济学/裴琪,潘瑞姣主编. —上海:立信会计出版社,2018.7
普通高等院校经济学"十三五"规划重点教材
ISBN 978-7-5429-5750-4

Ⅰ.①宏… Ⅱ.①裴… ②潘… Ⅲ.①宏观经济学—高等学校—教材 Ⅳ.①F015

中国版本图书馆 CIP 数据核字(2018)第 120617 号

责任编辑　　洪梅春
封面设计　　南房间

宏观经济学

出版发行	立信会计出版社
地　　址	上海市中山西路 2230 号　　邮政编码　200235
电　　话	(021)64411389　　传　真　(021)64411325
网　　址	www.lixinaph.com　　电子邮箱　lxaph@sh163.net
网上书店	www.shlx.net　　电　话　(021)64411071
经　　销	各地新华书店
印　　刷	上海万卷印刷股份有限公司
开　　本	787 毫米×1092 毫米　　1/16
印　　张	17.25　　插　页　1
字　　数	384 千字
版　　次	2018 年 7 月第 1 版
印　　次	2018 年 7 月第 1 次
印　　数	1—2100
书　　号	ISBN 978-7-5429-5750-4/F
定　　价	49.00 元

如有印订差错,请与本社联系调换

总序

经济学被称为"社会科学之皇后",研究内容包罗万象,涉及社会经济生活的方方面面。经过长期的积累与发展,经济学学科构建出了一套系统的分析框架,从基本的假设出发,采用严密的逻辑,推导出清晰的结论,为理解社会经济运行现实、总结经济发展规律、指导经济政策实践提供支持,形成了一个分工细密、门类齐全的体系。

21世纪以来,随着经济科学研究的深入,经济科学内容及架构不断丰富,对经济学的认识与研究逐渐演变深化为日益细分的特定领域、具体学科和专业,体现在高校的经济学教育中,就是经济类各相关专业的核心课程体系。本系列教材即为适应高等院校经济学本科专业教育不断发展的新要求,由上海立信会计金融学院国际经贸学院组织编写的"普通高等院校经济学'十三五'规划重点教材"。

上海立信会计金融学院是根据国家和上海经济社会发展战略、上海提升财经类高校整体发展实力的规划,为适应上海建设"四个中心"、具有全球影响力的科技创新中心和自由贸易试验区的迫切需要,形成与社会主义现代化国际大都市地位相匹配的财经教育影响力的迫切需要,经中共上海市委、上海市人民政府批准,于2016年3月由上海立信会计学院和上海金融学院合并组建而成的应用型财经大学。

经济学学科是学校建设和发展的主体学科之一。建校90周年来,学校已经为社会输送了大量专业人才,积累了丰富的学科专业建设和教育教学经验。为了更好地促进经济学本科各专业发展,提升专业学科建设水平,总结与提炼教学经验,为社会培养更多优秀应用型人才,为各高等院校经济类本科专业教学提供适用的优秀教材,上海立信会计金融学院成立了以经济类专业骨干教师为核心的教材编写委员会,结合教学实践与人才培养要求编写了经济学系列规划教材。

经济学系列教材是上海立信会计金融学院的特色教材,主要用于高等院校本科经贸类相关专业的教学实践与参考,教材规划涵盖经贸类各专业的核心课程,目前主要包括《微观经济学》《宏观经济学》《计量经济学》《国际贸易学》《国际贸易实务》《国际商务》等。随着科研与教学工作的推进,经济学系列教材还将不断充实其他经贸类核心课程教材。

经济学系列教材有以下主要特点。

(1) 一线教学、实践成果的总结。经济学系列教材的编写人员由上海立信会计金融学院国际经贸学院多年从事一线教学工作的教授、博士组成,实务类教材的编写人员都具有企业工作或实务工作经验,有丰富的教材写作经历和经验。在经济学系列教材的编写过程中,他们充分吸收最新教研成果,更加注重教材在实际教学中的使用效果。

(2) 最新前沿理论、成果的总结。经济学系列教材在保证基础理论知识完整性的前提下,不断更新内容,将各专业领域的最新内容、知识、方法吸收到教材中,力求内容的新颖性。实务类教材则以应用性为导向,力求对接社会经济生活中的经贸实践需求与商业模式创新,为使用者提供最新的经贸实务技能学习资料。

感谢各位参编人员的辛苦付出,感谢立信会计出版社领导与编辑老师对经济学系列教材的支持。由于水平有限,经济学系列教材一定还存在一些不足之处。敬请各位经济学同仁和学生、读者在使用中提出宝贵意见,我们将边用边改,不断完善经济学系列教材。

唐海燕
2018 年 1 月

本教材是普通高等院校经济学"十三五"规划重点教材,参编人员长期工作在教学第一线。

本教材系统地介绍了西方宏观经济学的基本理论知识,共分十章,主要内容包括:导论,国民收入核算理论,消费与投资理论,简单国民收入决定理论,产品市场-货币市场均衡理论(IS-LM模型),总需求-总供给理论(AD-AS模型),财政政策、货币政策及其应用,失业和通货膨胀,经济增长与经济周期理论,开放条件下的宏观经济政策。本教材论述清晰,深入浅出,可满足不同层次读者的要求。

本教材在体例上注意形式的多样性与内容的丰富性,每章开始给出了学习目的与要求,指出学习重点与要点;通过导读,引导出主要内容;每章结束有思考题和案例分析;结合内容,每章配有形式生动的微课;最后有综合案例,并有扩展的阅读资料,充分地实现了纸质教材和电子资源的结合。

本教材既可以作为普通高校经济管理类专业本科教材,也可作为成人教育和继续教育相关专业的教材。对于广大经济学爱好者和工作者,本教材也不失为一本实用有益的参考读物。

本教材的分工如下:朱向红撰写修订第一章、第二章,潘瑞姣撰写修订第三章、第七章,裴填撰写修订第四章、第五章、第六章,石金海撰写修订第八章、第十章,霍艳斌撰写第九章。裴填、潘瑞姣对全书修纂定稿。

由于编写人员的知识水平和教学经验所限,本书难免存有缺点和疏漏之处,恳请读者向编写人员提出意见。

裴　瑱　潘瑞姣

2018 年 5 月

目 录

第一章 导论 · 1

本章阐述了宏观经济学的概念、研究对象、基本问题以及宏观经济学的基本假设和研究方法,使学生对宏观经济学有一个初步和总体的认识,为后面的学习打下基础。

第一节 宏观经济学研究的对象和基本问题 · 2
第二节 宏观经济学的共识和争论 · 8
本章小结 · 13
关键术语 · 13
练习题 · 13

第二章 国民收入核算理论 · 15

本章阐述了国内生产总值的含义和计算、国民收入核算的指标体系、国内生产总值指标的局限、国民收入流量循环模型与国民收入恒等关系等内容。

第一节 国内生产总值的核算 · 16
第二节 国民收入核算中的总量指标及评述 · 22
第三节 国民收入流量循环模型与国民收入核算恒等式 · 27
本章小结 · 31
关键术语 · 31
练习题 · 31

第三章 消费与投资理论 · 36

本章分析了构成总需求的两大要素消费和投资的决定。

第一节 消费理论 · 37
第二节 投资理论 · 48
本章小结 · 52
关键术语 · 53

练习题 ·· 53

第四章　简单国民收入决定理论 ·· 56

本章是宏观经济学的核心内容，分析了经济社会的生产或收入水平是怎样决定的。

第一节　两部门经济中均衡国民收入的决定和变动 ·········· 57
第二节　三部门经济中均衡国民收入的决定和变动 ·········· 64
第三节　四部门经济中均衡国民收入的决定和变动 ·········· 69
本章小结 ·· 72
关键术语 ·· 72
练习题 ··· 72

第五章　产品市场-货币市场均衡理论(IS-LM 模型) ·········· 76

本章通过 IS-LM 模型分析了货币供给量和利率对总产出和就业的影响。

第一节　产品市场的均衡：IS 曲线 ································ 77
第二节　货币市场的均衡：LM 曲线 ······························ 81
第三节　产品市场和货币市场的同时均衡：IS-LM 模型 ······ 90
第四节　凯恩斯学派以外的货币需求理论 ·························· 94
本章小结 ·· 97
关键术语 ·· 97
练习题 ··· 97

第六章　总需求-总供给理论(AD-AS 模型) ······················· 104

本章主要阐述了总需求-总供给理论。

第一节　总需求与 AD 曲线 ··· 105
第二节　总供给与 AS 曲线 ··· 109
第三节　均衡国民收入的决定与变动 ································ 119
本章小结 ·· 122
关键术语 ·· 122
练习题 ··· 122

第七章　财政政策、货币政策及其应用 …… 128

本章介绍了财政政策和货币政策的概念、工具和作用原理，在此基础上阐述了我国的财政政策和货币政策的实践。

第一节　财政政策及其应用 …… 129
第二节　货币政策及其应用 …… 135
第三节　财政政策和货币政策的政策效力 …… 146
第四节　财政政策与货币政策的混合应用 …… 149
第五节　宏观经济政策存在的问题及争议 …… 153
本章小结 …… 160
关键术语 …… 160
练习题 …… 161

第八章　失业和通货膨胀 …… 166

本章分别阐述了失业和通货膨胀的类型、原因、影响、治理的对策以及失业和通货膨胀的关系。

第一节　失业及失业种类 …… 167
第二节　失业的影响及其治理 …… 170
第三节　通货膨胀及其原因 …… 171
第四节　通货膨胀的经济效应及治理 …… 176
第五节　失业与通货膨胀的关系——菲利普斯曲线 …… 184
本章小结 …… 187
关键术语 …… 187
练习题 …… 187

第九章　经济增长与经济周期理论 …… 192

本章分析了经济增长的影响因素以及经济周期性波动的原因。

第一节　经济增长理论 …… 193
第二节　经济周期理论 …… 201
本章小结 …… 209
关键术语 …… 210
练习题 …… 210

第十章 开放条件下的宏观经济政策 ········ 213

本章阐述了开放条件下的 IS-LM-BP 模型,分析了开放条件下的宏观经济政策。

第一节 开放经济的基本知识 ········ 214
第二节 国际收支平衡表 ········ 219
第三节 国际贸易的基本理论 ········ 223
第四节 开放条件下的 IS-LM-BP 模型 ········ 228
第五节 开放条件下的财政政策与货币政策 ········ 232
本章小结 ········ 238
关键术语 ········ 238
练习题 ········ 238

附录1 综合案例:中国就业现状调查报告 ········ 241
附录2 综合案例:世界抵达货币政策的极限了吗 ········ 247
附录3 综合案例:经济转型、市场扭曲与中国消费不足:一个新视角 ········ 251
附录4 综合案例:中国经济调整的两难困境 ········ 255
附录5 综合案例:林毅夫:李约瑟之谜和中国的复兴 ········ 260
参考文献 ········ 263

第一章 导论

◎ 学习目的与要求

本章阐述了宏观经济学的概念、研究对象、基本问题以及宏观经济学的基本假设和研究方法,使学生对宏观经济学有一个初步和总体的认识,为后面的学习打下基础。

通过本章学习,掌握宏观经济学研究对象、内容和方法,了解宏观经济学两大流派之争,了解宏观经济学的发展与现实经济发展的内在联系。

微课:凯恩斯与宏观经济学的产生

导 读

我们知道,1776 年《国富论》的出版标志着"经济学"作为一门独立学科的创立,亚当·斯密也因此被称为"经济学之父"。斯密提出的"看不见的手"理论肯定了市场的作用,指出在"看不见的手引导下",市场就能自发地完成资源的最优配置,实现人们富足、国家强盛的目标。这种对"自由竞争的市场力量"的肯定和推崇,是古典经济思想的精髓。在斯密之后,无数古典经济学家拓展和丰富了斯密的理论。1890 年,艾尔弗雷德·马歇尔把古典经济学和以门格尔、瓦尔拉斯等为代表的"边际主义经济学"融合在一起,出版了《经济学原理》一书,标志着"新古典经济学"(neoclassical economics)理论体系的创立。新古典经济学在继承古典经济学的基础上,吸纳了边际主义的分析范式,通过分析居民和企业的个体决策行为,解释市场供求关系和价格的决定,使得对市场配置资源作用的分析有了坚实的微观基础,经济学的研究实现了从定性到定量的飞跃。在新古典经济学理论体系里,一个国家的经济总量和政府在经济管理中的角色都是不怎么被关注的,因为仅仅靠市场就能实现社会资源配置的最优。

然而,以 1929 年 10 月股市突然暴跌为标志,美国陷入了长达 5 年之久的大萧条(the great depression)。在大萧条时期,9 000 多家银行倒闭,大量企业破产,失业率上升到 1/4。在 1929—1932 年,美国制造业产量下降了将近一半。大萧条期间,美国的结婚率、出生率甚至离婚率都显著下降。[①] 大萧条迅速蔓延到全球主要经济体。这次大萧条直接促成了凯恩斯《就业、利息和货币通论》(The General Theory of Employment, Interest and Money)(以下简称《通论》)的出版,标志着宏观经济学的诞生。凯恩斯完全跳出新古典经济学的框架,试图回答如下问题:为什么市场不能正常运行?为什么会有大量的商品积压、工人失业和严重的经济衰退?而要回答这些问题,必须考虑产出、投资、消费、储蓄、就业等宏观总量。

本章中,我们将学习宏观经济学的基本概念、研究对象、基本问题以及宏观经济学的基本假设和研究方法,简单介绍宏观经济学的形成、发展以及宏观经济学领域存在的基本共识和争议,为以后各章的学习打下基础。

第一节 宏观经济学研究的对象和基本问题

一、宏观经济学的定义

任何学科的分类都是其自身发展的结果,经济学作为一门历经 200 多年发展的、复

---

① 关于大萧条及经济学家对大萧条产生原因的不同解释,参阅:乔纳森·休斯,路易斯·凯恩.美国经济史[M].7 版.北京:北京大学出版社,2011.

杂的、综合的社会科学,很难以单一的标准进行划分。尽管这样,经济学家仍然以其研究对象为主要标准将经济学粗略地划分为微观经济学和宏观经济学。

宏观经济学作为理论经济学和基本经济理论的一个重要方面,是相对于微观经济学而言的。"宏观"(macro)具有宏大、总体、整体或综合的含义。"微观"(micro)具有微小、单个、个体的含义。

宏观经济学就是指把整个经济总体(通常是一个国家)作为一个考察对象,研究其经济活动的现象和规律,从而得出治理整个国民经济中各类问题的理论与方法。

在理解宏观经济学的定义时,要注意以下几点:

第一,宏观经济学研究的对象是整个经济。宏观经济学所研究的不是经济中的各个单位,而是由这些单位所组成的整体;宏观经济学研究整个经济的运行方式与规律,从总体上分析经济问题。正如萨缪尔森所说,宏观经济学是"根据产量、收入、价格水平和失业来分析整个经济行为"的。美国经济学家夏皮罗(Shapiro)则强调了"宏观经济学考察国民经济作为一个整体的功能"。

第二,宏观经济学解决的问题是资源利用。宏观经济学把资源配置作为既定的前提,研究现有资源未能得到充分利用的原因,达到充分利用的途径,以及经济如何增长等问题。微观经济学把资源的充分利用作为既定的前提,但20世纪30年代的经济大危机打破了这个神话。这样,资源利用就被作为经济学的另一个组成部分——宏观经济学——所要解决的问题。

第三,宏观经济学的中心理论是国民收入决定理论。宏观经济学把国民收入(国内生产总值)作为最基本的总量,以国民收入的决定为中心来研究资源利用问题,分析整个国民经济的运行。国民收入决定理论被称为宏观经济学的核心。其他理论则是运用这一理论来解释整体经济中的各种问题。宏观经济政策则是这种理论的运用。

第四,宏观经济学的研究方法是总量分析。总量是指能反映整个经济运行情况的经济变量。这种变量有两类:一类是个量的总和,例如,国民收入是组成整个经济的各个单位的收入之总和;总投资是各个企业的投资之和;总消费是各个家庭消费的总和,等等。另一类是平均量,例如,价格水平是各种商品与劳务的平均价格。宏观经济学所涉及的总量很多,其中主要有:国内生产总值、总投资、总消费、价格水平、增长率、利率、国际收支、汇率、货币供给量、货币需求量等。

二、宏观经济学研究的基本对象

宏观经济学研究的基本对象是经济中的总量及其变化问题。比如,商品的总产量、社会总收入的增长、社会的通货膨胀和失业问题、国际收支的平衡问题、经济的繁荣和萧条问题等。也就是说,宏观经济学是围绕着实现经济增长、降低失业率、降低通货膨胀率和平衡国际收支四大经济运行目标而展开的。在对这些问题的研究中,宏观经济学的主线是围绕着短期经济波动和长期经济增长展开的。宏观经济学就是要通过对这些问题的研究,达到提高经济资源运用的整体效率的目的。

在宏观经济学的研究中,我们通过忽略经济生活中极其复杂的细节问题,将其抽象化和一般化为一些易于把握的基本问题,再分别从整个商品市场、货币市场、劳动市场和国际市场的角度加以分析,依据这些基本问题在整个国民经济中的相互作用和地位进行研究。因此,宏观经济学总是力图对国民经济中的一些重大问题做出较为可信的解释。例如,一国经济在某一时期出现繁荣或衰退的原因,经济中整体物价水平变动的原因,国际收支不平衡的缘由等。

在宏观经济学中,整体价格水平的决定和变化,国民收入和支出总水平的变化以及就业问题都是其重要的研究对象。此外,政府也是一个重要的行为主体,政府的财政预算、国债等也都是重要的经济变量和研究的重点。

宏观经济学研究的是经济总量,所以又称总量经济学。这和微观经济学有所不同。微观经济学研究的是单个厂商、消费者个人或家庭的经济活动,其研究对象是单个经济主体的经济行为,所以又称个体经济学。宏观经济学和微观经济学是整体与个别之间的关系。形象地说,宏观经济学研究的是森林,微观经济学研究的是树木。但需要注意的是,这里不能把个体的经济变量简单加总直接等于整体经济变量。也就是说,不能简单地认为宏观经济学的变量就是微观经济学变量的总和。

宏观经济学和微观经济学的研究侧重点尽管不同,研究的角度也有所不同,但是在它们各自的研究中却又是互相关联、互以对方为既定条件的。没有微观变量,宏观总量就失去了存在的基础。所以,宏观经济学是以微观经济学为基础的,微观经济学当然也要以宏观经济学为既定条件。另外,宏观经济学和微观经济学在研究方法上,也有很多一致和相似的方面,比如,双方都运用均衡分析方法、供求分析方法、弹性分析方法和经济模型分析方法等。

专栏1-1 凯恩斯生平

凯恩斯主义经济学是根据约翰·梅纳德·凯恩斯来命名的,凯恩斯的父亲约翰·内维尔·凯恩斯,凭借自身的资历也成为一位重要的经济学家。然而,儿子的成就很快就超越了父亲。在这一点上和其他一些方面,约翰·梅纳德·凯恩斯的生活颇似约翰·斯图亚特·穆勒。两个人的父亲都是优秀经济学家的同辈与朋友:詹姆士·穆勒是大卫·李嘉图的朋友,约翰·内维尔·凯恩斯是阿尔弗雷德·马歇尔的朋友。小凯恩斯与小穆勒都接受了特别为知识分子的孩子们提供的高质量的教育,这种教育训练他们用天生敏锐的头脑去开辟新天地,并借助他们的创作力量去说服其他人。穆勒与凯恩斯都否定了父辈们的经济学的政策含义,着手于新的方向。但至此为止,两个人的相似之处结束了,对约翰·斯图亚特·穆勒来说,他没能完全与其父亲和李嘉图的理论结构绝交;最终在古典与新古典理论之间采取了一种折中。凯恩斯与过去的绝交——与贯穿于斯密、李嘉图、约翰·斯图亚特·穆勒以及马歇尔的自由放任传统的绝交——则要更加完全。尽管他谙熟基本的马歇尔局部均衡分析,然而,他构建了一种新的理论结构,致力于研究对经济理论与经济政策都具有重要影响的总量经济。

20世纪那些思维狭窄的经济学家的一成不变并不符合凯恩斯。事实上,他由于将太少的时间用于经济理论,并且因为过于广泛地分散其兴趣而受到批评。即使作为伊顿公学和剑桥大学的学生,他也显示出兴趣广泛的倾向;因此,他以业余艺术爱好者而为人所知。完成教育后,他进入英国政府的印度事务部做文职人员,在重返剑桥之前他在那里干了2年。他从未专职做过教师。他对经济政策的持续兴趣,使他在一生中担任了很多政府性职务。他积极参与经营性的事务,既是为了自己,也是因为他是国王学院的会计,他的经营能力通过下列事实表现出来,即他的个人净资产从1920年的几乎破产,到1946年他去世时,增加到超过200万美元。凯恩斯对戏剧、文学还有芭蕾舞颇感兴趣;他与一位芭蕾舞女演员结婚,并且与一群以布卢姆茨伯里派而知名的伦敦知识分子有联系,这个圈子包括诸如克莱夫·贝尔(Clive Bell)、福斯特(Forster)、利顿·斯特雷奇(Lytton Strachey)以及维吉尼亚·伍尔夫(Virginia Woolf)等一类的名人。作为一名大学本科生,他独特的多种才华使他能够成为一位学有成就的数学家,创作出关于概率理论的著作,并且成为一位颇有影响的令人印象深刻的散文家,他的《和约的经济后果》(Econimic Consequences of the Peace)和收于《劝说集》(Essays in Persuasion)与《自传文集》(Essays in Biography)两本书中的散文所体现出的对文字的彻底精通,清楚地显示了这一点。

作为经济学家的凯恩斯,一个最重要的方面是他对政策的倾向性。他作为英国财政部的代表,参加了凡尔赛和平会议,但是1919年他又突然辞去该职务。他对凡尔赛条约的条款感到厌恶,该条约强加给德国大量的赔偿,凯恩斯认为德国永远无法支付。由于在1919年出版的《和约的经济后果》中对条约的条款进行批评,凯恩斯获得了国际上的称赞。1940年他创作了《如何为战争付账》(How to Pay for the War),1943年他向国际货币当局提出了一个被称为凯恩斯计划的建议,该建议在第二次世界大战后付诸实施。作为前往布雷顿森林的英国代表团的首脑,他对国际货币基金组织和世界银行的成立起了作用。但是,他对政策与理论的最重要的贡献,包含在他的《通论》(1936)一书中,该书创造了现代宏观经济学,并且仍然是大学本科宏观经济学大部分所讲授内容的基础。保罗·萨缪尔森反思凯恩斯时代时,捕捉到了它的重要性,他写道:"有一种疾病最初袭击并杀死了大批孤立的南海岛居民部落,《通论》以这种疾病意想不到的致命性,感染了大多数三十五岁以下的经济学家。"

三、宏观经济学研究的基本问题

宏观经济学研究的主要内容是国民经济的总量、结构、机制和绩效以及政府怎样运用经济政策来提高经济的绩效。这些内容一般包括以下一些基本问题。

(一)充分就业

失业问题是世界各国普遍存在的重要的社会问题和经济问题,也是宏观经济学十分关注的问题。宏观经济学中有很多理论是用来解释一国为什么会出现持续的高失业以及用什么政策可以解决失业。有的学者认为，政府应该执行一种积极的财政政策，在一国遭遇高失业时通过减税和增加政府支出去创造需求和就业；还有的学者认为，政府应该执行不干预的政策，即只在恰当的场合实施适当的失业救济计划，而不必采取措施去对付失业。那么，究竟怎样看待失业，一国如何实现充分就业，这是宏观经济学所要回答的一个基本问题。

（二）通货膨胀

如果一国出现持续的物价上涨，经济活动就会受其影响而出现波动，人们的利益也将会受到不同程度的损害。世界各国经济发展的实践已经证明，通货膨胀是经济活动中一个十分敏感的重要问题，必须给予充分的重视。但是，通货膨胀的原因究竟是什么呢？它在经济活动中的传导机制又是怎样的？怎样控制和预防通货膨胀？如何做到既抑制通货膨胀，又不引起经济衰退呢？通货膨胀也是宏观经济学需要研究的一个基本问题。

（三）经济波动和经济周期

历史上，任何国家的经济发展过程都不是一帆风顺的，经济的发展都会出现或快或慢、时好时差的状况，这就是经济波动。如果这种经济波动具有大致的时间间隔，我们称其为经济周期。从西方国家的经济发展历史来看，在19世纪资本主义经济发展早期，经济波动就已经出现，到19世纪末20世纪初，这种经济波动更进一步呈现出某种"周期性"的特征，因而被称为"商业周期"或者"经济周期"。宏观经济学探讨经济周期在短期、中期、长期各有什么样的特征，经济周期产生的原因是什么，政府可以采取什么样的政策来克服经济的过度波动，熨平经济周期。

（四）经济增长

世界各国发展经济的主要目的就是提高本国人民的生活水平和质量，增加他们的综合福利。解决这一问题的首要途径就是实现经济增长。但是，历史证明，各国实现其经济增长的具体途径并不相同。那么，究竟有没有一种普遍性的规律呢？究竟是什么因素在决定一国经济长期增长呢？是资本、技术，还是人均劳动生产率？经济增长是宏观经济学家一直在苦苦探索的一个基本问题。

（五）开放经济下的宏观经济

当今世界，没有任何一个经济体可以独立于国际经济体系之外，每个经济体都与外部世界发生着广泛的贸易和金融联系，不仅商品、劳务是充分流动的，而且劳动、资本、自然资源、技术等生产要素都是充分流动的。因而宏观经济学也必须是"开放的"经济学，而不是"封闭的"经济学。也就是说，必须把国际市场作为一个大背景，把国际贸易和国际投资的影响引入对国内宏观经济的研究中，形成一个"全球视角的宏观经济学"。在这里，需要研究一国国际贸易是盈余还是赤字，以及这种贸易余额对国内经济的稳定与发展有何影响；研究资本在国际流动的趋势以及发展中国家出现债务危机的原因；研究国际贸易与国际投资活动是如何使得经济周期在国与国之间传递的；研究国内经济政策与国际收支平衡之间的冲突以及在开放经济条件下，一国应如何选择其对内、对外经济政策。

（六）宏观经济政策及其效果

在当今世界上，并不具有真正意义上的经济自由。任何一国政府，对外总是最大限度地保护本国人民的利益;对内总是试图对经济活动施加积极的影响,以鼓励本国经济的健康发展和收入分配的公平合理。政府的宏观经济政策总是会影响经济的绩效,所以,宏观经济学家们一定要对宏观经济政策的性质、对经济所产生的具体影响、对经济的作用机制、政策间的相互联系以及政策如何运用等问题进行研究。因此,宏观经济政策也是宏观经济学研究的一个基本问题。

四、宏观经济学的基本假设及研究方法

(一)宏观经济学的基本假设

宏观经济学产生于20世纪30年代,它的研究内容基于两个基本假设。

1. 市场机制是不完善的

自从市场经济产生以来,实行市场经济的各国经济就是在繁荣与萧条的交替中发展的,若干年一次的经济危机成为市场经济的必然产物。20世纪30年代资本主义国家空前严重的大危机出现后,经济学家认识到,如果只靠市场机制的自发调节,经济就无法克服危机与失业,就会在资源稀缺的同时,又产生资源的浪费。稀缺性不仅要求资源得到恰当配置,而且还要求资源得到充分利用。要做到这一点,仅仅靠市场机制的自发调节是不够的。

2. 政府有能力调节经济,纠正市场机制的缺陷

人类不能只是顺从市场机制的作用,而应在遵从基本经济规律的前提下,对经济进行调节。政府是调节经济的主体。政府可以通过观察与研究认识经济运行的规律,采取适当的手段进行调节,宏观经济学正是建立在对政府调节经济能力信任的基础之上的。

总之,宏观经济学的前提是政府应该调节经济,政府能够调节经济。

(二)宏观经济学的研究方法

宏观经济学的研究方法是总量分析法。

总量分析法是指分析宏观经济运行总量的决定、变动规律及其相互关系,如对国内生产总值、消费额、投资额及物价水平的变动规律的分析等,进而分析说明整个经济的运行状况,决定经济政策。 总量分析既包括动态分析,研究总量指标的变动规律;也包括静态分析,考察同一时期内各总量指标之间的相互关系,如投资额、消费额和国内生产总值之间的关系等。

在宏观层面分析时,不再去考虑个体的差异。比如,在研究消费时,宏观经济学所关心的是社会消费总量,而不去探究消费的具体内容及某些家庭消费的具体形式。当研究收入与价格时,不是着眼于单个家庭的收入和某种产品的价格,而是着眼于总体国民收入水平和反映所有产品与劳务价格状态的总体物价水平。从表面上看,总量消费这一经济行为由众多家庭的消费行为所构成,但对于经济规律却不能做出这样简单的结论。宏观经济总量并不等于微观个量的简单加总,整体经济规律也并非完全可以由个体的经济规律推导而成。在经济分析中,许多结论在个量分析时看来是正确的,但放到宏观经济中进行总量分析时却可能得出完全相反的结论。只有注意到这一点,才有可能在宏观经济分析中避免出现"合成谬误"。

"合成谬误"是指对于局部正确的东西推而广之,认为对于总和整体也必然正确,而

结果却并非如此。"合成谬误"是初学宏观经济学的人们常易犯的一个错误，之所以会这样，是因为没有认真区分总和整体与个别事物之间的差别，分散的树虽然总加起来数量也很多，但却没有原始森林的特点与风貌。在经济社会中的个体，从属于社会、依赖于社会，也必须服从于社会总体的要求，正因为如此，微观个体决策时认为正确的东西放到宏观总体环境中去考察，却往往得出与之截然不同的结论。例如，对于个别企业，降低工人工资，生产成本会下降，利润会增多，这对企业有利。但对整体经济而言，工资在大范围内下降，会使职工与家庭的收入下降，导致家庭用于购买消费品的支出有所减少，从而使社会总体消费需求大幅度下降，其结果是厂商的产品因需求下降而滞销过剩，不得不削减生产，减少产品的供给，由此厂商的利润总量将会下降。又如，每个家庭都希望将收入的一部分储蓄起来，以备急用。勤俭节约、适度消费为每个经济社会所提倡。但如果过于强调节俭，每个家庭都将本该用于消费的大部分资金用于储蓄，也会导致社会有效需求的大量减少和社会产品的大量过剩，引起经济衰退和国民收入的进一步下降，其结果将会使各个家庭的收入减少和失业。这个观点在现代经济学教科书中被称为"节俭是非论"。

宏观经济学把经济主体划分为家庭、企业、政府和国外四个部门，并研究它们之间的关系。在讨论家庭的消费和投资时，认为所有的家庭都是无差异的，从而可以视为一个单独完整的经济部门；在讨论企业时，不去考虑它生产的是汽车还是食品；分析政府的政策和行为时，不去区分是中央政府还是地方政府；在分析国外的经济行为时，不去区分是哪个国家。

以上所讲的宏观经济学对国民经济所采用的总量分析方法，是从总体上和一般意义上来说的。实际上，宏观经济学对总量分析方法的运用，具体表现在各个方面：静态、比较静态和动态分析；实证分析和规范分析；存量分析和流量分析；需求分析和供给分析；短期分析和长期分析；边际分析；均衡和非均衡分析；经济模型分析等。

第二节 宏观经济学的共识和争论

一、现代宏观经济学的形成和发展

1936年，英国经济学家凯恩斯《通论》一书的出版，标志着宏观经济学成为一个相对独立的理论体系。在凯恩斯之前，经济学的研究基本都集中在微观领域，但也有经济学家涉足了总产量、就业、利息、工资等宏观经济问题，被称为宏观经济学的古典学派。**古典经济学家认为，市场经济具有一种内在的、自我调节的机制，如果允许有足够长的时间调整的话，它可以将经济稳定在充分就业的水平上。**

20世纪30年代的经济大萧条和经济危机使古典经济理论受到了挑战。按照古典经济理论，价格、工资等都是具有伸缩性的，经济活动有其内在的调节机制，经济大萧条是不可能产生的。那么，是什么原因造成了大萧条呢？在回答这个问题的过程中，凯恩斯的理论应运而生。

凯恩斯在《通论》中提出了一个较为完整的宏观经济分析理论框架。他以解决就业问题为主要目标，通过有效需求理论的分析，说明有效需求对社会总产出和总就业的决定性作用，以及有效需求不足怎样导致经济失调和失业的增加，最后得出了市场自动调节机制无法有效解决大规模失业问题的结论。他指出，只有借助于国家对经济生活的"总揽"和干预，才可能提高有效需求水平，克服经济萧条，达到充分就业。

在《通论》中，凯恩斯提出了"边际消费倾向递减""资本边际效率递减"和"流动性偏好"三个心理规律，将货币问题与实际经济问题结合起来，从而克服了传统经济理论将货币与实际经济活动分开的"两分法"。凯恩斯首次在宏观经济分析中涉及商品市场、货币市场和劳动市场，并把三个市场结合起来。凯恩斯也首次强调了宏观经济政策，特别是赤字财政政策对于克服经济衰退、保持充分就业的重要意义。

凯恩斯为现代宏观经济理论和分析方法的发展开辟了一条重要的道路。20世纪四五十年代以来，凯恩斯的理论得到了后人的进一步拓展，不断完善和系统化，从而构成了凯恩斯宏观经济学的完整体系。这些拓展主要体现在以下四个方面。

1. IS-LM 模型

IS-LM 模型最早由希克斯(Hicks)在 1937 年提出，以后又经汉森(Hansen)等人的发展才得以完成。这一模型把凯恩斯分析国民收入决定的四个因素，即投资、消费(或储蓄)、货币需求、货币供给结合在一起，分析了商品市场与货币市场同时均衡时，国民收入与利率是如何配合的。在理论上，这一模型用一般均衡方法概括了凯恩斯的需求决定理论；在政策上，这一模型分析了财政政策与货币政策的作用。因此，这一模型被称为凯恩斯主义宏观经济学的核心。

2. 消费、投资和货币需求理论

消费、投资和货币需求理论是凯恩斯理论的重要组成部分，这些理论在第二次世界大战后得到了重大发展。消费理论的发展以莫迪利亚尼(Modigliani)的"生命周期假说"和弗里德曼(Friedman)的"永久收入说"为代表。这两个理论的重大贡献在于都把预期因素引进了消费函数，这正是凯恩斯理论所强调的基本因素。投资理论的发展与托宾(Tobin)是分不开的。托宾的 Q 理论研究了实际资本存量和意愿资本存量之间的关系，强调了资本的预期收益在投资决策中的作用。托宾还提出了资产选择理论，研究了投资者在不同金融资产中的选择行为，得出了风险和预期收益的对称关系，是宏观经济货币理论的重大发展，也是现代金融学的基本理论。

3. 增长理论

增长理论是对凯恩斯经济学理论长期化、动态化的结果。这方面主要有哈罗德(Harrod)和多马(Domar)提出的哈罗德-多马模型(harrod-domar model)、索洛(Solow)等人提出的新古典增长模型(neoclassical growth model)、罗宾逊(Robinson)等人提出的新剑桥增长模型(neo cambridge growth model)，其中特别是新古典增长模型影响甚大。此外，还有关于经济增长因素等问题的分析。目前，增长理论已发展成为经济学的一个独立的分支——增长经济学。

4. 宏观经济计量模型

第二次世界大战后，美国经济学家克莱因等人致力于构建并推动各国构建宏观经济计量模型。这些模型以宏观经济学理论为基础,涉及的经济变量很多。这些模型的建立有利于发展与验证宏观经济理论,预测经济形势,制定政策,从而促进宏观经济学的精确化与实用化。

在许多经济学家的努力下,凯恩斯的宏观经济理论日臻完善,并和微观经济学一起构成了经济学的基本理论体系,这一理论体系也被称为新古典综合派(the neo-classical synthesis),并在相当长的时期内成为经济学的主流,得到了大多数经济学家的认同。

但是,从20世纪70年代开始,发达国家出现的"滞胀",即失业和通货膨胀并发现象,严重地动摇了凯恩斯主义的统治地位。凯恩斯的宏观经济理论既不能在理论上对这个现象进行令人信服的解释,又不能在实践上提出有效的政策措施。在这种情况下,非凯恩斯主义宏观经济学派开始兴起并发展,其中最重要的是货币主义和理性预期学派。货币主义以弗里德曼为代表,理性预期学派则以卢卡斯(Lucas)为代表。理性预期学派认为,在理性预期下,市场能够自动出清,政府对经济的干预是没有必要的,这又回到了古典学派的主张,因此,理性预期学派也被称为新古典学派(neoclassical school)。由于货币主义的理论主张和新古典学派基本一致,货币主义往往也被看成是新古典学派的一个组成部分。此外,凯恩斯理论也在不断发展,在汲取了理性预期的某些研究成果后,出现了新凯恩斯经济学(new keynesian economics)。目前,宏观经济学的争论主要在新古典学派和新凯恩斯学派两大学派之间展开,这实际上就是过去古典学派和凯恩斯学派之争的延续。

总之,自凯恩斯宏观经济学产生至今,宏观经济思想经历了反复的较量、演进,取得了相当的进展。经济学流派的纷呈尽管容易使初学者感到莫衷一是,但正是这种不断的论争,才推动着宏观经济学持续发展,并在一些新的领域中达成共识。

专栏1-2 宏观经济学的问题、分歧和传统

宏观经济学(macroeconomics)所关心的是整个经济的结构、表现和行为。宏观经济学家的主要任务就是分析并理解那些主要经济总趋势的决定因素,这些主要经济总趋势涉及商品和劳务的总产量、失业率、通货膨胀率和国际收支差额。很明显,宏观经济学研究的问题极其重要,因为种种宏观经济事件以各种方式影响着我们所有人的生活和福利……为了设计和实施在增进经济福利方面大有潜力的经济政策,政府的政策制定者们必须明白,是哪些因素决定着经济的长期增长和短期波动(这些短期波动都成了经济周期)……宏观经济学研究的主要目的,就在于尽可能全面系统地理解经济的运行方式,经济对特定的经济政策的反应方式,以及可能造成经济不稳定的、来自需求和供给两个方面的各种外来冲击。而由一整套关于经济运行方式的观点所构成,并按一定的逻辑框架(或模型)组织起来的宏观经济理论,就成为设计和实施经济政策的基础。然而,什么模型是"正确的"经济模型?经济学家们对此莫衷一是。其结果是,在宏观经济政策的作用和实施方面就出现了巨大的分歧。

在不同的思想流派之间存在着观点上的明显冲突,但也应该注意的是,经济学家之间的分歧更多地集中于理论问题、经验证据和政策工具的选择方面,而在政策的最终目标方面这种分歧并不严重。弗里德曼(1968年)对此进行了强调,他写道:"在经济政策的主要目标方面存在着广泛的共识,这些目标包括高就业、价格稳定和快速增长。而这些目标是否相容?如果不相容,那么能够选择以及应当选择放弃哪些?在这些方面经济学家之间的一致性要差一些。而为了达到这几个目标,不同的政策工具能够起到以及应当起到什么作用?在这方面经济学家之间的一致性最差。"

为了实现经济政策的这几个"主要目标",就要选择合适的政策工具,而要做到这一点,就必须从细致处分析具体的宏观经济问题发生的原因。这样我们就触及了宏观经济学领域中的两个主要的学术传统,我们把它们粗略地叫作古典传统和凯恩斯传统。在我们考察各政策目标之间如何相互联系,以及不同的经济学家如何看待市场在调节经济活动方面的作用和有效性的时候,我们就发现了经济学家之间的政策分歧背后的基本问题,即政府在经济中应当扮演什么角色?一个思想流派与凯恩斯、凯恩斯主义者以及新凯恩斯主义者相联系,它认为私人经济中存在着协调失灵,这种协调失灵会导致过高的失业率水平,以及真实经济活动的过大波动;另一个思想流派与古典学派经济学家相联系,并为货币主义者和均衡经济周期理论家们所支持,它认为在政府政策给定的情况下,私人经济会达到一个尽可能好的均衡。……在斯密的《国富论》中,政府介入经济的程度和形式是一个主要的问题,而凯恩斯对不加约束的自由放任政策的放弃也曾被详细论述过。在1934年播出的一个广告节目中,凯恩斯作了一个演说,题为"贫困与富裕:经济系统是自我调节的吗?"在这个演说中,他对正在进行论战的两个经济学派做出了区别:"论战的一方相信,在长期内,现有的经济系统是一个自我调节的系统,尽管这种调节有时并不顺畅,有时会由于时滞,外来干扰和错误而中断……而另一方则拒绝接受现存经济系统是自我调节的这一观点。自我调节学派的靠山就是过去100多年来所存在的几乎整个经济思想体系……因此,如果作为论战另一方的异端们想要摧毁19世纪正统学派的力量……他们就得在对方的城堡内发动进攻……现在我自己就加入异端这一方。"在过去的半个世纪中,尽管已经产生了更为精巧的、数量性更强的基数,但凯恩斯所指出的这两种基本观点仍然存在着。

二、目前宏观经济学的基本共识和争论

(一) 新古典学派与新凯恩斯学派的基本共识

1. 生产能力在长期决定生活水平

长期以来,一国生产商品和劳务的能力(即经济的供给方面)决定着该国居民生活水平的高低。从对这种供给能力的衡量和估计方面来说,首先,国内生产总值是衡量一国经济福利水平的一项重要指标。实际国内生产总值衡量了一个国家满足其居民需要

和愿望的能力。从某种角度和一定程度上讲,宏观经济学最重要的研究内容就是:究竟是什么因素决定了国内生产总值的水平和国内生产总值的增长。其次,在长期中,国内生产总值依赖于劳动、资本和技术在内的生产要素状况。当生产要素增加或技术水平提高时,国内生产总值将得到增长。

2. 总需求在短期决定产出水平

在短期中,总需求水平能够影响一国生产的物品和劳务的数量。虽然一国经济中生产商品和劳务的能力在长期中是决定国内生产总值的基础,但在短期内,国内生产总值也依赖于经济的总需求水平。所有影响总需求水平的变量及其变化,都能够引起经济不同程度的波动。消费者更大的信心、较大的预算赤字和较快的货币增长都可能增加产量和就业,从而减少失业。

3. 预期对经济行为有重大影响

居民和企业如何对政策的变化做出反应,决定了经济变化的规模,甚至有时还决定着经济变动的方向。

4. 自然失业率在长期对总产出有决定作用

长期中,总产出最终会回复到其潜在的水平上,这一产出水平的高低取决于一国的自然失业率、资本存量和技术的状态。

无论是新古典宏观经济学派,还是新凯恩斯主义经济学派都承认,经济的短期总供给曲线是一条水平直线,而长期总供给曲线是一条位于潜在产量水平上的垂直线。

(二)新古典学派与新凯恩斯学派的争论

在上述宏观经济学的理论共识之外,我们也应该注意到,西方经济学家之间依然存在着一些至今仍未得到解决的有争议的问题。具体说来,这些争论的内容主要集中在以下两个方面。

1. 市场机制的有效性

市场机制是否有效的核心是价格、工资是否具备充分伸缩性。如果价格、工资具有完全伸缩性,市场就会通过自我调节达到出清状态;如果工资和价格缺乏伸缩性,情况就会相反。新古典学派从理性预期出发,对价格、工资的伸缩性作了新的解释。他们认为,人们的预期不是被动地重复过去,而是主动的、有理性的,人们能够利用现有的一切信息形成理性预期并指导自己的行动。由于理性预期的存在,价格、工资就具备完全伸缩性,市场是能够出清的。

新凯恩斯学派则认为,即使理性预期存在,价格、工资的刚性仍然是一种普遍的现象,从而导致市场不能出清。例如,工资合同的期限一般都是 2~3 年,在这期间不论外界有什么变化,工资合同里的工资率是不能变更的,因此,工资实际上并不具备充分伸缩性。价格也在不同程度上存在着这种情况。商店里的商品牌价就具有相对稳定性,不可能时时刻刻发生变动,因为变动商品牌价是有成本的。单个商品的这种价格相对稳定现象虽然对个别决策行为没有太大的影响,但是反映在宏观层面上就会积少成多,导致价格刚性。

2. 政府干预的必要性

各个不同的学派,主张什么样的经济理论就有什么样的政策。由于古典学派认为价格、工资具备充分伸缩性,市场能够自动出清,因此,认为政府干预经济是没有必要的。具体来讲,货币主义的基本观点是:在长期,实际总产量和就业水平是由实际变量决定的,与货币因素无关;而在短期,货币决定着总产量与就业水平的波动。所以,稳定货币是稳定经济的前提,政府的财政政策是无效的。而理性预期学派相信,由于理性预期的存在,政府的政策就有可能事先被人们预料到,人们会做出相应的对策从而使政策失效,这也就是我们通常所说的"上有政策,下有对策"。因此,货币主义和理性预期学派都不主张政府对经济进行干预。不过,货币主义主张政府的任务就是保持货币供应量的稳定,而理性预期学派则认为任何形式的政府干预都是没有意义的。新古典学派还认为,最好的政策工具不是"最优控制",而是一种博弈,在动态博弈的情况下,政府要保证政策的连贯性,否则良好的愿望可能导致灾难性的后果。而新凯恩斯学派则认为,由于市场机制本身存在着缺陷,市场出清只是一种理想状态,因此,政府要承担起市场出清的任务,政府对经济进行干预是必要的。

目前,新古典学派和新凯恩斯学派的争论仍然在延续。在这些理论中,无论哪一种观点都未能得到普遍的接受,也没有遭到普遍的拒绝。宏观经济理论学派之争是宏观经济学的又一大特色,这也是与微观经济学不同的地方。值得注意的是,对于学术上的学派之争来讲,谁对谁错并不重要,因为没有争论就没有学术的发展。反过来说,正是由于宏观经济学中不断出现的针锋相对的"派别之争",宏观经济学才会有今天的发展,宏观经济学的多样性和丰富性才得以保留下来,人们对客观世界的认识才有可能不断深化。但是,由于宏观经济学的"派别之争",宏观经济学会出现完全不同的假设条件和逻辑体系,不同学派的宏观经济学教科书在理论结构上也往往会有很大的差别,这无疑增加了学习宏观经济学的难度。在这里,要强调的是,学习宏观经济学的目的并不是要我们当裁判来判定学派之间的是是非非,而主要是要理解它们的逻辑体系和研究方法,这样才能真正对认识和把握宏观经济的运行有所帮助。

本章小结

本章主要阐述了宏观经济学的概念、研究对象、基本问题以及宏观经济学的基本假设和研究方法,简单介绍了宏观经济学的形成和发展以及宏观经济学领域存在的基本共识和争议,使学生对宏观经济学有一个初步和总体的印象,为以后的学习打下基础。

关键术语

宏观经济学　总量分析法　古典学派　新古典学派　货币主义　理性预期学派　新凯恩斯学派

练习题

1. 宏观经济学研究的对象是什么?简述宏观经济学与微观经济学的关系。

2. 宏观经济学的研究方法是什么？
3. 宏观经济学是围绕哪几个经济运行目标展开的？
4. 什么是合成谬误？举例说明在宏观经济学中为什么把局部正确的东西推而广之会导致错误的结论。
5. 宏观经济学研究哪些基本问题？
6. 宏观经济学是如何产生的？宏观经济学主要经历了哪些主要的发展阶段？

第二章 国民收入核算理论

◎ 学习目的与要求

本章阐述了国内生产总值的含义和计算、国民收入核算的指标体系、国内生产总值指标的局限、国民收入流量循环模型与国民收入恒等关系等内容。

通过本章学习,理解并掌握国内生产总值的含义及计算,了解国内生产总值和国民生产总值、个人收入和个人可支配收入的区别与联系,理解并掌握国民收入基本恒等式,理解国内生产总值指标的缺陷及其完善。

微课:GDP 的对与错

宏观经济学是通过分析和研究以国民收入为核心的总量指标,来揭示国民经济总体运行规律的。因此,如何衡量国民收入,即国民收入核算,就成为宏观经济学最基本、最基础的问题。理解这部分内容,对以后的宏观经济分析尤其具有重要的意义。

经济学家和科学家有许多相似之处,他们都想弄清楚自己周围的世界发生了什么。他们依赖理论和观察。他们建立理论以图理解他们所看到的事情,然后,他们转向更为系统的观察,以便评价理论的正确性。只有当理论与观察到的事实一致时,理论才是正确的。非正式的观察是关于经济中正在发生的事情的一个信息来源。当你去购物时,你会注意到有些物品的价格下降了,有些物品的价格上升了。当你乘坐地铁时,你会发现有些时间地铁很拥挤,有些时间则有很多空座位。一个世纪以前,经济学家监测经济,除了这种非正式观察外,几乎没有更多的办法。这种零碎的信息使得制定经济政策很困难。很可能一些人的见闻表明经济正在向某一方向运行,而另一些人的见闻则表明经济正朝相反的方向运行。经济学家需要以某种方式把许多个体的经历结合成能够清楚表达经济运行趋势的整体,这就产生了对经济数据的需求。

今天,经济数据提供了系统而客观的信息来源。宏观统计数据多数是政府编制的。各种政府机构对家庭和企业进行调查。根据这些调查,政府计算出概括经济状况的各种统计数据。中国国家统计局负责中国宏观相关经济数据的调查、统计和发布。经济学家用这些数据研究经济,政策制定者用这些数据监控经济发展并制定相关政策。

国民收入核算体系(national account system)设计的背景是美国大萧条和第二次世界大战期间政府的经济计划,初衷是为了准确度量一个国家的宏观经济总量。1947年,美国正式出版了国民收入核算体系。1952年,联合国出版了国民收入核算体系和相关表格。① 目前,国际通用的国民经济核算标准是由联合国、国际货币基金组织、世界银行、欧盟统计局、经济合作与发展组织联合制定的,2008年发布的《国民账户体系2008》。

本章我们将学习国民收入核算体系的核心指标——国内生产总值的概念、核算方法,国民收入核算体系的其他指标及国民收入恒等式,为以后的学习打下基础。

第一节 国内生产总值的核算

宏观经济学研究整个社会的经济活动。要分析一个国家的宏观经济运行状况,首

---

① A System of National Accounts and Supporting Tables.

先必须研究该国的国民收入核算。在国民收入核算体系中，最基本的总量指标是国内生产总值（gross domestic product，GDP），它是反映一个国家（或地区）国民经济总体水平的最常用的总量指标。

一、国内生产总值的概念

国内生产总值是指一个国家（或地区）在本国领土上，在一定时期内所生产的全部最终产品和劳务的市场价值的总和。

对于国内生产总值的理解应该注意以下几方面。

1. GDP 计算的是市场价值的总和

GDP 不是把不同最终产品和劳务的数量简单相加，而是把不同最终产品和劳务的市场价值相加。而各种最终产品和劳务的价值都是用货币加以衡量的，各种产品的市场价值就是用这些最终产品和劳务各自的单位价格乘以产量得到的。假定某国 1 年生产 20 万件上衣，每件上衣售价 50 美元，则该国 1 年生产上衣的市场价值就为 1 000 万美元。

2. GDP 测度的是最终产品和劳务的价值，不包括中间产品

按生产阶段的不同，所有产品和劳务均可划分为最终产品或中间产品。最终产品是指在此阶段生产出来后就归消费者直接消费和扩大再生产用的产品和劳务；中间产品是指在此阶段生产出来后还要作为生产要素继续投入生产过程中的产品和劳务。为了避免重复计算，在 GDP 中只包括最终产品的价值，而不包括中间产品的价值。我们以消费品中的面包生产为例来说明，如表 2-1 所示。

表 2-1　面包增值计算表　　　　　　　　　单位：千美元

生产阶段	产品价值(1)	中间产品价值(2)	增值(3)=(1)-(2)
小麦	8	—	8
面粉	11	8	3
烘烤的生面	20	11	9
面包	30	20	10
合　计	69	39	30

在面包生产的四个阶段中，小麦、面粉和烘烤的生面都是中间产品，只有面包才是最终产品。因此，只有面包的价值才能计入 GDP，而作为中间产品的小麦、面粉和烘烤的生面的价值都不能计入 GDP。在此，计入 GDP 的值应为 3 万美元，而不是 6.9 万美元。实际生活中，许多产品既可以作为最终产品也可以作为中间产品，例如，家庭用的电是最终产品，而工业用的电则是中间产品。为了准确进行核算，在计算最终产品的价值时可以采用增值法，即只计算各生产阶段的增值部分。先把各阶段所生产的产品的价值减去所用的中间产品的价值即为该阶段的增值，然后加总各阶段的增值即为应计入 GDP 的数值。在上例中，面包生产的四个阶段的增值加总为 3 万美元，与最终产品面包的价值相等。

3. GDP 是一定时期内所生产的而不是所售出的最终产品和劳务的价值

例如，某企业 2016 年生产了价值为 100 万美元的产品，但是只卖掉 80 万美元的产品,所剩下的价值20万美元的产品可以被看作是该企业买下来的存货投资,因此,这20万美元未售出产品同样应该计入该年的GDP。而如果该企业2017年生产了价值100万美元的产品,却售出了价值120万美元的产品,那么计入该年GDP的仍然是100万美元,只是2016年的库存减少了20万美元。

4. GDP 中的最终产品不仅包括有形的产品,而且包括无形的产品——劳务

如旅游、服务、卫生、教育等行业提供的劳务,也要按其所获得的报酬计入国内生产总值中。

5. GDP 是一个地域概念

GDP 是一国范围内生产的最终产品和劳务的市场价值,因此,是一个地域概念。而与此相联系的国民生产总值(gross national product, GNP)则是一个国民概念,它是指某国国民所生产的最终产品和劳务的市场价值。因此,一个在中国工作的美国公民的收入要计入美国的 GNP 中,但不计入美国的 GDP,而计入中国的 GDP;反之,一个在美国开展业务的中国公司取得的利润,则是中国 GNP 的一部分,而不是美国 GNP 的一部分,但它却可以计入美国的 GDP。所以,如果某国的 GNP 超过 GDP,就说明该国国民从外国获得的收入超过了外国国民从本国获得的收入,而 GDP 超过 GNP 时,说明的情况则正好相反。

二、国内生产总值的核算方法

在西方国家的核算体系中,核算国内生产总值的方法主要有三种:产出法、支出法和收入法。在这里我们介绍两种常用核算国内生产总值的方法,即支出法和收入法。

(一) 支出法

支出法是根据购买最终产品和劳务的总支出来求得 GDP 的方法。最终产品的购买者就是最终产品的使用者。现实生活中,最终产品的使用者有居民、企业、政府以及国外的居民、企业和政府。所以,用支出法核算 GDP,就是要核算一个经济社会(即一个国家或一个地区)在一定时期内消费、投资、政府购买以及净出口这几方面的支出总和。即:

$$GDP = C + I + G + (X - M) \qquad (2-1)$$

式(2-1)中: C 表示消费; I 表示投资; G 表示政府购买; $(X-M)$ 表示净出口。按支出法计算 GDP 的主要项目如表2-2所示。

表2-2 按支出法计算 GDP 的主要项目

消费支出	投资支出	政府支出	净出口
(1) 耐用品支出 (2) 非耐用品支出 (3) 劳务支出	(1) 固定投资 (2) 存货投资	各级政府的购买	(1) 出口(+) (2) 进口(-)

1. 消费支出

消费支出(consuniption expenditures)是指本国居民一定时期内对最终产品的购买支出,包括购买耐用品的支出,如洗衣机、电冰箱、空调、小汽车等;购买非耐用品的支出,如食品、服装、药品、汽油等;购买服务的支出,如理发、医疗、法律咨询等。居民购买住宅的支出不包括在消费支出内,它是投资支出的一部分。

2. 投资支出

投资支出(investment expenditures)是指一定时期内增加或更换资本资产的支出。投资也称为资本的形成。投资支出包括固定投资和存货投资两大类。

固定投资分为固定资本投资和住宅投资。固定资本投资是指生产用的建筑物和对机器设备的投资。住宅投资是用于建造新的居民住宅的投资。住宅是一种十分耐用的产品,它的效用在其很长的"寿命"期间缓慢地发挥出来,由于这种原因,住宅投资被计入投资支出,而不被计入消费支出。GDP中的投资是总投资,包括净投资和重置投资。重置投资是对生产过程中已消耗掉的那部分资本存量的补偿,净投资是指资本存量的增加量。

存货投资是指企业所掌握的存货价值的增加(或减少)。假定年初全国企业的存货为5 000万美元,年末的存货为6 000万美元,那么这一年的存货投资为1 000万美元。存货投资可能是正值,也可能是负值,这是因为年末存货价值可能大于也可能小于年初的存货。

必须注意,经济学中投资的含义与人们日常生活中所说的投资不尽相同。一般人们平常所说的投资含义较广。购买厂房设备是投资,购买土地、二手房屋以及股票与债券、旧货,都是投资。从个人角度来看,这些是个人财产的增加,但就整个社会来看,购买土地、二手房屋、股票、债券只不过是产权的转移,并未使社会资产有任何增加,所以不能算作投资。

3. 政府购买

政府购买(government consumption expenditures)是指中央政府和地方政府购买产品和服务的支出。政府进行国防建设、维持社会治安、修筑公共道路、开办学校等方面的支出都包括在内。政府购买的另一部分如转移支付(失业保险金、退休金、抚恤金等福利性支出)、国债利息等都不计入国内生产总值之内。政府转移支付(goverment transfer payments)并不代表产品与劳务的购买,仅仅是把货币从政府转移给居民。换言之,转移支付是政府不以取得产品与劳务为目的的支出,不包括在政府购买之内。

4. 净出口

净出口(net exports)是指一国出口额与进口额的差额。出口是本国向国外提供产品和劳务,即国外对本国所生产的产品和劳务的购买,它也属于本国产品和劳务的最终使用,因而也必须计入GDP。进口是本国购买国外生产的产品和劳务,也就是说,在本国居民、企业和政府的支出中有一部分是国外生产的产品和劳务,因而为了准确地计算GDP,应从出口额中减去进口额,故计入总支出的应是净出口。净出口可能是正值,也可能是负值。

(二) 收入法

收入法是通过计算出售所有最终产品和劳务而获得的总收入来核算国内生产总值的方法。它是从要素收入或成本的角度来核算GDP的。严格意义上说,最终产品的市场价值中除了生产要素的收入所构成的成本,还有间接税、折旧、公司未分配利润等部分。因此,用收入法核算的国内生产总值应该包括以下一些项目。

1. 工资、利息和租金等生产要素的报酬

工资包括所有工作的酬金、津贴和福利费,也包括工资收入者必须缴纳的个人所得税及社会保险税。

利息是指人们给企业提供货币资金所得到的利息收入,如银行存款的利息、企业债券利息等。不过,政府公债的利息及消费信贷利息不包括在内。

租金包括在一定时期内出租土地、房屋等资源或物品使用权所获得的租赁收入及专利、版权等收入。

2. 非公司企业主收入

如医生、律师、农民和小业主等个体从业者的收入为非公司企业主收入。他们使用自己的资金,为自己工作,其工资、利息、利润、租金常常被混在一起作为非公司企业主收入。

3. 公司税前利润

公司税前利润包括公司所得税、社会保险税、股东红利以及公司未分配利润等。

4. 企业转移支付及企业间接税

企业转移支付及企业间接税虽然不是生产要素创造的收入,但要通过产品价格转嫁给购买者,所以一般也将其看作成本。企业转移支付包括对非营利组织的社会性慈善捐款和消费者呆账;企业间接税包括货物税或销售税、周转税。

5. 资本折旧

资本折旧虽然不是要素收入,但包括在总产出中,所以也应计入GDP。

这样,按照收入法来计算GDP的计算公式为:

$$GDP = 工资 + 利息 + 利润 + 租金 + 间接税和企业转移支付 + 折旧$$

从理论上说,按收入法计算出的GDP和支出法计算出的GDP是相等的。但在实际核算过程中得到的GDP总存在一定的差异,这是由于数据来源不同,可能存在某些重复计算、遗漏甚至错误,一般以支出法为主,其后运用收入法进行修正。

三、总产出、总收入与总支出

产出法、支出法和收入法对GDP的测量能够得出相同的结论并非偶然,它反映了经济系统中不同部门之间的相互关系。产出、收入与支出存在以下两个关系。

1. 总产出必然等于总收入

一个经济体系在一定时期所生产物品和劳务的价值总量,实际上是使用各种生产要素(劳动、资本、土地等)创造出来的。每类要素按其边际生产力得到工资、利润、利息、地租等报酬,并且所有要素的报酬支付正好把产品价值分配净尽。从整个社会生产的角度来看,总产出的价值就构成所有生产要素的总收入。从生产或供给的角度看,总收入代表产品和劳务的总供给量。

以一个纺纱企业为例。假定棉农生产20万美元的棉花,并假定这20万美元都是新增价值,那么,这20万美元实际就是生产棉花所投入的生产要素(土地、资本、劳动)

共同创造的价值。假定这20万美元的棉花卖给纺纱厂,纺纱厂经加工后以25万美元卖出,新增价值5万美元,这5万美元是纺纱厂所投入的生产要素创造的。由于生产要素要取得报酬,使用工人要支付工资,使用土地要支付地租,使用资本要支付利息,这些要素报酬就等于这些要素在生产中的贡献,因而5万美元的新增价值全部转化为要素供给者的收入。假定工资是2万美元,利息1.5万美元,地租0.5万美元,企业所有者的利润显然是1万美元。因此,产出(增加值)和收入总是相等的。

2. 总产出必然等于总支出

要素所有者在获得收入之后,就会用其购买自己所需要的各种产品和服务,满足自己的需要。从而,总收入又返回来形成对总产出的购买。这种购买额就是社会的总支出。从全社会看,总产出必定等于购买最终产品的总支出。从购买或需求角度看,总支出代表对总产品的需求量。

假如社会某年生产了10 000亿美元最终产品,只卖掉8 000亿美元。在国民收入核算中,未卖掉的2 000亿美元产品仍被看作是本企业的存货投资。由于企业把存货变化也看作是自己购买自己产品的投资支出,因此,总支出就不是8 000亿美元,而是10 000亿美元了。根据会计规则,最终产品购买者的支出必然等于最终产品的销售收入。

由此,在任一给定时期内,有下列恒等式:总产出=总收入=总支出。该式为国民收入账户的基本恒等式,它构成国民收入账户的基础。

四、实际 GDP 和名义 GDP

国内生产总值(GDP)是一个国家(或地区)在本国领土上在一定时期内所生产的全部最终产品和劳务的市场价值总和。因此,GDP 的变动受到两方面因素的影响:一方面是一国在一定时期所生产的最终产品和劳务的数量变动;另一方面是最终产品和劳务本身的价格变动。为了分清 GDP 的变动究竟是由产量变动引起的还是由价格变动引起的,就有必要区分名义国内生产总值和实际国内生产总值两个概念。

国内生产总值根据计算时采用的是现行价格还是不变价格,分为名义国内生产总值和实际国内生产总值。名义国内生产总值(nominal GDP)是用生产产品和劳务的当年价格计算的全部最终产品和劳务的市场价值总和。实际国内生产总值(real GDP)是指用以前某一年作为基期的价格计算出来的全部最终产品和劳务的市场价值总和。

假设某地区生产的最终产品以香蕉和理发服务来代表。两种商品在2016年(基期)和2017年(现期)的价格和产量分别如表2-3所示。

表 2-3　名义 GDP 和实际 GDP 的关系

	2016 年名义 GDP	2017 年名义 GDP	2017 年实际 GDP
香蕉	100 千克×1 美元=100 美元	200 千克×1.5 美元=300 美元	200 千克×1 美元=200 美元
理发	50 次×3 美元=150 美元	100 次×4 美元=400 美元	100 次×3 美元=300 美元
合计	250 美元	700 美元	500 美元

2017年名义 GDP 和实际 GDP 的差别,反映出现期和基期的价格相比时价格变动

的程度。如上例中，700÷500×100%＝140%，说明从2016—2017年该地区价格水平上升了40%，宏观经济学将140%称为GDP折算指数，它是名义国内生产总值与实际国内生产总值的比率。即：

$$GDP\ 折算指数 = (名义GDP \div 实际GDP) \times 100\%$$

如果知道了GDP折算指数，就可以将名义国内生产总值换算成实际国内生产总值，其计算公式为：

$$实际GDP = 名义GDP \div GDP\ 折算指数$$

GDP折算指数是重要的物价指数之一，能反映通货膨胀的程度。

宏观经济学的分析通常是以实际国内生产总值为基础的。例如，在研究经济增长率时，要根据实际国内生产总值。这是因为名义国内生产总值既反映了实际产量的变动，又反映了价格变动。实际国内生产总值只反映产量的变动。只有根据实际国内生产总值，才能准确地反映一国经济的实际增长情况。如上例中，从2016—2017年，GDP名义上从250美元增加到700美元，名义上增加了180%[(700－250)÷250×100%]，而实际上只增加到500美元，就是说如果扣除物价变动因素，GDP只增加了100%[(500－250)÷250×100%]。按名义国内生产总值计算的增长率中，大部分是由于价格水平上升引起的，只有按实际国内生产总值计算的增长率，才能反映产量的变动情况。

第二节　国民收入核算中的总量指标及评述

一、五个总量指标及其相互关系

国民收入核算体系包括一系列总量指标和明细账户，全面反映一国或地区国民经济运行的情况。在这个体系中，有五个基本的总量指标，国内生产总值是最基本、最重要的总量指标，除此之外，还有四个与国内生产总值相关的重要总量指标：国内生产净值、国民收入、个人收入、个人可支配收入。

(一) 其他四个总量指标的概念

国内生产净值(net domestic product，NDP)是指一国1年内新增加的产值，即国内生产总值扣除折旧后的余额。

国民收入(national income，NI)是指一国1年内用于生产的各种生产要素所得到的全部收入，即工资、利润、利息和地租的总和。需要注意的是，国民收入这一概念有广义和狭义两种。广义国民收入可以代表五个总量。宏观经济学中有"国民收入核算理论""国民收入决定理论"，这里的国民收入都是广义的概念。当说到五个总量中的国民收入指标时国民收入是狭义的，即上述的国民收入。

个人收入(personal income，PI)是指一国1年内个人从各种来源所得到的全部收入的总和。

个人可支配收入（personal disposable income，PDI）是指一国1年内可以由个人支配的全部收入。

（二）国民收入核算中五个基本总量的关系

1. 国内生产总值和国内生产净值的关系

$$NDP(国内生产净值) = GDP(国内生产总值) - 折旧$$

在计算 GDP 时，尽管只计算最终产品的价值，但还是存在重复计算，折旧这部分价值被重复计入 GDP。折旧作为资本消耗的补偿，它包括在总投资中，但它并未增加资本存量。总投资-折旧=净投资。国内生产总值 GDP 包括了总投资，而国内生产净值 NDP 只包括净投资。

2. 国民收入和国内生产净值的关系

$$NI(国民收入) = NDP(国内生产净值) - 间接税 - 企业对外转移支付 + 政府对企业转移支付$$

NI 与 NDP 的统计内容一致，但核算方法不同。NI 是按要素的成本计算的，NDP 是按市场价值计算的。按市场价值计算的 NDP 需要扣除企业交给政府的间接税和企业对外转移支付，再加上政府对企业的转移支付（补助金），才构成企业所有要素的收入。这是因为间接税和企业对外转移支付虽构成产品价格，但不成为要素收入，所以要扣除。而政府对企业的转移支付虽不列入产品价格，但成为要素收入，故应加上。

3. 国民收入和个人收入的关系

$$PI(个人收入) = NI(国民收入) - 公司所得税 - 公司未分配利润 - 社会保险税 + 政府、企业对个人的转移支付 + 政府债券利息$$

国民收入（要素报酬）并不会都给个人，这是因为公司的利润收入中要向政府缴纳公司所得税，还要留出一部分用于企业自身发展，最后只有一部分利润以股息和红利的形式分配到个人。社会保险税是企业从工人工资或股东的股息中扣除的必须上缴给政府的部分，不能归生产要素提供者个人所得。同时，人们也会以失业救济金、职工困难补助、退伍军人津贴等形式从政府和企业得到转移支付，政府支付给居民的公债利息等归个人所得。因此，从国民收入中减去公司所得税、公司未分配利润、社会保险税，加上政府、企业对个人的转移支付和政府债券利息就是个人收入。

4. 个人收入和个人可支配收入的关系

$$PDI(个人可支配收入) = PI(个人收入) - 个人纳税额$$

在个人收入中，有一部分不由个人支配，即个人纳税部分必须上缴给政府。因此，个人可支配收入是个人收入扣除个人纳税额后的余额。个人可支配收入可用于消费和储蓄。

二、国内生产总值指标的缺陷及其校正

国内生产总值作为现行国民收入核算体系中主要的宏观经济统计指标，由于能够反映多方面、多层次的宏观经济状况而备受人们关注，目前已被广泛应用在宏观经济分析中。但是国内生产总值的统计也存在着一些不足。

(一) GDP 不能全面地反映总体经济活动，一些经济活动没被计入 GDP

1. GDP 是按商品和劳务的市场交易价格计算的，因此非市场交易活动无法被计入

在许多国家，特别是经济不发达的国家，存在着大量非市场交易活动，如自给性的生产与劳务、物物交换等，这些活动虽然也创造了商品，但其价值没有通过市场交换表现出来，因而就无法计入 GDP。一个国家市场化程度越低，GDP 的遗漏就越大。

2. 非法经济活动没有计入 GDP

许多国家都不同程度地存在着一些非法经济活动，例如，地下工厂的生产、为了偷税、漏税不向政府上报的经济活动、黑市交易等。这些经济活动虽然经过市场交换，有价格，但没有公开，也无法计入 GDP。

专栏 2-1　寻找隐蔽的地下经济

这里有一个我最近如何参与地下经济的简单而不起眼的故事：

在 2004 年冬天最冷的一天的午后，一个人敲我家的前门。他问道："要清扫雪道吗？只要 5 美元。"

外面是冷风刺骨的华氏 15 度。我说："好吧。"半个小时后我给他 5 美元钞票，并感谢他为我省了不少麻烦。

在官方看来，这是非官方的交易——没有记录，没有交税，也没有遵守安全管制（至少我认为这种临时雇用不必烦琐地报告收入或到相应的机构登记）。就其本身而言，在技术上这是非法的。当然，这只是一直在发生的一种事情。

2004 年按国内生产总值 (GDP) 衡量，美国官方经济的规模将近 12 万亿美元。对非官方经济的衡量——不包括毒品交易和卖淫这类非法活动——却有很大差异。但是，普遍认为非官方经济的规模相当大——占 GDP 的 6%～20%。按中间值计算，一年大约是 1.5 万亿美元。

按广义的定义，地下经济、灰色经济、非正式经济或影子经济包括合法但没有报告或记录的交易。这是一张大网，包括从照料孩子的费用到与邻居一起修缮房屋的物物交易，再到月光下即兴表演没有报告的收费等。"地下"这个标签使这些事看起来比其实际情况邪恶得多。

犯罪活动构成了可以称为总地下经济的大部分，关于毒品交易、卖淫、赌博的经济学的研究有许多。但是，由于来自犯罪的钱财几乎从未被披露过，所以许多决策者更关心地下经济中不向当局隐瞒本来就是合法的那一部分，如清扫雪道这样的事。

尽管它不正当，但非正式经济的重要性及其后果也仍然是有争议的。原因正如威斯康星大学的经济学家 Ed Feige 所说的，"你要去衡量的这种现象，其全部目的就在于不被发现"。

这种不确定性给决策者带来了难题。不了解地下经济的规模、范围和原因,他们如何能决定对它做点什么呢——如果能做点什么的话?

那个给我清扫雪道的人所做的从社会角度来看是正的活动还是负的活动?我所做的呢?不必多说,某些经济学家终其一生来回答关于地下经济的问题,但是,仍然没有对其规模或描述达成一致意见……

经济学家普遍认为,发展中国家的影子经济更严重,这些国家官僚作风和腐败是臭名昭著的。例如,经济学家 Friedrich Schneider 在 2003 年出版的《影子经济》中(广义定义为所有市场上的、有意避开当局的合法的物品与服务的生产)对以下国家的影子经济进行了估算,津巴布韦影子经济占 GDP 的 63%,泰国占 GDP 的 54%,玻利维亚占 GDP 的 68%,如表 2-4 所示。这些国家的地下经济平均占 GDP 的 40.1%,相比之下,这一比例在西方国家平均为 16.7%……

表 2-4　地下经济的国际差异

国家	地下经济占 GDP 的百分比
玻利维亚	68%
津巴布韦	63%
秘鲁	61%
泰国	54%
墨西哥	33%
阿根廷	29%
瑞典	18%
澳大利亚	13%
英国	12%
日本	11%
瑞士	9%
美国	8%

研究型作家 Eric Schlosser 在其 2003 年的著作——《冷藏的愤怒:美国黑市上的性、毒品和廉价劳动力》中援引亚当·斯密的"看不见的手"理论,即人们追求自己的私利将给整个社会带来利益。这只看不见的手产生了相当大规模的地下经济,而我们如果不了解隐蔽经济如何起作用,就不能了解我们的整个经济制度。Schlosser 写道:"地下经济很好地衡量了一个国家的进步和健康程度。当许多事情是错误的时候,就需要将其隐藏起来。"Schlosser 这句话的含义是,美国的许多事是错误的。如果他从全球的角度看,他可能就会觉得相对而言美国其实隐藏得并不多。

(二) GDP 不能准确地反映人们的福利状况

人类行为的目标是获得尽可能多的福利。GDP 反映了总产量水平及其变化,但是人们所得到的福利却不一定和总产量同方向变化。例如,产量的增加有可能伴随着人们闲暇时间的减少,闲暇所带来的福利就会减少;产品质量的提高和产品结构的改进会增加人们的福利,却不一定表现为总产量的增加;产品分配的情况也会影响到人们的福利状况,总产量却无法反映;总产量增加的同时往往带来污染、噪音、交通拥挤的增加,这样,在 GDP 增加的同时,社会福利却有可能减少。

(三) GDP 不能反映环境污染和资源消耗

GDP 只顾追求产品成果,而不管耗费了多少自然资源和污染环境,不能衡量环境质量,甚至将环境质量下降作为经济的贡献。例如,某个工厂在某种产品生产中污染了河流,一方面生产该产品创造的价值计入了 GDP,另一方面治理污染使河流变清而发生的支出也计入 GDP。其实,花费了一大笔支出,使河流变清恢复到产品生产以前的状态,并没有增加任何新的财富或福利。

专栏 2-2 罗伯特·肯尼迪 1968 年竞选总统时关于 GDP 的演讲

在参议员罗伯特·肯尼迪 1968 年竞选总统时的一篇演讲中,他对国内生产总值(GDP)讲了以下一段话:

(国内生产总值)并没有考虑到我们孩子的健康、他们的教育质量或者他们游戏的快乐。它没有包括我们的诗歌之美或者婚姻的稳定,没有包括我们关于公共问题争论的智慧或者我们公务员的廉洁。它既没有衡量出我们的勇气、我们的智慧,也没有衡量出我们对祖国的热爱。简言之,它衡量一切,但并不包括使我们的生活有意义的东西,它可以告诉我们有关美国人的一切,但没有告诉我们,为什么我们以作为美国人而骄傲。

鉴于国内生产总值指标在反映福利方面的上述局限性或缺陷,一些经济学家提出对国内生产总值指标的统计项目进行调整。如美国经济学家诺德豪斯(Nordnhaus)和托宾提出了"经济福利尺度"(measure of economic welfare,MEW),对 GDP 进行校正,他们对 GDP 的调整可以归结为三类指标:加上闲暇、加上地下经济、减去环境破坏。后来,萨缪尔森又提出"纯经济福利"(net economic welfare,NEW),用于对 GDP 进行校正和补充。还有人提出要减去国防开支。

"经济福利尺度"和"纯经济福利"的含义是一样的,都是反映人们实际得到的福利状况的指标。诺德豪斯、托宾和萨缪尔森根据美国的统计资料指出:按人口平均的经济福利尺度或纯经济福利的增长要比国内生产总值的增长慢,而为了取得经济福利尺度或纯经济福利的增长,往往要牺牲一些国内生产总值的增长。

专栏 2-3 绿色 GDP

研究经济问题最终是为了利用有限资源实现福利的最大化。社会福利改善不仅包括可用的产品和劳务的增加,还包括社会公平、优美的环境、民主自由的政治、丰富的文化生活等内容。GDP 仅仅反映可供消费的产品和服务数量的变化,是最重要的宏观经济指标,但是还不能够全面反映社会福利水平的提高。正是因为存在这些不足,联合国提出绿色 GDP 的概念,要求把环境改善等因素考虑到经济发展当中来。

绿色GDP的概念是衡量一国可持续发展能力的指标。1993年,联合国经济和社会事务部统计处在修改后的《国民经济核算体系》中,首次提出这一新的统计概念。

绿色GDP是在传统GDP概念的基础上,考虑外部影响和自然资源等因素后得出的新GDP数值,反映一国经济发展所带来的综合福利水平,也被称为可持续发展的国内生产总值(sustainable gross domestic products),其计算方法可以表示为:

绿色$GDP = GDP - $(环境恶化带来的价值损失 + 自然资源消耗带来的价值损失)

当绿色GDP的增长快于GDP时,意味着自然资源得到节约、环境条件得到改善,这种发展方式具有可持续性,有利于福利水平的不断提高;反之,当GDP的增长快于绿色GDP时,则意味着经济的发展是以自然资源过度消耗、环境条件不断恶化为条件的,这种发展方式是不可持续的,不利于福利水平的提高。

绿色GDP经过了环境因素的调整,能够更真实、科学地反映国民福利水平的变化。但是,人们很难为自然资源消耗和环境恶化确定一个合理的价格,无法准确地统计绿色GDP的数值。到目前为止,还没有哪个国家正式公布绿色GDP的数据,但可以肯定地说,采用绿色GDP的指标是发展的必然趋势。

长期以来,我国坚持以经济建设为中心,追求经济的快速发展,相对忽视了资源利用、环境保护等问题。现在,国内开始重视这个问题,提出要实现可持续发展,实现社会的全面发展。

第三节 国民收入流量循环模型与国民收入核算恒等式

国民经济总体是由很多经济系统构成的,各系统的运行及其相互关系,形成了国民经济的循环流转。国民经济收入流量循环模型说明了国民经济各系统之间是如何联系的,它是宏观经济分析的框架,也为国民收入核算提供了理论基础。为了简化分析,我们不考虑折旧,也不考虑间接税和企业的转移支付。

一、两部门经济的收入流量循环模型及恒等关系

两部门经济是指只有家庭和厂商两个部门的经济。在分析之前先做两个假设:
(1) 经济是封闭的,不存在对外贸易。
(2) 政府没有介入经济活动。

在两部门经济中,家庭向厂商提供各种生产要素,包括劳动、资本、土地和企业家才能,从企业得到生产要素的报酬,包括工资、利息、地租和利润;厂商组合各种生产要素生产出商品和劳务后提供给家庭,家庭用得到的收入购买厂商生产的商品和劳务。家庭和厂商之间的关系,如图 2-1 所示(储蓄用 S 表示)。

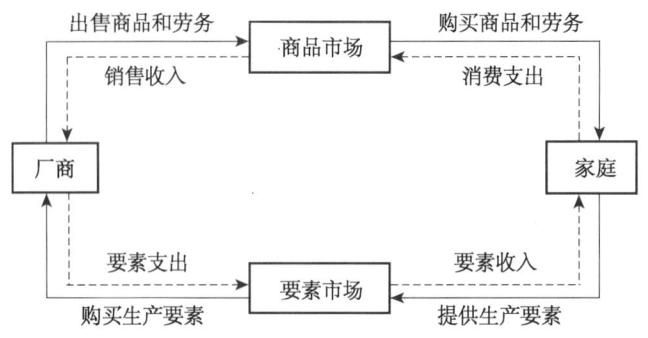

图 2-1 两部门经济循环模型($S=0$)

现实经济生活中,由于各种原因,如有人习惯节俭,有人要为将来购买贵重物品而攒钱,有人要为老年生活做准备等,家庭会把收入中的一部分用作当期消费,而把另一部分作为延期消费,或储蓄起来存入金融机构,或购买企业的股票和债券。企业除了获得家庭购买商品和劳务的支出外,还可以把家庭的储蓄转化为企业的投资。

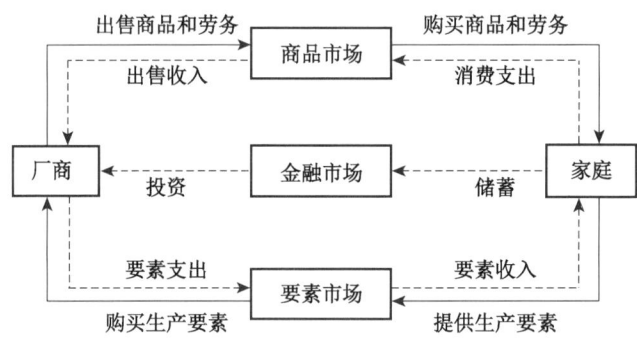

图 2-2 两部门经济循环模型($S>0$)

图 2-2 中,厂商将其所有商品和劳务的销售收入作为要素支出,支付给要素所有者——家庭。家庭将要素收入首先要用于消费支出,剩余部分作为储蓄。企业为了维持或扩大再生产,必然要把家庭的储蓄吸收到企业,用于企业投资。个人储蓄向企业投资的转化是通过金融市场进行的,有两条基本途径:

(1)家庭直接购买企业的股票和债券。企业直接把居民不用于现期消费的闲置资金集中起来,用于购买投资品。

(2)家庭把暂时不用的钱存入银行或其他金融机构,通过中间环节再把钱贷给企业,以用于企业投资。

有了储蓄和投资后,国民经济除了商品市场和要素市场外,还增加了金融市场。

根据上述模型,我们可以从总支出和总收入两个角度来考察国民收入(总产出)的决定。

从总支出角度看,一国的总产出是消费和投资的总和。因此:

$$总产出 = 消费 + 投资$$

以 Y 代表总产出，C 代表消费，I 代表投资，则上式可写为：

$$Y = C + I \tag{2-2}$$

从总收入角度看，一国的总产出是由各种生产要素生产出来的，可以说是生产过程中所投入的各种生产要素的总和，即劳动、资本、土地、企业家才能的总和。这些生产要素的总和可以用各种生产要素相应得到的收入总和，即工资、利息、地租、利润的总和来表示。这些收入又可分为消费和储蓄两个部分。因此：

$$\begin{aligned}总产出 &= 各种生产要素获得的收入总和\\ &= 工资＋利息＋地租＋利润\\ &= 消费＋储蓄\end{aligned}$$

以 S 代表储蓄，则上述公式可写为：

$$Y = C + S \tag{2-3}$$

总产出＝总支出＝总收入，即：

$$C + I = C + S$$

或

$$I \equiv S \tag{2-4}$$

这就是储蓄—投资恒等式。

必须明确的是，上述储蓄-投资恒等式是根据储蓄和投资的定义得出来的。根据定义，总支出等于消费加投资，总收入等于消费加储蓄，总支出等于总收入等于总产出。于是，就可以得出储蓄-投资恒等关系。这里所讲的储蓄和投资恒等，是从国民收入会计角度看的，事后的储蓄和投资总是相等的。

二、三部门经济的收入流量循环模型及恒等关系

三部门经济是指在两部门经济的基础上增加了政府部门，包括家庭、企业和政府三个部门的经济。政府在经济中的作用主要是通过政府的收入和支出来体现的。政府的收入来自税收，税收主要包括两类：一类是直接税，这种税是对财产和收入征收的税，如个人所得税、财产税等；另一种是间接税，这种税是对商品和劳务所征收的税，如商品税、营业税、进口税等。政府支出包括政府对商品和劳务的购买、转移支付和国债利息的支出。转移支付属于政府福利支出，这种支出把一部分购买力无偿地转移给有困难的或合乎某种特殊规定的人，比如，政府把钱支付给退伍军人、残疾人、困难户、失业者等都是转移支付。

在三部门经济条件下，国民经济的循环流转，如图 2-3 所示。

三部门经济中，从总支出角度看，总产出是消费、投资和政府购买的总和。因此：

$$总产出 = 消费＋投资＋政府购买$$

若以 G 代表政府购买，则上式可写为：

$$Y = C + I + G \tag{2-5}$$

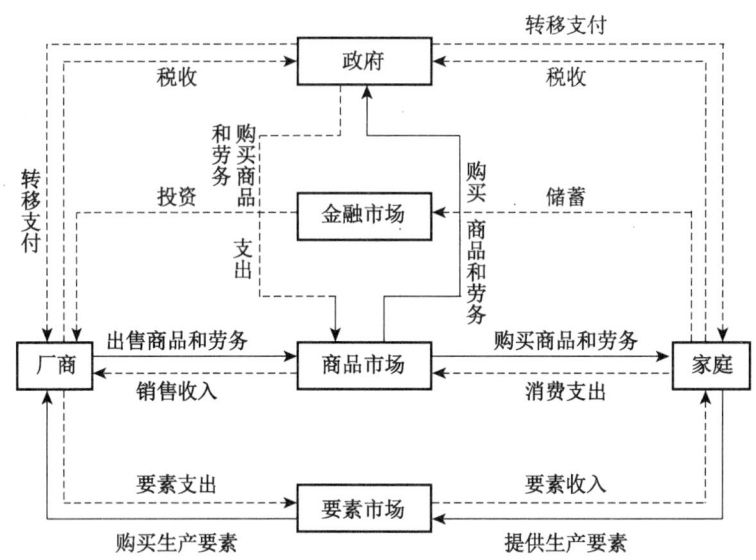

图 2-3 三部门经济循环模型

从总收入角度看,总收入是在 $C+S$ 的基础上,加上政府的税收。这样:

$$总产出 = 消费 + 储蓄 + 政府税收$$

这里政府税收是指政府的净税收收入,即税收扣除了转移支付。
若以 T 代表政府净税收收入,上述公式可写为:

$$Y = C + S + T \tag{2-6}$$

根据总产出=总支出=总收入,可得:

$$C + I + G = C + S + T \tag{2-7}$$

公式两边消去 C,得 $I+G=S+T$,或 $I=S+(T-G)$,这里的 $(T-G)$ 可看作政府储蓄,因为 T 是政府净收入,G 是政府购买,两者差额即政府储蓄。这样 $I=S+(T-G)$ 的公式,也就表示储蓄(私人储蓄+政府储蓄)和投资的恒等。

三、四部门经济的收入流量循环模型及恒等关系

四部门经济是包括家庭、企业、政府和国外等四部门的经济,即在三部门之外增加了国外部门,四部门经济也称为开放经济。现实中的经济大都是四部门经济。国外部门对国内经济的影响表现在国外向国内提供商品和劳务,本国用货币购买对本国来说就是进口;本国也可向国外提供商品和劳务,国外向本国支付货币对本国来说就是出口。四部门经济中也会有跨国的资本流动。

四部门经济中,从总支出角度看,国民收入是消费、投资、政府购买和净出口的总和。因此从支出角度看:

$$总产出 = 消费 + 投资 + 政府购买 + (出口 - 进口)$$

若以 X 代表出口，M 代表进口，则上式可写为：

$$Y = C + I + G + (X - M) \qquad (2-8)$$

净出口也可以用 NX 表示。如果一国的净出口小于零，说明这个国家的出口小于进口。

从收入角度看，总产出＝消费＋储蓄＋净税收。有：

$$Y = C + S + T \qquad (2-9)$$

根据总产出＝总支出＝总收入，可得：

$$C + I + G + (X - M) = C + S + T \qquad (2-10)$$

式(2-10)也可以看成四部门经济中的储蓄-投资恒等式，因为这一等式可以转化为：

$$I = S + (T - G) + (M - X) \qquad (2-11)$$

式(2-11)中：S 表示居民私人储蓄；$(T-G)$ 表示政府储蓄；而 $(M-X)$ 则代表外国对本国的储蓄。

本章小结

本章主要内容包括国内生产总值的含义和计算、名义 GDP 和实际 GDP 的区别和联系、国民收入核算的指标体系、GDP 指标的局限、国民收入流量循环模型与国民收入恒等关系等。理解这部分内容，对以后的宏观经济学习具有重要的意义。

关键术语

GDP　名义 GDP　实际 GDP　GDP 折算指数　总产出　总支出　总收入　中间产品　总投资　净投资　重置投资

练习题

一、思考题

1. 说明国民收入核算体系中五个基本总量的定义及其相互关系。
2. 名义国内生产总值和实际国内生产总值的关系是什么？
3. 在四部门经济中，从支出法看，社会总产出由哪几部分组成？
4. 请分析 GDP 和 GNP 的不同。
5. GDP 作为衡量各国综合国力的重要指标，存在哪些缺陷？应如何予以弥补？
6. 怎样理解总产出等于总收入以及总产出等于总支出？

二、计算题

1. 假定某国某年发生了以下经济活动：

(1) 某农场主出售一批当年生产的小麦给面包制造商，售价 20 万美元。为了生产这些小麦，农场主共支付工人 12 万美元作为工资。

(2) 面包制造商用这批小麦制造成面包出售，销售收入为 40 万美元，为此支付的工人工资为 10 万美元。

假定在小麦和面包的生产过程中不发生其他费用，要求：

(1) 用最终产品生产法计算 GDP。

(2) 在生产过程中产生的工资和利润分别是多少？用收入法计算 GDP。

2. 假设某国国内生产总值是 5 000 亿美元，个人可支配收入为 4 000 亿美元，政府预算赤字是 200 亿美元，消费是 3 600 亿美元，贸易盈余是 100 亿美元。假设企业储蓄为零。试计算：

(1) 居民储蓄。

(2) 投资。

(3) 政府支出。

3. 假设某国生产 4 种产品，它们在 2016 年和 2017 年的产量和价格分别如表 2-5 所示。

表 2-5　某国 4 种产品在 2016 年和 2017 年的产量和价格

产品	2016 年产量	2016 年价格(美元)	2017 年产量	2017 年价格(美元)
A	25	1.50	30	1.60
B	50	7.50	60	8.00
C	40	6.00	50	7.00
D	30	5.00	35	5.50

试计算：

(1) 2016 年和 2017 年的名义国内生产总值。

(2) 如果以 2016 年作为基年，则 2017 年的实际国内生产总值为多少？

(3) 2017 年的 GDP 折算指数。

4. 根据表 2-6 数据资料，用支出法计算国内生产总值。

表 2-6　某国支出数据

项目	金额(亿美元)	项目	金额(亿美元)
耐用品支出	318.4	劳务	1 165.7
厂房与设备支出	426	进口	429.9
政府购买支出	748	公司利润	284.5
工资和其他补助	2 172.7	出口	363.7
所得税	435.1	居民住房支出	154.4
非耐用品支出	858.3	企业存货净变动额	56.8

5. 假设某国公司未分配利润为0，GDP为4 800亿美元，总投资为800亿美元，净投资为300亿美元，消费3 000亿美元，政府购买960亿美元，政府预算赤字30亿美元。

试求：

(1) NDP。

(2) 净出口。

(3) 净税收。

(4) 储蓄。

三、案例分析

1. 请阅读以下材料并思考如下问题：俄罗斯和中国广东省的GDP总量对比说明了什么？广东省和俄罗斯的经济结构各有什么特点？

最近读到一篇关于俄罗斯的文章，讲这北方大国近年来不景气，经济总量和中国广东一省差不多。俄罗斯GDP大约1.3万亿美元，广东则是1.2万亿美元，考虑到经济增速，2016年广东省经济总量超过俄罗斯，应无悬念。换个比照对象，俄罗斯经济总量则相当于中国1/9。很多人看后唏嘘感慨，尤其上了年纪的中国人。在他们印象里，几十年前苏联乃是唯一能和美国抗衡的强国，即便解体衰弱，经济总量还是和中国差不多。这才一代人的时间，竟沦落至斯，连中国的一个省都要赶不上了。

看到这个比照，我一点也不意外。经济统计GDP，和领土关系不大，却和人口规模直接相关。人口越多，越堪称大国——德国是西欧头号强国，和它人口最多有关。广东省人口超过1亿，比大多数国家都多，经济稍一发展，总量很容易超越许多国家。俄罗斯领土面积虽大，人口规模却就1亿多一些，被体量相当的广东超越，不足为奇。

很多人说，俄罗斯领土广大，资源丰富，发展经济条件好。看起来不错，事实上丰富的资源并没有成为俄罗斯人的福利，反而成了他们的负担——能源经济撑起一个庞大而强势的政府。油价高企，普京底气十足地四处叫板，动辄经济封锁，入侵别国，最终招来西方制裁。如今俄罗斯人要承担军备扩张和强势外交的成本，但暴跌的油价恐怕已难支撑。

如果普京把石油收入变成福利发给民众，情况会不会好点呢？恐怕也非好事。福利施及哪里，就会从根子上摧毁哪个产业，典型例子可以看委内瑞拉。委内瑞拉依靠石油红利，一度建立起堪比发达国家的福利系统。油价高企的时候，从企业、能源、医疗、教育甚至到日常消费，政府都会有补贴，查韦斯不断向北方挥舞拳头，一度被奉为"反美强人"。最终结果，是国家经济支柱只剩几个国有企业，其他企业几乎毫无竞争力，民众贪心不足，油价一暴跌，社会立即陷入动荡不安，政府只能鼓励民众休假，以便于节省能源。

俄罗斯多少也有类似问题。前几年，中国网上流行"俄罗斯免费医疗"之类的段子，引得很多人艳羡。其实所谓"免费医疗"，无非全民医保，有什么值得羡慕呢？整个欧洲和加拿大，都因为低效率的医保而烦恼不已。俄罗斯的制造业、消费品生产以及互联网，都已远远落后。普京当政的十几年，俄罗斯人除了承苏联之余绪，还能在军事和国际外交赚得一些风光，其他方面早已沦为二流国家。

也有人说,俄罗斯再怎样虎落平阳,勉强也算是发达国家,人均 GDP 比中国高出不少呢。广东经济总量和俄罗斯差不多,人均 GDP 也快追上,好歹广东还是中国最富裕的省份,俄罗斯人生活水平还是远远高过中国人。面对这个说法,我有几个大胆猜测:普通俄罗斯人的生活水平,没有经济字面那么乐观,更是比不过普通广东人。

我所判断的依据,乃是广东和俄罗斯不同的经济结构。

广东省是一个私营经济密集,生产能力发达的地区。从早期加工制造到现今百业繁荣,广东是私营企业创造繁荣的典范。在深圳,除了有腾讯、华为和中兴这样世界知名的大企业,还有无数的中小企业、创业公司。私营企业吸纳了不同层次人群就业,同时他们也在分享劳动成果,生活水平普遍节节上升。

反而经济总量差不多的俄罗斯,国有经济比重超过六成,且集中于能源矿产领域。这领域的成果,相当部分要装进官僚和寡头手里。俄罗斯是世界上超 10 亿富豪仅次于美国的国家,富豪们多是苏联解体后的寡头。普京治下,俄罗斯国内商业环境恶劣,他们赚得的钱并没有大量用于再生产,反而用于购买国外资产和球队。俄罗斯还有一群新兴互联网巨头,他们的财富大多来源于投资硅谷和中国互联网,和本国互联网没有多大关系。

从 2000—2010 年,乘着能源价格高涨的东风,俄罗斯经济高速发展,从 GDP 到人均 GDP 各项指标都非常好看。事实上这一波发展,企业家群体贡献不大,民众生活水平也多赖于福利发放。这种增长底子非常虚弱。油价暴跌,卢布贬值,进口商品再一减少,俄罗斯人收入缩水,物资匮乏的底子就露出来了。从能查的资料看,俄罗斯商品丰富远远比不上广东;就食品、电器电子、服装和普通日用品这些方面看,不仅广东生活优越,多数中国省份也及得上。中国人实在没必要妄自菲薄。

很多人把俄罗斯的经济问题算在普京头上,其实有失公道。普京在俄罗斯有着广泛影响力,他所受的拥护也非常真实。俄军侵入乌克兰领土,把国旗插上克里米亚半岛,俄罗斯举国若疯。这是一个崇拜强权,缺乏个人主义传统,蔑视市场经济的国家,普京不过是俄罗斯多数民众的精神代言人。强人拯救不了经济,卡斯特罗是这样,查韦斯是这样,现在多了个普京。统一俄罗斯党执政,最大的在野党是俄罗斯共产党、公正俄罗斯党这样的左翼,他们或是支持普京,或者在经济政策上比普京更极端。在俄罗斯政坛,很少听到中间力量的声音,更不要说主张自由法治和市场经济的右翼政党。普京如果长期执政,俄罗斯经济注定好不了;普京即使下台,换个选手上来,就目前民情和政党形势看,也看不到更好的选择。在可预见的时间内,俄罗斯注定在泥潭里越陷越深。

2. 请阅读以下案例并思考如下问题:GDP 总量是不是度量一个国家或地区经济实力的理想指标?为什么说"人均 GDP 是度量居民生活水平最好的单一指标"?中国的 GDP 总量在全球大概处于什么位置?中国的人均 GDP 在全球大概处于什么位置?美国、日本、中国和印度的人均 GDP 水平差别大吗?为什么?

根据世界银行的统计数据,2016 年全球 GDP(国内生产总值)总量达 75.8 万亿美元。其中,总量排名第一的美国 GDP 总量为 18.6 万亿美元,占全球 GDP 总量的 24.5%;排名第二的中国 GDP 总量为 11.2 万亿美元,总量占比 14.8%;GDP 总量排第三、第四的分别是日本、德国,日本、德国的 GDP 总量分别为 4.9 万亿美元和 3.5 万亿美元,各占比 6.4%、4.6%。GDP 总量排第五的国家是英国,英国的 GDP 总量为 2.6 万亿美元,总量占比 3.4%。不同国家和地区的 GDP 总量反映了这个国家或地区的总体经济实力。

  人均 GDP 是度量居民生活水平最好的单一指标。人均 GDP 越高,总体上居民的生活水平就越好。根据世界银行统计数据,人均 GDP 全球最高的国家是卢森堡,该国人均 GDP 约为 10 万美元。卢森堡位于欧洲西北部,被邻国法国、德国和比利时包围,是一个内陆小国,也是现今欧洲大陆仅存的大公国,首都卢森堡市。因国土小、古堡多,又有"袖珍王国""千堡之国"的称呼。瑞士人均 GDP 将近 8 万美元,排在全球第二位。中国澳门人均 GDP 为 7.4 万美元,位列第三。人均 GDP 排在第四和第五的国家分别为爱尔兰和冰岛,两国的人均 GDP 分别为 6.4 万美元和 6 万美元。

  美国人均 GDP 将近 6 万美元,排在全球第 8 位。新加坡人均 GDP 5.3 万美元,德国人均 GDP 4.2 万美元,日本人均 GDP 3.9 万美元。韩国人均 GDP 2.8 万美元,土耳其人均 GDP 1 万美元。2016 年,中国人均 GDP 8 123 美元,排在第 92 位。20 世纪 90 年代以来,随着中国经济的高速增长,中国人均 GDP 增长很快。1990 年中国的人均 GDP 仅有 318 美元,2000 年达到 959 美元,2005 年达到 1 753 美元,2010 年为 4 560 美元。

  印度的人均 GDP 大约 1 700 美元。世界上还有很多国家的人均 GDP 很低,只有几百美元,比如非洲的很多国家。2016 年,有 30 个国家的人均 GDP 低于 1 000 美元。

第三章 消费与投资理论

◎ 学习目的与要求

本章分析了构成总需求的两大要素消费和投资的决定。

通过本章学习,掌握凯恩斯的消费理论和凯恩斯的以资本边际效率递减规律为中心的投资决定理论,了解在凯恩斯消费理论基础上发展起来的其他消费理论,以及其他投资理论。本章学习的难点在于对资本边际效率概念的理解。

微课:边际消费倾向递减规律

导 读

第二章我们学习了 GDP 的含义、构成及核算方法。在核算 GDP 的时候,无论是收入法还是支出法,消费都是 GDP 很重要的构成部分。在用支出法核算 GDP 的时候,投资也是 GDP 的重要构成部分。消费、投资也是凯恩斯《通论》里的核心概念。在六卷本的《通论》中,消费和投资①各占有一卷。

不同国家的文化不同,消费占 GDP 的比重也会有很大差别。中国传统文化比较重视储蓄,提倡节俭,尽量压缩现期消费,因此,消费占 GDP 的比例比较低。② 根据国家统计局公布的数据,2015 年中国支出法核算 GDP 总额 699 109.4 亿元,最终消费为 362 266.5 亿元,其中,居民消费 265 980.1 亿元,政府消费 96 286.4 亿元,最终消费率为 51.8%,居民消费占 GDP 的比例为 38%。相反,在美国,很多家庭没有储蓄的概念,基本上是"月月光"。美国居民消费占 GDP 的比例就很高。根据美国商务部公布的数据,2016 年美国 GDP 总额 188 694 亿美元,其中,居民消费 130 089 亿美元,政府消费和投资合计 33 043 亿美元,居民消费占 GDP 的比例为 68.9%。③

在本章中,我们将学习到消费、储蓄和投资的相关概念及决定因素,为后面章节的学习打下基础。

第一节 消费理论

一、凯恩斯的消费理论——绝对收入假说

凯恩斯在他发表于 1936 年的《通论》中阐述了他的消费理论,提出了边际消费倾向(marginal propensity to consume,MPC)这一概念,并指出了边际消费倾向递减这一心理规律。

为什么不同的消费者或者同一个消费者在不同时期的消费量会有所不同呢? 消费是由什么决定的呢? 我们可以列举出很多因素,如消费者的收入、商品的价格、个人的财产状况、社会的风俗习惯、消费者的年龄和消费理念等。凯恩斯认为,在所有这些影

---

① 详见凯恩斯.就业、利息和货币通论[M].宋韵声,译.北京:华夏出版社,2005.
② 从地理决定论的角度看,也许是因为中国属于典型的季风性气候,又属于农耕文明,四季分明,冬天气温比较低,因此,必须重视储蓄,为严冬储备足够的粮食和御寒衣物,这样才更有可能存活下去。同时,季风性气候又导致旱涝不均,未来农作物的收成很难预测,更加鼓励了"节俭"美德的普及和传承。
③ 详见美国商务部网站 https://www.bea.gov/iTable/iTable.cfm? ReqID=9&step=1#reqid=9&step=3&isuri=1&903=5.

响消费的因素中,最具有决定意义的是个人当期的可支配收入,这种理论被称为绝对收入假说(absolute income hypothesis)。

1. 个人消费函数

为简化分析,我们以两部门经济为例来分析个人消费函数。消费和收入之间到底存在什么样的关系呢?凯恩斯的理论是建立在这样一条心理规律的基础上的:当人们的收入增加时,消费也会增加,但消费的增加量总是小于收入的增加量,而且随着收入的不断增加,增加的收入中用于消费的比例会越来越小。因此,消费函数可以写为:

$$c = f(y) \tag{3-1}$$

消费与收入的关系可以用平均消费倾向(average propensity to consume,APC)和边际消费倾向来说明。

平均消费倾向是指平均意义上消费支出在收入中所占的比例,即:

$$APC = \frac{c}{y} \tag{3-2}$$

边际消费倾向是指增加的一个单位收入中用于消费的量,即:

$$MPC = \frac{\Delta c}{\Delta y} \tag{3-3}$$

一般用 β 表示边际消费倾向,若收入的变化趋向于无穷小,则有:

$$\beta = \frac{dc}{dy} = c'(y) \tag{3-4}$$

由于消费的增加量总是小于收入的增加量,所以一定有 $0<\beta<1$。又因为随着收入的不断增加,增加的收入中用于消费的比例会越来越小,所以 β 的取值会随着收入的增加而递减,这就是边际消费倾向递减规律。

我们通过如下例子来对边际消费倾向递减规律作一说明:小张 2011 年大学毕业参加工作,表 3-1 列出了他在 2012—2016 年间的收入和消费情况。根据表 3-1,可以做出小张的消费曲线,如图 3-1 所示。

表 3-1 小张的收入消费表

年份	月收入	月消费	MPC	APC
2012	2 000	2 200		1.1
2013	2 500	2 500	0.6	1
2014	3 000	2 750	0.5	0.917
2015	3 500	2 950	0.4	0.834
2016	4 000	3 100	0.3	0.775

在图 3-1 中,横轴代表小张的月收入 y,纵轴代表他的月消费 c,图中的曲线 AA' 就是消费曲线。消费曲线的斜率代表在特定收入水平下的边际消费倾向。消费曲线上的点与原点连线的斜率表明与该点相对应的特定收入水平下的平均消费倾向。从图 3-1 我们可以看出,消费曲线 AA' 上每一点的斜率都是正值,表明消费是随着收入的增加而增加的。但是,随着收入的增加,消费曲线的斜率越来越小,即边际消费倾向是递减的。另外,随着收入的增加,消费曲线上的点与原点连线的斜率也在减少,所以平均消费倾向也是递减的。但是对于同一收入水平而言,平均消费倾向一定大于边际消费倾向。

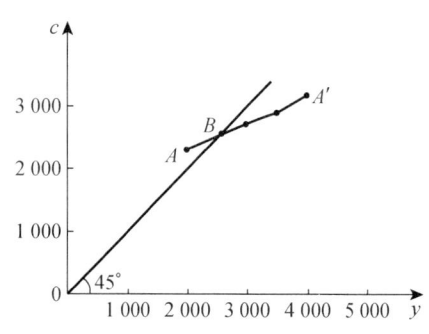

图 3-1 小张的个人消费曲线

图 3-1 中 45°线上的各点代表收入和消费相等,即收支相抵点。45°线与消费曲线 AA' 相交于 B 点,表明在该点,小张属于典型的"月光族",他的消费支出正好等于其收入,此时 $APC=1$,在 B 点左边,消费曲线位于 45°线上方,$APC>1$;在 B 点右边,消费曲线位于 45°线下方,$APC<1$。

为了简化分析,我们假设边际消费倾向 β 不变,也就是说收入增加一单位引起消费的增加量是固定的,那么消费和收入之间就存在着如下线性关系:

$$c = c(y) = \alpha + \beta y \tag{3-5}$$

其中:

$$\alpha > 0, 0 < \beta < 1$$

式(3-5)中:当收入 $y=0$ 时,消费 c 不是等于 0 而是等于 α,因为即使收入为 0,个人也必须要有基本的生活消费,这部分与收入无关,我们称为自发消费(autonomous consumption);βy 代表消费中与收入相关的部分,我们称为引致消费(induced consumption)。消费等于自发消费和引致消费之和。如图 3-2 所示。

例如,$\alpha=1\,000$ 元,$\beta=0.8$,那么消费函数为 $c=1\,000+0.8y$,即收入每增加 1 元,固定的有 0.8 元用于消费。

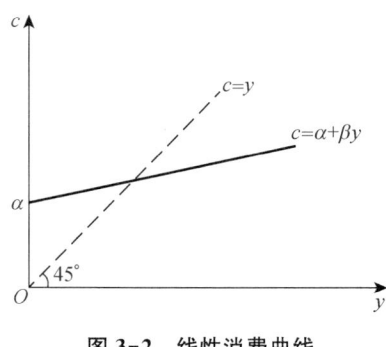

图 3-2 线性消费曲线

最后需要说明的是,确切地说,消费是个人可支配收入的函数。在三部门经济或四部门经济中,消费函数应为:

$$c = c(y) = \alpha + \beta y_d$$

其中:

$$\alpha > 0 \quad 0 < \beta < 1 \quad y_d = y - t \tag{3-6}$$

式(3-6)中:y_d 代表个人可支配收入;t 为净税收,即总税收减政府转移支付。

2. 从个人消费函数到社会消费函数

上面分析的是单个居民(或家庭)的消费与收入之间的关系,即个人消费函数,那么,经济社会中存在着无数个家庭,他们的消费构成总消费量 c,他们的收入构成总收入 y。宏观经济学最终要分析的,是一个经济社会的总消费量与总收入之间的关系,即社会消费函数。

社会消费函数是单个家庭消费函数之和,但社会消费函数并不是单个家庭消费函数的简单加总,社会消费函数的形成除了受消费者消费函数影响之外,还受到其他因素的影响,这些因素主要包括:

(1) 收入差距。不同的社会成员拥有的财富数量不同,便具有不同的消费能力与储蓄能力。如果一个社会的收入差距越大,富有者拥有的社会财富越多,其储蓄能力越强,边际消费倾向越低,社会消费曲线的位置就越低。反之,如果一个社会的国民收入分配较为平等,社会成员的边际消费倾向总体上就较高,社会消费曲线的位置也就较高。

(2) 政府的税收政策。如果政府实行的是累进个人所得税制,富有者的储蓄就会转化成政府的税收收入。政府将这部分收入以政府购买和政府转移支付的方式花费掉后,会直接或间接增加消费,最终使得社会消费总量增加。这样,社会消费曲线就较高。

(3) 企业的利润分配情况。如果企业利润中未分配的数量较少,意味着股东得到了更多的红利收入,从而消费就多,社会消费曲线位置就较高。反之,如果公司利润中未分配的数量较多,社会消费数量就较少,社会消费曲线就靠下。

专栏 3-1 东亚国家储蓄率偏高的原因[①]

东亚国家储蓄率偏高有多重原因:一是民族传统。东亚受儒家思想影响,有崇尚节俭、自律、提倡克制、中庸(低调)、反对奢华等传统。二是文化因素。可能需从大量教科书和文学作品中找出文化差异。与东亚相似,拉美国家并不富裕但储蓄率也并不高,因为居民拿到工资后很快就消费光了,其中就有文化因素。三是家庭结构。东亚家庭结构紧密,社会对家庭依赖程度高,家庭承担着赡养老人、抚育子女等大量社会责任。四是人口结构和经济增长阶段。从弗兰克·莫迪利亚尼的生命周期假说考察,壮年人口在总人口中比例增加,会使个人储蓄增加以备将来养老、医疗之需;从经济增长阶段考察,经济非同寻常的高速增长将使多数增加的收入转为储蓄,导致储蓄率高于正常比例。中国正好符合上述条件,储蓄率高不难理解。日美两国对比也可说明上述因素的作用。日美均属发达国家、人均收入高、社会保障体系各有缺陷,但日本储蓄率远高于美国,主要因为其在社会文化、家庭观念、人口结构等方面与其他东亚经济体十分相似。

---

① 节选自周小川 2009 年 2 月 10 日马来西亚央行高级研讨会上的发言。

社保体系不完善导致储蓄率高逻辑上正确,但并无太多实证支持,且该观点以理性人为假定,认为社保体系不健全时,人会通过增加储蓄预防未来医疗、养老等需求,但实际上不一定成立。

产油国高储蓄率也有客观成因。产油国禀赋特殊,地下埋藏的石油财富远超出正常消费需要,必然以储蓄方式积累下来。

经济学初级教科书从供需和价格开始,使人们容易联想是某一价格,如汇率和利率,在左右储蓄和消费的选择。但事实上储蓄率高低还与多种因素有关,不能简单地认为通过名义汇率调整可以大幅改变储蓄率。民族传统、文化、家庭结构、人口、社会保障体制等都非短期内能够改变,即使政策有效也需长时间显效。

3. 储蓄函数

储蓄是指个人可支配收入中没有被消费的那部分,即 $s=y_d-c$。人们进行储蓄的形式有很多,包括存放在银行、购买股票或债券等,这样就可以带来利息、红利等收益。如果收益率提高,会促使消费者多储蓄;反之,如果收益率降低,则消费者倾向于少储蓄,多消费。

将储蓄这个概念进行推广,我们还可以得到企业储蓄和政府储蓄。企业储蓄是指企业把利润的一部分留存,作为以后生产的投入;政府储蓄是指政府收入多于政府支出的富余部分。在后面的学习中,我们还将了解到,增加国民储蓄、提高储蓄率对促进一国经济增长是至关重要的。

在两部门经济中,$y=y_d$,因此有 $s=y_d-c=y-c$。为了简化分析,我们以两部门经济为例来对储蓄函数进行分析。由于消费的增加总是小于收入的增加,即边际消费倾向 $0<\beta<1$,也就是收入的增加一定会引起储蓄的增加。收入增加一单位引起储蓄量的增加,称为边际储蓄倾向(marginal propensity to save,MPS),用公式表示为:

$$MPS = \frac{\Delta s}{\Delta y} \tag{3-7}$$

根据边际消费倾向递减的规律,随着收入的增加,在新增的收入中,用于消费的部分越来越少,用于储蓄的部分一定是越来越多,也就是说随着收入的增加,边际储蓄倾向 MPS 是递增的。

平均储蓄倾向(average propensity to save,APS)是指任一收入水平上储蓄在收入中所占的比率,用公式表示为:

$$APS = \frac{s}{y} \tag{3-8}$$

平均储蓄倾向也是递增的。

与表 3-1 相对应,表 3-2 给出了小张在 2012—2016 年的收入储蓄表。

表 3-2 小张的收入储蓄表

年份	月收入	月消费	月储蓄	MPS	APS
2012	2 000	2 200	−200		−0.1
2013	2 500	2 500	0	0.4	0
2014	3 000	2 750	250	0.5	0.083
2015	3 500	2 950	550	0.6	0.157
2016	4 000	3 100	900	0.7	0.225

根据表 3-2,用收入 y 作横坐标,用储蓄 s 作纵坐标,可以得出小张的储蓄曲线 AA' 如图 3-3 所示。从图 3-3 中可以看出,随着收入的增加,储蓄曲线上的点的斜率是递增的,即边际储蓄倾向是递增的;随着收入的增加,过原点与储蓄曲线上点的射线的斜率,即平均储蓄倾向也是递增的,对于同一个点来说,$MPS > APS$。储蓄曲线 AA' 与横轴交点 B 处,储蓄为 0。

图 3-3 中所表示的储蓄函数是非线性的,如果消费函数是线性的,$c=c(y)=\alpha+\beta y$,其中:$\alpha>0$,$0<\beta<1$,那么储蓄函数也是线性的,如图 3-4 所示。

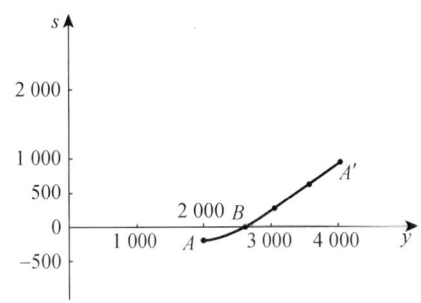

图 3-3 小张的个人储蓄曲线

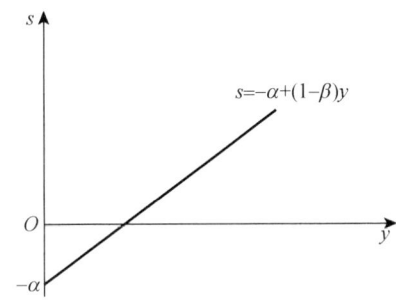

图 3-4 线性储蓄曲线

$$s = y - c = y - (\alpha + \beta y) = -\alpha + (1-\beta)y \quad (3-9)$$

其中:$\alpha>0$,$0<\beta<1$。

此时,边际储蓄倾向 $MPS=1-\beta$。

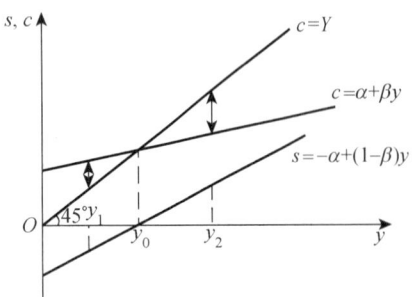

图 3-5 消费函数和储蓄函数之间的关系

相应的,三部门或四部门经济中的储蓄函数为:

$$s = y - c = y_d - (\alpha + \beta y_d) = -\alpha + (1-\beta)y_d$$

其中:$\alpha>0$,$0<\beta<1$。

4. 消费函数与储蓄函数之间的关系

如前所述,个人可支配收入有两种用途——消费和储蓄,个人可支配收入中未用作消费的部分我们通称为储蓄。我们已经分别分析了消费函数和储蓄函数。消费函数和储蓄函数之间存在着密切的关系,如图 3-5 所示。

(1) 消费函数和储蓄函数之和等于个人可支配收入 y_d。在两部门经济中有:

$$c+s = \alpha+\beta y-\alpha+(1-\beta)y = y \tag{3-10}$$

图 3-5 中,当 $y=y_0$ 时,消费曲线和 45°射线,即 $y_0=c(y_0)$,即收入全部用来消费,此时储蓄 $s(y_0)=0$,储蓄曲线和横轴相交。在 y_0 的左边,如 y_1 点,消费曲线位于 45°射线上方,说明 $c(y_1)>y_1$,入不敷出,此时储蓄为负值,即储蓄曲线在横轴之下。消费曲线与 45°射线之间的距离即消费与收入之间的缺口等于横轴与储蓄曲线之间的距离即负储蓄。

在 y_0 的右边,如 y_2 点,消费曲线在 45°射线之下,说明 $c(y_2)<y_2$,此时储蓄为正值,即储蓄曲线在横轴之上,且消费曲线与 45°射线之间的距离等于横轴与储蓄曲线之间的距离。

(2) APC 和 APS 之和等于且恒等于 1,MPC 和 MPS 之和也恒等于 1。该原理的证明很简单,因此留给读者来完成。可以看出,消费函数和储蓄函数是互补的函数,知道其中的一个就可以求出另外一个。

二、其他消费函数理论

1. 凯恩斯的消费理论引发的争议

凯恩斯关于消费函数的分析适用于短期。他的消费理论的主要观点有两个:一是消费是由消费者本人当期的个人可支配收入决定的,个人可支配收入增加会引起消费的增加;二是随着收入水平的提高,边际消费倾向和平均消费倾向是递减的。凯恩斯的消费理论又被称为绝对收入假说,因为只是从理论角度提出的,没有经过实际数据的验证,所以称为绝对收入假说(absolute income hypothesis)。

凯恩斯以后的经济学家试图用一些现实中的统计数据获得经验性的短期消费函数,来验证凯恩斯从理论角度提出的绝对收入假说。例如,有人用美国 1929—1976 年(舍去 1941—1946 年的数据)各年可支配收入和消费支出,通过最小二乘法进行回归得出一个经验性的线性消费函数 $c=15.9+0.89y_d$,并且在此基础上又把上面的数据分为等长的四个时期,得出了每个时期的线性消费函数,其结果证明短期内平均消费倾向在减少,边际消费倾向是大于 0 小于 1 的,在一定程度上验证了绝对收入假说,如图 3-6 所示。

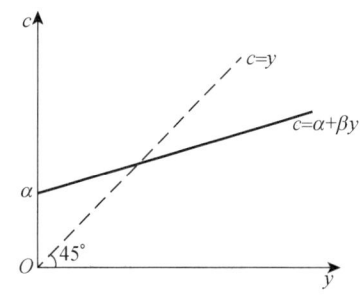

图 3-6 短期消费曲线

但是美国经济学家库兹涅茨(Kuznets)对长期消费函数的研究却得出了另外一个结果。① 他通过对美国 1869—1938 年 70 年的统计资料进行分析,以 10 年为一个时期求出每个时期的消费支出和平均消费倾向,发现在这 70 年间,收入增长了 7 倍多,但平

---

① Kuznets. National Income: A Summary of Findings[M]. New York: National Bureaus of Economic Research, 1946.

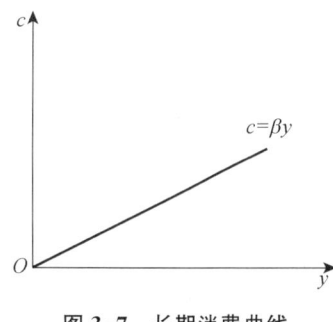

图 3-7 长期消费曲线

均消费倾向却在 0.84～0.89 这极小的范围内变动,即从长期看,平均消费倾向相当稳定。利用最小二乘法进行回归,得出一条通过原点的直线 $c=0.86y$,结论是:第一,自发性消费支出为零;第二,在任何收入水平上,边际消费倾向和平均消费倾向不变,并且两者相等,如图 3-7 所示。

库兹涅茨的研究结论在消费函数的研究领域掀起了轩然大波,如何解释长期消费函数和短期消费函数之间的矛盾,有些人坚持绝对收入假说,在此框架下再引入其他影响消费的因素;另一类经济学家跳出绝对收入假说的框架,从而形成了相对收入假说、生命周期假说、永久收入假说等,下面我们简单介绍一下其他消费理论。

2. 相对收入假说

相对收入假说(relative income hypothesis)是由美国经济学家杜森贝利(Duesenberry)在 1949 年提出的[①],即消费支出不是取决于绝对收入水平,而是取决于"相对收入水平"。这里"相对"具有两方面的含义:一是某个个人或家庭相对于周围其他个人或者家庭的相对收入水平的变化;二是某个个人或者家庭当期的收入相对于其过去的收入水平的变化。

(1) 某个人的收入相对于周围其他个人和家庭的收入发生变化。当收入水平提高时,不同的消费阶层的收入水平提高的相对幅度是不一样的,有些消费阶层的绝对收入水平提高了,但是相对于其他消费阶层的相对收入水平可能下降了。这样相对收入水平提高的消费阶层的平均消费倾向会递减,而相对收入水平下降的消费阶层由于消费的攀比心理,其消费水平会向周围相对收入水平上升的消费阶层靠近,消费在收入中占的比重增加,从而其绝对收入水平虽然上升,但边际消费不是递减的,而是递增的。最终从整个社会来看,平均消费倾向随着收入水平的提高,有的消费阶层下降,有的消费阶层上升,总的消费倾向有可能是不变的。

(2) 当期的收入相对于过去的收入水平,尤其是相对于高峰收入。一个人在其高峰收入时期会形成奢侈消费的习惯,当收入水平进一步提高时,消费支出随之提高;但是当收入水平下降时,消费支出却不容易很快降下来,消费的这种特征被称为消费的"棘轮效应(ratchet effect)",如图 3-8 所示。

假设某人在 T 时期的收入为 y_0,对应的消费支出为 c_0,如图中 A 点,短期平均消费倾向等于长期平均消费倾向为 β。

如果 $T+1$ 时期的收入比 T 时期提高,达到 y_1,

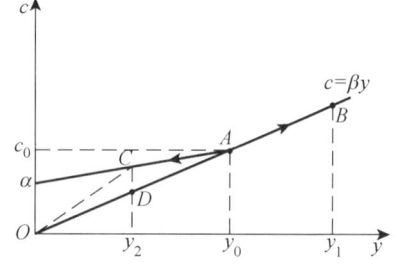

图 3-8 相对收入假说的消费曲线

[①] Dusenberry. *Income, Saving and the Theory of Consumer Behaviors* [M]. Cambridge: Harvard University Press, 1949.

如图中 B 点,则平均消费倾向不变,消费按照原来的比例 β 增加。

如果 $T+1$ 时期的收入比 T 时期降低,降到了 y_2,则消费水平不会按照 β 减少,其减少的速度要慢一些,小于 β,所以最终是落在 C 点而不是 D 点,C 点的平均消费倾向要高于长期消费倾向。

由此可见,根据杜森贝利的观点,长期消费曲线是一条过原点的直线,长期中,自发消费为 0,边际消费倾向与平均消费倾向不变,如图中的 BD 直线;短期消费函数由两段组成,如图中的 AB 和 AC,短期消费曲线的纵截距为正,即自发性消费支出大于 0,在 AC 段短期平均消费倾向大于长期平均消费倾向。

相对收入假说通过这种方法把长期消费曲线和短期消费曲线结合在一起,解释了两者之间的矛盾和统一。

3. 生命周期假说

前面提到的两种消费理论——绝对收入假说和相对收入假说,认为当期的消费是由当期的绝对或者相对收入决定的,人们只在短期内计划自己的消费支出,当人们当期的收入水平增加时,其消费水平就会提高得非常快,而一旦收入水平下降,消费水平也会降下来。

美国经济学家莫里尼安奇(Modigliani)1953 年提出的生命周期假说(life cycle hypothesis)认为,大多数人都不愿过着"今朝有酒今朝醉"的日子,人们会在更长的时间范围内甚至在一生的时间范围内计划消费支出①。如果每个人可以估算出自己一生的收入和自己的寿命,那么他会在自己的一生中平均地消费一生的收入,所以年轻人家庭的平均消费倾向偏高,甚至大于 1,入不敷出;而进入中年之后,其平均消费倾向会小于 1,收入中要留一部分偿还过去的债务,以及为老年养老储蓄;到了老年之后,没有了收入,其消费来源于以前的储蓄,平均消费倾向又增加。

现在假设一个从学校毕业刚参加工作的人,22 岁,在他工作之前都是靠父母养活。他开始没有任何财富,工作的年薪是 5 万美元,收入可以消费,也可以储蓄,并且假设收入水平在今后不会再改变,储蓄也没有利率增值,他将工作到 62 岁退休,预期在 82 岁去世,即工作的年数 WL 是 40 年,一生中取得的收入总额是 200 万美元,终生的收入要保证他 60 年的消费(父母抚养他的前 20 年不算),即生活年数 NL 为 60 年,每年工作收入 YL 为 5 万美元。不留遗产给后代。因而他每年的消费将是:

$$c = \frac{WL \times YL}{NL} = \frac{40 \times 50\,000}{60} = \frac{2}{3} \times 50\,000$$

即边际消费倾向是 2/3,即每年的收入中有 2/3 用于消费,1/3 用于储蓄。平均消费倾向正好等于 WL/NL,如果一个人刚开始拥有一定数量的财富 R 的话,则可供他一生消费的资源是 $R+WL \times YL$,则每年的消费量为:

$$c = \frac{R + WL \times YL}{NL} = aR + bYL \tag{3-11}$$

---

① Ando Albert, Modigliani Franco. The "Life Cycle" Hypothesis of Saving: Aggregate Implications and Tests[J]. *American Economic Review* 1953, 53(1): 55-84.

式(3-11)中：a 为财富的平均消费倾向；b 为收入的平均消费倾向；$a = 1/NL$，$b = WL/NL$。

根据生命周期假说，如果一个经济中老年人和年轻人的比例增加，则该经济的平均消费倾向会提高；而如果一个经济中中年人的比例增加，则该经济的平均消费倾向会下降。

生命周期假说的贡献在于说明了长期消费函数的稳定性与短期消费函数波动的原因。它成功地被应用于解释经济问题，如劳动力供给的生命周期、社会保障的效果等诸多方面。

4. 永久收入假说

弗里德曼(Friedman)在 1957 年提出永久收入假说(permanent income hypothesis)[①]。永久收入假说认为，人们的短期收入是经常变动的，但是人们的消费并不随着收入的波动而波动，而是具有相对的稳定性。收入的变动会引起消费变动多少，取决于收入变动是长期的还是短期的。例如，一个人月收入是 2 000 元，如果某个月他中了一次 2 000 元的体育彩票，那么本月的收入从 2 000 元增加到了 4 000 元，但是这对该消费者的消费支出水平并没有太大的影响，因为他知道自己不可能每个月都中奖，这 2 000 元只是暂时收入，能够有保证的稳定收入还是 2 000 元，所以消费的时候还是会按 2 000 元的收入来安排；但是，如果他换了一份新工作，薪金是 4 000 元，也就是说以后每个月都会比现在多出 2 000 元，那么收入的这次变动将会对其消费支出产生很大的影响。用公式表示：

$$C = aY_t + bY_p \tag{3-12}$$

式(3-12)中：Y_t 是暂时收入；Y_p 是持久收入；a 是暂时收入对消费的影响系数；b 是永久收入对消费的影响系数，b 远大于 a。

上面是具有代表性的例子，但是实际上，有时候在实际收入中暂时收入和永久收入是很难区分的，弗里德曼给出了一个估算永久收入的方法。设 $Y_{p(t-1)}$ 代表 $t-1$ 时期估算的永久收入，即 $t-1$ 时期预期在今后若干时期内 $(t, t+1, \cdots)$ 的收入水平；如果 t 时期的实际收入 Y_t 正好等于 $Y_{p(t-1)}$，则估算 t 时期的永久收入也与 $t-1$ 时期相等；如果 t 时期的实际收入大于以前预期的持久性收入，即 $Y_t > Y_{p(t-1)}$，则 t 时期的持久收入相对于 $t-1$ 时期上调，若假设增加的收入中有 1/4 具有持久收入的性质，那么 t 时期的永久收入上调为：

$$Y_{pt} = Y_{p(t-1)} + \frac{1}{4}(Y_t - Y_{p(t-1)}) \tag{3-13}$$

当然，问题还没有解决，因为还有一个未知数 $Y_{p(t-1)}$，不过我们可以用同样的办法来估算：

---

① Milton Friedman. "The Permanent Income Hypothesis," NBER Chapters, in: A Theory of the Consumption Function, National Bureau of Economic Research, Inc. 1957 pp: 20-37.

$$Y_{p(t-1)} = Y_{p(t-2)} + \frac{1}{4}(Y_{t-1} - Y_{p(t-2)}) \tag{3-14}$$

依次类推。

可以看出,永久性收入的预期是建立在以往各年的实际收入的基础上的,离当期越近的时期内的收入对当期持久性收入的影响越大,越远则越小。

永久收入假说的主要贡献在于将收入变动区分为永久性变动和暂时性变动。这种区分既解释了短期消费函数的波动,又解释了长期消费函数的稳定性。也就是说,由于消费是由永久性收入决定的,而在长期中永久性收入是稳定的,因而消费函数也是稳定的。暂时收入变动则通过对永久性收入变动的影响而影响消费,所以,短期中暂时性收入的变动会引起消费变动。

该理论与生命周期的消费函数理论基本一致,互相补充。两者的主要差别在于:生命周期的消费函数理论强调了储蓄的动机,从而提出以财富作为消费函数的变量的重要理由;而永久性收入消费函数理论则偏重于个人如何预测自己未来收入问题,并对永久性收入作了科学估算。尽管如此,两者在如下几个方面却是相同的:第一,消费不只与现期收入相联系,而且要以一生的收入或永久性收入作为消费决策的依据。第二,短期边际消费倾向很小,而长期边际消费倾向则较大。也就是说,暂时性收入的变化不会引起消费发生什么变化,而永久性收入的变化则会引起消费根据收入的变动作出相应的调整。第三,如果政府希望通过税收政策来影响消费,那么只有永久性的税收变动才会对消费产生较大的影响,从而使政策产生明显的效果。

5. 影响消费的其他因素

前面三种消费函数理论主要研究了收入对消费的影响。实际上,在影响消费的因素中,收入确实是最重要的因素,但除此以外,还有许多其他因素也影响着人们的消费。下面介绍几种主要的因素。

第一,利率。古典经济学家认为,利率是影响储蓄的重要因素之一,从而也是影响消费的重要因素之一。提高利率可以刺激储蓄,减少消费;而降低利率则刺激消费。但现代经济学家却认为,提高利率是否增加储蓄、减少当前消费,要根据利率变动对储蓄的替代效应和收入效应来确定。

一般来说,人们之所以进行储蓄是为了用于未来的消费,即储蓄是一种延期消费。人们在决定是否储蓄时要在现期消费与未来消费之间进行权衡比较。一方面,当利率提高时,人们认为减少当前消费、增加未来消费比较有利,因而会增加储蓄。利率提高引起的这种用未来消费代替当前消费的现象,称为利率变动对储蓄的替代效应。另一方面,利率提高使消费者未来的利息收入增加,从而会减少消费者现在为增加未来消费而进行的储蓄。利率提高引起的这种当前储蓄的减少和当前消费的增加称为利率变动对储蓄的收入效应。可以看出,替代效应使储蓄增加,当前消费减少;而收入效应则使当前消费增加,储蓄减少。因此,利率变动最终如何影响储蓄,要根据其替代效应与收入效应的总和而定。对于低收入家庭来说,替代效应要大于收入效应,因而利率提高会使其储蓄增加。而高收入家庭的收入效应要大于替代效应,因而利率提高会减少储蓄。对整个社会来说,利率的提高究竟是增加或减少储蓄,则要看整个社会中低收入家庭和高收入家庭增加和减少储蓄的总和的正负净额来定。对整个社会来说，由于利率变动所引起的替代效应和收入效应究竟哪个更大难以确定，因而利率对储蓄与消费的影响实际上难以确定。

第二，价格水平。价格水平的变动对消费的影响主要是指价格变动通过实际收入所产生的影响而影响消费。如果价格水平上升使消费者实际收入下降，消费者为了维持原有消费水平，平均消费倾向就要上升；反之，如果价格水平下降使消费者实际收入增加，则消费者的平均消费倾向会下降。

如果价格水平与货币收入的变动是同比例的，则价格水平变动不影响实际收入水平，因而也不会影响消费。但是，如果消费者只看到货币收入的增加而忽略了价格水平的上升，则会误认为自己的实际收入增加了，因而会增加平均消费倾向。这种情况就是消费者存在"货币幻觉"。

第三，收入分配。由于高收入家庭的边际消费倾向低，而低收入家庭的边际消费倾向高，因而如果一个经济中的收入分配更加平均，则会提高整个社会的边际消费倾向，即在其他条件与总收入不变的情况下，收入分配越平均，社会的边际消费倾向就越高；反之，如果收入分配越不平均，则社会的边际消费倾向就越低。

除此以外，还有其他一些影响消费的因素，如消费品存量、流动资产、财政政策等。一般来说，对于耐用消费品而言，存量越大，对它的现期购买就越少，消费品存量的大小与消费支出呈反方向变动。流动资产的增加会使消费增加，即流动资产的多少与消费支出是正相关的。

第二节　投　资　理　论

投资是对用于未来生产更多物品和劳务的产品的购买[①]。宏观经济学中的投资概念特指当期新增的投资流量，不包括以前各期所形成的资本存量。具体来说，投资包括家庭部门的投资、企业部门的固定资产投资和存货投资，其中家庭部门的投资主要指住宅建设。我们这里仅讨论企业投资的决定。

一、投资函数

投资受到很多因素的影响，如利率、税收政策、投资风险等。其中，利率是影响投资的主要因素。对于企业来说，投资一般都需要通过贷款融资才能完成，利率作为资金的价格，就构成了投资的主要成本。如果利率提高，则投资的成本会增加，从而抑制投资需求，减少经济中的投资额。反之，如果利率降低，则会降低投资成本，刺激投资需求，增加经济中的投资额。

即使企业完全使用自有资金进行投资，其投资行为也会受到利率因素的影响。因为利息收入是投资的机会成本。如果市场利率足够高，企业完全可以放弃投资，把资金

[①] 曼昆.经济学原理：宏观经济学分册[M].北京：北京大学出版社，2009.

存入银行或购买债券以赚取利息收入。反之,如果市场利率低,意味着投资的机会成本低,企业会积极进行投资。

因此,我们有如下投资函数:

$$i = i(r) = e - dr \qquad (3-15)$$

式(3-15)中:e代表自发性投资(autonomous investment),这部分投资与利率无关,可以理解为企业为了正常经营所必须进行的投资;d代表投资对利率变化的敏感程度。如果d值比较大,表明投资对利率变化敏感,利率的较小改变将带来投资较大的波动。反之,如果d值比较小,表明投资对利率变化不敏感,利率改变对投资的影响比较小。

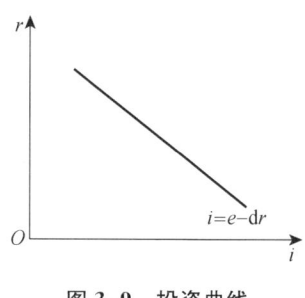

图3-9 投资曲线

我们习惯上用纵轴代表利率,用横轴代表投资。根据式(3-15)的投资函数,可以得到如图3-9所示的投资曲线。

如图3-9所示,投资曲线是一条向右下方倾斜的直线,曲线的斜率取决于投资对利率的敏感程度d。如果d值比较大,则投资曲线会比较平坦。反之,如果d值比较小,则投资曲线会比较陡峭。投资曲线的位置取决于自发性投资e的大小。e值增加将使投资曲线向右移动,反之,e的下降将使投资曲线向左移动。

需要注意的是,在这里要区分名义利率与实际利率。名义利率就是信贷市场上公开收取的利率。实际利率则等于名义利率减去通货膨胀率。实际利率是对名义利率的一种修正,反映借款人实际承担的资金成本。影响投资的是实际利率。

专栏3-2 统计意义上的投资

在支出的类别上,GDP由最终消费、资本形成和净出口三项构成。最终消费包括家庭消费和政府消费。从2004年第一次全国经济普查之后,家庭消费支出主要以城乡住户调查数据为基础进行补充和核算,而政府消费支出数据来自财政部行政事业单位结算资料。净出口(也即贸易余额)指的是全部货物和服务的出口额与进口额之差,其核算所用数据来自中国海关总署净出口贸易总额资料和国家外汇管理局的年度资产平衡表。GDP中用于固定资产投资的支出在国民经济核算体系中被称为资本形成总额,等于固定资本形成总额加上存货的变化。在中国,后者占资本形成总额的比例过去10年来变得很小,仅有2%~3%,所以我们通常仅关注和讨论固定资本形成这一项。

那么,国家统计局究竟是如何在统计上核算固定资本形成总额的呢?我们都知道,在中国的官方统计口径中,长期以来用于核算当期固定资产投资支出的是所谓的全社会固定资产投资额,而固定资本形成总额又是以全社会固定资产投资额的数据为基础的。非常奇怪的是,从过去10年来的数据来看,官方公布的固定资本形成总额与全社会固定资产投资额不仅存在差距,而且差距在不断扩大。如图3-10所示,从2004年开始,全社会固定资产投资额就一改之前与固定资本形成总额基本等值的趋势,开始持续地大于固定资本形成总额。到2013年,全社会固定资产投资额占GDP的比重已高达76%,而同期固定资本形成总额则只有GDP的46%左右。这就导致了概念的混乱,一些经济学家声称中国的投资率已高达70%以上,而另外一些经济学家则说中国每年有接近占GDP 50%的投资。到底中国的投资率应该是哪一个数字呢?

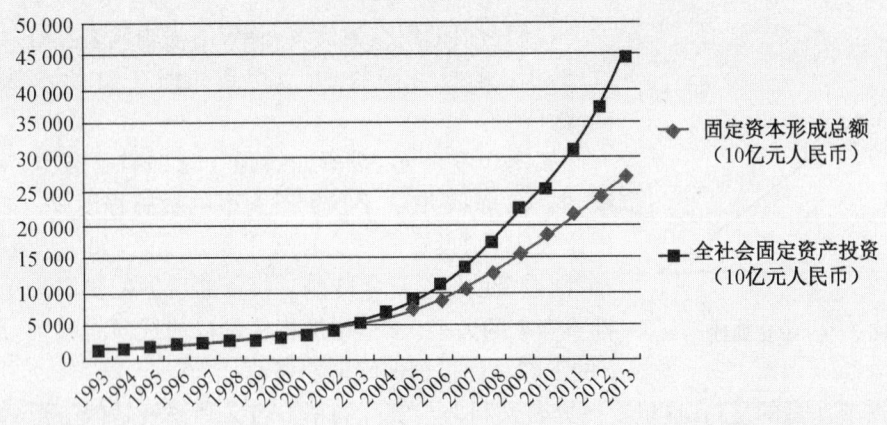

图3-10　2004年以来全社会固定资产投资额与固定资本形成总额不断扩大的差距

二、主要的投资理论

我们这里要介绍的投资理论只是关于固定资产投资的理论。企业的固定资产投资是总投资中最主要的构成部分。围绕着固定资产投资问题,学者不断提出不同的投资理论,来解释企业是否投资、何时投资、投资多少等问题。下面我们就对三种主要的投资理论进行简要介绍。

1. 新古典投资理论

新古典投资理论是在19世纪60年代发展起来的。固定资产投资既包括购置新设备的净投资支出,也包括已有机器设备的折旧所引起的重置资本支出。新古典投资理论认为这两部分支出受不同因素的影响。

新古典投资理论认为企业的净投资支出主要取决于资本的边际产量和资本的使用成本。如果资本边际产量大于资本的使用成本,则企业就会增加资本存量,进行投资;反之,如果资本边际产量小于资本的使用成本,则企业就会减少资本存量,进行负投资。在资本存量达到稳定状态、不再发生新的投资时,资本的边际产量与资本的使用成本相等。

企业的重置资本投资支出受到折旧率的影响。如果折旧率比较高,则企业需要承担更多的重置资本支出,总的投资支出就比较大;如果折旧率比较低,则企业需要承担的重置资本支出就比较少。

2. 凯恩斯的投资理论

资本边际效率是凯恩斯提出的一个概念。他认为,资本边际效率(marginal efficiency of capital,MEC)是一种贴现率,这种贴现率正好使该资本在使用期内的各项未来收益贴现值之和等于该资产的供给价格或重置成本。简单地说,就是可以用该贴现率将一项投资的预期收益转换成现在的价值,该现值就是该项投资形成的资本品的供给价格或重置成本(replacement cost)。

假设某厂商计划一项投资,该资产的供给价格为 P,又设该厂商预期这项投资第 t 年的收益为 R_t,在第 t 年该资产报废时作为废品出售的残值为 S;则按上述已知未来收益和现在价值求解贴现率(以 i 表示,以免与利率 r 混淆)可得:

$$P = \left(\sum_{t=1}^{n} \frac{R}{(1+i)^t}\right) + \frac{S}{(1+i)^t} \tag{3-16}$$

例如,设一台机器可用 5 年,这 5 年预期收益分别为 11 000 元、12 100 元、13 310 元、14 641 元和 16 105 元,该机器 5 年后报废的残值收入为 0,又设该机器的重置成本为 50 000 元,根据式(3-16)可算出贴现率 $i=10\%$。

在资本品购买价格既定的情况下,如果该项目每年能够带来 R 的收益,那么该项投资按照复利方法计算的利润率为 i。因此,资本边际效率 i 实际上就是投资的预期利润率。

资本品购买价格不变时,资本边际效率随着投资净收益的提高而增加。投资净收益不变时,资本边际效率随着投资品购买价格的增加而下降。也就是说,资本边际效率是投资净收益的增函数,是投资品购买价格的减函数。

凯恩斯指出,随着投资量的增加,短期内会造成资本物品价格的上升,增加投资成本。长期将带来资本存量的大量积累,导致预期收益降低。因此,资本边际效率随着投资量的增加而递减,这就是资本边际效率递减规律。

根据上例,若已知该厂商 MEC 曲线上各个投资量下的资本边际效率值,再把它们同市场利率进行比较,就可以求出该厂商的均衡投资量①。假设在某一时点,该厂商面对如图 3-11 所示的一系列可能的投资方案。

在图 3-11 中,横坐标代表投资量,纵坐标代表 MEC 和市场利率 r。该厂商共有五个投资项目可以选择,每个项目的投资额均为 100 万元,这五个投资项目的资本边际效率依次为 10%、8%、6%、4% 和 2%。假定市场利率为 7%,那

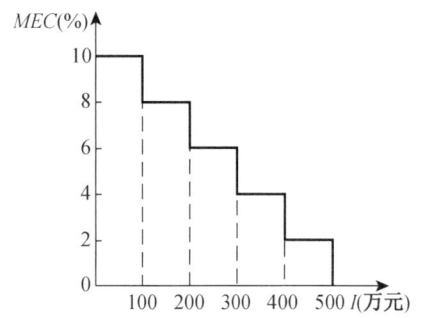

图 3-11 单个厂商的资本边际效率曲线

---

① 这里的市场利率应为扣除通货膨胀因素后的实际利率。

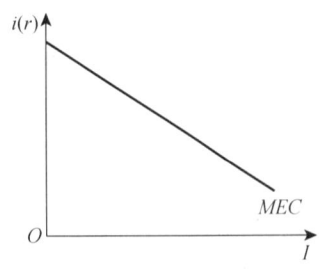

图 3-12 社会总体资本边际效率曲线

么只有第一个和第二个项目有利可图。理性的厂商将选择 200 万元的投资量。如果市场利率降低到 3%,他还将进行第三项和第四项投资,投资总额为 400 万元。可以看出,对单个厂商来说,市场利率越低,投资额就越高。

如果我们把一个经济社会所有厂商的资本边际效率曲线相加,就可以得到如图 3-12 所示的一条斜率为负的平滑曲线。该曲线表示,社会总投资量 I 与利率 r 之间呈反向变化关系,利率越高,投资量越低。这一结论与投资函数的含义一致。

3. 托宾 q 理论

1982 年诺贝尔经济学奖获得者、耶鲁大学的托宾(Tobin)教授于 1969 年提出了股票价格也会影响企业投资的观点,并建立了一个重要的企业投资行为模型[1]。他认为,企业的市场价值与其重置成本之比,可以作为衡量企业是否进行新投资的标准,并把此比率称为 q 值。所以,变量 q 可以定义为企业的股票市场价值与其资本的重置成本之比。企业的股票市场价值就是每股价格与该企业的总股数的乘积,而资本的重置成本是指在产品市场上购买该企业的厂房和设备所需支付的费用。如果某企业的股票市价总值为 1.6 亿元,而该企业的重置成本为 1 亿元,则该企业的 q 值就等于 1.6。因此,q 是通过资本市场获得该企业的成本与在产品市场上购买该企业资本的成本之比。

托宾及其追随者提出了 q 作为一项新投资的良好指标,即当 $q>1$ 时,意味着企业的股票价格高于该企业资本的成本,因此,企业通过发行股票募集资金进行实物投资有利可图,这时企业就会进行新的投资;反之,当 $q<1$ 时,意味着企业的股票价格低于该企业资本的成本,企业筹集资金的成本高于企业的重置成本,这时就不会有新的投资。

相关的研究表明,单个企业的 q 值与这些企业所进行的投资有关,有人试图将整个经济范围的 q 平均值与投资的总水平相联系。1993 年哈佛大学的萨默斯曾与其他人一起证明,在美国经济中,q 值与总投资正相关,但这个关系相当微弱[2]。q 值的变化并不能对所观察到的投资波动作出多大的解释。很明显,除 q 之外,还有其他变量,如产出变化和企业的现金流量等,也有助于解释总投资支出的波动。但是,也有一些经济学家认为股票价格与投资需求之间并不存在这种因果关系,而且是因为厂商有较好的投资前景才引起股票价格的上升,而不是相反。

本章小结

本章探讨了消费和投资的决定理论,为第四章、第五章的学习打下基础。在消费理

---

[1] Tobin, J. A General Equilibrium Approach to Monetary Theory[J]. Journal of Money Credit and Banking 1969 Vol. 1, No. 1, pp: 15—29.

[2] Blanchard Olivier C., Rhee, L. Summers. The Stock Market, Profit, and Investment[J]. Quarterly Journal of Economics, 1993 Vol. 108, No. 1, pp: 115—136.

论中,我们介绍了凯恩斯的消费理论和其他消费理论,介绍了凯恩斯三大心理规律之边际消费倾向递减规律。在投资理论中,介绍了凯恩斯三大心理规律之资本边际效率递减规律及投资的决定。

关键术语

边际消费倾向　平均消费倾向　边际储蓄倾向　平均储蓄倾向　资本边际效率

练习题

一、思考题

1. 其他条件保持不变,一个社会的收入差距越小,平均消费倾向就越高吗？请说明理由。
2. 在当前中国,影响消费的因素有哪些？请举例说明。
3. 根据凯恩斯的理论,投资是由哪些因素决定的？为什么？
4. 在当前中国,投资可能包含哪些具体的类型？
5. 请登录中国国家统计局网站 www.stats.gov.cn 月度数据中的"固定资产投资",查阅关于固定资产投资的不同分类标准。
6. 我们可以用一个国家某一时期最终消费占 GDP 的比率表示该国家的消费率。请登录中国国家统计局网站 www.stats.gov.cn 年度数据中的"国民经济核算"栏目,查阅中国 2014 年的 GDP 和最终消费数据,并计算中国 2014 年的消费率。
7. 在当前中国,消费可能包含哪些具体的类型？
8. 请登录美国经济分析局网站 http://www.bea.gov 查阅美国 2014 年的 GDP 和最终消费数据,并计算美国 2014 年的消费率。
9. 学者普遍认为 2002 年以来中国存在消费不足的问题,请阅读陈斌开、陈琳、谭安邦发表在《世界经济》2014 年第 7 期的文章,"理解中国消费不足:基于文献的评述",与同学讨论导致中国消费不足的原因。
10. 请阅读朱天、张军发表在《经济导刊》2012 年第 11 期的文章,与同学讨论中国消费率可能被低估的原因。

二、案例分析

1. 请阅读以下材料并思考如下问题:中国各级城市为什么热衷于新城建设？新城建设会给地方经济发展带来哪些风险？

2000 年后,中国各级城市普遍开始了新城建设。新城建设是地方政府拉动投资、带动地方经济增长、提高政绩的重要途径。但是,新城建设也会带来很多浪费,造成投资的无效率。由于就业机会少,一些中西部城市建造的新城由于没有吸引人口流入而成为鬼城。关于中国的新城建设,上海交通大学安泰经济与管理学院特聘教授陆铭 2017 年 7 月 19 日在接受澎湃新闻采访中指出,中国的新城建设出现了如下三个层面的问题。

第一是国家宏观层面,新城建设大量集中在中西部的人口流出地。中国大概从2006年以后开始出现一些新城建设。特别是在2009年以后中国出现了新一波的新城建设高潮,把大量新城建设在中西部地区的人口流出地。

而这种现象的背后则是土地供应制度。大概2003年起,中国把建设用地指标作为一种鼓励欠发达地区发展的政策手段。所以,大量建设用地指标和土地供应是配置到了人口流出地,即人均GDP比较低、人口密度比较低的地区。但是,因为地理位置较偏远,自然条件较差,同时又是人口流出地,这些地方实际上没有发展工业和服务业的潜在市场需求。然而,事实上人口流出地得到了越来越多的建设用地指标和土地供应。

与此同时,人口流入地通常表现为人均GDP较高,人口密度也较高,地价和房价也比较高,这些地区却受到了建设用地指标和土地供应的抑制。结果导致人口流入地反而成为土地供应相对不足的地方。这样就出现了一个被我称之为"空间错配"的现象,即在人口流入地,土地受到了供给端的限制,而在人口流出地,开发区和新城建设的土地供应是充分的。

第二个问题存在于新城自身的建设层面,很多新城规划面积非常大,规划的人口密度比较低,而且新城的选址一般离老城比较远。根据我们的一个样本研究,中国的新城建设离老城的平均距离为25公里左右,而规划人口的平均值超过40万人。

而这个又跟长期以来的规划思路有关,事实上城市的建设和扩张过程应该充分发挥规模经济的作用,尽量减少职业和居住分离、居住和公共服务的空间分离问题。如果不尊重经济规律,片面地发展卫星城和新城,且在空间上远离老城,那么就很可能或者是增加通勤成本和距离,或者是导致新城建设缺乏后续的产业和人口的带动力,享受不到老城建设的辐射作用,从而导致一系列后续问题的产生。

尤其是大量开建的工业园、开发区和新城出现供大于求的问题,而这些问题主要出现在中西部。由于缺乏需求,最终将导致地方政府债务持续增加。

第三个问题是新城规划的密度。城市发展的客观规律是:能够在适当的人口密度中获得规模经济效应,方便人与人之间、人和企业之间进行互动和交流,减少服务业发展的成本,降低制造业上下游企业之间的物流和人流成本。

但实际的情况却是中国的新城建设大量追求低密度,不仅离老城非常远,而且规划的人口密度也非常低。建设者们误以为低密度才能实现城市的宜居和环境保护,结果大量的新城采取了宽马路大街区的低密度模式,导致空间效率不高,人气不够,而且对产业和人口的吸引力不足,也无法给新城居民提供便利的生活。

2. 请阅读以下材料并思考如下问题:从统计上看,旅游属于消费还是投资?居民旅游支出与哪些因素相关?为什么当前中国出境游越来越多?

"出境游是低频消费?"王振华拿起桌上的手机对《南方周末》记者说,"现在大家两年换一次手机,这才是低频消费;出境游已经是中频消费了,90后们都是季度出行,还有人一个月内出去了两次。"

王振华是在线出境旅游平台"发现旅行"的创始人、CEO。2017年6月18日下午,"发现旅行"在广州举办2017年度粉丝大会,宣布将在未来一年到一年半时间,将旅游目的地扩充为30个，同时"发现旅行"很快将迎来新一轮美元融资。

不同于其他在线旅游网站，2014年上线的"发现旅行"只做"机票＋酒店"的出境自由行旅游产品，配以目的地旅游攻略手册和24小时中文管家服务，曾以一款1 999元的"发现柬埔寨"爆款产品，以"不飞廉航，不住快捷，不搜攻略，不去拼命"为口号，主打"年轻人第一次高逼格的出国旅行"，截至目前仅有15个目的地产品。

"发现旅行"只在线上销售，没有呼叫中心，也没有销售人员。包括目的地管家在内，目前员工总数只有50多人。"发现旅行"曾在2014年、2015年获得顺为资本、众为资本的A轮、B轮融资，不过在2016年遭遇了行业寒冬和资本寒冬，韩国、越南及中国台湾地区等目的地因为各种原因无法继续经营，投资人一度建议公司业务从2C转型为2B。

在一年内目的地没有太大变化的情况下，"发现旅行"主要通过口碑传播获得新用户并获得交易规模，并对外宣布2017年第一季度第一次实现盈利，王振华称2017年将进行规模化扩张，"绝地反击"。

王振华向《南方周末》记者透露，目前"发现旅行"用户数量约100万人，其中70%～80%用户为女性白领，平均年龄为30岁左右。有意思的是，"发现旅行"目前最多的产品集中在东南亚地区，而中国华南地区出发的用户约占到其总数的一半。由于目的地少，用户的重复购买率也不到一半，这也是发现旅行扩张目的地的原因之一。

王振华认为中国人的出境旅游是一大趋势，他把出境旅游与去餐厅吃饭做了一个类比，20世纪90年代一家人外出餐厅吃饭是件大事，出门前要准备很久，现在则是稀松平常；以前出境旅游比较少，从几年一次到一年一次，现在也开始变得频繁，尤其是90后年轻人，天气不好要出去旅行，天气好要出去旅行，热恋中要出去旅行，失恋了要出去旅行，甚至工作辞了也要旅行一趟回来再找。

中国国家旅游局的数据显示，2016年中国公民出境旅游人数达1.22亿人次。这个数字可以粗略换算为：2016年平均每10个中国人中就有1人出境旅游了一次。

中国人对出境旅游的热情在其他在线旅游平台也有所体现，携程联合创始人、执行董事会主席梁建章在2017年6月15日举办的"2017中国互联网＋新商业峰会"上透露，目前国际酒店销售约占携程总收入的20%，机票收入的30%来自国际机票，60%的旅行团业务为出境旅游业务。

第四章 简单国民收入决定理论

◎ 学习目的与要求

本章是宏观经济学的核心内容,分析了经济社会的生产或收入水平是怎样决定的。凯恩斯主义的全部理论涉及四个市场:产品市场、货币市场、劳动市场和国际市场。

通过本章学习,需要掌握两部门、三部门经济中均衡产出的决定以及乘数原理。本章学习的难点在于各种乘数的计算。

微课:乘数理论

导 读

本章只涉及产品市场的国民收入决定,被称为简单的国民收入决定理论。在国民收入核算理论中,我们知道了 GDP 的构成,明白它是事后的统计。但现实中,一个国家或地区的国民收入的大小是由什么决定的呢?本章我们将解决这个问题。

我们将在最简单的两部门经济分析的基础上,逐步扩展模型,使大家了解掌握三部门经济、四部门经济均衡产出的决定以及乘数理论。

第一节 两部门经济中均衡国民收入的决定和变动

一、经济达到均衡的条件:均衡产出

1. 假设

我们的分析从最简单的两部门经济开始,先做出如下假设。

(1) 经济中只有家庭(居民户)和厂商(企业)两个部门,不存在政府,也不存在对外贸易。消费和储蓄行为发生在家庭部门,生产和投资行为发生在厂商部门。

(2) 不管需求量为多少,经济社会均能以不变的价格提供供给。这个假设集中反映了凯恩斯对资本主义市场经济运行常态的看法,即资本主义市场经济中经常会出现生产过剩。因为凯恩斯主义理论产生的背景是 20 世纪 30 年代的大萧条,当时工人大量失业,资源大量闲置,总需求不足。在这样的情况下,对于总需求量来说,供给能力是无限大的,总需求的增加只会引起产量的变动,而不会引起价格上升。这条凯恩斯定律被认为只适用于萧条经济和短期分析。

(3) 企业的投资是自发的,不受利率的影响。

(4) 公司的未分配利润和折旧为 0,即企业没有参与总收入的分配,在不存在政府的前提下,该经济体的 GDP、GNP、NI、PI 和 DPI 都是相等的。

在上述假设情况下,经济社会的产量或者说国民收入就决定于总需求。

2. 均衡产出

前面我们学习过,总产出 Y = 总支出 = 总收入,这里的总支出就是指整个社会的有效需求,实际上就是指总需求。因此,我们可以认为,Y = 总支出 = 总需求。

宏观经济达到均衡,也就是说产品市场上总需求等于总供给,供求均衡。当产出水平等于总需求水平时,企业生产就会稳定下来。若生产(供给)超过总需求,企业计划外的存货就会增加,企业就会压缩生产规模,减少生产;若企业生产低于总需求,企业计划外存货就会减少,企业就会增加生产。实际产出如果等于总需求,产品市场就达到了均

衡。我们用 AD 来表示总需求,均衡的产出用 y 来表示,经济均衡的条件是:

$$y = AD \tag{4-1}$$

也就是说,只有当产品市场上实际产出等于总需求时,经济才会达到均衡状态。例如,企业实际生产了 1 000 亿元的产品,企业和居民愿意并且能够支付的总需求恰好也是 1 000 亿元,则企业生产的产品可以全部销售出去,不存在产品积压,也不存在超额的需求。虽然这个实际的产出水平可能远远小于经济社会的最大供给能力,但它是能使经济达到均衡的产出水平。和总需求相等的产出水平被称为均衡产出或均衡收入,在均衡产出水平上,经济社会的收入正好等于全体居民和企业想要有的支出。

如果企业生产了 1 200 亿元的产品,则会有 200 亿元的产品库存,成为企业的非计划存货投资;如果企业生产了 800 亿元的产品,则企业会动用往年的存货来弥补供求的缺口。这两种情况都是总供求的失衡。总供求均衡时,即均衡产出水平下,企业的非计划存货投资或者非意愿存货投资为 0。根据上面的分析我们可以知道,在这样一个经济体中,均衡的产出水平取决于总需求的大小。那么,总需求的大小是怎样决定的呢?

在两部门经济中,由于只存在居民和厂商,则总需求就包括两部分:居民的消费需求 c 和企业的投资需求 i,即 $AD=c+i$。具体来说,两部门经济均衡的条件就是:

$$y = c + i \tag{4-2}$$

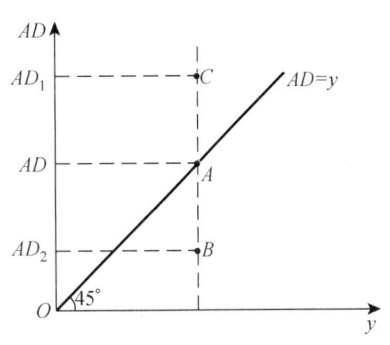

图 4-1 产品市场达到均衡时的条件

如图 4-1 所示,只有 45°线上的各点才是均衡产出点,如 A 点;45°线上方的各点表示总需求大于总产出,如 C 点,企业会增加产量;45°线下方的各点表示总需求小于总产出,如 B 点,企业会减少产量。

3. 投资等于储蓄

在第二章的分析中我们得到了这样的结论:总产出和总收入总是相等的。因为生产活动就是把各种生产要素组织起来进行生产,而生产的成果必定会转化为各个生产要素提供者的收入。如果厂商组织劳动、资本、土地和企业家才能进行生产,产出为 1 000 亿元,则这 1 000 亿元必然就转化成为劳动者的工资、资本家的利息、土地所有者的地租和企业家的利润。因此,在后面的研究中,我们将总产出和总收入都用同一个字母 y 来表示。各种生产要素所有者获得的收入只有两种用途:消费 c 和储蓄 s。即在两部门经济中,个人的收入除去个人消费的部分,其余都是储蓄,也就是说,总收入 y 可以分解成两部分:$c+s$。这里的 c 和总需求中的 c 在量上是相等的。前者是从总收入的角度来理解的,后者是从总需求的角度来理解的。

我们具体分析一下上面所提到的几个变量之间的关系。

(1) 均衡的条件是:$y=AD$,y 是指总产出,$AD=c+i$,c 和 i 代表总需求的两个部分,即个人的消费需求和企业的投资需求;因此,均衡的条件也可以写成 $y=c+i$。

(2) 总产出和总收入是恒等的,我们用同一个字母 y 来表示,收入被分成两部分:消费 c 和储蓄 s,即 $y=c+s$,这里的 c 和总需求中的 c 是相等的。

于是,均衡的条件就可以写成 $c+i=c+s$,两边同时消去 c,则均衡的条件可以转化成另一个形式:

$$i=s \tag{4-3}$$

即当计划投资或意愿投资等于储蓄的时候,经济就达到了均衡。

通过以上的分析,我们得到经济均衡的两个条件 $y=c+i$ 或者 $i=s$,这两个条件是等价的,只要有一个条件得到满足,另外一个条件也必然得到满足,经济就处于均衡状态。这里的投资是意愿投资,不包括非计划存货投资的变动,储蓄表示当前消费的减少,同时也代表投资品的供给。

4. 经济均衡的条件与国民经济核算中的储蓄-投资恒等式

经济均衡的条件 $i=s$ 与储蓄-投资恒等式中的 $I=S$ 是不一样的。这里的 i 是计划投资或意愿投资,总需求 AD 是计划需求。实际上投资 i 并不总是等于储蓄 s,即经济并不总是处于均衡状态。储蓄-投资恒等式中的 I 和 S 是指实际投资和实际储蓄,实际投资中包括了意愿投资和非意愿投资,无论经济是否处于均衡,I 和 S 都是恒等的。而本章中的 i 是企业意愿投资,i 和 s 不是恒等的,只有当 $i=s$ 时经济才达到均衡。

例如,社会的总产出为 1 000 亿元,而实际总需求 AD 只有 800 亿元,这时企业产出中的 200 亿元就形成了存货,但这 200 亿元的存货并不是企业自愿增加的,被称为非计划存货投资。这时,企业就要压缩生产规模,直到与 AD 相等。假如与 1 000 亿元产出相对应的总需求 AD 中消费为 600 亿元(储蓄 s 为 400 亿元),企业自愿的投资为 200 亿元,计划总需求是 800 亿元(600+200),企业非计划存货投资的增加是 200 亿元(1 000−800)。这里计划投资是 200 亿元,$i<s$,经济处于供过于求的失衡状态。但是在国民经济核算中,计入 GDP 的实际投资包括了意愿投资 200 亿元和非意愿投资 200 亿元,$I=S$。

总之,当计划投资大于储蓄时,投资的需求大于供给,供不应求,总收入就会增加;当计划投资小于储蓄时,投资的需求小于供给,供过于求,总收入就会减少;当计划投资等于储蓄时,投资的供给等于需求,总收入维持原来的水平不变,经济达到均衡。

二、两部门中使用消费函数决定收入

经济达到均衡的条件是总产出等于总需求。在两部门经济中,总需求包括个人消费 c 和企业投资 i,由于是两部门经济,所以 $y=yd$,消费 c 与总收入 y 之间存在线性关系:

$$y=c+i$$
$$c=\alpha+\beta y$$

联立方程组,就得到均衡收入:

$$y = \frac{\alpha + i}{1 - \beta} \qquad (4-4)$$

可见,在两部门经济中,只要知道了消费函数和投资量,就可以得到均衡的国民收入。假设消费函数 $c = 1\,000 + 0.6y$,投资 $i = 400$ 亿元,则均衡收入:

$$y = \frac{1\,000 + 400}{1 - 0.6} = 3\,500 (亿元)$$

下面再用列表和图形说明均衡收入的决定。

表 4-1 显示了消费函数 $c = 1\,000 + 0.6y$ 及投资 $i = 400$ 亿元时均衡收入决定的情况。

表 4-1　均衡收入的变动　　　　　　　　单位:亿元

收入	消费 $c=1\,000+0.6y$	储蓄 $S=y-c$	投资 $i=400$	总需求 $AD=c+i$	非计划存货投资的变化 $y-AD$	总产出的变动趋势
2 000	2 200	−200	400	2 600	−600	增加
2 500	2 500	0	400	2 900	−400	增加
3 000	2 800	200	400	3 200	−200	增加
3 500	3 100	400	400	3 500	0	不变
4 000	3 400	600	400	3 800	200	减少
4 500	3 700	800	400	4 100	400	减少
5 000	4 000	1 000	400	4 400	600	减少

表 4-1 中,当 $y = 3\,500$ 亿元时,$c = 3\,100$ 亿元,$i = 400$ 亿元,因此,$y = c + i = 3\,500$ 亿元,说明 3 500 亿元是均衡的收入。如果收入小于 3 500 亿元,如为 2 500 亿元时,$c = 2\,500$ 亿元,$i = 400$ 亿元,总需求为 2 900 亿元,总需求大于总产出,非计划存货投资减少,企业就会扩大生产规模,直到总产出增加到均衡产出的水平。反之,如果收入大于 3 500 亿元,如为 4 500 亿元,$c = 3\,700$ 亿元,$i = 400$ 亿元,总需求为 4 100 亿元,总需求小于总产出,非计划存货投资增加,企业就会压缩生产规模,直到总产出减少到均衡产出的水平。

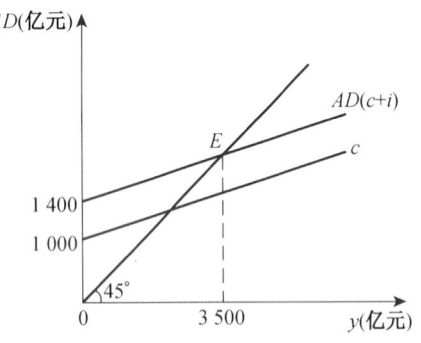

图 4-2　均衡收入的决定(使用消费函数)

图 4-2 描述了均衡收入的决定。图 4-2 中,横轴表示收入,纵轴表示总需求,即消费加投资。由于投资被假定为始终等于 400 亿元的自发投资,因此,消费曲线加投资曲线所形成的总需求曲线 AD 与消费曲线相平行,其间的垂直距离为 400 亿元投资。总需求曲线 AD 与 45°线相交于 E 点,E 点决定的收入水平是均衡收入 3 500 亿元。

三、两部门中使用储蓄函数决定收入

通过前面的分析,我们知道,经济达到均衡的条件是总产出等于总需求,即 $y=c+i$,或者是投资等于储蓄,即 $i=s$。这两个条件是等价的,只要一个条件成立,经济就达到了均衡。储蓄:

$$s = y - c = y - (\alpha + \beta y) = -\alpha + (1-\beta)y$$
$$i = s$$

联立方程组求解同样可以得到均衡收入:

$$y = \frac{\alpha + i}{1 - \beta}$$

上例中,当 $c=1\,000+0.6y$ 时,$s=y-c=-1\,000+(1-0.6y)=-1\,000+0.4y$,$i=400$,

则均衡收入为:

$$y = \frac{1\,000 + 400}{1 - 0.6} = 3\,500(亿元)$$

从表 4-1 中也可以看出,当 $y=3\,500$ 亿元时,$i=s=400$ 亿元。

图 4-3 描述了用储蓄函数来决定的均衡收入。

图 4-3 中,横轴表示收入,纵轴表示储蓄和投资,s 代表储蓄曲线,i 代表投资曲线。由于投资是不变的,因而,投资曲线是一条水平线,$s=-1\,000+0.4y$ 代表储蓄曲线,它是一条斜率为正值的直线。在投资曲线与储蓄曲线的交点 E,$i=s$ 经济达到均衡。在 E 点左边,$i>s$,产品市场上供不应求,企业存货减少,企业就会扩大生产规模,产出增加,一直到均衡产出水平为止;在 E 点右边,$i<s$,产品市场上供过于求,企业存货增加,企业就会压缩生产规模,产出减少,一直到均衡产出水平为止。只有在均衡产出水平上,企业生产才会稳定下来。

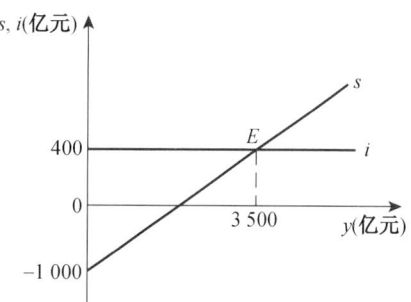

图 4-3 均衡收入的决定(使用储蓄函数)

四、两部门经济中国民收入的变动:投资乘数

在两部门经济中,总需求由消费 $c=\alpha+\beta y$ 和投资 i 组成,短期内,自发消费 α 和边际消费倾向 β 基本是不变的,因此,国民收入的变动主要是由于投资 i 的变化所引起的。

仍以表 4-1 为例,消费函数为 $c=1\,000+0.6y$,投资 $i=400$ 亿元,均衡产出为 3 500 亿元。现在假设投资增加到 800 亿元,则此时的均衡产出变为 4 500 亿元。

投资从 400 亿元增加到 800 亿元,增加了 400 亿元,而均衡产出从 3 500 亿元增加到 4 500 亿元,增加了 1 000 亿元。投资需求的增加引起了均衡产出(收入)的成倍增加,这个倍数我们用 k 来表示,称为投资乘数。在上述例子中,投资乘数为 2.5。

为什么投资增加 400 亿元会引起均衡产出(收入)增加 1 000 亿元呢？这是因为，增加 400 亿元投资用来购买投资品时，实际上是用来购买制造投资品所需要的各种生产要素。于是，这 400 亿元就以工资、利息、地租和利润的形式流入生产要素所有者的手中，即居民手中，从而居民的收入增加了 400 亿元，这 400 亿元是投资对国民收入的第一轮增加。

需要注意的是，为什么 400 亿元的投资都会转化为居民的收入，如果这 400 亿元投资是购买机器设备，难道这些机器设备中不包含制造机器设备所需要的原材料价值吗？难道这些原材料价值也会转化为居民的收入吗？理解这一问题的关键是要记住这 400 亿元投资购买的机器设备是最终产品，最终产品的价值是国民收入，也就是说，这批机器设备的价值等于为生产这批机器设备所需要的全部生产要素所创造的价值，这些价值都被认为转化为工资、利息、利润和地租，因此，投资购买 400 亿元的机器设备，就会使收入增加 400 亿元。

总收入增加 400 亿元后，根据消费和总收入之间的关系，消费也会增加，消费的增加量由边际消费倾向决定，由于 $\beta = 0.6$，所以消费会增加 240 亿元。这 240 亿元又以工资、利息、利润和地租的形式流入生产消费品的生产要素所有者手中，从而使居民收入又增加 240 亿元，这是国民收入的第二轮增加。

同样，这些消费品生产者会把这 240 亿元收入中的 144 亿元($400 \times 0.6 \times 0.6$)用于消费，使社会总需求提高 144 亿元，这个过程不断持续下去，最后使国民收入增加 1 000 亿元。其过程是：

$$400 + 400 \times 0.6 + 400 \times 0.6 \times 0.6 + \cdots + 400 \times 0.6^{n-1}$$
$$= 400(1 + 0.6 + 0.6^2 + \cdots + 0.6^{n-1})$$
$$= 400 \times \frac{1}{1 - 0.6}$$
$$= 1\,000(亿元)$$

新的均衡产出为 4 500 亿元，此时总需求和总产出相等，经济重新达到均衡。在新增加的 1 000 亿元产出中，第一轮 400 亿元是由初始的投资增加引起的，以后的 600 亿元产出是由投资增加所引致的消费一轮又一轮的增加引起的。

上述过程表明，当投资增加 400 亿元时，收入最终会增加 1 000 亿元。如以 Δy 表示增加的收入，Δi 代表增加的投资，则二者之比率 $k = \frac{\Delta y}{\Delta i} = \frac{1\,000}{400} = 2.5$，因此，$\Delta y = k \Delta i$。

上述例子也说明：

$$乘数 = \frac{1}{1 - 边际消费倾向}$$

或者：

$$k = \frac{1}{1 - MPC} = \frac{1}{1 - \beta} \tag{4-5}$$

由于 $MPS = 1 - MPC$，因此：

$$k = \frac{1}{1-MPC} = \frac{1}{MPS} \quad (4-6)$$

可见，乘数的大小和边际消费倾向有关，边际消费倾向越大，或边际储蓄倾向越小，则乘数越大。

乘数效应也可以用图 4-4 来表示。图 4-4 中，$AD(c+i)$ 代表原来的总需求，$AD'(c+i')$ 代表新的总需求，$i' = i + \Delta i$，原来的均衡收入为 y，新的均衡收入为 y'，$\Delta y = y' - y$，$\Delta i = k\Delta i$，相当于上例中投资从 400 亿元增加到 800 亿元即 $\Delta i = 400$ 亿元时，收入从 3 500 亿元增加到 4 500 亿元，即 $\Delta i = 1\,000$ 亿元，$k = 2.5$。

这里对乘数理论还需作进一步的说明。

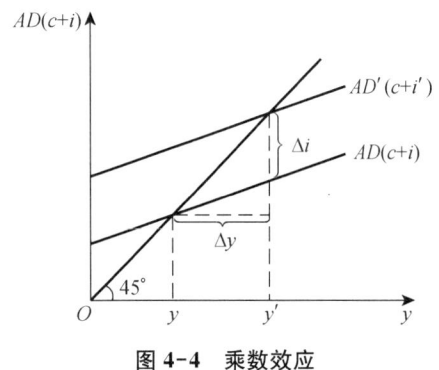

图 4-4 乘数效应

首先，乘数理论发挥作用的前提是经济中存在着失业及社会闲置资源，或者说该经济没有供给限制。这时，总需求的增加主要是刺激总供给的增加，由于设备大量闲置，增加生产并不会增加产品的生产成本，因此，对价格的影响微乎其微，可以忽略不计。总需求的增加将全部转化为总产出的倍数增加。但如果社会经济处在充分就业的条件下，总需求的增加就不再会引起总供给的同步倍数增加，也不会增加就业水平。因为这时的设备利用率与总产出水平已达到生产能力的极限状态，劳动的就业开始出现短缺现象，总需求的增加只会引起价格上涨而不会刺激出更多的总产出。因此，在充分就业条件下，扩大总需求不仅会失去其对总产出的倍数扩张效应，而且会引起严重的通货膨胀。

其次，乘数对国民收入既能产生积极作用，即投资增加会引起国民收入按投资增量的一定倍数增加；又能产生消极的作用，即当投资减少时收入也按照投资增量的一定倍数减少。

专栏 4-1　一把"双刃的剑"

乘数反映了国民经济各部门之间存在着密切的联系。比如，建筑业增加投资 100 万元，它不仅会使本部门收入增加，而且会在其他部门引起连锁反应，从而使这些部门的支出与收入也增加，在边际消费倾向为 80% 时，在乘数的作用下最终使国民收入增加 5 倍，使购买收入增加 500 万元。为什么会有这种倍数关系？让我们举例说明。

例如，你花了 50 元去买了 10 斤苹果，这样卖水果的小贩收到 50 元后，留下 20% 即 10 元去储蓄，拿剩余的 80% 即 50×80% = 40 元去购买其他商品，这 40 元又会成为其他人的收益。假如这个小贩把 40 元拿去购买蔬菜,这又使菜农收益增加了 40 元。菜农再拿 20% 即 40×20%＝8 元去储蓄,其余 40×80%＝32 元去买大米,这样,卖大米的农户又会增加 32 元的收益。如此连续循环下去,社会最后的收益上升到 250 元,其计算方法是:

$$50+50\times 80\%+50\times 80\%\times 80\%+50\times 80\%\times 80\%\times 80\%$$
$$=50\times(1+80\%+80\%\times 80\%+80\%\times 80\%\times 80\%)$$
$$=50\times[1/(1-80\%)]$$
$$=250(元)$$

250 元是最初需求增加量 50 元的 5 倍,这就是乘数效应的效果。但乘数的作用是双重的,如果上述例子反过来,会使国民收入减少 250 元,即当自发总需求增加时,所引起的国民收入的增加要大于最初自发总需求的增加,当自发总需求减少时,所引起的国民收入的减少也要大于最初自发总需求的减少。所以,经济学家形象地把乘数称为一把"双刃的剑"。

第二节 三部门经济中均衡国民收入的决定和变动

在两部门的基础上,加入政府部门之后,两部门经济就变成了三部门经济。此时的总需求,不但包含了个人消费 c,企业投资 i,还包括了政府部门的购买支出 g,即 $AD=c+i+g$。而总收入也不再等于个人可支配收入,因为有一部分要以税收的形式转化为政府的税收收入。此处的税收是指净税收,因为作为转移支付的那部分税收最终还是转化成了另一部分人的收入。因此,三部门经济的均衡收入应是计划的消费、投资和政府购买支出之和,同计划的消费、储蓄和净税收之和相等的收入。即:

$$c+i+g=c+s+t \tag{4-7}$$

消去等式两边的 c,得:

$$i+g=s+t \tag{4-8}$$

式(4-8)是三部门经济中宏观均衡的条件。

在这里,税收可能有两种情况:一种是定量税,即税收额是一定的,不随总收入的变化而变化,用 T 来表示;另一种是比例税,即税收额与总收入成一定比例,这个比率称为税率,用 t 来表示,总税收额等于 ty。

一、税收为定量税时国民收入的决定

三部门经济中,经济达到均衡的条件是 $y=c+i+g$ 或者 $i+g=s+t$。

当税收为定量税时,有下列等式:

$$y = c+i+g$$
$$c = \alpha + \beta y_d$$
$$y_d = y - T + T_r$$

联立方程组,得到三部门经济中定量税下的均衡收入：

$$y = \frac{\alpha + i + g + \beta T_r - \beta T}{1-\beta} \quad (4-9)$$

仍以本章第一节中的消费函数为例,加入政府部门之后,其消费函数为 $c = 1\,000 + 0.6y_d$,政府征收的定量税 $T = 100$ 亿元,政府转移支付 $T_r = 40$ 亿元,则 $y_d = y - 100 + 40$,私人投资 i 仍为 400 亿元,政府部门的购买支出 $g = 100$ 亿元。

根据均衡的条件：

$$y = c + i + g$$
$$= 1\,000 + 0.6(y - 100 + 40) + 400 + 100$$

此时均衡收入为：

$$y = 3\,660 (亿元)$$

用图形可以表示三部门经济中定量税下的均衡收入的决定,如图 4-5 所示。

图 4-5 中,横坐标表示总收入,纵坐标为总需求。总需求曲线为 $AD = c + i + g = 1\,000 + 0.6(y - 100 + 40) + 400 + 100 = 1\,464 + 0.6y$,总需求曲线与 45°线的交点为均衡产出水平,均衡产出水平为 3 660 亿元。与两部门经济相比,由于政府部门的加入,总需求水平更高些,所以均衡产出水平也高一些。

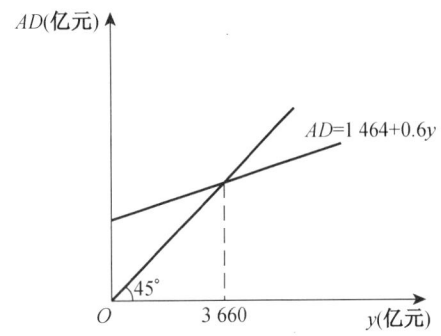

图 4-5 三部门经济中定量税下均衡收入的决定

同样的,也可以用另外一种均衡条件 $i + g = s + t$ 来表示三部门的均衡产出,如图 4-6 所示。

图 4-6 中, $i + g = 500$ 亿元, $s + t = 0.4y - 1\,024 + 100 - 40 = 0.4y - 964$。当收入为 2 410 亿元时, $s + t = 0$,这是因为当收入为 2 410 亿元时,储蓄为 -60 亿元,税收为 60 亿元,因此两者之和为 0。另外,当 $y = 0$ 时, $s + t = -964$ 亿元, $i + g$ 线和 $s + t$ 线相交于 E 点,和 E 点相对应的收入为均衡收入 $y = 3\,660$ 亿元。

现在假定税收从 100 亿元增加到 200 亿元,消费函数仍然为 $c = 1\,000 + 0.6y_d$,因而储蓄函数也仍为 $s = -1\,000 + 0.4y_d$,但 $s + t$ 线就从 $s + t = -1\,000 + 0.4(y - 100 + 40) + 100 - 40 = 0.4y - 964$ 变为 $s + t = -1\,000 + 0.4(y - 200 + 40) + 200 - 40 = 0.4y - 904$。可见, $s + t$ 线的斜率未变化,但截距从 -964 变为 -904。定量税变动改变了 $s + t$ 的截距,如图 4-7 所示。

图 4-7 中,定量税从 100 亿元增加到 200 亿元时, $s + t$ 线的截距从 -964 变化为 -904,均衡收入从 3 660 亿元减少到 3 510 亿元,比原来减少了 150 亿元,原因是税收从

100亿元增加到200亿元时，$s+t$ 线的截距相应向上移动60亿元，由于该线的斜率就是储蓄曲线的斜率，而储蓄曲线的斜率 $MPS = 0.4 (MPS = 1 - MPC = 1 - 0.6 = 0.4)$，因此，收入必须相应下降150亿元 $(60 \div 0.4)$。

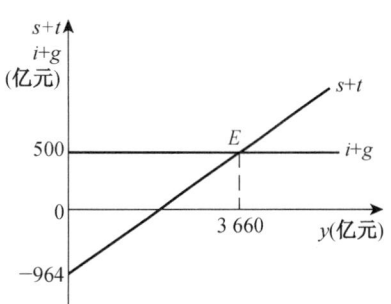

图 4-6　三部门经济中定量税下均衡收入的决定

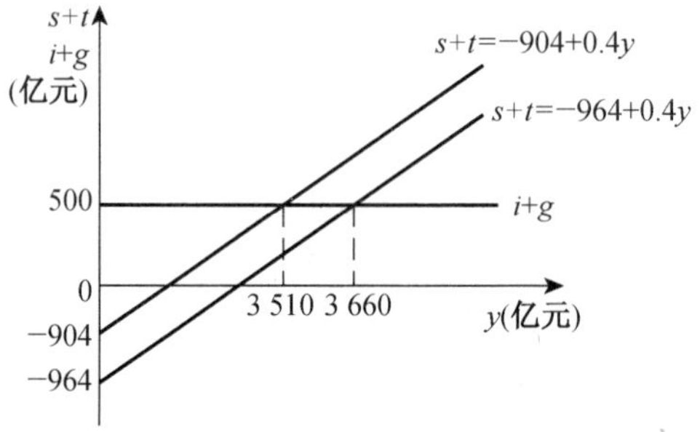

图 4-7　定量税变动改变 $s+t$ 的截距

二、税收为比例税时国民收入的决定

前面的定量税，意味着税收是一个固定不变的常数，不随收入的变化而变化。现实中的税收一般是与收入有关的，如目前许多国家通行的个人累进所得税就明显地受到个人收入的影响，是收入的函数。设税收函数为国民收入的线性函数：$T = T_0 + ty$，$(0 < t < 1)$，这种税收函数表示的税收由两部分组成，T_0 是不随收入变动而变动的税收，t 为边际税收倾向，表示当收入增加百分之一时，政府税收将增加百分之几。ty 表示政府税收随国民收入变动而变动的那一部分，与国民收入成一定的比例。

当税收为比例税时，均衡产出是如何决定的呢？当税收为比例税时，有下列等式：

$$y = c + i + g$$
$$c = \alpha + \beta y_d$$
$$y_d = y - (T_0 + ty) + T_r$$

均衡产出为：

$$y = \frac{\alpha + i + g + \beta T_r - \beta T_0}{1 - \beta(1-t)} \tag{4-10}$$

假设消费函数为 $c = 1\,000 + 0.75 y_d$，$T_0 = 100$，比例税税率 $t = 20\%$，即每单位收入中有20%要向政府交税，政府转移支付 T_r 为40亿元，私人投资 i 为400亿元，政府部门的购买支出 g 为200亿元。

此时均衡收入为：

$$y = \frac{\alpha + i + g + \beta T_r - \beta T_0}{1 - \beta(1-t)} = \frac{1\,000 + 400 + 200 + 0.75 \times 40 - 0.75 \times 100}{1 - 0.75(1-0.2)}$$
$$= 3\,887.5 (亿元)$$

可以用图形表示比例税时均衡产出（收入）的决定。如图4-8所示，横坐标为总收入，纵坐标为总需求，本例中总需求为：

$$AD = c + i + g$$
$$= \alpha + \beta[y - (T_0 + ty) + T_r] + i + g$$
$$= 1\,555 + 0.6y$$

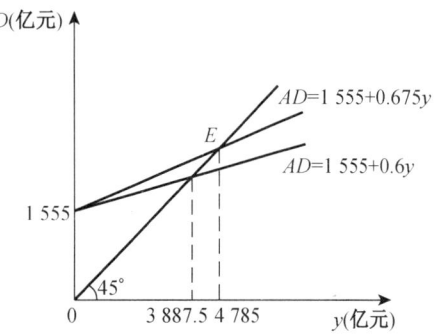

图 4-8 三部门经济中比例税下均衡收入的决定

总需求曲线与 45°线的交点所对应的产出水平是均衡的产出水平,均衡产出水平为 3 887.5 亿元。

税率发生变化也会引起均衡产出的变化。当其他条件不变,税率由 20% 降低为 10% 时,总需求曲线 AD 则变为 $AD = 1\,555 + 0.675y$,相对于原来的总需求曲线向上移动,此时均衡产出水平提高到约 4 785 亿元,如图 4-8 所示。

三、三部门经济中国民收入的变动:三部门经济中的各种乘数

在三部门经济中,不仅投资支出变动时有乘数效应,政府购买、税收和政府转移支付的变动,同样会有乘数效应。因为政府购买、税收、转移支付都会影响消费,影响总需求。

(一) 税收为定量税时的各种乘数

当税收为定量税时,根据式(4-9),总产出为:

$$y = \frac{\alpha + i + g - \beta(T_o - T_r)}{1 - \beta}$$

1. 政府购买支出乘数

政府购买支出乘数是指当其他条件不变时,政府购买支出变动一单位所引起的总产出变动的倍数。以 k_g 表示政府购买支出乘数,则:

$$k_g = \frac{\mathrm{d}y}{\mathrm{d}g} = \frac{1}{1 - \beta} \tag{4-11}$$

可见,k_g 为正值,它等于 1 减去边际消费倾向 β 的倒数。

例如,如果边际消费倾向 $\beta = 0.6$,则 $k_g = 2.5$,因此,当政府购买支出增加 200 亿元时,国民收入可增加 500 亿元;当政府购买支出减少 200 亿元时,国民收入也要减少 500 亿元。

2. 税收乘数

税收乘数是指当其他条件不变时,税收变动一单位所引起的总产出变动的倍数。以 k_t 表示税收乘数,则:

$$k_t = \frac{\mathrm{d}y}{\mathrm{d}t} = \frac{-\beta}{1 - \beta} \tag{4-12}$$

税收乘数为负值,它的绝对值等于边际消费倾向除以边际储蓄倾向,说明总产出随税收增加而减少,随税收减少而增加。原因是税收增加,人们的可支配收入减少,从而

消费会相应减少，总需求水平下降。

例如，若 $\beta = 0.6$，则 $k_t = -1.5$，如果政府增税 200 亿元，则国民收入减少 300 亿元；政府减税 200 亿元，则国民收入增加 300 亿元。

3. 政府转移支付乘数

政府转移支付乘数是指当其他条件不变时，政府转移支付变动一单位所引起的总产出变动的倍数。以 k_{tr} 表示政府转移支付乘数，则：

$$k_{tr} = \frac{dy}{dTr} = \frac{\beta}{1-\beta} \tag{4-13}$$

可见，政府转移支付乘数也等于边际消费倾向与 1 减边际消费倾向之比，或边际消费倾向与边际储蓄倾向之比，其绝对值和税收乘数相同，但符号相反。

例如，若 $\beta = 0.6$，则 $k_{tr} = 1.5$，如果政府增加转移支付 200 亿元，则国民收入增加 300 亿元；政府减少转移支付 200 亿元，则国民收入减少 300 亿元。

4. 平衡预算乘数

平衡预算乘数是指政府收入和支出同时以相等数量增加或减少时国民收入变动与政府收支变动的比率。根据前面的分析，当政府购买支出增加 200 亿元时，国民收入可增加 500 亿元；税收增加 200 亿元，则国民收入减少 300 亿元。因此，当政府购买支出和税收同时增加 200 亿元时，从政府预算看是平衡的，但国民收入却增加了 200 亿元，即收入增加了一个与政府支出和税收变动相等的数量。用 Δy 表示政府购买支出和税收各增加同一数量时国民收入的变动量，以上结果可以用公式表示如下：

$$\Delta y = k_g \Delta g + k_t \Delta t = \frac{1}{1-\beta} \Delta g + \frac{-\beta}{1-\beta} \Delta t$$

由于假定 $\Delta g = \Delta t$，因此：

$$\Delta y = \frac{1}{1-\beta} \Delta g + \frac{-\beta}{1-\beta} \Delta g = \Delta g$$

或者：

$$\Delta y = \frac{1}{1-\beta} \Delta t + \frac{-\beta}{1-\beta} \Delta t = \Delta t$$

可见：

$$\frac{\Delta y}{\Delta g} = \frac{\Delta y}{\Delta t} = \frac{1-\beta}{1-\beta} = 1 = k_b \tag{4-14}$$

式(4-14)中：k_b 为平衡预算乘数，其值为 1。

（二）税收为比例税时的各种乘数

根据式(4-10)，三部门经济中，当税收为比例税时，均衡的条件是：

$$y = \frac{\alpha + i + g + \beta T_r - \beta T_0}{1 - \beta(1-t)}$$

1. 政府购买支出乘数

政府购买支出乘数：

$$k_g = \frac{dy}{dg} = \frac{1}{1-\beta(1-t)}$$

仍然按照前面的例子，如果边际消费倾向 $\beta = 0.6$，税率 t 为 15％，$k_g \approx 2.04$，因此，当政府购买支出增加 200 亿元时，国民收入可增加约 408 亿元。与定量税的情况相比，g 增加一单位所引起的 y 的增加量减少了，因为收入每增加一单位，政府都要征收一定比例的税收，从而导致个人可支配收入和引起消费的增加没有原来多。

2. 税收乘数

税收乘数：

$$k_t = \frac{dy}{dT_0} = \frac{-\beta}{1-\beta(1-t)}$$

比例税下的税收乘数指的是自发税收乘数[①]。如果边际消费倾向 $\beta = 0.6$，税率 t 为 15％，$k_t \approx -1.22$。当 T_0 增加 200 亿元时，国民收入可减少约 244 亿元。

3. 政府转移支付乘数

政府转移支付乘数：

$$k_{tr} = \frac{dY}{dtr} = \frac{\beta}{1-\beta(1-t)}$$

如果边际消费倾向 $\beta = 0.6$，税率 t 为 15％，则 $k_{tr} \approx 1.22$。因此，当政府转移支付增加 200 亿元时，国民收入可增加约 244 亿元。

我们可以将比例税下的乘数与定量税下的乘数相比，会发现前者小于后者。原因在于，随着总需求的增加，总收入也将增加，但在总收入增加的那一部分中，社会与家庭必须拿出其中的一部分用于交税，这使得消费的增长与定量税时消费的增长相比有所减少，相应的乘数也会变小。因此，在乘数计算中，凡在总需求增量中出现随收入变化的情况时，都不能随便套用定量税下的乘数计算公式，而应根据实际情况推导出满足该条件的乘数计算公式。

第三节　四部门经济中均衡国民收入的决定和变动

当今世界各国的经济都是程度不同的开放经济，本国有产品出口，也有产品进口。在三部门经济的基础上，加入了进出口活动的经济称之为四部门经济。

一、四部门经济中均衡国民收入的决定

在四部门经济中，一国均衡的国民收入不仅取决于国内消费、投资和政府购买，还

---

① 杨长江,石洪波.宏观经济学[M].上海:复旦大学出版社,2004.

取决于净出口,即:

$$y = c + i + g + nx \tag{4-15}$$

式(4-15)中:nx 指净出口,为出口与进口的差额:$nx = x - m$,nx 的大小取决于出口量 x 和进口量 m 的对比,出口量 x 是由外国的购买力决定的,本国难以左右,因此也是一个外生变量;进口量 m 是由本国的购买力决定的,一般来说,是与本国的总收入相关的,y 增加,会引起国内各个部门对进口商品需求的增加,即 $m = m(y)$,假设两者之间存在线性关系,即:

$$m = m(y) = m_0 + \gamma y \tag{4-16}$$

式(4-16)中:m_0 为自发进口,表示和收入没有关系的部分,即使总收入为 0,也会存在的进口;γ 表示边际进口倾向,即收入增加一单位时进口会增加多少。

四部门经济中,国民收入决定模型可以表示如下:

$$y = c + i + g + x - m$$
$$c = \alpha + \beta y_d$$
$$y_d = y - T + T_r$$
$$T = T_0 + ty$$
$$i = i_0$$
$$g = g_0$$
$$x = x_0$$
$$m = m_0 + \gamma y$$

得到四部门经济的均衡收入模型为:

$$y = \frac{\alpha + i_0 + g_0 - \beta T_0 + \beta T_r + x_0 - m_0}{1 - \beta(1-t) + \gamma} \tag{4-17}$$

二、四部门经济中均衡国民收入的变动

由式(4-17)可以看出,引入进出口部门后,各种乘数变小了,投资乘数和政府购买支出乘数由原来的 $\frac{1}{1-\beta(1-t)}$ 减小到 $\frac{1}{1-\beta(1-t)+\gamma}$,即自发需求增加一单位引起总收入的增加相对于封闭条件下来说少了;税收乘数和政府转移支付乘数的绝对值也从原来 $\frac{\beta}{1-\beta(1-t)}$ 减小到 $\frac{\beta}{1-\beta(1-t)+\gamma}$,即个人可支配收入每增加一单位引起总收入的增加相对于封闭经济来说更少了。其原因是现在每增加一单位总收入,除了要按照 t 的税率交税以外,还有 γ 单位并没有构成对本国产品的需求,而是构成了对国外产品的需求,一单位总收入的增加带来的需求少了。

三、四部门经济中的对外贸易乘数

对外贸易乘数是指当一国贸易中的出口增加一单位引起国民收入变动多少。如果

用 k_γ 表示对外贸易乘数,则:

$$k_\gamma = \frac{dy}{dx_0} = \frac{1}{1-\beta(1-t)+\gamma} \quad 0<\lambda<1 \tag{4-18}$$

专栏 4-2 凯恩斯关于乘数理论的分析

凯恩斯原是一个自由贸易论者,直至 20 世纪 20 年代末仍信奉传统的自由贸易理论,认为保护主义对于国内的经济繁荣与就业增长一无可取。甚至 1929 年同瑞典经济学家俄林就德国赔款问题论战时,还坚持国际收支差额会通过国内外物价水平的变动,自动恢复平衡。1936 年其代表作《通论》出版时,凯恩斯一反过去的立场,转而强调贸易差额对国民收入的影响,相信保护政策如能带来贸易顺差,必将有利于提高投资水平和扩大就业,最终导致经济繁荣。

凯恩斯认为,传统贸易理论以各项生产要素,包括劳动力已经充分就业为前提,宣扬按照比较成本原理进行贸易,既有充分就业,又享分工之利。但现实生活中并不存在这一前提,而却经常存在大量非自愿失业,如果一国按照传统理论自由贸易,虽可从事有比较优势部门的专业化生产,取得某些分工之利,但放弃或缩小比较优势不大或无比较优势部门的和平,则必然是失业更趋严重。故凯恩斯不断抗议传统贸易理论不适用于现代。他还批评传统理论只注重分工的利益和强调对外收支均衡的自动调节过程,而完全忽略贸易差额对国民收入就业的影响。认为就一国而言,后者较前者更重要,因为顺差能增加收入,使资金流入,利率降低,投资提高,就业扩大;反之,"若为逆差,则可能很快就会产生顽固的经济衰退"。由此,凯恩斯赞成贸易顺差,并重新推崇起重商主义,不过在肯定重商主义某些观点的同时,他也承认"实行重商主义所能取得的好处,只限一国,不会泽及全世界"。

在《通论》中,凯恩斯由投资乘数原理出发,对贸易差额与国民经济盛衰的关系作了进一步阐述。他认为投资的乘数作用表现为,一个部门的新增投资,不仅会使该部门的收入增加,而且会通过连锁反应,引起其他有关部门的收入增加,引起其他有关部门追加新投资获得新收入,致使国民收入总量的增长若干倍于最初那笔投资。而一国的总投资既包括国内投资(它决定于国内的资本边际效率和利息率)也包括国外投资(它决定于贸易顺差额),"增加顺差,乃是政府可以增加国外投资之唯一直接办法;同时若贸易为顺差,则贵金属内流,故又是政府可以减低国内利率、增加国内投资动机之唯一间接办法。"除此之外,凯恩斯还强调贸易顺差本身对国民经济的作用亦犹如投资。认为出口是对本国产品的需求,如同投资,是一种"注入"(injection),能使国民收入增长;而进口则是对舶来品消费的增加,如同储蓄,是一种泄露,会减弱投资乘数的作用,使国民收入减少。因此,凯恩斯极力鼓吹贸易顺差,并提出应尽力扩大出口,同时借助保护关税和鼓励"购买英国货物"以限制进口的政策主张。上述凯恩斯关于乘数理论及贸易顺差的分析,后经英国学者哈罗德和美国学者马赫洛普等人的论证而发展为对外贸易乘数理论。

本章小结

本章系统地介绍了凯恩斯的乘数理论,并推导了两部门、三部门、四部门经济中的各种乘数,乘数理论在经济中具有重要的意义,乘数作用的发挥具有一定的限定条件。

关键术语

均衡产出　投资乘数　税收乘数　政府购买支出乘数　政府转移支付乘数　平衡预算乘数

练习题

一、思考题

1. 试用45°线说明两部门经济中一国的国民收入是如何决定的。
2. 为什么政府购买支出乘数大于政府转移支付乘数?
3. 作图说明当政府购买支出发生变化时,对国民收入所产生的影响。
4. 为什么说乘数是把"双刃剑"?

二、计算题

1. 假设某经济社会的消费函数为 $c = 1\,000 + 0.9y$,投资为 1 000 亿元。
(1) 求均衡收入、消费和储蓄。
(2) 如果当时实际产出为 150 000 亿元,企业非意愿存货投资为多少?
(3) 如投资增加为 2 000 亿元,求增加的收入。
(4) 如消费函数变为 $c = 1\,000 + 0.8y$,投资仍为 1 000 亿元,收入和储蓄各为多少?
(5) 消费函数变动后,乘数有何变化?

2. 假定某经济社会的消费函数为 $c = 1\,000 + 0.9Y_d$,投资支出 $i = 1\,000$ 亿元,政府购买 $g = 2\,000$ 亿元,政府转移支付 $tr = 1\,500$ 亿元,税收 $T = 2\,500$ 亿元,试求:
(1) 均衡收入。
(2) 投资、政府购买、税收、政府转移支付、平衡预算乘数。
(3) 假如经济社会达到充分就业所需要的国民收入为 150 000 亿元,试问:用增加政府购买、减少税收或增加政府购买和税收同一数额实现充分就业,各需多少数额?

3. 设消费函数为 $C = 120 + 0.75y$。试求:
(1) 消费水平达到 1 120 亿元时,收入应为多少?
(2) 边际消费倾向及边际储蓄倾向各为多少?
(3) 收入为 3 000 亿元时,消费水平为多少?

4. 假定某经济社会的消费函数 $c = 300 + 0.8Y_d$,税收函数 $T = 6.25 + 0.15y$,投

资 $i=600$ 亿元,政府购买 $g=500$ 亿元,政府转移支付 $tr=1\,000$ 亿元,求:
(1) 均衡收入。
(2) 各种乘数。

三、案例分析

请阅读以下材料并思考如下问题:国产大飞机的乘数效应具体表现在哪些方面?我国发展大飞机具有什么意义?

2017年5月5日,我国首款完全按照适航标准和主流市场标准研制的单通道干线飞机C919首飞成功,标志着我国航空航天事业又向前迈出坚实的一步。

欢呼雀跃之余,人们不禁要问,C919到底跟我们有着什么关系?这一点很多人搞不懂,甚至简单地以为只是多了一种国产乘坐工具。不少媒体说C919给航空制造业产业链上的相关企业带来了利好,未来10年国内客机市场空间超万亿美元云云。

其实,这些认识都是朦胧的、片面的。

要理解大飞机产业的产业拉动比效果,首先要明白一个经济学原理:乘数效应。

其中,投资乘数效应是指一笔初始投资会产生一系列连锁反应,从而使社会经济总量成倍增加。意即投资或政府公共支出变动引起的社会总需求变动对国民收入增加或减少的影响程度。毫无疑问,大飞机产业的高产业拉动比属性,决定了政府和企业对其的投资支出会转化为其他部门或企业的收入,这个部门或企业再把得到的收入在扣除储蓄后用于消费或投资,又会转化为另外一个部门或企业的收入。通过大飞机产业的产业关联和区域关联,对周围地区和产业产生示范、组织、带动作用;通过循环和因果积累这种作用不断强化放大、不断扩大影响,以乘数加速度方式引起最终量的增加——如此循环下去。

投入大飞机产业会导致全产业链生态的高增长,国民收入也将以投资或支出的倍数递增。

所以,以价值链的眼光看待国产大飞机的产业链延展,这才是中国航空制造更具魅力、更具潜能的市场新蓝海。国产大飞机的"大",首先,是提升了国家地位,增强了国民的自豪感;其次,是提升了航空工业的自信心和竞争力;最后,也是最主要的,大飞机会成为经济转型升级的引擎,强力拉动国民经济健康发展。

大飞机产业拉动比:制造业之首。

乘数效应在经济学上也被称为产业拉动比,产业拉动比应怎么理解呢?

比如,服装产业的产业拉动比是1∶1.13,也就是说,往服装产业投入1元,它能拉动原材料、加工制造、物流、贸易等成长1.13元,产业拉动比很低。这也是为什么改革开放之初,广东发展轻纺工业,自己先富起来了,但是其他临近省份只能干看着,搭不上便车。汽车产业的产业拉动比是1∶27,也就是说,往汽车产业里投资1元,它会拉动钢铁、制造、物流、贸易、金融、服务等成长27元,这就很厉害了。

大飞机的产业拉动比是1∶152!它带动的科技、制造、电子、机场建设、维修及服务、金融等产业门类众多,乘数效应巨大。这大概也是为什么空中客车一直亏损,但是相关股东国家仍然要发展它的原因之一。

大飞机从研制到投入商用,是一个漫长的过程。C919的研制生产,体现的不仅是一架大型飞机的价值,还对上下游产业形成强大的辐射、带动作用。不少人甚至认为,大飞机对经济增长的拉动作用居制造业之首。

就一架150座的飞机构造而言,需要300万到500万个零部件,提供配套生产的企业达数千甚至上万家,而飞机本身涉及的产业链,自上而下包括能源资源到生产加工、制造集成、信息技术、贸易物流、金融服务;其横贯的产业覆盖了机械制造、电子、材料、冶金、仪器仪表、化工等几乎所有工业门类;其涉及数学、空气动力学、材料学、人机工程学、自动控制学、流体力学等上百种学科和7 000余项技术。

大型客机在研制过程中,将首先带动电子工业、数控机床、锻件制造、冶金、复合材料、通用邮件、仪器仪表等领域形成巨大需求,并推动这些原本比较薄弱的行业实现产业升级;之后将带动机场建设、飞机服务、金融租赁、旅游业的蓬勃发展。所以说,发展航空制造工业不仅将拉动航空制造业产业链发展,还将推动整个国民经济发展。

据媒体报道,日本的一项研究表明,如果将民用船舶制造业对产业的拉动以1美元计算,家电为45美元,汽车为80美元,而大型客机则为800美元。从投入产出效益比来看,每向航空工业投入1万美元,10年后可以产生50万至80万美元的收益。可见,大飞机产业拉动比同样为日本所重视。

据测算,2020—2030年,国内需要更新和新增大飞机2 000多架,产值约2 000亿美元,再加上参与国际市场竞争,我国大飞机将拥有广阔的市场前景。除了以上可看得见、算得出的市场规模,以发展大飞机为代表的航空制造业的腾飞,还将撬动更巨大的产业链、金融链、贸易链、消费链。

按照中国民用航空工业发展路线图,中国大飞机研制将历经支线客机——干线客机——宽体客机的发展路径。大飞机的量产,将打开中国航空产业的发展空间。而航空制造一向是系统集成度高、产业带动力强、关联产业密集的高端装备行业,未来20年,国产大飞机可延展的产业链将会带动高达数十万亿美元的价值生成链。

从直接的研发生产制造的产业链看,发展大飞机对相关产业尤其是战略性新兴产业的拉动将十分巨大。航材、航电、机电、发动机等产业将随国产大飞机的航空产业链发展而不断壮大,尤其是建立起航空发动机的自主发展工业体系。伴随的还有航空机载、空管和地面设备及系统、国产航空材料体系和基础元器件等国产化率的持续跟进。

C919这架大飞机仅零部件就有4万多种、集中100多项技术专利,串起了国内完整的飞机制造产业链,不仅涵盖了整个中航工业体系,还覆盖了16家材料制造商和54家标准件制造商,集中了整机集成商、系统级综合供应商、特殊材料供应商,涉及相关上市公司超过20多家。

除了中航体系外,大飞机研制还延展到宝钢等央企,以及提供特殊装备制造或器材的民营企业和国外的GE、霍尼韦尔、CFM国际发动机公司等飞机制造领域的跨国巨头。C919采用的"主制造商—供应商"模式,不仅探索出了"中国研发、全球招标"的技术创新新路径,更以这样的模式将中国航空制造融入了国际航空产业链,为下一步参与全球航空工业分工,进而为拓展国家高端航空市场打下了坚实的基础。

另外,大飞机批量投入运营后,将充分激活金融租赁等现代生产型服务业。由于飞机单价价值巨大,而飞机作为一种资产又具有多种投资和持有价值,这就使得传统的飞机采购方式发生了嬗变。以客运和货运为主业的民航公司,可以通过融资租赁或者经营租赁的方式,逐渐"外包"这一资本密集型业务,以更轻的资产专注于提供运输服务。从1970—2015年的全球市场来看,飞机租赁公司为购买飞机提供的融资占比逐步上升,同时飞机的需求数量也在稳步增加。因此,飞机租赁市场的发展空间将非常巨大。

目前,中国已经拥有了世界第二大航空运输能力、第一大货物贸易水平和日益增长的跨境旅游消费潜能,这些都将随着国产大飞机市场的发展得到几何级数增长,在未来形成叠加效应和放大效应,其蕴含的贸易和消费潜能将会被充分释放,取代房地产成为今后经济增长的重要一极。

第五章

产品市场-货币市场均衡理论（IS-LM 模型）

◎ 学习目的与要求

本章通过 IS-LM 模型分析了货币供给量和利率对总产出和就业的影响。

通过本章学习，了解产品市场上投资(I)等于储蓄(S)的市场均衡曲线，货币市场上货币需求(L)等于货币供给(M)的市场均衡曲线，然后将这两条曲线放在同一坐标系中，以研究产品市场和货币市场同时达到均衡时的情况，以及当经济处于非均衡状态时的自动调整过程。

微课：IS-LM 模型

导 读

短期内,当一个国家的产品总需求等于产品总供给时,产品市场就达到了均衡;货币需求等于货币供给时,货币市场就达到了均衡。IS 曲线和 LM 曲线分别描述了两个市场均衡时 i 和 Y 之间的关系。IS-LM 曲线共同构成宏观经济总需求分析的基础。

第一节 产品市场的均衡:IS 曲线

第四章指出,宏观经济的均衡,从总产出的角度看,就是总收入与总支出的均衡。总收入体现了一个社会的总供给,总支出体现了一个社会的总需求。总收入与总支出的均衡就是一个社会总供给与总需求的均衡,即一个社会产品市场的均衡。

第四章我们介绍的国民收入决定理论中没有包括货币和利率这两个经济参数。在现实经济中,货币和利率起着重要的作用。

一、IS 曲线

1. IS 曲线的推导

IS 曲线(IS curve)是指在其他情况不变的条件下,能使产品市场达到均衡的利率与均衡产出之间一一对应的各种可能性组合点的轨迹所形成的一条曲线。

在两部门经济中,总需求等于总供给是指 $c+i=c+s$,均衡条件是 $i=s$,假设消费函数是 $c=a+\beta y$,投资函数是 $i=e-dr$,则产品市场的均衡模型是:

消费函数:
$$c=a+\beta y$$

投资函数:
$$i=e-dr$$

均衡条件:
$$y=c+i$$

或者:

储蓄函数:
$$s=y-c=-a+(1-\beta)y$$

投资函数：

$$i = e - dr$$

均衡条件：

$$i = s$$

均衡收入的公式为：

$$y = \frac{a + e - dr}{1 - \beta} \tag{5-1}$$

从式(5-1)可以看出，产品市场均衡时，即投资等于储蓄时，均衡国民收入与利率之间存在着反方向变化的关系。

将式(5-1)变形，可得到：

$$r = \frac{a + e}{d} - \frac{1 - \beta}{d} y \tag{5-2}$$

式(5-2)就是两部门经济中 IS 曲线的代数表达式，该式表明总产出 y 是利率 r 的一个减函数。

例如，假设投资函数 $i = 2\,500 - 125r$，消费函数 $c = 200 + 0.5y$，即储蓄函数 $s = y - c = -200 + 0.5y$，这样：

$$y = \frac{a + e - dr}{1 - \beta} = \frac{200 + 2\,500 - 125r}{1 - 0.5} = 5\,400 - 250r$$

当 $r = 1$ 时，$y = 5\,150$；当 $r = 2$ 时，$y = 4\,900$；当 $r = 3$ 时，$y = 4\,650$；当 $r = 4$ 时，$y = 4\,400$；……

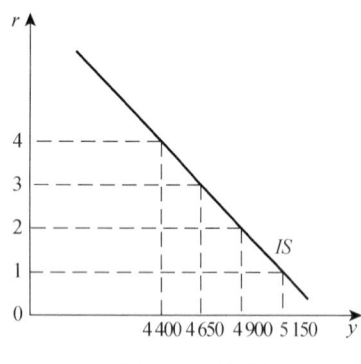

图 5-1　IS 曲线

如果以纵轴代表利率，以横轴代表收入，则可得到一条反映利率和收入间相互关系的曲线，如图 5-1 所示。这条曲线上的任何一点都代表一定的利率和收入的组合，在这样的组合下，投资和储蓄都是相等的，即 $i = s$，从而产品市场是均衡的，这条曲线被称为 IS 曲线。

在三部门经济中，税收为定量税时，总需求等于总供给是指 $c + i + g = c + s + t$，均衡条件是 $i + g = s + t$，假设消费函数是 $c = a + \beta y_d$，$y_d = y - T + T_r$，投资函数是 $i = e - dr$，则产品市场的均衡模型是：

消费函数：

$$c = a + \beta y_d \quad y_d = y - T + T_r$$

投资函数：

$$i = e - dr$$

均衡条件：
$$y = c + i + g$$

或者：

储蓄函数：
$$s = y_d - c$$

投资函数：
$$i = e - dr$$

均衡条件：
$$i + g = s + t$$

均衡收入的公式为：
$$y = \frac{\alpha + e + \beta T_r - \beta T - dr}{1 - \beta} \tag{5-3}$$

将式(5-3)变形，可得到：
$$r = \frac{a + e + g + \beta T_r - \beta t}{d} - \frac{1 - \beta}{d} y \tag{5-4}$$

式(5-4)是三部门经济中定量税时 IS 曲线的代数表达式，该式同样表明均衡产出 y 是利率 r 的一个减函数。

2. IS 曲线的经济学意义

IS 曲线描述了产品市场达到均衡时，市场利率与均衡产出之间的关系。它具有以下经济意义。

(1) IS 曲线的负斜率说明，均衡产出与利率之间存在着反方向变化的关系。即利率降低时均衡产出水平趋于增加，利率提高时均衡产出水平趋于减少。

这是因为，当经济未达到充分就业时，均衡产出取决于社会的总支出水平，当利率下降时，投资的成本下降，投资就会增加并通过乘数作用，使实际总收入水平增加；反之，当利率上升时，投资的成本上升，会使投资减少，通过乘数作用将会使总收入水平减少。

(2) IS 曲线上的任何一点所表示的利率水平与均衡产出水平的组合都能满足国民收入的均衡条件 $i = s$，即产品市场实现了均衡。不在 IS 曲线上的各点，则表示该点上的利率水平与实际总产出水平的组合不能满足产品市场的均衡条件，即 $i \neq s$，因而代表着产品市场非均衡状态时的利率水平与实际总产出水平的各种组合。

如图 5-2 所示，IS 曲线左边区域中的各点表示 $i > s$，代表着社会总产出小于实际总支出，即产品市

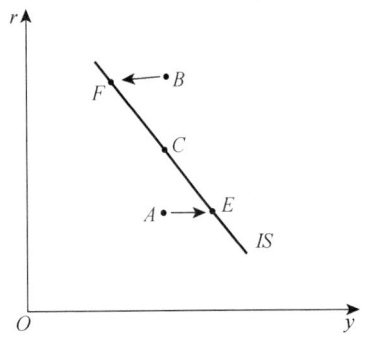

图 5-2 产品市场上的过度需求与过度供给

场存在着超额的产品需求情况。图 5-2 中 A 点位于 IS 曲线左边,处于 A 点垂直上方的 C 点在 IS 曲线上。A 点与 C 点处于同一收入水平,因此 $s_A = s_C = i_C$。但由于 A 点代表更低的利率水平,因此 $i_A > i_C$,可得 $i_A > s_A$,因此,产品市场存在超额需求。这种超额需求,会导致厂商计划存货水平的减少,促使厂商增加产量并扩大投资,总产出将会增加,直到总产出增加到产品市场均衡时 E 点的总收入水平为止。

IS 曲线右边区域中的各点表示 $i < s$,代表着社会总产出大于实际总支出,即产品市场存在着过度的产品供给情况。如图 5-2 中的 B 点,我们可以采用上述方法来判断,在该点,产品市场存在着过度的产品供给。这种产品的过度供给,会导致厂商非计划存货水平的增加,促使厂商压缩产量,总产出将会减少,直到总产出下降到产品市场均衡时 F 点的总收入水平为止。

3. IS 曲线的斜率

由式(5-2) IS 曲线的代数表达式 $r = \dfrac{a+e}{d} - \dfrac{1-\beta}{d} y$ 可知,$\dfrac{1-\beta}{d}$ 是 IS 曲线的斜率的绝对值,决定它的大小的因素是 B 和 d。

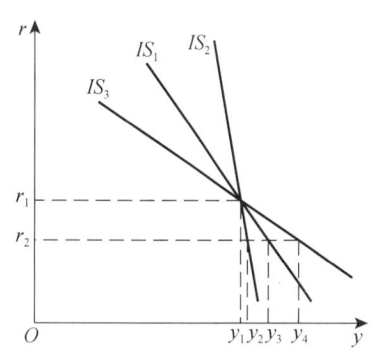

图 5-3 IS 曲线的斜率

IS 曲线的斜率表示的是总产出对利率变动的敏感程度。斜率绝对值越大,总产出对利率变动的反应越迟钝。如图 5-3 所示,当利率由 r_1 下降到 r_2 时,IS_1 所反映的总产出水平由 y_1 增加到 y_3,而 IS_2 所反映的总产出水平则由 y_1 增加到 y_2,变动程度明显小于 IS_1。

反之,斜率越小,总产出对利率变动的反应越敏感。图 5-3 中,当利率由 r_1 下降到 r_2 时,IS_3 所反映的总产出水平将由 y_1 增加到 y_4,变动程度明显大于 IS_1。

二、IS 曲线的移动

IS 曲线的移动包括两种情况:一种是水平方向的移动;一种是旋转移动。

1. IS 曲线的水平移动

假设利率水平没有发生变动,当经济受到一个或数个外生经济变量的冲击导致总产出水平增加时,IS 曲线会在水平方向上向右移动。如图 5-4 所示,受外部力量的冲击,IS 曲线由 IS_0 右移到 IS_1,利率 r_0 保持不变,但总产出水平却由原来的 y_0 增加至 y_1。

由式(5-2)两部门经济中 IS 曲线的代数表达式 $r = \dfrac{a+e}{d} - \dfrac{1-\beta}{d} y$ 可知,$\dfrac{a+e}{d}$ 是 IS 曲线在纵轴上的截距,a 和 e 的变化会导致 IS 曲线发生水平移动。

由式(5-3)三部门经济中 IS 曲线的代数表达式

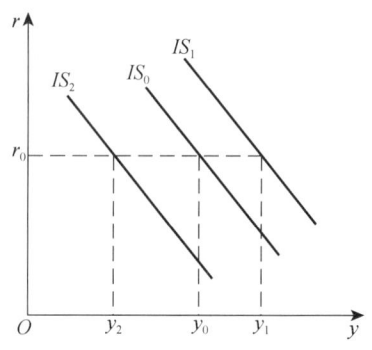

图 5-4 IS 曲线的水平移动

$r=\dfrac{a+e+g-\beta T}{d}-\dfrac{1-\beta}{d}y$ 可知,在三部门经济中,除了 a、e,g 和 T 也是导致 IS 曲线发生水平移动的因素。在现实经济中,表现为增加政府购买会使 IS 曲线向右平行移动,政府税收的减少会使 IS 曲线向右平行移动。

假设利率水平没有发生变动,当经济受到一个或数个外生经济变量的冲击导致总产出水平减少时,IS 曲线会在水平方向上向左移动。图 5-4 中,受外部力量的冲击,IS 曲线由 IS_0 左移到 IS_2,利率 r_0 保持不变,但总产出水平却由原来的 y_0 减少至 y_2。在现实经济中,减少政府购买会使 IS 曲线向左平行移动,增加政府税收会使 IS 曲线向左平行移动。

2. IS 曲线的旋转移动

IS 曲线斜率发生变化时,曲线就会旋转移动。前面分析过,影响 IS 曲线斜率的因素是 β 和 d。

β 是边际消费倾向。如果 β 较大,IS 曲线斜率的绝对值就比较小。这是因为,β 较大,意味着支出乘数较大,从而当利率变动引起投资变动时,收入会以较大幅度变动,IS 曲线就比较平缓。

d 是投资需求对于利率变动的反应程度。如果 d 较大,则投资对于利率变化比较敏感,IS 曲线斜率的绝对值就较小,IS 曲线就比较平缓。这是因为,投资对利率敏感时,利率的较小变动就会引起投资较大的变化,进而引起产出较大的变化。

第二节　货币市场的均衡:LM 曲线

一、货币的需求

货币需求理论是凯恩斯主义宏观经济学的基石。

所谓货币需求其实包含着两层意思:第一,人们对货币有哪些需求;第二,决定货币需求量的因素是什么。对这两个问题的不同回答,就构成了不同的货币需求理论。本节将重点介绍凯恩斯的货币需求理论。其他货币需求理论见本章第四节。

1936 年,凯恩斯在《通论》中提出了他的货币需求理论。凯恩斯货币需求理论与以前的货币需求理论的重要区别在于,凯恩斯将投机性的货币需求引入了分析框架。他认为,人们对货币的需求有三种形式。

1. 货币的交易性需求

货币的交易性需求是指个人和企业为了进行正常的交易活动而持有货币。一般认为,货币的交易性需求产生于收入和支出的不同步,因而个人和企业必须有足够的货币资金来支付日常需要的开支。货币的交易性需求量的多少主要决定于收入,收入越高,交易数量越大。

2. 货币的预防性需求

货币的预防性需求是指个人或企业为预防意外支出而持有一部分货币。因为未来的收入和支出是不确定的,人们为了应付事故、疾病、失业等意外事件会事先持有一定数量货币,这就是货币的预防性需求。货币的预防性需求量的大小取决于人们对风险的态度。对风险的厌恶程度越大,货币的预防性需求量也越大。从全社会的角度看,如果人们对风险的偏好程度一样,则决定预防性货币需求量的主要因素就是收入。一般情况下,收入水平越高,货币的预防性需求量就越大。

如果用 L 表示货币的交易性需求和货币的预防性需求所产生的全部实际货币需求量,用 Y 表示实际收入,则这两种货币需求量和收入的关系可表示为:

$$L_1 = L_1(y) \tag{5-5}$$

或者:

$$L_1 = ky \tag{5-6}$$

式(5-6)中:k 表示出于交易动机和预防动机所需要的货币需求量对收入水平变化反应的敏感度;y 为具有不变购买力的实际收入。

3. 货币的投机性需求

货币的投机性需求是指人们为了抓住有利的购买有价证券的机会而持有一部分货币。假定人们一时不用的财富可以用货币形式或债券形式来保存,债券能带来收益,闲置货币则没有收益,人们会根据对利率变动的预期来决定是持有一定量的货币还是持有有价证券。在实际生活中,有价证券价格高低与利率的高低成反比。利率越高,有价证券价格越低,人们若认为有价证券的价格已低于正常水平,预计就要回升,相应地就会将所持有的现金转换成有价证券,人们持有的有价证券就增多,出于投机动机而持有的货币就减少。相反,利率越低,有价证券的价格就越高,人们若认为有价证券的价格已高于正常水平,预计就要回落,就会抓住有利时机卖出有价证券,持有的有价证券就减少,出于投机动机而持有的货币就增多。

因此,对货币的投机性需求取决于利率,如果用 L_2 表示货币的投机需求,用 r 表示利率,则投机性货币需求量和利率的关系可表示为:

$$L_2 = L_2(r) \tag{5-7}$$

或者:

$$L_2 = -hr \tag{5-8}$$

式(5-8)中:h 是货币投机需求的利率系数,它是指出于投机动机所需要的货币需求对利率变化的反应的敏感程度。

以上分析说明,对利率的预期是人们调节货币和有价证券配置比例的重要依据,利率越高,货币需求量越小。当利率极高时,对货币的投机需求量等于零,因为人们认为这时利率不大可能再上升,或者说有价证券价格不大可能再下降,因而将所持有的货币全部换成有价证券。反之,当利率极低时,人们会认为利率不大可能再下降,或者说有价证券市场价格不大可能再上升而只会跌落,因而会将所持有的有价证券全部换成货币。人们有了货币也绝不肯再去购买有价证券,以避免证券价格下跌时遭受损失,不管有多少货币人们都愿意持有在手中,这种情况称为"凯恩斯陷阱"或"流动性偏好陷阱"。

流动性偏好是指人们对货币的偏好,因为货币是一种流动性或灵活性最大的资产,随时可以用于交易,以应付不测和投机。当利率极低时,人们手中无论有多少货币都不会去购买有价证券,因而流动性偏好趋向于无穷大,这时,即使货币供给增加,也不会再使利率降低。也就是说,由于流动性偏好的存在,即使货币供给增加很多,利率也不会再下降,货币需求进入"流动性偏好陷阱"。

4. 货币总需求

由上面的分析可知,货币的总需求由用于交易和预防的交易性货币需求 $L_1(y)$ 和用于投机的投机性货币需求 $L_2(r)$ 组成,因而货币的总需求就可以表示为:

$$L = L_1(y) + L_2(r) = ky - hr \tag{5-9}$$

式(5-9)中:L、L_1 和 L_2 都是代表对货币的实际需求,即具有不变购买力的实际货币需求量。

由于 $L = ky - hr$ 仅代表对货币的实际需求量或者说需要的实际货币量,因此,名义货币需求函数则是实际货币需求函数乘以价格指数 P,即:

$$L = (ky - hr) \times P \tag{5-10}$$

由式(5-9)可知,人们对货币的需求主要取决于收入和利率。在收入水平既定的条件下,货币需求量是利率的减函数,利率越高,对货币的需求就越少。而在利率水平既定的条件下,货币需求量是收入的增函数,收入水平越高,对货币的需求就越大。

货币需求曲线可用图 5-5 来表示。

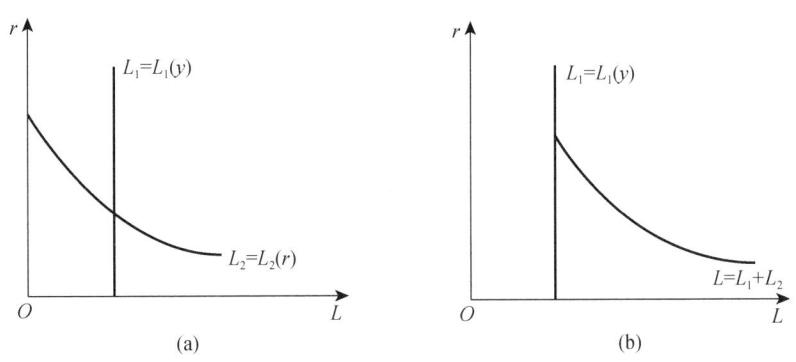

图 5-5 货币需求曲线

图 5-5 中,横轴 L 表示货币需求,纵轴 r 表示利率。图 5-5(a)中,L_1 表示为满足交易动机和谨慎动机的货币需求曲线,它与利率无关,因而垂直于横轴。L_2 表示满足投机动机的货币需求曲线,它从左上方向右下方倾斜,表示货币的投机性需求随利率下降而增加,其最后部分为水平状,表示"流动性陷阱"。图 5-5(b)中的 L 曲线是包括 L_1 和 L_2 在内的货币总需求曲线,它表示在一定收入水平下的货币需求量与利率的关系。即当收入水平既定时,利率上升,货币需求量减少;利率下降,货币需求

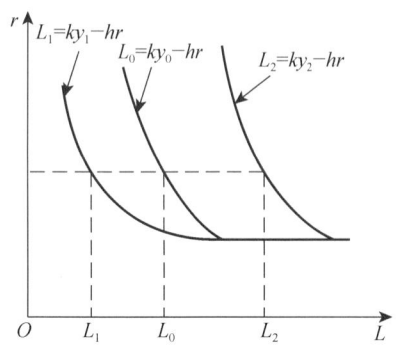

图 5-6　不同收入的货币需求曲线

量增加。

如果利率一定,收入水平变动,货币需求量与收入成正向变动关系。即收入水平增加,货币需求量也增加,在图形中表现为货币需求曲线向右边移动;相反,如果收入水平减少,货币需求量也减少,货币需求曲线向左边移动,如图5-6所示。

二、货币的供给与货币市场均衡

(一) 货币的供给

宏观经济学中,货币供给有狭义和广义之分。狭义的货币供给是指在银行体系外流通的通货(包括纸币和硬币)和在商业银行的活期存款,通常用 M_1 表示。狭义的货币供给再加上定期存款,就是广义的货币供给,通常用 M_2 表示。M_2 再加上个人和企业所持有的政府债券、大额可转让存单和回购协议等流动资产或"货币近似物",就是更广泛意义上的货币供给,一般用 M_3 表示。本节所说的货币供给是指 M_1。

西方经济学者认为,名义货币供给量是由国家通过中央银行用货币政策来调节的,因而是一个外生变量,其大小与利率高低无关,一般将它设定为一个给定的水平,用 M 表示。假设物价水平为 P,则实际货币供应量 m 就是 M/P。货币供给曲线是一条垂直于横轴的直线,如图 5-7 所示。

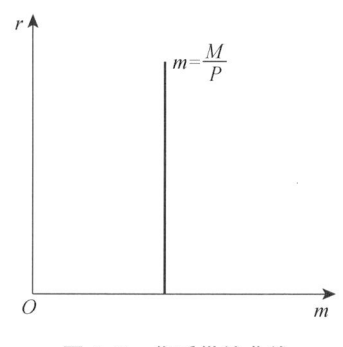

图 5-7　货币供给曲线

(二) 货币市场均衡

当货币的供给与货币的需求相等时,货币市场就达到了均衡,此时的利率就是均衡利率。

图 5-8 中,货币供给曲线 m 是一条垂直于横轴的直线,它与货币需求曲线 L 相交于 E 点,决定了均衡利率水平为 r_0。只有当货币供给等于货币需求时,货币市场才达到均衡状态。如果市场利率低于 r_0,货币需求超过供给,这时人们感到手中持有的货币太少,就会卖出有价证券,证券价格就要下降,利率则要上升。对货币需求的减少,一直要持续到货币供求相等时为止。相反,如果利率高于 r_0,货币供给超过货币需求,这时人们感到手中持有的货币太多,就会买进有价证券,证券价格就要上升,利率则要下降。这种情况也一直要持续到货币供求相等时为止。只有当货币需求与货币供给相等时,利率才不再变动。

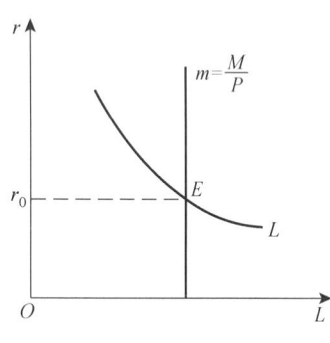

图 5-8　货币市场的均衡

三、LM 曲线

(一) LM 曲线的推导

LM 曲线(LM curve)中的 L 代表货币需求，M 代表货币供给。货币市场均衡的条件就是货币需求等于货币供给，即 $L=M$，LM 曲线就是反应货币市场均衡条件的曲线。

LM 曲线是指在其他情况不变的条件下，能使货币市场均衡时的利率与总收入之间一一对应关系的各种可能性组合点所形成的一条曲线。

根据前面的分析，

货币需求函数：

$$L = L_1(y) + L_2(r) = ky - hr$$

货币供给：

$$m = M/P$$

货币市场均衡的条件：

$$L = m$$

联立方程组，就可得到：

$$r = \frac{k}{h}y - \frac{m}{h} \tag{5-11}$$

或：

$$y = \frac{h}{k}r + \frac{m}{k} \tag{5-12}$$

式(5-11)或式(5-12)就是 LM 曲线的数学表达式。

例如，货币的交易需求函数 $L_1 = L_1(y) = 0.2y$，对货币投机需求函数 $L_2 = L_2(r) = 1\,000 - 200r$，实际货币供给量 $m = 1\,500$(亿美元)，则货币市场均衡时，$1\,500 = 0.2y + 1\,000 - 200r$，得 $y = 2\,500 + 1\,000r$ 或 $r = 0.001y + 2.5$，因此：

当 $y = 3\,500$ 时，$r = 1$；当 $y = 4\,500$ 时，$r = 2$；当 $y = 5\,500$ 时，$r = 3$；当 $y = 6\,500$ 时，$r = 4$；……

这里的 $r = 1$，$r = 2$ 等，实际上是指利率为 1%，2% 等。

如果以纵轴代表利率，以横轴代表收入，则可得到一条反映利率和收入间相互关系的曲线，如图 5-9 所示。这条曲线上的任何一点都代表一定的利率和收入的组合，在这样的组合下，货币需求和货币供给是相等的，即 $L=$

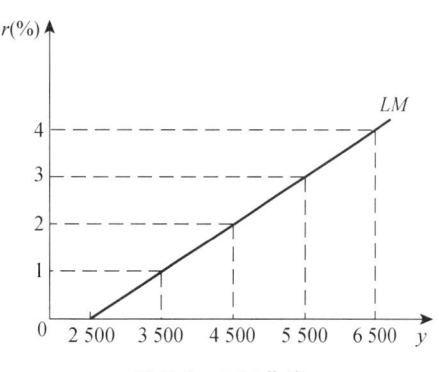

图 5-9　LM 曲线

M,从而货币市场是均衡的,这条曲线被称为 LM 曲线。

(二) LM 曲线的经济学意义

LM 曲线描述了货币市场达到均衡时,市场利率与总产出之间的关系。它具有以下经济意义。

(1) LM 曲线的正斜率说明,总产出与均衡利率之间存在着正方向变化的关系。即利率提高时总产出水平趋于增加,利率下降时总产出水平趋于减少。

但是这并不意味着总产出与利率之间存在着直接的函数关系,在宏观经济运行中,它表明的是利率影响货币供求、货币供求影响投资、投资最终影响产出的一个连续的传导机制。一般情况下,如果假设货币供应量 M 不变,当收入提高时,货币交易需求增加。此时居民将抛出有价证券,导致有价证券市场上的供给大于需求,有价证券价格下降,利率提高;反之,当收入下降时,货币交易需求减少,此时居民将买进有价证券,导致有价证券市场上的需求大于供给,有价证券价格上升,利率下降。

(2) LM 曲线上的任何一点所表示的利率水平与实际总产出水平的组合都能满足货币市场的均衡条件 $L=M$,即货币市场实现了均衡。不在 LM 曲线上的各点,则表示该点上的利率水平与实际总产出水平的组合不能满足货币市场的均衡条件,即 $L \neq M$,因而代表着货币市场非均衡状态时的利率水平与实际总产出水平的各种组合。

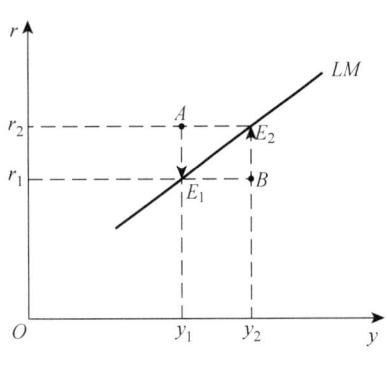

图 5-10 货币市场上的过度需求与过度供给

如图 5-10 所示,LM 曲线左边区域中的各点表示 $L<M$,代表着现行的利率水平过高,从而导致货币需求小于货币供给,货币市场存在着超额的货币供给。图 5-10 中 A 点所对应的产出水平是 y_1,由于在该点上,利率水平 r_2 高于货币市场均衡时的利率水平 r_1,从而导致货币需求小于货币供给。当货币市场出现超额货币供给时,人们会将手中多余的货币余额去购买生息的有价证券,在有价证券供给不变的情况下,将导致有价证券供给小于需求,有价证券的价格必然上升,市场利率必然下降,即从初始的利率水平 r_2 下降到货币市场均衡时的利率水平 r_1 为止。

LM 曲线右边区域中的各点表示 $L>M$,代表着现行的利率水平过低,从而导致货币需求大于货币供给,货币市场存在着超额的货币需求。图 5-10 中 B 点所对应的产出水平是 y_2,由于该点上利率水平 r_1 低于货币市场均衡时的利率水平 r_2,从而导致货币需求大于货币供给。当货币市场出现超额货币需求时,人们会卖出手中的有价证券,在有价证券需求不变的情况下,将导致有价证券供给大于需求,有价证券的价格必然下降,市场利率就会上升,即从初始的利率水平 r_1 上升到货币市场均衡时的利率水平 r_2 为止。

(三) LM 曲线的斜率

由式(5-11) LM 曲线的代数表达式 $r=\dfrac{k}{h}y-\dfrac{m}{h}$ 可知,$\dfrac{k}{h}$ 是 LM 曲线的斜率的绝对

值。LM曲线斜率的大小反映了利率变动与国民收入变动之间的数量关系。LM曲线的斜率越大，一定利率变动所引起的收入变动越小；反之，LM曲线的斜率越小，一定的利率变动所引起的收入变动越大。

决定LM曲线斜率大小的因素是k和h。k是货币需求对收入变动的敏感程度。如果h不变，则k越大，LM曲线的斜率越大，LM曲线越陡峭；相反，k越小，LM曲线的斜率越小，LM曲线越平缓。h是货币需求对利率变化的敏感程度。如果k不变，则h越大，LM曲线的斜率越小，LM曲线越平缓；相反，h越小，LM曲线的斜率越大，LM曲线越陡峭。

（四）LM曲线的三个区域

(1) LM曲线的古典区域。一般情况下，货币的交易需求比较稳定，因此，LM曲线的斜率主要取决于货币的投机需求。由于投机的货币需求是利率的减函数，当利率很高时，人们除了为完成交易必须持有一些货币外，再不会为投机而持有货币，货币的投机需求为0。这时，LM曲线是一条垂线。LM曲线呈垂直状态的这一区域被称为"古典区域"。

(2) LM曲线的凯恩斯区域。当利率非常低时，对货币的投机需求将变得无穷大，这就是"流动性偏好陷阱"或"凯恩斯陷阱"。这时，货币的投机需求弹性无穷大，货币的投机需求曲线成为一条水平线，LM曲线也就变成了一条水平线。LM曲线呈水平状态的这一区域被称为"凯恩斯区域"。

(3) LM曲线的中间区域。处于古典区域和凯恩斯区域之间的这段LM曲线就是LM曲线的中间区域。由图5-11可以看出，中间区域的LM曲线的斜率为正。由LM曲线的斜率k/h可知，由于$k>0$，当$h=0$时，$k/h=\infty$，这时，LM曲线是古典区域的一条垂直线；而当h趋向于无穷大时，$k/h=0$，这时，LM曲线是凯恩斯区域的水平线。而当$0<h<\infty$时，k/h为正，这时，利率和收入正相关。

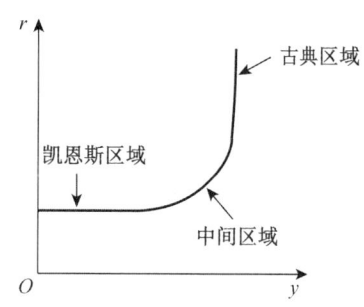

图5-11　LM曲线的三个区域

（五）LM曲线的移动

由式(5-11)LM曲线的代数表达式$r=\dfrac{k}{h}y-\dfrac{m}{h}$可知，$m/h$是LM曲线的截距的绝对值，因此，当$m$、$h$发生变动时，LM曲线就会发生移动。假定LM曲线的斜率不变，也就是假定k和h不变，这样，LM曲线的移动就只能是m的变化。而m是由名义货币供给M和价格水平P决定的，因此，促使LM曲线在水平方向移动的主要因素有：

(1) 名义货币供给量M的变动。在价格水平不变时，货币供给量的变动会引起LM曲线同方向变动。即当货币供给量增加时，LM曲线会向右移动，这是因为，在货币需求不变时，货币供给增加必然使利率下降，而利率下降又会刺激投资和需求，从而使收入增加；反之，当货币供给量减少时，LM曲线会向左移动，因为，在货币需求不变时，货币供给减少必然使利率上升，而利率上升又会使投资萎缩，需求下降，从而导致收入减少。

(2) 价格水平的变动。价格水平P上升，实际货币供给量m就会变小，LM曲线就向左移动；反之，LM曲线就向右移动。

专栏 5-1　凯恩斯主义的现实边界

2008年国际金融危机爆发后,凯恩斯主义再次回到宏观政策实践的舞台中央,主要国家不断地实施积极的财政政策和扩张的货币政策来刺激总需求。2010年以来,从当前各国运用凯恩斯主义的实际效果来看,可谓"几家欢喜几家愁""不幸的国家各有各的原因"。美国经济似乎已呈现初步复苏的迹象,而日本和欧洲的效果不如美国明显,中国以及其他新兴市场国家仍处在经济探底过程中。当前为应对经济存在的下行压力,经济学家们对于是否应再次较大规模采用凯恩斯主义经济措施存在诸多争论。虽然我们对凯恩斯主义的总需求管理政策已经耳熟能详,但实践中,人们往往容易奉行"拿来主义",只看到凯恩斯提出的"结论性"政策主张,而忽视其约束条件和政策边界,从而可能产生与政策初衷相左的效果。

凯恩斯主义经济学根植于20世纪"大萧条"的土壤,致力于解决迫在眉睫的经济衰退问题。"大萧条"期间失业严重,劳动力没有"物尽其用",全社会没有达到充分就业产出,为此凯恩斯试图从总需求方面去寻找原因。在不考虑外部需求的情形下,凯恩斯认为总需求由消费需求和投资需求决定。由于边际消费倾向递减的作用,人们并不能将所有产出都消费掉,所形成的缺口需要由投资需求来填补。但投资需求本身是由资本回报率和利率决定的,并不能恰恰填补该缺口。于是,面对有效需求不足的问题,凯恩斯开出了总需求管理的药方:扩张的货币和财政政策。货币政策方面,由于经济萧条时大众商业心理消极,资本预期回报率下降很快,因此需要下调利率激发投资热情;财政政策方面,则需要扩大财政投资,直接弥补私人部门投资需求的不足。凯恩斯提出的政策主张看似简单,即通过扩张的财政和货币政策应对经济危机,但在此次危机应对的实践中,我们确实感受到了它的一些约束条件,这可能是决定凯恩斯主义经济学是否有效的重要原因。

一是名义利率下限和流动性陷阱制约着货币政策的实施空间。宽松货币政策意在降低利率以促进投资需求。然而,名义利率会受到零利率下限约束。即使极端情况下,央行可以将名义利率设定为负值,但其实际效果仍有待进一步观察,且负利率也不能无限制地下降,也存在下限的问题。除了下调名义利率以外,央行还可以通过增加货币供应量来提高通胀预期,却可能落入"流动性陷阱"。一个典型的事实是日本自20世纪90年代以来的货币政策在防御经济衰退和通缩风险上成效甚微。当然,也有人认为日本的宽松货币政策之所以收效甚微,是因为宽松的力度还不够大,可以进一步采取量化宽松、汇率贬值等非常规货币政策。实践中,日本央行确实加大了宽松力度,但其政策效果仍存在较大不确定性,值得未来进一步观察。

二是政府债务水平及赤字率制约着财政政策的实施空间。凯恩斯指出,为应对经济萧条时的总需求不足,政府需要增加财政支出。然而,当经济增速下降时,财政收入增速往往也会随之下降。一方面财政收入不断下降,另一方面财政支出还要被动提高,这无疑会提升财政赤字率或政府债务。如果说上述日本案例显露出货币政策在应对经济衰退时的苍白,那么受国际金融危机和主权债务危机双重打击的欧洲案例则凸显了财政政策的现实无奈。究竟是要扩大财政投资以减缓经济衰退,还是要削减赤字率以降低债务水平?各方争论不休,其财政政策实际上陷入了两难困境。从博弈的现实结果来看,当前部分欧洲国家似乎选择了宽松货币政策和紧缩财政政策。此种在凯恩斯主义看来矛盾的政策组合,却出现在了现实之中。

三是当期过度的投资需求可能抑制下一期的总需求并诱发产能过剩。凯恩斯强调,为满足充分就业的要求,当期需要扩大投资。而在跨期情况下,如果投资效率缺乏保障,那么当前投资需求的过度扩张可能会对下一期的供求关系造成扰动。人们购买投资品是用于继续生产商品和劳务,必然对资本存量等产生一系列影响。若短期内生产函数没有及时改善,那么多余的资本可能闲置,从而引发产能过剩。例如,尽管"四万亿"计划的最终利弊得失仍众说纷纭,但不可否认的是,中国当前所面临的较大产能过剩压力与国际金融危机后投资刺激政策的规模和效率息息相关。

四是总需求政策的效果深受结构性问题的影响。凯恩斯认为当私人部门投资需求不足时,政府投资需求能够有效弥补。这种观点忽视了投资结构等深层次问题。具体而言,当私人部门投资需求因资本回报率下降而不愿意扩张时,政府投资恰恰要迎难而上、填补缺口;然而,政府投资也会受到下行的资本回报率影响。如果为了提高有效需求而持续地进行政府投资,必然会使该投资陷入亏损的困境。这说明凯恩斯在建议以政府投资来弥补产出缺口时,并没有以全社会总资本回报率或利率水平来约束政府投资,忽视了政府与私人投资对资本回报率(或利率)有着不同敏感性等结构性问题。即使在私人投资范畴内,例如,在一个市场化程度不高的经济体中,预算约束程度不同的微观主体对利率的敏感程度也不尽相同。事实上,中国在"四万亿"经济刺激政策实施过程中,由于隐性担保、刚性兑付等问题的存在,不少金融资源流向了软预算约束部门。而融资量巨大软预算约束部门对利率不够敏感,极易对其他部门形成挤出效应。

五是开放经济下现代金融市场与总需求政策之间的复杂互动影响。凯恩斯所处的年代金融市场尚不发达,故鲜有提及金融市场与实体经济及其宏观政策之间的内生性联系。此次全球金融危机进一步引发了宏观经济学家对金融问题的集体性反思,即现代金融市场体系可能对宏观经济运行产生不可忽视的重要影响,特别是金融市场的表现可能会给货币政策带来意想不到的副作用。危机后,在主要国家的宽松政策刺激下,大量资金涌入金融市场并催生各类资产价格较快上涨甚至形成泡沫,而一旦泡沫破灭又会再次冲击实体经济。当然,保持物价稳定和金融稳定(含金融资产价格稳定)有时是种两难,对此一些央行将金融稳定的目标寄希望于宏观审慎管理——一个尚未经充分证明的概念。此外,开放经济条件下的全球金融市场高度联动,不仅有"中心国家"对"外围国家"的外溢效应,还有新兴经济体对发达经济体的"回溢效应"。例如,以前投资者更多关注的是美联储加息对中国经济的影响,但最近一段时间以来,中国经济金融的变化实际上对美联储的加息决策也产生了重要影响。

值得一提的是,在凯恩斯主义的理论框架下,现实中许多宏观政策(尤其是创新性的政策)的效果仍有待进一步观察。例如,非常规货币政策对物价稳定和经济增长的实际效果、加大政府投资与全社会去杠杆之间的取舍、金融市场与宏观经济的互动影响等。放眼历史长河,每一场大的经济金融危机几乎都会激发经济理论的创新。"大萧条"催生了凯恩斯主义经济学;20世纪70年代的"滞胀"危机让新古典主义经济学占据主流;2008年国际金融危机后,凯恩斯主义经济学似乎重回现实政策应对的舞台,但目前对其政策效果的争论也与日俱增。或许,崭新的经济理论正在孕育之中,而我们对凯恩斯主义的理解也必然会随着宏观经济现实的发展而不断深入。

第三节 产品市场和货币市场的同时均衡:IS-LM 模型

宏观经济的均衡不但依赖产品市场的均衡,也依赖于货币市场的均衡。把产品市场的均衡和货币市场的均衡结合在一起就构成了 IS-LM 模型(IS-LM Model)。

一、产品市场和货币市场的同时均衡

产品市场与货币市场是相互关联、相互作用,相互影响着的。从产品市场来看,均衡收入水平受到总需求的影响,总需求又受到利率水平的影响,而利率水平则是由货币市场的货币供求关系所决定的。从货币市场来看,均衡的利率水平受到货币供求关系的影响,货币需求又受到收入水平的影响,而收入水平最终又受到产品市场上总需求的影响。单独考察产品市场不能最终解决均衡产出的决定问题,单独考察货币市场也不能最终解决均衡利率的决定问题。只有把产品市场和货币市场联系起来加以考察,才能最终解决均衡产出与均衡利率的决定问题。

从前面的分析可知,IS 曲线上有一系列利率和收入的组合可以使产品市场达到均衡,LM 曲线上也有一系列利率和收入的组合能使货币市场达到均衡,将 IS 曲线和 LM 曲线在同一坐标系中描述出来,它们的交点则是使产品市场和货币市场同时达到均衡的点。如图 5-12 所示,E 点是产品市场和货币市场同时达到均衡的均衡点,IS 曲线和 LM 曲线共同决定着均衡利率 r_0 与均衡收入水平 Y_0。

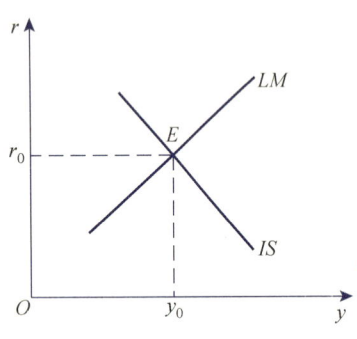

图 5-12 产品市场和货币市场的一般均衡

专栏 5-2 凯恩斯主义宏观经济学的核心

凯恩斯理论的核心是有效需求原理,认为国民收入决定于有效需求,而有效需求原理的支柱又是边际消费倾向递减、资本边际效率递减以及心理上的流动偏好这三个心理规律的作用。这三个心理规律涉及四个变量:边际消费倾向、资本边际效率、货币需求和货币供给。在这里,凯恩斯通过利率把货币经济和实物经济联系起来,打破了新古典学派把实物经济和货币经济分开的两分法,认为货币不是中性的,货币市场上的均衡利率要影响投资和收入,而产品市场上的均衡收入又会影响货币需求和利率,这就是产品市场和货币市场的相互联系和作用。但凯恩斯本人并没有用一种模型把上述四个变量联系在一起。汉森、希克斯这两位经济学家则用 IS-LM 模型把这四个变量放在一起,构成一个产品市场和货币市场之间相互作用又如何共同决定国民收入与利率的理论框架,从而使凯恩斯的有效需求理论得到了较为完善的表述。不仅如此,凯恩斯主义的经济政策即财政政策和货币政策的分析,也是围绕 IS-LM 模型而展开的。因此可以说,IS-LM 模型是凯恩斯主义宏观经济学的核心。

二、宏观经济中的非均衡区域分析

如图 5-13 所示,IS 曲线与 LM 曲线将整个图形分为四个区域。

在区域 I 中,存在着超额的产品供给与超额的货币供给。在产品市场上,厂商非意愿存货将会增加,为减少存货,厂商必然压缩生产,尽量降低存货积压所带来的损失,收入水平必然下降。在货币市场上,人们将会用手中多余的货币去购买有价证券,这将导致有价证券价格的上升与市场利率的下降。

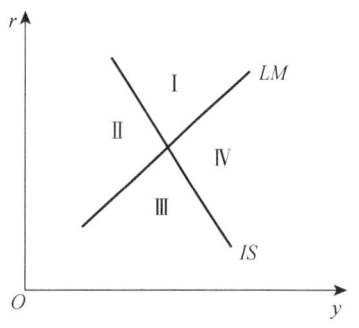

图 5-13 宏观经济中的非均衡区域

在区域 II 中,存在着超额的产品需求和超额的货币供给。在产品市场上,厂商计划内存货将减少,为了满足市场需求,厂商会增加投资,提高产量,收入水平必然会增加。在货币市场上,人们将会用手中多余的货币去购买有价证券,这将导致有价证券价格的上升与市场利率的下降。

在区域 III 中,存在着超额的产品需求与超额的货币需求。在产品市场上,厂商计划内存货将减少,为了满足市场需求,厂商会增加投资,提高产量,收入水平必然会增加。在货币市场上,人们会卖出有价证券,有价证券价格将会下降,市场利率将上升。

在区域 IV 中,存在着超额的产品供给与超额的货币需求。在产品市场上,厂商非意愿存货将会增加,为减少存货,厂商必然压缩生产,尽量降低存货积压所带来的损失,收入水平必然下降。在货币市场上,人们会卖出有价证券,有价证券价格将会下降,市场利率将上升。

四个区域的非均衡情况如表5-1所示。

表5-1 产品市场和货币市场的非均衡

区域	产品市场	货币市场
I	$i<s$ 超额的产品供给	$L<M$ 超额的货币供给
II	$i>s$ 超额的产品需求	$L<M$ 超额的货币供给
III	$i>s$ 超额的产品需求	$L>M$ 超额的货币需求
IV	$i<s$ 超额的产品供给	$L>M$ 超额的货币需求

三、宏观经济非均衡的自动调整

上述四个区域中存在的各种不同组合的 IS 和 LM 非均衡状态,会在产品市场与货币市场的相互作用和相互影响下引起利率与收入连续地调整与变动,直到两者处于一般均衡状态为止。

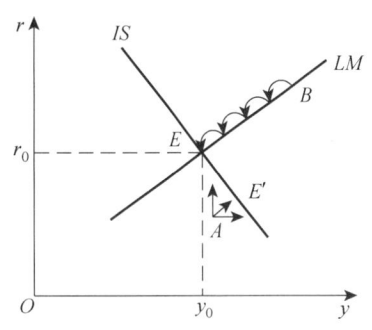

图 5-14 宏观经济非均衡的自动调整

如图 5-14 所示,假定经济处于区域III中的不均衡点 A,一方面有超额产品需求,从而收入会上升,收入从 A 点沿着平行于横轴的箭头向右移动;另一方面有超额货币需求,从而利率会上升,利率从 A 点沿着平行于纵轴的箭头向上移动。这两方面调整的共同结果将引起收入和利率的组合沿着对角线箭头向右上方移动到 E' 点。在 E' 点,产品市场实现了均衡,货币市场仍不均衡,于是,经济仍会再调整,这种调整直到 E 点才会停止。

再假设宏观经济的初始状态是在 B 点运行,由于 B 点在 LM 曲线上,货币市场是均衡的,但产品市场却不均衡,在 B 点上,过高的利率水平抑制了投资与消费的增长,出现了超额产品供给,厂商存货出现了积压,于是厂商削减生产,压缩产量,收入水平必然下降。这又引起货币市场的不均衡,出现了超额货币供给,利率水平必然下降,经济沿着 LM 曲线不断向左下方运动。伴随着利率水平的不断下降,产品市场中的总支出水平将不断增加,从而使厂商的非意愿存货量逐渐减少。当市场利率下降到均衡的利率水平时,厂商的非意愿存货量等于 0,宏观经济实现了均衡。

四、宏观经济均衡状态的变动

经济在 IS 曲线和 LM 曲线的交点实现了产品市场和货币市场的均衡,由此决定了均衡的国民收入。但当经济受某些因素的影响使得 IS 曲线、LM 曲线发生变动,则会导致均衡发生变动。

(一) IS 曲线不变, LM 曲线移动

如图 5-15(a)所示,当 IS 曲线不变而 LM 曲线向右下方平行移动时,均衡状态将随之向右下方移动,均衡利率下降,均衡收入提高。LM 曲线右移,或者是因为货币供给不变而货币需求下降,或者是因为货币需求不变而货币供给增加。在 IS 曲线不变的情况下,LM 曲线右移意味着货币市场上供过于求,这必然导致利率下降,利率下降刺激消费和投资,从而使收入增加。相反,当 LM 曲线向左平行移动时,均衡状态则会向左上方移动,均衡利率上升,均衡收入下降。

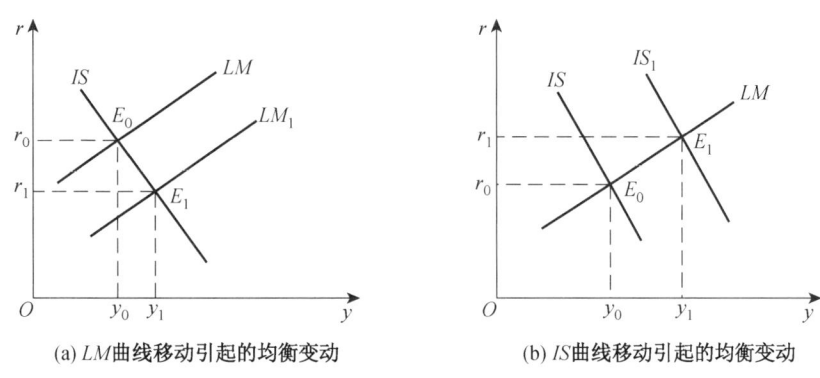

(a) LM曲线移动引起的均衡变动   (b) IS曲线移动引起的均衡变动

图 5-15　宏观经济均衡状态的变动

(二) LM 曲线不变, IS 曲线移动

如图 5-15(b)所示,当 LM 曲线不变而 IS 曲线向右上方平行移动时,均衡状态将随之向右上方移动,均衡利率上升,均衡收入提高。IS 曲线右移是投资、消费或政府购买增加即总支出增加的结果,总支出增加会使收入增加,收入增加会导致货币的交易性需求的增加。由于 LM 曲线不变,即货币供给不变,人们只能卖出有价证券来获得交易性货币需求,这就会使有价证券价格下降,利率上升。相反,当 IS 曲线向左平行移动时,均衡状态则会向左下方移动,均衡利率下降,均衡收入下降。

(三) IS 曲线和 LM 曲线同时移动

如果 IS 曲线和 LM 曲线同时移动,收入和利率的变动情况则由 IS 和 LM 如何同时移动而定。

正是因为均衡点在某些因素的影响下会发生移动,这就为政府调控经济提供了理论依据。例如,在国民收入的均衡水平低于充分就业时,政府可以增加政府开支或减少税收,从而提高有效需求,消除失业,增加国民收入。这种方法被称为扩张性财政政策。主要的财政政策手段包括政府购买和税收,财政政策的变动主要反映在 IS 曲线的移动上。凡是扩张性财政政策,都会使 IS 曲线向右上方移动;凡是紧缩性财政政策,都会使 IS 曲线向左下方移动。当国民收入的均衡水平低于充分就业水平时,政府还可以实行扩张性的货币政策,即增加货币供给量、降低贴现率和法定准备金比率等,以刺激有效需求,增加国民收入。货币政策的变动主要反映在 LM 曲线的移动上。凡是扩张性的货币政策,都会使 LM 曲线向右边移动,凡是紧缩性的货币政策都会使 LM 曲线向左边移动。

第四节 凯恩斯学派以外的货币需求理论

一、马克思的货币需求理论

马克思在《资本论》中论述的货币流通规律是早期货币需求理论的代表。

马克思认为,流通中必需的货币量为实现流通中待销售商品价格总额所需的货币量。我们用 M 代表流通中所需要的货币量,用 Y 代表经济生活中待出售的商品价格总额,用 V 代表货币流通速度,则货币流通规律可用公式表示为:

$$M = \frac{Y}{V} \tag{5-13}$$

从式 5-13 可以看出,货币需要量的决定因素有流通的商品量、价格水平和货币流通速度。

第一,货币需要量与商品数量、价格水平进而与商品价格总额成正比。马克思认为,货币作为流通手段的运动,实际上只是商品本身形式的运动。也就是说,只有当参加交换的商品实现其价值时,才会有货币的运动。因此,商品的价格总额是决定货币需要量的最基本因素,货币需要量和商品价格总额呈正比例关系,商品价值总额越大,需要的货币量越多;反之,就越少。"假定商品量一定,流通货币量就随商品价格的波动而增减。流通货币量之所以增减,是因为商品的价格总额随商品价格的变动而增减。"商品价值总额越大,需要的货币量越多;反之,就越少。当价格水平一定时,商品价格总额取决于商品数量,商品数量越多,商品价格总额越大,需要的货币量越多;反之,就越少。因此,货币需要量与商品数量和价格水平呈正比例关系。

第二,货币需要量与货币流通速度成反比。货币流通速度是单位货币一定时期内在商品交易者之间的转手次数。在商品交易过程中,商品被出卖后,就退出了流通领域,进入消费领域;货币则不退出流通领域,仍在买者和卖者之间不停地转手运动,以实现商品的价值服务。这样,在一定时期内,单位货币可以实现多倍的商品价值。这也就是说,货币流通速度可以在某种程度上代替货币的数量。在商品价格总额一定的条件下,货币流通次数增加,需要的货币量就会减少;货币的流通次数减少,需要的货币量就会增加。货币需要量与货币流通速度呈反比例关系。

二、古典学派的货币需求理论

古典学派的货币需求理论在 20 世纪 30 年代以前的西方货币需求理论中占主导地位,代表人物有费雪、马歇尔和庇古。

(一)费雪的货币需求理论

美国经济学家费雪在 1911 年出版的《货币的购买力》一书中将人们的货币需求概括为:

$$M = \frac{PY}{V} \tag{5-14}$$

这就是著名的费雪方程式。式(5-14)中：M 为一个社会的名义货币需求量；P 为商品的价格水平；Y 为该社会的总产出或总收入水平；V 为货币流通速度。

费雪的货币需求公式与马克思的货币需求公式有着本质的不同。两人对公式右边的分子部分(即 PY)有着完全不同的解释。马克思将该部分看作一个不可分割的整体，而且价格水平 P 是在流通领域以外的生产过程中决定的，与货币流通没有直接关系。而费雪认为，商品价格水平 P 是一个内生的、可变的参数，而且它本身就是被货币流通的规模所决定的。

由于价格水平 P 被作为内生经济变量，费雪方程式可以变形为：

$$\frac{M}{P} = \frac{Y}{V} \tag{5-15}$$

$\frac{M}{P}$ 就是费雪的"货币的购买力"，即实际货币需求量。在短期，当名义货币 M 既定时，货币的购买力主要取决于价格水平 P 的高低；当价格水平 P 既定时，主要取决于名义货币供给量 M 的大小。但由于一个国家的价格水平 P 本身又受制于名义货币供给量 M 的影响，即当货币供给量按某一比例减少时，价格水平也按同一比例降低；当货币供给量按某一比例增加时，价格水平也按同一比例提高，因此，货币供给数量的多少最终又决定了货币的购买力和货币的需求量。

（二）剑桥学派的货币需求理论

20 世纪 20 年代，英国剑桥大学教授马歇尔、庇古等提出了一个新的货币需求方程，被称为剑桥方程式。该方程式考虑了一个影响货币需求的新因素——现金余额，它是指人们通常会以现金形式保留一部分资产的需求。所以剑桥学派的货币需求理论通常也被称为"现金余额理论"。剑桥方程式的形式是：

$$M = KPY \tag{5-16}$$

式(5-16)中：M 为货币需求量；K 为人们以现金形式保留的资产与总资产的比例；P 为一个国家的价格水平；Y 为该国的总产出或总收入水平。

剑桥学派认为，人们对名义货币的需求 M 主要取决于 K、P、Y 等因素。Y 主要取决于该国经济资源的数量、生产要素的供给和市场技术水平等因素，短期内这些因素基本不会发生变化，所以被看作是一个既定的外生经济变量，因此，短期内影响货币需求的主要是 K 和 P。P 也主要取决于名义货币的供给量，两者同方向变化。

虽然从形式上看，剑桥方程式中的 K 只不过是费雪方程式中 V 的倒数，但马歇尔、庇古等经济学家认为，影响 K 的因素，除了支付习惯、消费偏好等长期因素外，还有一些短期因素，主要是人们为了应付日常交易和预防未来不测通常要以现金形式保留一部分资产的需要。因此，从短期来看，除了价格水平外，K 也是影响货币需求的重要因素。

三、其他货币需求理论

（一）货币交易需求的平方根定律

美国经济学家威廉·鲍莫尔和詹姆斯·托宾独立发展了凯恩斯交易需求模型。这一模型表明，即使是用于交易目的的货币需求对利率也很敏感，这就是货币交易需求的平方根定律。

鲍莫尔认为，任何企业或个人的经济行为都以收益的最大化为目标，因此，在货币收入取得和支用之间的时间差内，没有必要让所有用于交易的货币都以现金形式存在。由于现金不会给持有者带来收益，所以应将暂时不用的现金转化为生息资产的形式，待需要支用时再变现，只要利息收入超过变现的手续费就有利可图。一般情况下，利率越高，收益越大，生息资产的吸引力也越强，人们就会把现金的持有额压到最低限度。但若利率低下，利息收入不够变现的手续费，那么人们宁愿持有全部的交易性现金。因此，货币的交易需求与利率不但有关，而且关系极大，凯恩斯贬低利率对现金交易需求的影响并不符合实际。

鲍莫尔-托宾货币交易需求公式，或者货币交易需求的平方根公式如下：

$$M = \sqrt{\frac{tcy}{2r}} \tag{5-17}$$

式(5-17)中：tc 为现金和债券之间的交易（转换）成本；y 为人们月初取得的收入；r 为利率。

（二）弗里德曼的货币需求理论

现代货币主义学派的代表人物，美国芝加哥大学教授，米尔顿·弗里德曼在1956年发表的《货币数量说：重新表达》一文中提出，"货币数量论原是货币需求的理论，而不是产出、名义国民收入或价格水平的理论。"他把货币定义为"购买力的暂时栖息所"，认为货币是一种特殊的资产，人们对货币需求与对其他资产的需求相似。

弗里德曼将货币看作是资产的一种形式，用消费者的需求和选择理论来分析人们对货币的需求。消费选择理论认为，消费者在选择消费品时，须考虑三类因素：收入，这构成预算约束；商品价格以及替代品和互补品的价格；消费者的偏好。

（1）影响人们货币需求的第一类因素是预算约束，也就是说，个人所能够持有的货币以其总财富量为限，并以持久收入作为总财富的代表。持久收入是指过去、现在和将来的收入的平均数，即长期收入的平均数。弗里德曼注意到在总财富中有人力财富和非人力财富。人力财富是指个人获得收入的能力，非人力财富即物质财富。弗里德曼将非人力财富占总财富的比率作为影响人们货币需求的一个重要变量。

（2）影响货币需求的第二类因素是货币及其他资产的预期收益率，包括货币的预期收益率、债券的预期收益率、股票的预期收益率、预期物价变动率。

（3）影响货币需求的第三类因素是财富持有者的偏好。

货币学派将货币视同各种资产中的一种，通过对影响货币需求七种因素的分析，提出了货币需求函数公式。货币学派强调货币需求与持久收入和各种非货币性资产的预

期回报率等因素之间存在着函数关系,货币需求函数具有稳定性的特点。其公式为:

$$\frac{M_d}{P} = f(Y_p, h, r_b, r_e, r_m, \frac{1}{p} \times \frac{\mathrm{d}P}{\mathrm{d}t}, \mu) \tag{5-18}$$

式(5-18)中:$\frac{M_d}{P}$ 表示实际货币需求;Y_P 表示实际持久性收入;h 代表非人力财富与人力财富的比率;r_b 代表固定收益的债券利率;r_e 表示非固定收益的证券收益率;$\frac{1}{p} \times \frac{\mathrm{d}P}{\mathrm{d}t}$ 代表物价变动率;μ 是反映持币主体的主观偏好、风尚及客观技术性与制度性等因素的综合变数。

弗理德曼强调恒久性收入的波动幅度比现期收入小得多,且货币流通速度也相对稳定,所以货币需求也比较稳定。

弗理德曼认为,货币需求函数具有稳定性,理由是:

(1) 影响货币供给和货币需求的因素相互独立。

(2) 在函数式的变量中,有些变量自身就具有相对的稳定性。

(3) 货币流通速度是一个稳定的函数。

因此,货币对于总体经济的影响主要来自货币的供应方面。

本章小结

本章介绍了 IS 曲线、LM 曲线以及 IS-LM 模型。IS-LM 模型不仅说明利率和收入水平是如何决定的,而且该模型还具有明显的政策含义,即如果均衡收入不等于充分就业的收入水平时,政府可运用宏观经济政策作用于经济,使其达到理想状态。简言之,IS-LM 模型为凯恩斯主义国家干预经济的主张提供了理论基础。

关键术语

IS 曲线   LM 曲线   货币需求   流动性偏好   流动性偏好陷阱   存款准备金   超额存款准备金   货币创造乘数   货币政策工具

练习题

一、思考题

1. 什么是 IS 曲线? IS 曲线为什么向右下方倾斜?
2. 什么是 LM 曲线? LM 曲线为什么向右上方倾斜?
3. 什么是 LM 曲线的三个区域,其经济含义是什么?
4. 什么是宏观经济的一般均衡? 作图分析宏观经济一般均衡的实现过程。
5. 简述凯恩斯三大基本心理规律与有效需求不足理论的关系。

二、计算题

1. 假定 A 消费函数为 $c=500+0.8y$,投资函数为 $i=200-5r$;B 消费函数 $c=500+0.8y$,投资函数 $i=200-10r$;C 消费函数为 $c=500+0.75y$,投资函数 $i=200-10r$。

(1) 求 A、B、C 三种情况下的 IS 曲线。

(2) 比较 A、B,说明投资对利率更为敏感时,IS 曲线将发生什么变化。

(3) 比较 B、C,说明边际消费倾向变动时,IS 曲线斜率将发生什么变化。

2. 假定一个只有家庭和企业的两部门经济中,消费函数为 $c=1\,000+0.8y$,投资函数为 $i=150-6r$,名义货币供给 $M=100$,价格水平 $P=1$,货币需求 $L=0.2y-6r$。

(1) 求 IS、LM 曲线。

(2) 求产品市场和货币市场同时均衡时的利率和收入。

3. 假定经济是由三部门组成,消费函数为 $c=3\,000+0.5Y_d$,投资函数 $i=1\,000-1\,500r$,货币需求函数为 $L=0.5y-2\,000r$,政府支出为 $g=2\,000$,税率 t 为 0.2,名义货币供给为 $M=550$,价格水平为 $P=1$,试求:

(1) IS、LM 方程。

(2) 两个市场同时均衡时的利率和收入。

4. 假定某经济是由四部门构成,消费函数为 $c=100+0.9(1-t)y$,投资函数为 $i=200-500r$,净出口函数为 $NX=100-0.12y-500r$,货币需求为 $L=0.8y-2\,000r$,政府支出为 $G=200$,税率 $t=0.2$,名义货币供给为 $M_s=800$,价格水平 $P=1$。试求:

(1) IS 曲线。

(2) LM 曲线。

(3) 产品市场和货币市场同时均衡时的利率和收入。

(4) 两个市场同时均衡时的消费、投资和净出口值。

三、案例分析

1. 请阅读以下材料并思考如下问题:企业借新债偿旧债,会带来什么后果?什么是流动性陷阱?流动性陷阱和货币政策之间有什么关系?你认为 2016 年中国经济会陷入流动性陷阱吗?

中国目前正沉浮于信贷刺激的洪流中,从相对于国内生产总值(GDP)的比例来看,这轮刺激比中国为拉动经济在 2008 年金融危机后走出困境而释放的信贷规模更大。

但是,一份新的统计研究显示,这一次,信贷洪流正在丧失对已经充满流动性的经济的刺激作用。

数据供应商万得资讯(Wind Information)北美部总经理布兰登·埃默里赫(Brandon Emmerich)所做的数据研究显示,这个全球第二大经济体目前正在用 4 个单位的信贷产生 1 个单位的 GDP 增长,如图 5-16 所示。

4∶1 的比率——以每季度社会融资总量(TSF)与名义 GDP 增量之比来衡量——意味着中国经济的债务效率正处于自 2009 年初以来的最低水平。

2009 年年初,剧烈的外部冲击重创了 GDP 增长率,促使中国开启信贷闸门以恢复

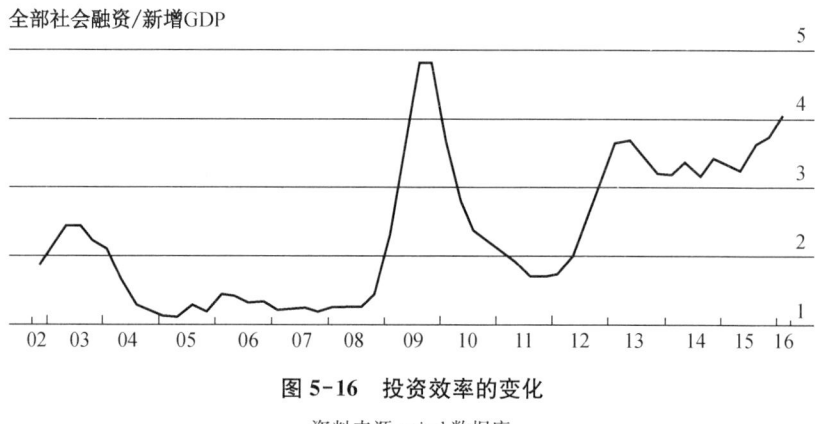

图 5-16 投资效率的变化

资料来源：wind 数据库

经济活动。

尽管中国经济漂亮地回应了 2009 年的信贷刺激，但是今年它似乎对额外的甜头毫无反应。

伯恩斯坦研究公司（Bernstein Research）的数据显示，在截至 2009 年 11 月的 1 年中，中国国内信贷总量扩大了 12 万亿元人民币（合 1.84 万亿美元），相当于 GDP 的 34%，而在截至 2016 年 2 月的 1 年中，信贷增量为 27.9 万亿元人民币，相当于 GDP 的 40%，前者大大低于后者。

信贷增量在影响上的差异明显体现在总体数据上。2009 年，GDP 增速从第一季度的 6.1% 提升至全年的 9.2%，但是在截至 2016 年 2 月的 1 年中，总体增长率稳步下滑。

债务效率降低的背后似乎有多种原因。多个关键的传统行业——包括钢铁、水泥、铜、铝、金属矿石开采、建筑材料和线下零售——产能过剩、供大于求，造成这些行业对新注入的信贷没有反应，因为这些行业不需要扩大产能或提高产量。

因此，很多新融资都没有用于投资，而是用于偿还自 2009—2010 年信贷刺激以来逐渐累积的债务。

目前没有官方数据统计有多少新发行的债券只是用于偿还现有借款，但是埃默里赫从 2010 年以来发行的大约 6 800 只企业债券的发行说明书中计算发现，这一比例正在迅速上升。

在 2015 年发行的全部企业债券中，发行人在大约 44% 的发行说明书中指出，至少部分融资将用于偿还未偿债务，较 2014 年 8% 的比例大幅上升。2016 年至今，这一比例仍然高达 42%，如图 5-17 所示。

由于债券发行说明书只列出多项用途，而不对资金如何分配给出明细，因此无法计算究竟有多少融资被用于偿还债务。尽管如此，图 5-17 表明以偿债为目的的债券发行明显增加。

这些偿债行为背后的原因很明显。自 2014 年 11 月以来的 6 次降息，增加了企业对自身债务进行重组的动机，以票面利率明显较低的债券替换利率较高的债务。这种

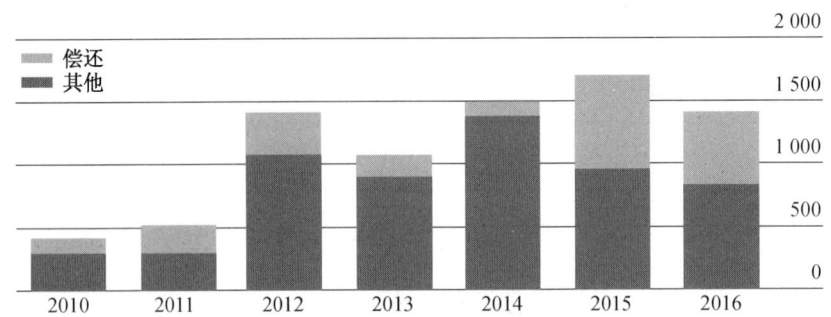

图 5-17　中国债券的使用：偿还债务　单位：10 亿元（人民币）

资料来源：wind 数据库

做法在某种程度上似乎将有助于支撑企业部门捉襟见肘的资产负债表。中国企业部门积累的债务已相当于 GDP 的 160%，居于世界最高水平之列。

由于实体经济的投资回报仍然承受压力，企业在作为经济支柱的建筑业发现的具有吸引力的项目大大减少。埃默里赫称，2010—2014 年企业发行的债券中约有 75% 的资金流入建筑项目投资，但是 2017 年以来，这一比例仅为 33%，如图 5-18 所示。

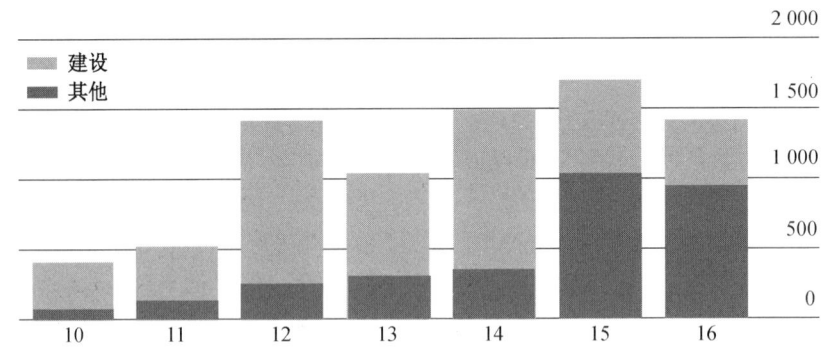

图 5-18　中国债券的使用：建设项目　单位：10 亿元（人民币）

资料来源：wind 数据库

所筹资金优先用于偿还债务，而非投资的趋势在地方政府债券市场也很明显。该市场于 2014 年建立，允许中国地方政府直接发行债券。

埃默里赫称，自 2015 年初以来发行的估计 14.3 万亿元人民币的地方政府债券中，只有非常少的资金流入投资项目。

仅有 2.5% 的"市政"债券专门用于为投资项目筹集资金，如图 5-19 所示。据万得资讯计算，"混合"类债券（资金既用于投资、也用于偿还债务）总计占比 41%。万得的数据显示，55.7% 债券发行筹集的资金专门用于偿还各种各样的现有债务。

2. 请阅读以下案例并思考如下问题：政府的经济刺激举措效力受哪些因素影响？为什么中国 2016 年的经济刺激举措效力减弱？

2009—2010 年"甜得发腻的"刺激举措，曾令中国经济的亢奋状态至少保持到了

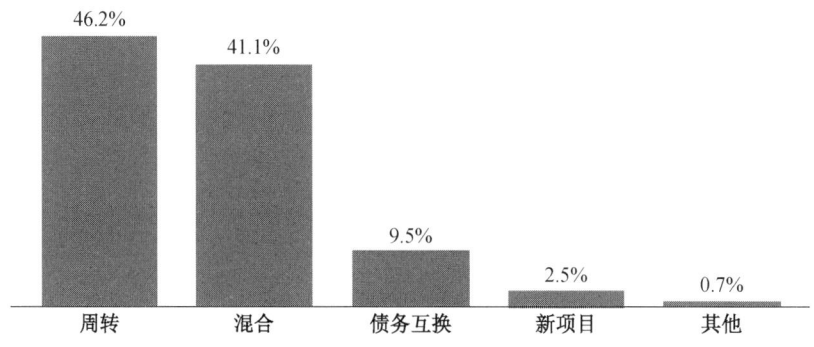

图 5-19 市政债券基金的用途

资料来源:wind 数据库

2011年年底。那一次的刺激举措,依赖的是大笔大笔以债务拉动的投资。然而,2016年规模大得多的信贷注入,作用却小得多。

一种经济上的"胰岛素抗性"似乎正在出现。信贷注入的规模如此之大,以至于大部分信贷不能得到有效吸收。这种状况导致了流动性溢出效应,在大宗商品交易所中激发了一轮投机狂潮。

一波资金涌入了中国的大宗商品交易所,将2016年的铁矿石和钢的价格哄抬了大约50%。交易变得如此狂热,以至于4月份仅仅一份钢铁期货合同就曾取得14亿吨的成交量。不过,在过去几天里,价格和成交量已经大幅下滑。

疯狂的波动让人容易忽略一个基本事实:资金正在失去为重要的经济发动机注入能量的能力。在至关重要的房地产市场(曾拉动中国从2008年金融危机中复苏),资产价格如今相对家庭收入已经如此之高,以至于很难想象会出现又一场持续上涨。

根据香港瑞穗证券(Mizuho Securities)的计算,平均而言,北京、上海、深圳和广州的家庭要购买一套90平方米的公寓,分别需要花费25年、33年、36年和19年的家庭收入。相比之下,根据全英房屋贷款协会(nationwide)的数据,伦敦的房价是首次购房者平均收入的9.2倍。

企业的活力似乎也受到了抑制。钢铁、煤炭、铝和水泥这些传统产业长期的产能过剩,抑制了收益和利润,加剧了债务压力。据国际货币基金组织(IMF)估计,公司债中有1.3万亿美元(相当于中国各银行账目上商业贷款的近1/6)的负债方是营收不够偿付利息的企业。

事实上,通过宏观数据能够明显看出,人为刺激举措所制造的活力越来越少。根据伯恩斯坦研究公司(Bernstein Research)的数据,在截至2009年11月份的1年时间里,中国国内信贷的总规模扩大了12万亿元人民币,与国内生产总值(GDP)之比为34%,而在截至2016年2月的1年里,这一数字是27.9万亿元人民币,与GDP之比为40%,前者大大低于后者。

然而,2009年的刺激举措把GDP增长速度从第一季度的6.1%重新提振至全年的9.2%,截至2016年2月份的1年里出现的信贷潮,却伴随着GDP增速的缓慢下滑。

3. 请阅读以下案例并思考如下问题：什么是流动性陷阱？流动性陷阱和货币政策之间有什么关系？你认为2016年中国经济陷入流动性陷阱了吗？

中国央行调统司司长盛松成关于中国可能出现"流动性陷阱"的观点成了市场的焦点。央行第二季度货币政策执行报告也对这一现象进行了描述。有趣的是，对这一现象的市场解读却分割成了截然相反的观点，一派认为流动性已经十分宽松，因此未来进一步宽松（如降准降息）的概率将大大降低；另一派观点则认为财政刺激是目前唯一的可行方案，但由此增加的财政赤字将不可避免地"被货币化"——换句话说，货币政策将被迫宽松。对所谓的"流动性陷阱"，央行似乎也没有明确的解决方案，仅提及为结构性改革创造"中性适度"的货币金融环境。

在笔者看来，这样一种观点分裂的背后，事实上反映了整体经济下行压力下的一种政策困惑，而这样的政策困惑意味着很多传统理论在经济"新常态"下面临着"不适用"的挑战。

关于"流动性陷阱"，经济学界有诸多争论，但总的来说，在目前的情况下，"流动性陷阱"意味着货币政策在某种程度上的失效，即利率与货币供给关系之间的关系开始断裂。这在"负利率"环境下体现得更为明显，由于利率已经为0甚至为负，那么进一步的货币供给增加对利率的传导效应并不明确。对于央行来说，其可以做的就是扫清市面上的一切可以购买的债券，但最终的问题就变成了，如果债券的供给是有限的，那么央行进一步增加货币供给是否还有意义？

眼下，盛松成司长关于"流动性陷阱"的担忧则来自M1和M2"剪刀差"的不断扩大，M1在过去数月保持在20%以上的增速，但M2却有下滑的迹象。这表明在银行体系内的活期存款不断增加，传统上来说，活期存款增加是一种经济活力上升的标志，即企业不愿意把资金变成长期存款，而是保留现金，以备投资的需要。很多研究也发现，历史上，M1与通胀之间存在着正相关，同时存在着一定的领先效应，即M1的增加意味着企业投资意愿增强，同时也意味着未来通胀存在着上行的动力。

而在中国目前的情况下，却很难得出通胀即将上行的结论，M1的大幅增加反而意味着企业对于实业投资意愿的降低，盛松成司长也表示，企业留存大量现金，反而意味着企业没有合适的投资标的，最终变成了不得不持币的现象。

当然，M1增速不断上升存在着结构性的因素，第一是互联网金融兴起后，整体社会资金的活期化倾向；第二则是大量债券在今年发行，这些债券发行后，募集资金需要按照既定的投资计划来支出，因此，导致了资金"趴"在账上成为活期存款的现象。

但细究之下，M1大幅增加，真正代表的是经济增速下滑下的一种低利率预期。这种预期反映为，由于经济前景不乐观，因此，货币政策仍将继续宽松。在这种情况下，市场对于金融资产的需求量将出现上升，这导致了投资者出现一种想法：与其把钱放在银行里作长期存款（因为利率未来将可能下行，理性的选择之一是尽快锁定长期利率），不如赶紧把钱放在金融资产上，而受到追捧的资产则是债券和房地产，受到"赚钱效应"的驱使，越来越多的投资者发现，追逐金融资产取得的收益似乎更大，因此，不如保留现金，一旦有合适的机会就可以立刻出手。

当所有人都在追逐金融资产（如果认为房地产也属于金融资产的话），实业投资却

第六章

总需求-总供给理论（AD-AS 模型）

学习目的与要求

本章阐述了总需求-总供给理论。总需求和总供给是宏观经济重要的分析变量。

通过本章学习，掌握总需求曲线 AD、总供给曲线 AS 的含义，推导及影响两条曲线移动的因素，了解长期和短期在国民收入决定的特殊含义，学会运用 AD-AS 模型分析说明均衡国民收入、均衡就业量和价格总水平的变动，尝试应用 AD-AS 模型对现实进行解释。

微课：美国历次危机前后的财政政策

仍在下滑。这反映了另一种预期,即经济的总需求仍然处于
实业投资,不仅面临着投资期内现金流的压力,也不能保证这
仍然存在。另一个原因则是,金融资产只要流动性够好,即使
业投资一旦失败,则可能会是一个不断烧钱的"老虎机"。

  这样的状况对货币政策形成了挑战,如果长期跟踪中国出
发现,中国央行认为货币政策的真正目的是调节"总需求"和"
现不足时,当然需要放松货币政策,但货币政策的一再放松如
么"流动性陷阱"也就难以避免。

  对于政策决策者来说,无论是否存在"流动性陷阱",其政
在保持"总需求"和"总供给"方程的平衡。在供给端,中国已经
革";而在需求端,如果私人需求无法提高,那么就只能通过财
这也是盛松成司长提出的"增加财政赤字"的原因。

  对于货币政策来说,尽管政策效果有限,但也不能缺位。
以避免。在大规模宽松效果有限的大背景下,央行只能祭出更
期望能够刺激社会总需求。

第六章 总需求-总供给理论（AD-AS模型）

前面的研究，都是在一般价格水平固定不变的假设下进行的，没有分析物价水平对产出水平的影响。本章既要从产品市场和货币市场的角度来研究产出水平与物价水平之间的关系，又要从劳动市场均衡的角度研究产出水平与物价水平之间的关系，最后在总需求-总供给模型中决定均衡的产出水平和物价水平。

第一节 总需求与 AD 曲线

本章的短期经济波动分析将集中在两个变量上：一个是用真实 GDP 衡量的总产出，另一个是用 CPI 或 GDP 平减指数衡量的物价总水平。

一、总需求及其构成

总需求（aggregate demand，AD）是指社会在一定价格水平下所愿意购买的产品和服务的总量。总需求反映了价格水平和总需求量之间的关系。

根据总需求的定义，开放经济中总需求包括四部分内容：消费需求，投资需求，政府购买，净出口。

1. 消费需求

消费需求（c）又称消费支出，是指整个社会在一定时期内对消费品（包括服务）的需求。在总需求中，消费需求所占的份额通常最大。

2. 投资需求

投资需求（i）又称投资支出，是指整个社会在一定时期内对投资品的需求。投资是总需求中最容易变动的部分，投资的波动会通过乘数效应引起总产量的波动。

3. 政府购买

政府购买（g）是指政府购买产品和服务的需求。政府购买是总需求的主要组成部分。

4. 净出口

净出口（nx）是指外国购买本国产品和服务的净需求，它是出口与进口之间的差额。

如果用 AD 代表总需求的话，则：

$$AD = c + i + g + nx$$

二、总需求函数与总需求曲线

（一）总需求函数

总需求函数是指在保持产品市场和货币市场同时均衡的条件下，价格水平和总产出之间的关系。它表示在某个特定的价格水平下,经济社会需要多高水平的产量。

通过前面的分析,我们已经知道:

IS 曲线描述的是产品市场达到均衡即总需求与总供给相等时,利率 r 与产出 y 之间的函数关系,IS 方程为:

$$r = \frac{a+e}{d} - \frac{1-b}{d}y$$

LM 方程描述的是货币市场达到均衡时即货币的需求与供给相等时,利率 r 与产出 y 之间的函数关系,LM 方程为:

$$r = \frac{k}{h}y - \frac{m}{h}$$

在第五章 LM 方程的推导中,我们假定物价水平 $P=1$,因此,名义货币供给 M 就等于实际货币供给 m。若 $P \neq 1$,则 $m = \frac{M}{P}$,LM 方程转换为:

$$r = -\frac{1}{h} \cdot \frac{M}{P} + \frac{k}{h}y$$

联立上述 IS 方程和 LM 方程,所得到的关于 y 和 P 两个未知数的方程即是总需求函数。其公式为:

$$y = \frac{h(a+e)}{[h(1-\beta)+dk]} + \frac{Md}{P[h(1-\beta)+dk]} \tag{6-1}$$

式(6-1)就是总需求函数,该式表明总需求 y 与总价格水平 P 呈反比关系。宏观经济分析中,价格 P 是指所有商品(包括服务)的总的价格水平,是一个指数概念,我们通常称之为价格水平;总需求 y 只计算最终产品和劳务的有效需求。

(二) 总需求曲线

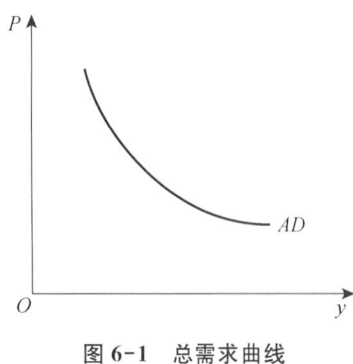

图 6-1 总需求曲线

总需求函数的几何表示就是总需求曲线(AD Curve)。总需求曲线反映价格水平与总产出之间的负相关关系,表示在其他条件相同的情况下,价格水平越高,总产出就越低;反之,价格水平越低,总产出就越高。如图 6-1 所示,纵坐标为价格水平,横坐标为产出水平,AD 曲线是一条由左上方向右下方倾斜的曲线。

总需求曲线之所以向右下方倾斜,是因为物价水平的变化对于消费、投资和净出口都有影响,这些变化主要表现在财富效应(wealth effect)、利率效应(interest effect)和汇率效应(exchange rate effect)三方面。

1. 物价水平与消费:财富效应

物价水平上升使人们所持有的货币的实际价值降低,人们变得相对贫穷,消费水平就相应减少,对商品和劳务的消费支出也会减少;相反,物价水平下降提高了货币的真实价值,使消费者变得相对富有,消费水平就相应增加,对商品和劳务的消费支出也会增加。这种财富效应使得消费者在物价水平上升时,愿意购买的商品数量减少,在物价水平下降时,愿意购买的商品数量增加,从而导致总需求曲线向右下方倾斜。

2. 物价水平与投资:利率效应

当价格水平上升时,人们用于交易的货币将增多,如果货币供给没有变化,价格上升使货币需求增加时,利率就会上升,进而投资水平下降,总支出水平也将下降;相反,当价格水平下降时,人们用于交易的货币将减少,如果货币供给没有变化,价格下降使货币需求减少时,利率就会下降,进而投资水平提高,总支出水平和收入水平上升。利率效应同样也会使总需求曲线向右下方倾斜。

3. 物价水平与净出口:进出口效应

当物价水平下降时,外国人眼里的本国商品变得相对便宜,于是会增加对该国产品的购买,该国的出口需求增加,同时,该国国内居民会认为外国商品变得相对昂贵,对外国商品的购买会减少,使得进口下降。综合起来看,一国的净出口增加,进而总需求量上升;相反,当物价水平上升时,一国的净出口减少,进而总需求量下降。在净出口效应的作用下,总需求曲线向右下方倾斜。

(三) 总需求曲线的推导

价格的变化通过产品市场和货币市场的作用来影响总需求,进而影响到均衡产出水平,因此,可以通过 IS-LM 图形分析来推导总需求曲线。

如图 6-2 所示,当价格水平为 P_0 时,E_0 点是产品市场和货币市场的均衡点,均衡利率和均衡产出分别为 r_0 和 y_0;如果价格下跌至 P_1,实际货币供给量将增加,导致 $LM_0(P_0)$ 向右移动到 $LM_1(P_1)$ 的位置,产品市场和货币市场新的均衡点是 E_1,均衡利率和均衡产出分别为 r_1 和 y_1。伴随着价格水平 P 的不断变化,LM 曲线相应地作出移动,这样,LM 曲线和 IS 曲线就可以有多个交点,每一个交点都对应着一个特定的 r 和 y,于是也就有多个对应的 P 和 y 的组合。在以价格 P 为纵坐标,y 为横坐标的图 6-3 中,依次将多个对应的 P 和 y 的组合点如 $D_0(P_0, y_0)$、$D_1(P_1, y_1)$ 联结起来所得到的线即是 AD 曲线。

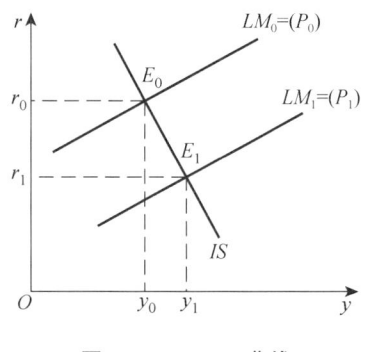

图 6-2 IS-LM 曲线

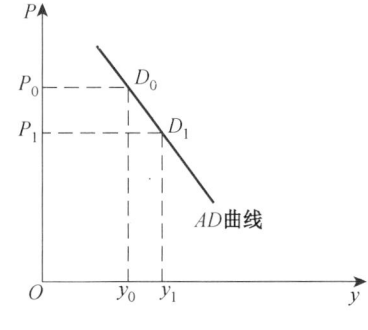

图 6-3 AD 曲线

(四) 总需求曲线的经济含义

从形状上看,总需求曲线与微观分析中的需求曲线很相似,但两者的内涵是不同的。微观分析中的需求曲线是指单个消费者根据自己的收入水平和对某一特定商品的偏好程度对该商品价格变动所作出的反应，表示的是特定商品的需求量与其价格的关系，简单地反映了需求法则；而总需求曲线 AD 则表示的是全社会总需求量与物价水平的关系，反映了价格水平——实际货币供给——利率水平——投资水平——总需求水平变动这样一个复杂而迂回的传导机制。

三、AD 曲线的移动

物价水平的变化使总需求量在总需求曲线上滑动。如果物价水平不变，其他因素也会影响产品与劳务的需求量，这时，总需求曲线就会发生移动。总需求增加，总需求曲线向右上方移动；反之，总需求减少，总需求曲线向左下方移动。

具体来说，影响总需求曲线平行移动的因素既有来自产品市场的，也有来自货币市场的。它的移动主要取决于 IS 和 LM 曲线的斜率和移动幅度。

(一) 财政政策

影响 IS 曲线的因素同样会影响 AD 曲线的变化，因此，财政政策的实施会造成总需求曲线的移动。

政府可以通过刺激消费、改变税收、转移支付和政府购买等来影响社会总需求。税收减少、转移支付的增加、政府购买的增加均可增加总需求。如图 6-4 所示，经济的初始均衡点处于 IS_0 与 LM 的交点处，总收入为 y_0，价格水平为 P_0。当政府实施扩张性的财政政策(减少税收、增加转移支付、增加政府购买)时，IS 曲线将由 IS_0 右移到 IS_1，均衡收入将增加到 y_1，如果其他因素不变，即表现为物价水平不变时均衡收入由 y_0 增加到 y_1，如图 6-5 所示，AD 曲线向右移动，由 AD_0 右移到 AD_1；反之，当政府实施紧缩性的财政政策(增加税收、减少转移支付、减少政府购买)时，IS 曲线将会向左移动，如果其他因素不变，均衡收入将减少，AD 曲线向左移动。

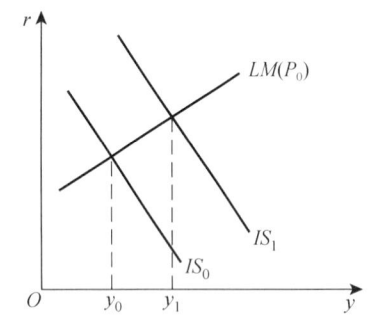

图 6-4 扩张的财政政策

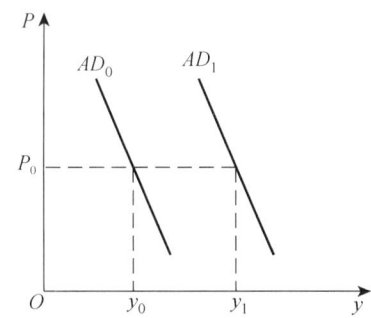

图 6-5 AD 曲线的移动

(二) 货币政策

影响 LM 曲线的因素同样会影响 AD 曲线的变化，因此，货币政策的实施也会造成总需求曲线的移动。

当经济中货币总量增加时，即政府实施扩张性货币政策时，一方面，人们会支出其中的一部分用于购买产品和劳务，从而总需求相应增加；另一方面，货币总量的增加会引致利率下降,居民将计划购买更多的消费品,而企业则会增加其投资,从而导致总需求的增加。因此,扩张性货币政策必定会引起总需求的增加。如图6-6所示,图中LM_0与LM_1的物价水平均为P_0,名义货币供应量分别为M_0和M_1。当物价水平不变时,名义货币供给量由M_0增加至M_1,则LM曲线由LM_0右移到LM_1,均衡收入由y_0增加到y_1,导致总需求曲线由AD_0右移到AD_1,总需求增加;反之,当政府实施紧缩性货币政策时,货币供应总量的减少会导致消费的减少、投资的缩减,AD曲线将会向左移动,如图6-7所示。

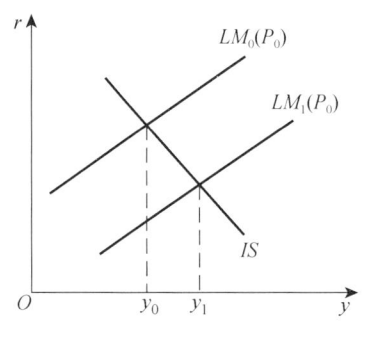

图6-6 扩张的货币政策

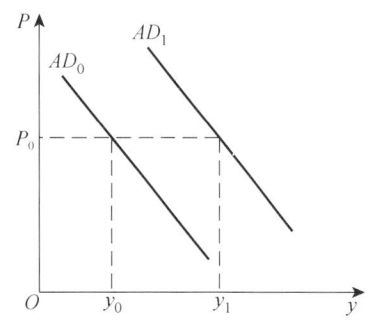

图6-7 AD曲线的移动

(三) 预期

人们预期的改变会对总需求产生影响,这些预期包括人们对收入、通货膨胀率、资本的边际收益率、利润率等的预期。当预期收入增加、利润率提高和资本边际回报率提高时,经济主体将增加当前的消费和投资需求,从而增加总需求,引起AD曲线向右上方移动,均衡产出增加;反之,当预期收入减少、利润率下降和资本边际回报率下降时,经济主体将减少当前的消费和投资需求,从而减少总需求,引起AD曲线向左下方移动。

第二节 总供给与AS曲线

一、总供给及其一般说明

总供给(aggregate supply,AS)是指一个经济在各种不同的价格水平上,愿意并且能够提供的各种产品与劳务的实际总量,它描述了经济社会的基本资源用于生产时可能有的产量。这里所说的基本资源主要包括劳动力、生产性资本存量和技术。在宏观经济学中,描述总产出与劳动、资本和技术之间关系的一个合适的工具是生产函数。

1. 宏观生产函数

微观经济学中的生产函数是指投入和产出之间的技术关系。宏观生产函数又称总量生产函数,是指整个国民经济的生产函数,它表示总量投入和总产出之间的关系。

假定一个经济社会在既定的技术水平下使用总量意义上的劳动和资本两种要素进行生产,则宏观生产函数可表示为:

$$y = f(N, K) \tag{6-2}$$

式(6-2)中:y 为总产出;N 为整个社会的就业水平或就业量;K 为整个社会的资本存量;由于不易衡量等原因,技术水平没有被明确地表示出来。式(6-2)表明,在既定的技术水平下,经济社会的产出主要取决于整个社会的就业量和资本存量。

宏观生产函数被区分为短期和长期两种。

在宏观生产函数的两个自变量中,技术水平和资本存量 K 在短期内不可能有较大改变,K 主要由经济社会以前各年的投资所决定,因此,两者可以被看作是不变的常数。用 $\bar{K}$ 代表不变的资本存量,把它带入式(6-2),则有:

$$y = f(N, \bar{K}) \tag{6-3}$$

式(6-3)就是短期生产函数,它表明,在一定的技术水平和资本存量条件下,经济社会的产出 y 主要取决于就业量 N,即总产量是经济中就业量的函数,随总就业量的变化而变化。

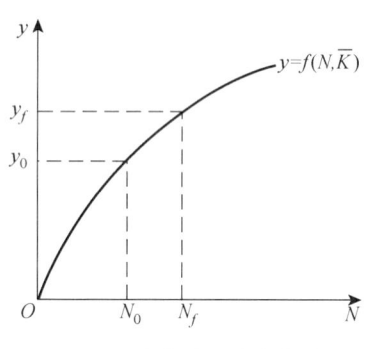

图 6-8 短期宏观生产曲线

同时宏观经济学假定短期宏观生产函数有两个主要的性质:一是总产出随着总就业量的增加而增加;二是在技术不变和 K 为常数的假设条件下,由于"边际报酬递减规律"的作用,即随着总就业量的增加,总产出按递减的比率增加。于是,短期宏观生产曲线可以用图 6-8 表示。

图 6-8 中,横轴 N 表示劳动的总就业量,纵轴 y 表示总产量,是总就业量的函数。例如,当总就业量为 N_0 时,对应的总产量为 y_0。图中曲线越来越平缓,表示总产量随总就业量的增加,按递减的比率增加。当 N 达到充分就业的 N_f 时,相应的产量为 y_f。

接下来,为了说明长期生产函数,我们需要引入潜在产量的概念,它是用潜在就业量来定义的。所谓潜在就业量或充分就业量是指一个社会在现有激励条件下所有愿意工作的人都就业时所达到的就业量。潜在就业量通常被看作是一个外生变量,它不取决于产量、消费、投资和价格水平等经济变量。但它又不是固定不变的,它随着人口的增长而稳定增长。

潜在产量是指在现有资本和技术水平条件下,经济社会的潜在就业量所能生产的产量。它用生产函数可以表示为:

$$y_f = f(N_f, \bar{K}) \tag{6-4}$$

式(6-4)中:N_f 为潜在就业量;y_f 为潜在产量。由式(6-4)可以看出,潜在产量不受价格水平等经济变量的影响,当一个经济社会的生产达到了其潜在产量时,意味着该经济社会充分利用了现有的经济资源。

在此基础上,我们分析长期宏观生产函数与短期宏观生产函数的不同之处。长期生产函数所包含的三个自变量都可能会发生改变。首先,由于时间充足,技术水平会有很大的进步;其次,人口增长能够影响充分就业的劳动者的数量;最后,资本存量也会随着积累的增加而发生很大的变化。因此,长期宏观生产函数可以表示为:

$$y_f = f(N^*, K^*) \tag{6-5}$$

式(6-5)中:N^* 为各个短期中的充分就业量;K^* 为各个短期的资本存量,技术水平的变化没有被明确表示出来;y_f 为各期充分就业时的产量,也被称作潜在产量。

宏观生产函数表明,在一定时期和一定条件下,总供给将主要由经济的总就业水平决定。接下来,我们需要讨论劳动市场,来分析就业水平的决定情况。

2. 劳动市场

西方经济学对总供给曲线的认识存在着重大的分歧,这种分歧相当程度上体现在劳动市场理论方面。在此我们以最简单的劳动市场——完全竞争的劳动市场加以说明。

根据微观经济学的生产要素理论,完全竞争要素市场的特征是:要素的供求双方人数都很多,要素之间没有任何区别,要素供求双方都具有完全的信息以及要素可以充分自由地流动。在这样的前提下,劳动的需求取决于劳动的边际产品价值或边际收益产品,可表示为:

$$W = MP_L \times P \tag{6-6}$$

式(6-6)中:W 为名义货币工资率;MP_L 为劳动的边际产量;P 为物价水平。

将式(6-6)两边同时除以 P,则可得到:

$$MP_L = \frac{W}{P} \tag{6-7}$$

式(6-7)中:$\frac{W}{P}$ 是实际工资率。物价上升,则实际工资率下降。

由于劳动市场是竞争的,企业只能接受既定的市场工资和产品的市场价格。在这种情况下,企业将会选择一个就业水平,使劳动的边际产量等于实际工资,因为,只有在这一就业水平上,利润才可以最大化。在这里,实际工资等于名义货币工资 W 除以价格水平 P,即 $\frac{W}{P}$。如果企业的就业低于这一水平,劳动的边际产量就将超过实际工资,因而存在着增加利润的机会,企业将不断增加工人以增加利润,直到增加的工人数量将劳动的边际产量降低到和实际工资相等时为止。图 6-9 显示了利润最大化点。

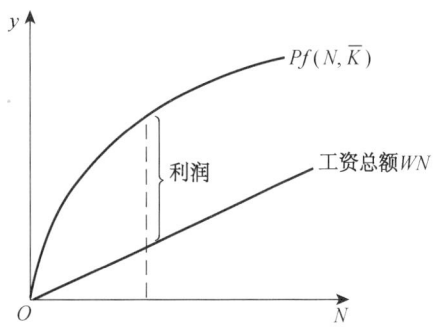

图 6-9 利润最大化时的就业量

如果用 N_d 表示劳动需求量,则劳动需求函数可表示为:

$$N_d = N_d\left(\frac{W}{P}\right) \quad (6-8)$$

由于劳动的边际产量随劳动投入的增加而降低,所以劳动的需求函数是实际工资的减函数。

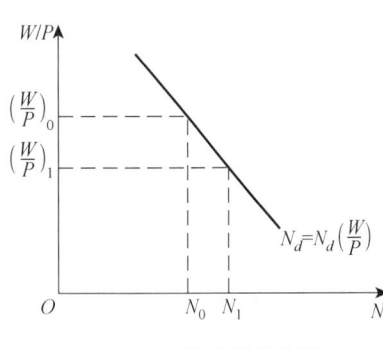

图 6-10 劳动需求曲线

式(6-8)中:$\frac{W}{P}$ 为实际工资;N_d 与 $\frac{W}{P}$ 呈反方向变动关系。实际工资较低时,劳动的需求量较大;实际工资较高时,劳动的需求量较小。换句话说,式(6-8)中的劳动需求函数具有负斜率。因此,劳动需求函数的几何表示,即劳动需求曲线可以表示为图 6-10 中的形状。

从图 6-10 中可以看出,当实际工资为 $\left(\frac{W}{P}\right)_0$ 时,劳动需求量为 N_0,当实际工资从 $\left(\frac{W}{P}\right)_0$ 下降到 $\left(\frac{W}{P}\right)_1$ 时,劳动供给量就从 N_0 上升到 N_1。

通常情况下,劳动的供给也取决于实际工资,两者呈正相关关系。实际工资较低时,劳动的供给量较小;实际工资较高时,劳动的供给量较大。同劳动的需求类似,总量意义上的劳动供给也被认为是实际工资的函数,劳动供给函数可以表示为:

$$N_s = N_s\left(\frac{W}{P}\right) \quad (6-9)$$

式(6-9)中:N_s 为劳动供给总量,劳动供给是实际工资的增函数。劳动供给函数的几何表示,即劳动供给曲线如图 6-11 所示。

由图 6-11 可知,当实际工资为 $\left(\frac{W}{P}\right)_0$ 时,劳动供给量为 N_0,当实际工资从 $\left(\frac{W}{P}\right)_0$ 上升到 $\left(\frac{W}{P}\right)_1$ 时,劳动供给量则从 N_0 上升到 N_1。

假如在劳动市场上工资 W 和价格 P 两者都是可以调整的,那么实际工资 $\frac{W}{P}$ 也是可以调整的。这样,劳动供给和劳动需求的相互作用决定了实际工资水平和劳动的就业水平,劳动市场的均衡就由劳动的需求曲线和劳动的供给曲线的交点来决定。如图 6-12 所示。

图 6-12 中,当实际工资为 $\left(\frac{W}{P}\right)_0$ 时,劳动的需求量和劳动的供给量刚好相等,均为 N_0,劳动市场达到了均衡。如果实际工资高达 $\left(\frac{W}{P}\right)_1$,则劳动的供给量为 N_2,劳动的需

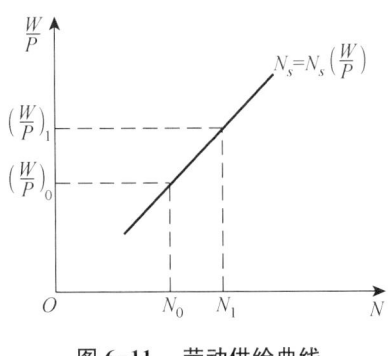
图 6-11 劳动供给曲线

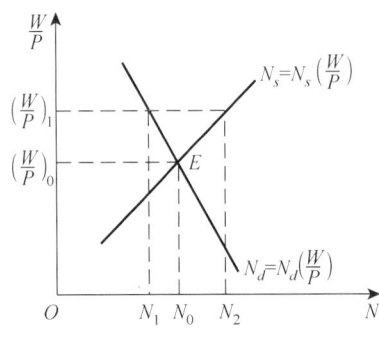
图 6-12 劳动市场均衡

求量为 N_1，劳动的供给大于劳动的需求，表明经济不能为所有接受现行实际工资水平、愿意工作的劳动者提供足够的职位，在价格和工资具有完全伸缩性，即价格和工资都是可以调整的情况下，实际工资就会下降，从而刺激企业的劳动需求，抑制劳动者的劳动供给。随着实际工资的不断调整，劳动的供给数量也不断进行调整，直到劳动市场达到供求相等的均衡状态为止。

反之，如果实际工资低于均衡工资水平，则劳动的需求就会大于劳动的供给，更多的劳动者不能接受现行的较低的工资水平而不愿意工作，企业对劳动的需求量就不能得到满足。在价格和工资具有完全伸缩性的情况下，实际工资就会上升，从而刺激劳动者的劳动供给，抑制企业的劳动需求。随着实际工资的不断调整，劳动市场将最终走向均衡。

总之，在价格和工资具有完全伸缩性的完全竞争的经济中，劳动市场的均衡条件是：

$$N_s\left(\frac{W}{P}\right)=N_d\left(\frac{W}{P}\right) \tag{6-10}$$

劳动市场的均衡一方面决定了均衡的实际工资，另一方面决定了均衡的就业量。图 6-12 中就表现为 $\left(\frac{W}{P}\right)_0$ 和 N_0。

关于劳动市场，还需要做出两点说明：第一，在工资和价格具有伸缩性的条件下，实际工资立即调整到劳动供求相等的水平，从而使劳动市场处于均衡的状态在宏观经济学中被称为充分就业。第二，根据前面的分析，在任一时点上，资本存量 K 是由以往的投资所决定的，短期内比较稳定。将就业水平 N 和既定的资本存量 $\bar{K}$ 代入到短期总量生产函数 $f(N,\bar{K})$ 中即可得到产量水平。这表明：短期内劳动市场在经济的总供给方面处于主导地位，它决定着经济的总供给或产量。总结这两点，可以进一步地认为，在工资和价格具有完全伸缩性的情况下，经济中的产量始终等于充分就业时的产量或潜在产量。

二、长期总供给曲线

总供给函数是指总产量与一般价格水平之间的关系，在以价格水平为纵坐标，总产量为横坐标的坐标系中,总供给函数的几何表示即为总供给曲线。

在长期,一个经济的总产出水平取决于它的劳动、资本和自然资源的供给,以及技术水平。长期总供给曲线是垂直的,因为在长期中物价总水平并不影响经济产出的能力。

长期总供给曲线在宏观经济学中也被称作古典的总供给曲线。按照古典学派的说法,在长期当中,价格和货币工资具有伸缩性,在不同的价格水平下,当劳动市场存在超额劳动需求时,货币工资就会提高;当劳动市场存在超额劳动供给时,货币工资就会下降。简单地说,劳动市场的运行毫无摩擦,总能维护劳动力的充分就业。既然在劳动市场,在工资的灵活调整下,充分就业的状态总能被维持,因此,无论价格水平如何变化,经济中的产量状态总能被维持。因此,无论价格水平如何变化,经济中的产量总是与劳动力充分就业下的产量即潜在产量相对应。这也就是说,因为全部劳动力都得到了就业,即使价格水平再上升,产量也无法增加,即国民收入已经实现了充分就业,无法再增加了。在长期中,经济的就业水平或产量并不随着价格水平的变动而变动,而始终处在充分就业的状态上。长期总供给曲线就是一条位于经济的潜在产量或充分就业水平上的垂直线,如图6-13所示。由于这是在凯恩斯的就业理论提出以前,由古典经济学家提出来的,所以也被称为古典总供给曲线。实际上,古典总供给曲线是充分就业条件下的总供给曲线,也是总供给曲线的一种特例。现代经济学家认为,从短期来看,经济中存在失业是必然的,所以古典总供给曲线并不适用。但从长期来看,当社会经济实现了充分就业后,古典总供给曲线是适用的。因此,可以把古典总供给曲线作为长期总供给曲线。

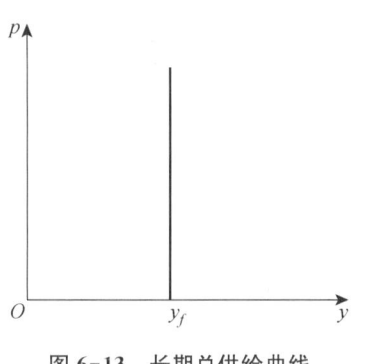

图6-13 长期总供给曲线

长期总供给曲线意味着存在一个最大的产量水平,它是由当期的要素数量决定的,通常称为潜在产量(natural rate of output),表示该产量是与自然失业率对应的产量水平。

长期总供给曲线之所以呈垂直状态,其理由有两个:第一,古典学派假设货币工资W和价格水平P可以迅速自行调节,使得实际工资$\left(\dfrac{W}{P}\right)$总是处于充分就业所应有的水平,从而使产量或国民收入也总是处于充分就业的水平,不受价格的影响。根据这一理由,长期总供给曲线并不意味着"时期"的长短。换言之,只要存在着W和P迅速调整的假设,长期总供给曲线同时也是短期总供给曲线。第二,古典学派一般研究经济事物的长期状态,而在长期中,即使不使用W和P能够迅速调整的假设,货币工资和价格水平被认为是具有充分的时间来进行调整,使得实际工资$\left(\dfrac{W}{P}\right)$处于充分就业应有的水平,因此,总供给曲线也是一条垂直线。以此而论,长期总供给曲线真正具备了时期上的"长期"。根据以上两点,长期总供给曲线在宏观经济学中也被称作古典总供给曲线。

长期(古典)总供给曲线的政策含义是:政府用增加需求的政策来刺激经济增长时,并不能增加产量,只能造成物价上涨,甚至通货膨胀,如图6-14所示。图中,总需求曲线 AD_0 与古典总供给曲线 y_f 相交于 E_0 点,此时的价格水平为 P_0,产出是充分就业水平的产量 y_f。政府采取增加需求的政策来使 AD_0 向右移动到 AD_1 的位置,其与 y_f 的垂直线的新交点为 E_1。在 E_1 点,价格水平为 P_1,产量仍然保持在 y_f 的水平上。

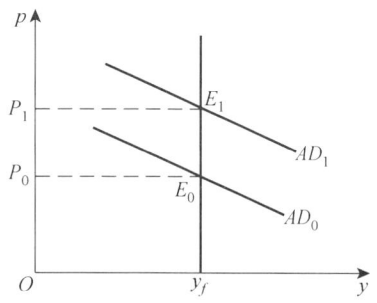

图6-14 长期总供给曲线的政策含义

三、短期总供给曲线

短期中的经济与长期中的经济之间的关键差别是总供给的状况不同。长期中物价总水平并不影响经济生产产品和劳务的能力,因此,长期总供给曲线是垂直的。但在短期,物价水平会影响经济的产量,因此,短期总供给曲线如图6-15所示向右上方倾斜。

为什么物价水平的变动在短期中影响产量呢?经济学家提出了三种说明短期总供给曲线向右上方倾斜的理论。在每一种理论中,某个市场的不完全性引起经济中

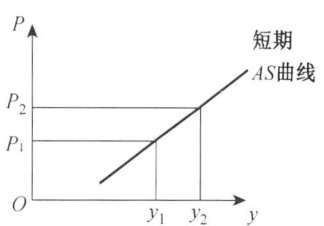

图6-15 短期总供给曲线的形成

供给一方的短期行为与长期不同。虽然每一种理论在细节上不同,但他们具有一个共性:当经济中的实际物价水平背离了人们预期的物价水平时,供给量就背离了其长期水平或自然水平。当物价水平高于人们预期的水平时,产量就高于潜在产出;当物价水平低于预期水平时,产量就低于潜在产出。

(1)黏性工资理论(sticky wage theory)。该理论认为,在物价水平变化时,名义工资调整速度慢于物价水平变化,导致总供给曲线向右上方倾斜。也就是说,短期中,名义工资具有"黏性",使得物价变动导致短期总供给对潜在产量的偏离。

在某种程度上,名义工资调整缓慢是由于工人和企业之间固定名义工资的长期合约。此外,这种名义工资调整缓慢,也可能是由于影响工资确定并使工资在某一时期中变动缓慢的社会规范和公正的概念。为了说明黏性名义工资对总供给意味着什么,设想企业根据所预期的物价水平事先同意向其工人支付某种名义工资。如果物价水平 P 降到低于预期的水平而名义工资仍然在 W,那么,实际工资 W/P 就上升到企业计划支付的水平之上。企业对这些较高成本的反应是少雇佣劳动,并生产较少的产品。换句话说,由于工资不能根据物价水平迅速调整,较低的物价水平就使就业与生产不利,这就引起企业减少产品的供给量。

可见,正是由于短期内名义工资不变,使得实际工资下降,导致产量暂时增加。但在长期,对劳动力使用大于自然率产量的劳动使用,将导致名义工资上升,直到与物价水平上升相同幅度,从而总供给保持不变。

(2)工人错觉理论(worker misperceptions theory)。该理论认为,物价水平的变动

会暂时误导工人的劳动供给行为,使他们不对物价变动作出反应,这种反应形成向右上方倾斜的总供给曲线。

假定工人确切知道自己的名义工资,但不能确切把握物价水平,他们的劳动供给量取决于预期获得的实际工资。当经济中的物价水平上升时,如果工人准确地预期到了这种物价变化,劳动供给就不会变化。但是,如果价格上升未被工人预期到,或超过工人的预期,他们误认为实际工资提高了,于是增加劳动供给。另外,假设厂商比工人更充分地了解物价水平,他们就认识到了实际工资的下降,于是也愿意多雇佣劳动力,扩大产量。

(3) 黏性价格理论(sticky price theory)。该理论认为,不仅名义工资的调整是缓慢的,具有黏性,而且其他物品和服务的价格对经济状况变动作适应性调整也是缓慢的,即慢于物价总水平的变化。这些价格调整缓慢的原因在于,调整价格也要花费成本,这被称为菜单成本,包括印刷和发放价格目录的成本,改变价格标签所花费的时间,以及给购买者带来的不便和可能对厂商造成的损失。由于菜单成本的存在,在短期中,厂商随时调整价格可能是得不偿失的,从而形成短期价格的黏性。

为了说明黏性价格对总供给的含义,假设经济中每个企业都根据它所预期的经济状况事先宣布了它的价格。之后,经济中发生了未预期到的货币供给紧缩,这将降低物价总水平。有的企业根据经济状况的变动迅速降低了自己的价格,但还有一些企业不想引起额外的菜单成本,暂时不调整价格。由于这些滞后企业价格如此之高,所以它们的销售减少了。销售减少又引起企业削减生产和就业。换句话说,由于并不是所有企业的产品价格都根据变动的状况而迅速调整,未预期到的物价水平下降使一些企业的价格高于合意水平,而这些高于合意水平的价格压低了销售,并引起企业减少它们生产的物品与劳务量。

上述三种观点对短期总供给曲线向右上方倾斜提供了三种不同的解释,但是,无论何种原因导致的短期总供给对自然率产量偏离,都不会持久存在下去。随着人们预期的调整,名义工资得到调整,工人错觉得到调整,价格也不再始终呈现黏性。也就是说,在长期中,预期与实际物价水平是相同的,从而导致总供给曲线是垂直的,而不再是向右上方倾斜。

四、凯恩斯总供给曲线

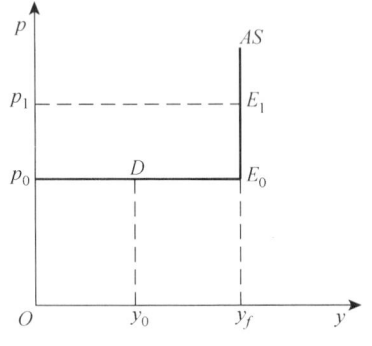

图6-16 凯恩斯总供给曲线

凯恩斯的巨著《通论》出版于1936年,那时,西方世界处于严重的大萧条时期,经济中存在着大量的失业人口和闲置的生产能力。在刚性货币工资的假设条件下,当产量增加时,价格和货币工资均不会发生变化。因此,凯恩斯的总供给曲线被认为是一条水平线。如图6-16中的P_0E_0所示。

水平的总供给曲线P_0E_0的含义是:在产量小于充分就业的产量Y_f的条件下,由于货币工资W和价格水平P都不会变动,所以在既有的价格P_0下,经济社会能提供任何数量的 y_0，即：在达到充分就业以前，经济社会能以不变的价格水平提供任何数量的产出；而在达到 y_f 之后，社会已经没有多余的市场能力，从而不可能生产出更多的产品。这时，增加产量的需求不但不会增加产量，反而会引起价格的上升。如图 6-16 中 E_0 点以上的垂直线所示，在 E_1 点，产量仍然是 y_f，但是，价格已经上升到 P_1。

凯恩斯总供给曲线之所以具有水平线形状，其理由有两个：第一，货币工资 W 和价格 P 均具有刚性，也就是说，二者完全不能进行调整。第二，《通论》研究的是短期的情况，即使不动用刚性工资的假设，由于时间很短，货币工资 W 和价格 P 也没有足够的时间来进行调整。

凯恩斯总供给曲线的政策含义是：只要国民收入或产量低于充分就业的水平，那么，政府就可以使用增加需求的政策来刺激经济增长，达到充分就业的状态，如图 6-17 所示。

图 6-17 中，代表总需求曲线的 AD_1 与凯恩斯总供给曲线 P_0E_0 相交于 E_1 点。在 E_1 点，价格水平为 P_0，产量 y_1 处于小于充分就业的萧条状态。为了改善这一状态，政府可以通过增加需求的政策使总需求曲线 AD_1 向右移动到 AD_0，这样，P_0E_0 与 AD_0 相交于 E_0 点。该点表明，此时的价格水平仍然为 P_0，但国民收入已经达到充分就业的水平 y_f。

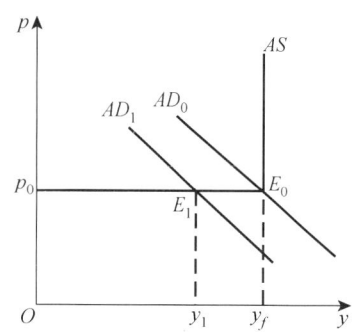

图 6-17 凯恩斯总供给曲线的政策含义

专栏 6-1 古典二分法与货币中性

古典二分法就是把经济分为两个互不相关的部分——实物经济与货币。相应地，经济学也分两个互不相关的部分——经济理论与货币理论。

经济理论研究实物经济中产量的决定。决定产量的是资源、人口、技术这些因素。货币理论研究货币如何决定物价水平。根据货币量同比例变动，货币的价值（即购买力）也取决于流动中的货币量，与货币量反比例变动。换言之，货币量变动引起物价水平同比例变动和货币价值反比例变动。这就是著名的货币数量论。

由这种古典二分法又得出了一个重要的推论：货币中性论。这就是说，在经济中，货币量的变动只影响物价、名义利率、名义汇率、名义 GDP 这些用货币单位表示的名义变量，并不影响真实利率、真实汇率、真实 GDP 这些用实物单位表示的真实变量。这种理论的基本观点是货币对经济没有实质性影响。

古典宏观经济理论的这些假设不适用于我们的现实生活。大多数经济学家认为，古典理论描述了长期世界，但并没有描述短期世界。

从货币对经济的影响看，大多数经济学家认为，在超过几年的一个时期中，货币供给的变动影响物价和其他名义变量,但并不影响真实 GDP、失业以及其他真实变量——正如古典理论所说的。但是,在研究逐年的经济变动时,货币中性的假设就不再适用了。在短期中,真实变量与名义变量是高度相关的,而且货币供给的变动会暂时地使真实 GDP 背离其长期趋势。

五、总供给曲线的经济含义

尽管总供给曲线 AS 与微观经济分析中的供给曲线有些类似,但其内涵是不同的。微观分析中的供给曲线表明的是生产者在既定的生产规模及生产要素的价格下,在追求利润最大化动机的驱动下所实现的在每一价格水平下愿意并且能够提供的产品数量。这意味着,生产者所提供的产品数量是在既定价格水平下能够给他带来最大利润或最小亏损的产品数量。而宏观经济学中的总供给曲线反映的是一般价格水平通过影响实际工资,进而影响劳动市场的供求关系以及就业量而最终影响总产量这样一个迂回而复杂的过程,它并不是简单地体现供给法则。

宏观经济学中价格水平影响总产出的基本过程是:首先,价格水平的变化影响实际工资,假定名义工资不变,则实际工资与一般价格水平成反比;其次,实际工资的变化又影响劳动市场的供求,一般来说,劳动供给与实际工资的变化方向相同,劳动需求与实际工资变化方向相反。劳动供求决定了实际的就业量;最后,就业量的变化影响总产出。假定其他条件不变,总供给量随着实际就业量的增加而增加;反之亦然。

六、总供给曲线的移动

如果价格水平没有发生变化,由于某些因素的变化引起了经济中生产能力的变动,这种情况会引起总供给曲线的移动。

总供给曲线的移动,也需要考虑长期和短期两种情况。

1. 长期总供给曲线的移动

在长期,一般情况下,如果没有受到环境变化的影响,资本存量是不断增加的,同时生产技术水平也是不断提高的,因而可以认为长期总供给曲线是不断地向右移动的;反之,长期总供给曲线就会向左移动。

假如一种新的生产技术的应用,提高了整个社会的劳动生产率,就会使社会总产出水平提高,总供给曲线向右移动。如图 6-18 所示,长期总供给曲线由 LAS_0 右移到 LAS_1,整个社会的潜在产出水平由 y_0^* 提高到 y_1^*。

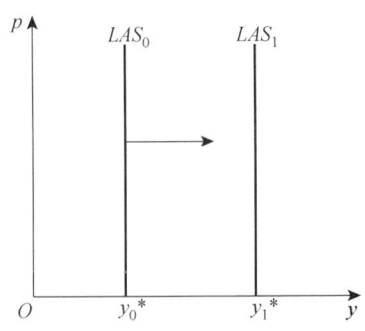

图 6-18 长期总供给曲线的移动

2. 短期总供给曲线的移动

所有导致长期总供给曲线移动的因素也同样会带来短期总供给曲线的移动。从短期看,影响总供给曲线的因素有很多,主要有劳动生产率的变化、成本的变化、环境的变化等。原油价格的上涨导致生产成本增加,短期总供给曲线由 SAS_0 向左移动到 SAS_1;风调雨顺带来的大丰收,降低了食品的成本,从而降低生产成本,短期总供给曲线会向右移动,由 SAS_0 右移到 SAS_2,如图 6-19 所示。地震、洪水、干旱等自然灾害会导致总供给曲线向左移动。

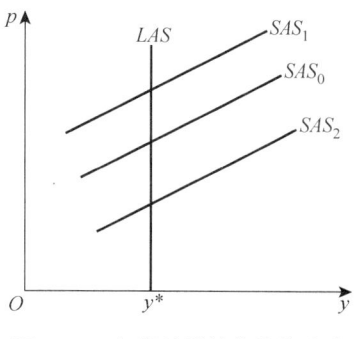

图 6-19　短期总供给曲线的移动

第三节　均衡国民收入的决定与变动

本节将在前两节内容的基础上,将总需求曲线和总供给曲线结合起来,形成总需求-总供给模型。总需求-总供给模型就是指产品市场、货币市场和劳动市场同时均衡条件下的一般均衡模型。

一、国民经济的均衡与物价水平的决定:AD-AS 模型

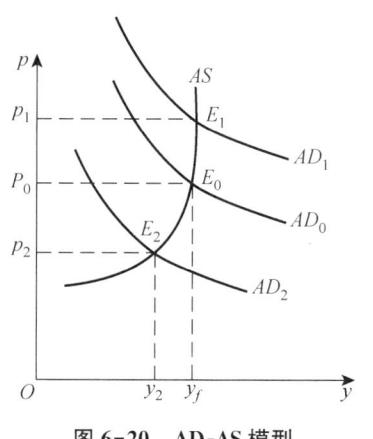

图 6-20　AD-AS 模型

AD 曲线表示的是产品市场和货币市场同时达到均衡时的物价水平与收入之间的关系;AS 曲线表示的是劳动市场达到均衡时的物价水平与收入之间的关系。将总需求曲线和总供给曲线放在同一平面图中,就形成了总需求-总供给模型,简称 AD-AS 模型。它既可以反映三个市场均衡和不均衡的状况,同时又能决定均衡的收入和物价水平。如图 6-20 所示。

图 6-20 中,总供给曲线 AS 分为两部分:E_0 以上的垂直曲线部分和 E_0 以下的斜率为正的曲线部分。总需求曲线 AD_0 与总供给曲线 AS 相交于 E_0 点,决定了均衡的收入即为充分就业收入 y_f,物价水平为 P_0。此时,产品市场、货币市场、劳动市场三个市场同时达到均衡,即宏观经济长期均衡的情况。当总需求曲线 AD_1 与 AS 相交于 E_1 时,决定了国民收入仍为充分就业的国民收入 y_f,但物价水平 P_1 要大于 P_0,此时,三个市场也同时达到均衡。但在这种情况下,当政府采取增加总需求的政策时并不能增加产出,只能使价格水平上升。当总需求曲线 AD_2 与 AS 的斜率为正的部分相交于 E_2 时,决定了均衡的国民收入为 y_2,小于充分就业的国民收入 y_f,物价水平 P_2 小于 P_0。此时,由于货币工资呈"向下刚性",使劳动市场处于不均衡状态,所以,虽然总需求等于总供给,但三个市场并没有同时达到均衡。

综上所述,如果货币工资存在"向下刚性",那么,在总需求等于或大于 AD_0 时,存在着充分就业和充分就业的国民收入,三个市场同时达到均衡;在总需求小于 AD_0 时,

存在非自愿失业,均衡的国民收入小于充分就业的国民收入,三个市场不能同时达到均衡。

二、宏观经济的短期均衡

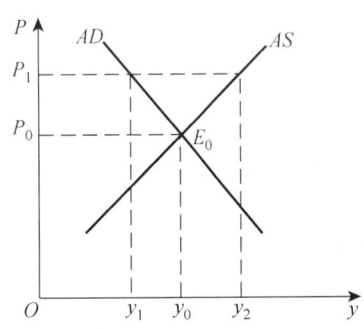

图 6-21 宏观经济的短期均衡

将总需求曲线和常规总供给曲线放在同一平面图中,就可以考察宏观经济总量的短期均衡,如图 6-21 所示。

图 6-21 中,总需求曲线 AD 与常规总供给曲线 AS 相交于 E_0 点。在 E_0 点的价格水平 P_0 上,经济社会所愿意购买的产品和劳务的总需求量正好等于这个社会所愿意提供的总供给量,两者均为 y_0,宏观经济总量达到了均衡。

如果价格水平是 P_1,则人们愿意购买的总需求量仅为 y_1,整个社会的总供给量为 y_2,此时,供给总量超过了需求总量,价格水平将会下降,一直持续到 P_0 的价格水平,经济才恢复均衡。

需要指出的是,宏观经济的短期均衡并不一定是充分就业的均衡。图 6-21 中的均衡产量 y_0 可能大于也可能小于实现充分就业的总产量。

宏观经济短期均衡的极端情况如图 6-22 所示。

图 6-22 中,由于短期总供给曲线为凯恩斯的水平状,经济中有大量的闲置资源,工资和价格水平不会由于总需求的增加而提高,此时的均衡产出完全由总需求水平决定,不受总供给的制约,总需求的提高完全体现为均衡产出的增加。如当总需求曲线由 AD_1 右移到 AD_2 时,价格水平仍然为 P_0,但产出水平由 y_1 增加到 y_2。

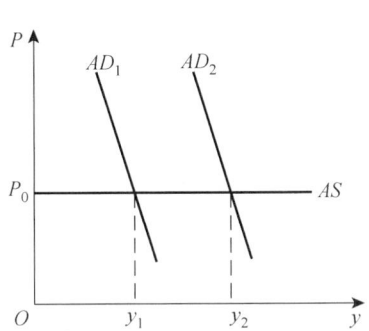

图 6-22 宏观经济短期均衡的极端情况

三、宏观经济短期均衡的波动

1. AD 曲线的右移与通货膨胀

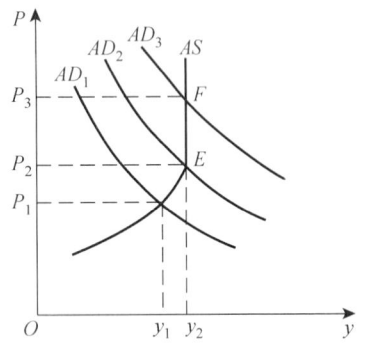

图 6-23 AD 曲线的右移

在图 6-23 中,我们设定 AS 不变,观察 AD 曲线不断向右方移动所产生的均衡点的变动情况:AD_1 向右移动到 AD_2 与 AS 曲线产生的交点 E 表明,价格水平由 P_1 上升至 P_2,产出水平则由 y_1 扩大到 y_2,由于价格的上涨伴随着产出水平的扩大,我们把这种价格上涨称为"价格的恢复性上涨";AD_2 向右移动到 AD_3 与 AS 曲线产生的交点 F 则表明,价格水平虽然由 P_2 上升至 P_3,但产出水平仍然维持在原有的水平 y_2,我们把这种价格上涨称为"通货膨胀"。

AD 曲线向右移动的原因可能有很多,如投资和需求的扩大、政府采取扩张的宏观经济政策等,但主要的原因是货币流通的增长超过了经济增长的正常需要。

2. AD 曲线的左移与通货紧缩(经济衰退)

在图 6-24 中,我们设定 AS 不变,观察 AD 曲线不断向左方移动所产生的均衡点的变动情况:AD_1 向左移动到 AD_2 与 AS 曲线产生的交点 E 表明,价格水平由 P_1 下降至 P_2,产出水平则由 y_1 缩减到 y_2,AD_2 继续向左移动到 AD_3 与 AS 曲线产生的交点 F 则表明,价格水平由 P_2 下降至 P_3,产出水平由 y_2 缩减至 y_3。这种价格的持续下跌并伴随着产出水平收缩的经济现象被称为"通货紧缩"或"经济衰退"。

AD 曲线向左移动的原因可能有很多,如投资和需求的萎缩、政府采取紧缩的宏观经济政策等,但主要的原因是货币流通的收缩。

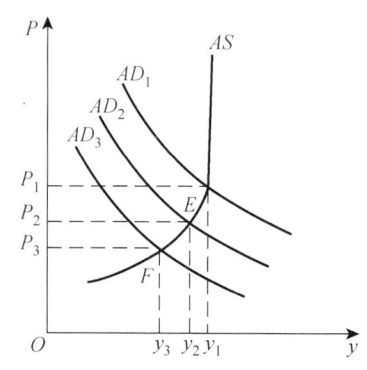

图 6-24　AD 曲线的左移

3. AS 曲线的右移与创新

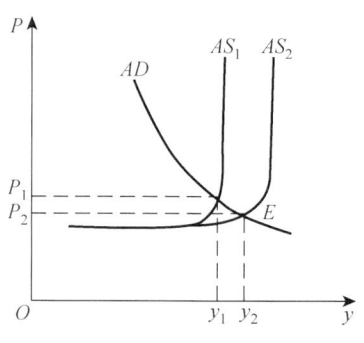

图 6-25　AS 曲线的右移

在图 6-25 中,我们设定 AD 不变,观察 AS 曲线不断向右方移动所产生的均衡点的变动情况:AS_1 向右移动到 AS_2 与 AD 曲线产生的交点 E 表明,价格水平由 P_1 下降至 P_2,但产出水平则由 y_1 扩大到 y_2。由于垂直的 AS 在横轴上的投影意味着一个国家在现有资源条件下的生产可能性边界,而 AS 向右移动则意味着这一边界的扩大,带来了宏观经济的良性发展。

导致 AS 曲线向右移动的原因主要是创新,创新会使潜在生产能力大幅度提高,导致资源不变条件下 AS 曲线的右移。创新可以包括生产方式的创新、生产技术的创新、需求市场的创新以及制度的创新等。

4. AS 曲线的左移与滞胀

在图 6-26 中,我们设定 AD 不变,观察 AS 曲线不断向左方移动所产生的均衡点的变动情况:AS_1 向左移动到 AS_2 与 AD 曲线产生的交点表明,价格水平由 P_1 上升至 P_2,但产出水平则由 y_1 缩减到 y_2,这种价格上涨与经济衰退同时并存的现象被称为"滞胀"。

导致 AS 曲线向左移动的主要原因是生产要素包括劳动力和资源价格的上升对经济造成的紧缩作用。

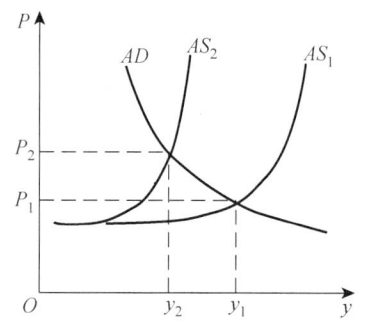

图 6-26　AS 曲线的左移

专栏6-2 经济波动的三个关键事实

每个国家在其整个历史时期的经济活动中都存在短期波动。这种波动都具有一些重要的特征。

（1）经济波动是无规律的且不可预测。经济波动与经济状况的变动是相对应的。当真实GDP增长迅速时，经济状况就比较好；当真实GDP减少时，经济状况就比较差。但经济波动根本没有规律，而且几乎不可能较为准确地预测。

（2）大多数宏观经济变量同时波动。真实GDP被普遍地用于监测经济中短期变动，因为它是经济活动的一个最全面的衡量指标。事实上，当经济短期波动时，大多数衡量收入、支出或生产波动的宏观经济指标几乎都会同时变动，只是它们波动的幅度并不相同，用哪一个指标来观察经济活动实际上无关紧要。

（3）随着产出减少，失业增加。经济中产出的变动和劳动力利用的变动是密切相关的。或者说，当真实GDP减少时，失业率上升。

本章小结

本章介绍了 AD 曲线、AS 曲线以及 AD-AS 模型，说明了宏观经济运行中产量和价格水平的决定以及宏观经济的波动，分析了财政政策和货币政策的有效性。

关键术语

总需求　总供给　财富效应　利率效应　进出口效应　长期总供给曲线　短期总供给曲线

练习题

一、思考题

1. 试解释总需求曲线向右下方倾斜的原因。
2. 引起总需求曲线移动的因素是什么？用总需求与总供给模型来分析这种移动对产量和物价水平的短期和长期影响。
3. 总供给曲线在不同的理论下是怎样的形状？影响总供给曲线移动的因素有哪些？
4. 为什么进行宏观调控的财政政策和货币政策被称为需求管理的政策？
5. 总供给曲线的理论来源是什么？

二、计算题

1. 假定经济存在以下关系：

$C=1\,000+0.6Y_d$, $T=0.25y$, $i=2\,000-50r$, $g=2\,000$, $L=0.4y-100r$, $M_s=9\,000$，试求：

(1) AD 函数。

(2) 价格水平 $P=2$ 时的收入和利率。

2. 设总供给函数为 $AS=2\,000+P$，总需求函数为 $AD=3\,000-P$，试求：

(1) 供求均衡点。

(2) 若总需求曲线向左平行移动 10%，求新的均衡点并把该点与(1)的结果比较。

(3) 若总需求曲线向右平行移动 10%，求新的均衡点并把该点与(1)的结果比较。

(4) 若总供给曲线向左平行移动 10%，求新的均衡点并把该点与(1)的结果比较。

(5) 若总供给曲线向右平行移动 10%，求新的均衡点并把该点与(1)的结果比较。

3. 设一个两部门经济有下述关系式描述：消费函数 $C=100+0.8y$，投资函数 $i=150-6r$，货币需求函数 $L=0.2y-4r$，设 P 为价格水平，货币供给为 $M=150$。试求：

(1) 总需求函数。

(2) 若 $P=1$，均衡收入和利率各为多少？

(3) 若该经济的总供给函数为 $AS=800+150P$，求均衡的收入和价格水平。

4. 在一个封闭经济中，消费函数 $C=200+0.75(Y-100)$，投资需求函数 $i=200-25r$，政府购买为 100，税收为 100，货币需求函数为 $L=Y-4r$，货币供给量为 $1\,000$，价格水平 $P=2$。试求：

(1) IS 曲线和 LM 曲线。

(2) 推导 AD 方程。

5. 假定消费 $C=1\,000+0.75Y_d$，投资 $I=250-20r$，税收 $T=ty=0.2Y$，政府购买 $G=150$，名义货币供给 $M=600$，货币需求 $L=0.5Y-100r$，试求：

(1) 总需求函数。

(2) 价格水平为 1 时的收入水平和利率水平。

(3) 若经济中的总供给函数为 $Y=2\,950+90P$，试求均衡的收入水平和价格水平。如本题所涉及经济的充分就业收入水平为 $3\,085$，问此时是否达到充分就业均衡？

三、案例分析

1. 请阅读以下材料并思考如下问题：请用 AD-AS 模型分析 2008 年中国政府实施财政刺激的原因及政策效果。这种财政刺激对中国经济产生了怎样的积极作用？带来了哪些风险？

2008 年 11 月 10 日，新华社公布了 11 月 5 日召开的国务院会议所作出的决定，中国政府要采取"积极的财政政策和适度宽松的货币政策"。此外，还宣布一项要于 2010 年年底之前在 10 个领域内进行的财政刺激方案，投入总额达到 4 万亿元人民币（5 860 亿美元，占中国 GDP 的 13.5%）。这相当于，在 2009 和 2010 年 2 年内，每年投入近 7% 的国内生产总值。中国政府进一步强调表示，财政刺激措施应该会尽快实施，而且规模应该非常大。

尽管中国（在国内和国外）的需求迅速放缓，但是中国政府的扩张性政策可以防止

2009年的经济增长低于8.0%。

中国政府刺激国内需求的主要措施有以下几条：

(1) 加快建设保障性安居工程(政府补贴的住房)和农村危房改造。加快农村地区基础设施建设，包括沼气、饮水安全工程和公路建设。

(2) 加快铁路、公路和机场等重大基础设施建设。重点建设一批客运专线、煤运通道项目和西部干线铁路，加快城市电网改造。

(3) 取消对商业银行的信贷规模限制，合理扩大信贷规模。

(4) 推行增值税转型改革，由生产型转向消费型(允许资本货物和研发减税)。通过这样做，政府将削减企业税达1 200亿元人民币。

(5) 加快地震灾区灾后重建工作。2009年灾后重建的总开支达到4 000亿元人民币。

(6) 加快医疗卫生体系建设，加快生态环境保护工程建设。

(7) 提高2009年粮食的最低收购价格，增加农业补贴，提高低收入人群的补贴待遇；提高退休收入。

总的来说，中国政府已经完全改变了政策立场，将会积极采取一切措施，以刺激经济。通过这些政策，中国政府可以把2009年的经济增长保持在8%以上。

2. 请阅读以下案例并思考如下问题：请使用AD-AS模型分析2014年以来油价暴跌对美国产油州的经济产生的负面影响。这些州的政府该如何应对这种影响？

"石油诅咒"一词用于描述石油丰富但经济负担重，且政局不稳的发展中国家。而如今该词也适用于形容美国现状，当前美国许多产油州和城市都因油价下跌导致税收收入下降、预算赤字、信用评价为负、失业率激增甚至经济全面衰退。

阿拉斯加、北达科他、怀俄明、新墨西哥、路易斯安那、俄克拉荷马和得克萨斯等州享受过页岩革命的地区现在正面临饥荒威胁。当前有分析师指出，这些地区如何渡过这个难关将很大程度决定它们未来10年的财政和经济命运。

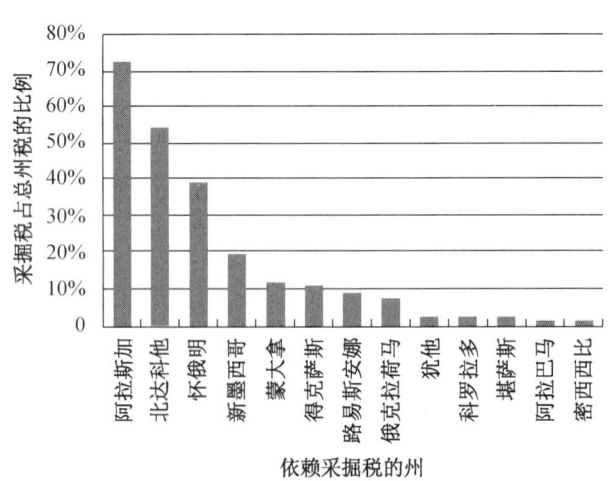

图6-27 各州对采掘税的依存度

阿拉斯加州是极度依赖石油的典型代表,2017年夏天立法委员们在两次立法会议上激烈探讨如何填补40亿美元的预算赤字。然而并不只是阿拉斯加州一个地区出现这种困难,油价暴跌令多个州的预算出现大窟窿:路易斯安那州20亿美元、俄克拉荷马州13亿美元、北达科他州13亿美元,议员们正在为如何填平经济鸿沟争吵不休。

阿拉斯加州行政管理和预算局办公室主任皮特尼(Pitney)接受采访时称:"我们每年在学校方面会花费近10亿美元,我们可以关闭所有学校,但即使这样仍然无法填补预算赤字。"

1)税收暴跌

油价在2014年暴跌46%、2015年再跌31%,2017年2月触及27.45美元每桶的历史低位,虽然现在油价已回升至每桶50美元左右,但依然比2014年的高位低了60%。

油价下跌导致那些依赖采掘税维持资金运营的州财政收入锐减。

采掘税针对从土地中开采原油和天然气等不可再生资源的公司。穆迪2017年9月份曾表示,由于油价暴跌,2016年美国全国"采掘税"下跌50%。美国人口调查局数据显示,2014—2015年采掘税下跌了46%。

在美国各州立法机构努力填补财政赤字的时候,信用评级公司发布一系列下调评级的通知。标准普尔在2017年1月份将阿拉斯加州的信用评级从AAA降至AA+,与此同时,穆迪也修订了几个州的评级,分别在3月、5月和6月将北达科他州、堪萨斯州和俄克拉荷马州的前景评级降至负值。

有些州的失业率也在不断攀升,这同时也表明石油收入正影响着他们的整体经济。2015年2月至2016年6月,怀俄明州的失业率从3.8%飙升至5.6%,在一些严重依赖石油的城郡问题则更加突出:拉斐特(Lafayette)5月份的失业率升至6.1%,而在加州的科恩郡(Kern County),失业率已经高达9.6%,几乎是全国失业率的两倍。

据联邦政府相关数据,各州对采掘税的依赖程度也各有不同——阿拉斯加州对采掘税依赖程度最高,占该州总税收的72%。由于阿拉斯加州过度依赖不稳定的收入来源,为该州的可持续发展带来难题。

阿拉斯加州普通基金收入中近90%来源于能源税,主要用于支付学校、道路和工人的相关费用。皮特尼表示,随着原油价格下跌,阿拉斯加州普通基金2014—2016年年平均收入相比2007—2013年年平均收入下降84%。

为使收入多元化,州长比尔·沃克在4月份提出改革,从阿拉斯加永久基金的收益储备提取所得税和每年结构化预算,用于支付阿拉斯加州每年大部分股息。

皮特尼表示,动用州政府的永久基金收益储备意味着该州财政收入将更加依赖于广泛的金融市场,而不会仅受油价的影响。然而,这同时也意味着将降低阿拉斯加州向公民支付的红利,由此也会成为一个不讨喜的措施。

阿拉斯加州议会特别会议于2017年7月18日结束,该会议并未发布任何财政改革方案。据该州管理预算局的报告显示,该州州长沃克否决了一些开支立项,将40亿美元的财政赤字缩小了8亿美元,并且将用雨天基金(也称为"宪法预算储备基金")来填补另32亿美元财政赤字。

皮特尼表示，目前的阿拉斯加州类似于一个有着巨额银行存款的个人账户，但没有当前收益。在某一时刻，储蓄将会耗尽，该州政府管理预算局项目雨天基金也将在下一财年耗尽。

据穆迪分析师分析，唯一可以避免资金耗尽的方法就是油价重回100美元每桶，然而大宗商品分析师认为这种情况不太可能发生，并且指出州立法机构将在收入和支出中展开更激烈的斗争。

2）石油危机演变成经济衰退

专家表示，税收依赖石油并不代表一旦油价下跌，该州就会陷入财政危机，天利投资市政债券分析师 Ty Schoback 认为，问题在于美国多数依靠原油的州"没有深化多元的经济背景"。

在这种情况下，各方面经济都可以和能源业紧密相连，因此，能源公司削减资本支出会影响整体经济。

穆迪分析师表示，在怀俄明州，开采业是它的最大产业，占了本地生产总值的32%。在路易斯安那州，化学品和石油出口占其总出口的50%。

穆迪分析师发现，在北达科他州、怀俄明州和俄克拉荷马州，只要油价下跌，它们的非能源税收同样达不到征收目标。而且这3个州在2016年财年的销售及所得税表现上，都是全美表现最差。

这些问题也慢慢渗透到城市中。"能源中心"销售税也在暴跌。对石油和天然气依赖程度越大，销售税下跌越快。

分析师 Schoback 称："每当想到'石油州'，人们总会立刻想到得克萨斯州。但事实上得克萨斯抵御油价冲击的工具是最多的。"

据达拉斯联邦储备银行报告，正是由于得克萨斯州的经济多样化，只有大约11%的税收收入来自采掘税。虽然加利福尼亚州是美国第三大原油生产地区，但是石油和天然气只占州经济很少的一部分。低廉的原油和天然气价格对其财政预算并未产生太大影响。

根据 Loop Capital 2017年8月一项报告，俄克拉荷马、阿拉斯加、堪萨斯及怀俄明州经济缺乏多样化，再加上十几年之久的结构性问题，包括高债务及未提拨公共退休金，已造成经济衰退。特别是俄克拉荷马州，过去连续4季GDP下滑，政府收入也随产业就业率降低已连续17个月下降（比大衰退期间经济萎缩还要久），同时该州失业率在2017年6月攀升至5.3%（该州失业率5月时已超越美国平均失业率，为13年来第一次）。

投行 Loop Capital 首席经济学家克里斯·米尔（Chris Mier）在一次采访中表示，俄克拉荷马州的石油惨状已影响了整个州的经济。据米尔表示，最主要的原因是：该州各行业从2015—2016财年的收入和销售税分别下降6.4%和4%。

据穆迪公司分析师分析，2016年5月俄克拉荷马州立法机构面临着13亿美元的预算缺口，占2017整个财年预算的近20%。俄克拉荷马州立法机构为缩小赤字削减5%的支出，动用雨天基金并且发行2亿美元债券筹集运输项目资金。这些措施也带来一定代价，该州目前储备金至少是自1994年以来的最低水平。

俄克拉荷马州的惨况让分析师警觉，主要是因为该州税收结构，分析师认为该州应该避免过度依赖石油。俄克拉荷马州倾向利用石油相关收入弥补其储备资金，为一次性资本项目筹资，而非利用这些收入来资助该州的总体运营。

然而如今，随着俄克拉荷马州金融崩解，分析师现在将关注点转移至拥有相似税收结构的得克萨斯州，并研究其是否会因油价持续走下坡，而面临与俄克拉荷马州相同的境地。

美联储达拉斯分行研究部主任 Mine Kuban Yücel 称，得克萨斯州的经济结构较其他能源州更加多元，虽然这种多元化"并不够国际化"。1986 年油价暴跌导致的衰退，以及后来在其他行业中出现的税收改革——尤其是科技、卫生服务、休闲和住宿——有助于德州在预算上降低对石油的依赖。

大多分析师认为，得克萨斯州将会经受住原油的低迷时期，不过，该州内的"能源中心"办公楼空置率不断上升，表明要渡过这个难关并非易事。

世邦魏理仕研究公司(CBRE Research)调查全国大都市地区每季度办公室空置率数据显示，在得克萨斯州内的三方能源中心——休斯敦、圣安东尼奥和丹佛，2016 年第一季度的办公楼空置率出现了增长（当时油价跌至纪录新低），而同期全国平均空置率下降。在圣安东尼奥，截至 2016 年 3 月以来的 12 个月里，整体办公室需求是自 2012 年以来的最低水平。据商业地产研究公司 Transwestern 调查，在休斯敦同一时段内，能源产业转租空置率达 78%。

投行 Loop Capital 的研究报告指出，办公楼空置率飙升通常意味着相关企业的雇用水平降低，一旦他们搬出办公楼，就更不愿意重回相关地区。

此趋势可能冲击整体经济，根据 Loop Captial 一项 5 月份的调查报告："商业物业（办公楼）空置率大幅升高不仅暗示经济在减速，还可能危及未来的就业增长。"

第七章 财政政策、货币政策及其应用

◎ 学习目的与要求

本章介绍了财政政策和货币政策的概念、工具和作用原理,在此基础上阐述了我国的财政政策和货币政策的实践。

通过本章学习,熟练掌握财政政策、货币政策工具及其应用,掌握挤出效应的原理及应用,熟悉货币制度和银行体系,掌握商业银行的货币创造机制,深入理解财政政策、货币政策与 IS-LM 模型之间的关系,简单了解目前宏观经济政策领域存在的问题和争议。

微课:2008 年以来中国的财政政策和货币政策

理想中的经济应该处于充分就业的潜在产出水平,物价稳定。但现实中存在各种各样的经济冲击,干扰了经济的均衡发展,使得产出偏离潜在水平,失业率居高不下,还可能出现通货膨胀问题。政府希望通过宏观经济政策的实施熨平经济波动,实现经济稳定、充分就业和低通货膨胀的目标。宏观经济政策包括财政政策(fiscal policy)和货币政策(monetary policy),其主要的作用对象是经济中的总需求,因此,又被称为需求管理政策。

第一节 财政政策及其应用

财政政策是指政府通过改变自身的收入和支出来调节总需求,实现经济稳定发展的政策。凯恩斯理论强调一个市场经济体本身存在内在不稳定性,政府可以利用税收和支出稳定宏观经济运行,这也是凯恩斯有效需求理论的核心内容。我们把政府增加支出、增加收入以提高总需求水平的政策称为扩张性的(或积极的)财政政策,把政府减少支出、减少收入以降低总需求水平的政策称为紧缩性的(或消极的)财政政策。①

一、财政政策工具

政府的支出和收入都可以用作财政政策工具,政府支出主要包括购买性支出(政府购买)和转移支付;政府的收入主要通过税收取得,也可以通过发行公债来弥补。

1. 税收

税收(taxes)是政府取得收入的主要形式,具有强制性、无偿性和固定性的特征。表 7-1 和表 7-2 分别列出了 2014 年中国一般公共预算收入决算表和一般公共预算支出决算表。根据表 7-1,2014 年中国税收收入 120 155 亿元,占我国公共预算总收入的 86.1%。税收是政府部门对于私人部门(家庭和企业)收入的一种攫取,也可以被政府用作政策工具,来调节经济中的总需求。

如果政府提高税率、增加税收,一方面会减少家庭部门的可支配收入,降低消费支出;另一方面会减少企业部门的收入和营利,降低投资支出。两方面的作用会造成总需求水平的下降,减少经济的总产出;反之,如果政府降低税率、减少税收,就会提高总需求水平,增加经济的总产出。

---

① 经济政策研究中心是国外著名的研究机构,其网站上有很多论文报告,对欧洲及其他国家的经济形势和经济政策作了精彩分析和评论,还提供了很多重要数据。网址 http://www.cepr.org/.

表 7-1 2014 年中国一般公共预算收入决算表 单位:亿元

项目	预算数	决算数	决算数为预算数的百分比	决算数为上年决算数的百分比
一、税收收入	120 155.00	119 175.31	99.2%	107.8%
国内增值税	31 280.00	30 855.36	98.6%	107.1%
国内消费税	8 870.00	8 907.12	100.4%	108.2%
进口货物增值税、消费税	14 935.00	14 425.30	96.6%	103.0%
出口货物增值税、消费税	−11 333.00	−11 356.46	100.2%	108.0%
营业税	18 714.00	17 781.73	95.0%	103.2%
企业所得税	24 230.00	24 642.19	101.7%	109.9%
个人所得税	7 150.00	7 376.61	103.2%	112.9%
资源税	1 208.00	1 083.82	89.7%	107.8%
城市维护建设税	3 689.00	3 644.64	98.8%	106.6%
房产税	1 860.00	1 851.64	99.6%	117.1%
印花税	1 380.00	1 540.00	111.6%	123.8%
城镇土地使用税	1 950.00	1 992.62	102.2%	115.9%
土地增值税	3 650.00	3 914.68	107.3%	118.8%
车船税	560.00	541.06	96.6%	114.2%
船舶吨税	47.00	45.23	96.2%	103.9%
车辆购置税	2 850.00	2 885.11	101.2%	111.1%
关税	2 805.00	2 843.41	101.4%	108.1%
耕地占用税	1 900.00	2 059.05	108.4%	113.9%
契税	4 230.00	4 000.70	94.6%	104.1%
烟叶税	180.00	141.05	78.4%	93.9%
其他税收收入		0.45		61.6%
二、非税收入	19 375.00	21 194.72	109.4%	113.5%
专项收入	3 725.00	3 711.35	99.6%	105.2%
行政事业性收费收入	4 675.00	5 206.00	111.4%	109.0%
罚没收入	1 695.00	1 721.82	101.6%	103.8%
国有资本经营收入	2 610.00	3 176.33	121.7%	141.0%
国有资源(资本)有偿使用收入	3 810.00	4 366.77	114.6%	120.6%
其他收入	2 860.00	3 012.45	105.3%	106.0%
全国一般公共预算收入	139 530.00	140 370.03	100.6%	108.6%
调入中央预算稳定调节基金	1 000.00	1 000.00	100.0%	100.0%
支出大于收入的差额	13 500.00	13 500.00	100.0%	107.2%

数据来源:http://yss.mof.gov.cn/2014czys/201507/t20150709_1269863.html。

表 7-2 2014 年中国一般公共预算支出决算表 单位：亿元

项　目	预算数	决算数	决算数为预算数的百分比	决算数为上年决算数的百分比
一般公共服务	13 485.90	13 267.50	98.4%	103.3%
外交	378.32	361.54	95.6%	101.7%
国防	8 307.32	8 289.54	99.8%	111.9%
公共安全	8 168.34	8 357.23	102.3%	107.3%
教育	24 030.87	23 041.71	95.9%	104.7%
科学技术	5 529.20	5 314.45	96.1%	104.6%
文化体育与传媒	2 753.39	2 691.48	97.8%	105.8%
其中：文化	919.41	917.42	99.8%	106.8%
体育	330.36	370.75	112.2%	124.0%
社会保障和就业	15 894.01	15 968.85	100.5%	110.2%
其中：财政对社会保险基金的补助	4 848.11	5 042.83	104.0%	114.5%
保障性住房支出	669.38	725.97	108.5%	313.3%
医疗卫生与计划生育支出	10 071.11	10 176.81	101.0%	110.8%
节能环保支出	3 894.99	3 815.64	98.0%	104.3%
城乡社区支出	11 992.73	12 959.49	108.1%	116.0%
农林水支出	14 404.01	14 173.83	98.4%	106.2%
交通运输支出	9 873.10	10 400.42	105.3%	111.2%
资源勘探信息等支出	4 861.79	4 997.04	102.8%	106.8%
商业服务业等支出	2 509.20	2 218.63	88.4%	111.6%
金融支出	420.82	502.24	119.3%	133.2%
援助其他地区支出	162.70	216.50	133.1%	136.6%
国土海洋气象等支出	1 970.60	2 083.03	105.7%	109.3%
住房保障支出	5 071.32	5 043.72	99.5%	112.6%
粮油物资储备支出	1 792.07	1 939.33	108.2%	117.6%
政府债务付息支出	3 487.89	3 586.70	102.8%	117.4%
其他支出	3 575.06	3 203.25	80.6%	109.0%
预备费	1 450.00			
全国一般公共预算支出	153 037.00	151 785.56	99.2%	108.3%
补充中央预算稳定调节基金		832.34		69.0%
地方政府债券还本支出	993.00	993.00	100.0%	71.7%
地方财政补充预算稳定调节基金及结转下年支出		1 259.13		

数据来源：http://yss.mof.gov.cn/2014czys/201507/t20150709_1269855.html。

由于经济转轨时期的特殊性,我国政府的有些收入并没有纳入财政预算管理,即预算外收入。预算外收入的构成和来源并没有固定的模式,但都是地方政府自收自支不纳入预算管理的收入。近些年来,在财政部的推动下,预算外收入正在逐步纳入预算管理。根据当前的预算管理体制,土地出让金收入属于地方政府的政府性基金收入。随着城市化进程的加快,土地升值,土地出让金收入逐渐成为各地方政府尤其是东南沿海经济发达地区的重要收入来源。2014年,全国土地出让收入40 479.69亿元,占当年全国政府性基金收入的74.8%,占当年全国税收总收入的33.69%。[①]

2. 政府购买

政府购买是政府部门开展日常工作的支出和建设公共项目所进行的支出,包括政府工作人员的工资、办公用品和修建大桥、道路、国防建设等开支。政府购买性支出是总支出的一部分,对总支出水平有直接影响,是政府运用得最频繁的政策工具。

政府部门增加购买性支出,将提高总需求水平,增加总产出;政府部门减少购买性支出,将降低总需求水平,减少总产出。

3. 转移支付

政府转移支付是政府关于社会救济、社会保险、贫困补助等方面的支出。转移支付是单向支付,不以商品或劳务等来交换,不是国民收入的组成部分,只是社会财富由国家在不同人群、不同地区之间的二次分配,它属于社会保障性质。转移支付对于促进社会公平、增加社会福利有着非常重要的意义。

转移支付虽然不能直接影响总支出,但一般来说,接受转移支付的居民收入水平较低,其边际消费倾向比较高,而对于收入较高的居民,其边际消费倾向就比较低。当一笔钱从收入较高的居民转移给了收入较低的居民后,就会有更大一部分用于消费,从而间接提高总需求水平。

因此,总体上看,如果政府增加转移支付,就能提高总需求水平;如果政府减少转移支付,就能降低总需求水平。

4. 公债

当政府财政收入不足以弥补政府支出时,政府可以通过发行公债募取财政资金以弥补财政收入之不足。公债(bonds)就是政府向(国内外)社会公众发行的债券,是政府对社会公众的债务。公债是政府以一种有偿的信用形式获取的财政收入,不同于凭借国家权力征收的税收的无偿性和强制性。

公债实际上是政府预算赤字融资形式,政府发行公债一般考虑公债利率对社会公众的影响,当然其利率制定也考虑是否有利于公债发行。所以,公债的有偿性体现在公债利率上,一般而言,政府公债利率要高于银行等金融机构同等期限的存款利率。

公债可以是中央政府公债,即国债,也可以是地方政府公债。公债根据期限长短可以分为长期公债、中期公债和短期公债。短期公债一般采用国库券形式,其利率一般较

---

① 见 http://yss.mof.gov.cn/2014czys/201507/t20150708_1269709.html。

低,期限常为 3 个月、6 个月和 1 年。中期公债一般在 1~5 年,5 年以上的为长期公债。由于政府公债收入增加财政收入,政府可以根据公债发行的期限长短、数额大小来调节资本市场和货币市场供求,进而影响社会总需求水平。因此,公债也是财政政策中的一种政策手段。

政府发行公债经常出现于政府"收不抵支"的时候,即出现了财政预算赤字时,政府发行公债以弥补其财政赤字。相对应地,如果政府财政收入大于支出,就会出现财政预算盈余。一般而言,政府赤字或发行公债没有绝对的好坏之分,必须针对当时的经济运行状况和财政政策的具体实施进行具体分析。在凯恩斯理论分析中,政府为了管理社会总需求以影响宏观经济运行,赤字财政是常常采用的财政政策手段。从表 7-2 可以看出,2014 年中国的政府债务付息支出为 3 586.70 亿元,当年财政支出总额为 76 235 亿元,国债利息支出占财政支出总额的 2.36%。[①]

传统观点认为,政府实施减税政策时,将会增加消费者的税后收入,从而刺激他们的支出。而被称为"巴罗-李嘉图等价定理(barro-ricardo equivalence theorem)"的观点则对政府税收政策变化的效果提出了另外的看法[②]。该定理认为,消费者清楚地认识到政府的预算约束,当政府减税时,家庭预期减税会给政府带来财政赤字,这样在未来,政府将不得不增加税收。在这样的预期下,家庭会把因减税而得到的额外的可支配收入储蓄起来,这样消费支出就不会增加,从而使得减税政策失去效果。"巴罗-李嘉图等价定理"意味着因财政赤字发行公债和政府税收之间的转化不产生财富效应,即不影响居民的消费与投资。或者说,在某些条件下,政府无论是用发行公债还是用税收筹资获取收入,其效果是等价的。当然,该定理是以封闭经济和政府活动非生产性为前提条件的。尽管这一定理现在仍存在许多争论,但绝大多数经验研究结果与"巴罗-李嘉图等价定理"并不一致。这说明,政府财政赤字对宏观经济运行有一定的影响,公债发行也是财政政策的重要手段。

二、自动稳定器

政府财政政策的稳健、有效实施可以避免宏观经济较大幅度的波动,促使国家宏观经济健康发展。但是,财政政策本身是政府有意识地干预经济运行的决策手段,它是政府针对实际经济运行采取的对应措施。在现代财政体制中,财政体系的正常运行本身能够在某种程度上起到削弱宏观经济波动的作用,具有内在的自动稳定因素,因此,被称作宏观经济运行的"自动稳定器"(automatic stabilizers)。下面我们简要说明几种发挥这一作用的自动稳定因素。

---

① 2014 年前中国地方政府不能公开发行地方债券,地方政府主要通过地方融资平台隐性融资。2008 年 4 万亿元经济刺激实施后,地方政府债务问题加剧。2013 年审计署对全国政府性债务总量进行了审计。根据 2013 年 12 月的审计署公告,截至 2013 年 6 月底,全国各级政府负有偿还责任的债务 206988.65 亿元,负有担保责任的债务 29 256.49 亿元,可能承担一定救助责任的债务 66 504.56 亿元。详见 http://news.xinhuanet.com/fortune/2013-12/30/c_125934620.htm。

② Barro, Robert J. Are Government Bonds Net Wealth? [J]. Journal of Political Economy 1974, 82(6): 1095-1117.

1. 税收

在现代经济中,税收是国家财政的主要来源,其中所得税占国民收入的比重逐渐增大,其税率一般也是按照累进方式计算的,并且其税率变化能够改变国民收入中的边际消费倾向,导致乘数变动。这种变化恰恰能够因实际税收额度的增减反向影响国民生产总值的大幅波动。当经济处于繁荣时期,企业和个人的收入增加,从而进入到较高税率征收阶层之中而多缴税额;当经济处于萧条时期,企业和个人的收入减少,从而跌入到较低税收征收阶层之中而少缴税额。这样,税额的增减变化削减居民的可支配收入变化幅度,从而保持社会总支出的相对稳定。因此,虽然国家税收政策并没有变化,但由于税收制度本身的功能,税收具有随着国民经济波动而反向作用达到平抑经济波幅的作用。

一般而言,税率及其累进程度越高、起征水平越高,税收的自动稳定作用就越大。

2. 转移支付

转移支付发挥自动稳定器的作用与税收类似。它也同样有利于可支配收入的稳定,从而稳定社会消费收入。在转移支付项目中,社会保障支出占主要比重,如养老基金、社会保险基金、医疗基金、失业保险等。在经济繁荣时期,如失业保险或救济等这些支出就会相对减少;在经济萧条时期,失业保障、社会救济等社会保障支出就会增加。这样,转移支付制度本身就随着经济波动发挥作用,从而起到平抑居民家庭可支配收入变动从而稳定消费支出波动的功能。另外,政府的各种资助支出也会起到同样的作用,如农业资助或补助支出。

3. 政府购买

政府购买的自动稳定器作用主要指它的支出额度在社会总支出中通常具有一定的稳定性。因为政府购买一般都由国家预算计划预先确定,较少大幅度变化。因此,政府购买的稳定就使它在宏观经济波动中起到一定的稳定作用,降低了经济波动幅度,有助于经济稳定发展。

需要指出的是,财政体系中的自动稳定器发挥作用并不意味着它们能够消除宏观经济波动本身,只是说明这些因素具有稳定宏观经济波动的作用,有利于经济平稳运行与发展。

三、财政政策的应用

我国财政政策在宏观经济调控中所发挥的作用在不同时期并不相同。总体而言,我国财政体制随着社会主义市场经济体制的建立与完善发生了深刻变化,不断向公共财政的本质要求转变。公共财政就是国家为了满足社会公共需要而进行的政府收支活动模式或财政运行机制模式。在公共财政体制下,国家以社会和经济管理者的身份参与社会分配,并将收入用于政府的公共活动支出,为社会提供公共产品和公共服务。因此,财政政策倾向于在保障社会分配公平和提供公共产品的基础上,促进宏观经济稳定运行和持续发展。

自20世纪70年代末改革开放以来,我国一直处于经济转型时期,社会主义市场经济体制也仍处于建设和完善过程之中,我国财政政策的实施有其特殊性。我国自1992

年在明确了经济体制改革是要建立社会主义市场经济体制的目标之后,宏观经济调控政策中的财政政策就不断在实践中步入完善、成熟的轨道。1992年,政府工作报告提出"从今年开始国家财政实行复式预算制",开始实行财政管理制度改革,到2017年为止,我国所实施的财政政策在实践中分别称作"适度从紧的""积极的""稳健的"等形式的财政政策。这样表述的财政政策是与我国的经济运行的实际状况相适应的,如果与西方国家一般性的财政政策分类相类比的话,依次接近于紧缩性、扩张性和中性的财政政策,但又不完全相同,尤其是政策实施的社会经济背景和经济发展阶段不同。

1995年和1996年我国都坚持实施适度从紧的财政政策。原因在于,1992年春邓小平南方谈话明确了我国建立社会主义市场经济体制的改革目标后,我国经济步入快速增长时期,投资规模快速增大,物价急速上涨,1994年居民消费价格指数达到124.1,1995年仍为117.1,财政赤字加大等。为治理经济过热、削减财政赤字、避免宏观经济运行大幅波动,就必须控制或削减财政支出,但又要保持一定的经济增长速度,所以采取了适度从紧的财政政策,也就是希望既不大幅度降低经济发展速度,又可以消除宏观经济运行中出现的经济过热现象。

1999—2004年我国持续实施了积极的财政政策。这是受1997年亚洲金融危机的冲击,在外贸出口大幅度减少、国内需求锐减,物价水平持续走低,经济增长速度放缓等大的经济背景下而采取的财政政策措施。立足于扩大国内需求,政府及时实行扩张性的政策措施,由财政向商业银行发行长期国债数千亿元,主要用于加强基础设施建设,同时采取多种办法,拓宽融资渠道,鼓励和引导集体、个体和社会其他方面增加投资,进一步扩大投资需求等。

2005—2008年我国逐步实行稳健的财政政策。这是在国家自1998年以来为了应对亚洲金融危机影响和国内需求不足实行了积极的财政政策背景下,投资规模已经很大、社会资金增加较多,有必要也有条件由扩张性的积极财政政策转向松紧适度的稳健财政政策。需要适当减少财政赤字和减少长期建设国债发行规模,并规范税收优惠政策,严格控制减免税,确保财政收入稳定增长,避免宏观经济出现过热现象。

2008年下半年,由美国次贷危机引发的国际金融危机造成我国出口大幅下滑。当年11月5日,国务院召开常务会议,确定实施积极财政政策,研究部署进一步扩大内需促进经济平稳较快增长的措施。会议确定了进一步扩大内需、促进经济增长的十项措施。这一财政政策一直持续到2013年。2014年后,中国经济面临一些新的问题,经济增长乏力。新一届政府将"稳增长、调结构"作为政策着力点,仍然延续了积极的财政政策和稳健的货币政策,同时开始强调供给侧改革。由于受到地方政府债务高企的影响,积极财政政策的力度和效果有所减弱。

第二节　货币政策及其应用

货币政策是指中央银行通过改变经济中的货币供应量和利率水平来调节总需求,实现经济稳定发展的政策。我们把中央银行增加货币供应量、降低利率水平以提高总需求水平的政策称为扩张性的货币政策,把中央银行减少货币供应量、提高利率水平以抑制总需求的政策称为紧缩性的货币政策。

一、货币与银行

一国货币政策发挥效力的基础首先在于具有一套货币制度与制定和执行货币政策的组织机构,然后国家货币当局才可能针对社会货币供求进行调节以影响整个宏观经济运行。

(一) 货币制度简介

在现代社会生活中,每一个人都会利用金钱做自己想做的事情,离开金钱几乎就会寸步难行。但是,社会经济中的金钱或货币并不是从来就有的,也不是一成不变的。那么,货币是如何来的? 有些人会回答得很简单:货币是政府印出来的。的确,货币供给中很大一部分来自国家货币当局印制的纸币。然而,在人类社会经济发展初期,社会中使用的很大一部分货币并不是纸币,也不是由什么人或机构印制的,而是由劳动获取的具有实际价值的某种实物商品。就是时至今日,有些国家的货币当局确切地说仍然并不属于政府机构(如美国的联邦储备系统),而是与政府平行运作的准独立机构。

货币产生的首要原因是社会经济交易活动的需要,便利于市场交易,并随着生活的发展而发展。人类经历了一个从具体的实物货币,经金属货币到现代纸币的货币形式发展演化过程。在现代社会实践中,货币的定义常常就是现金、支票账户的存款和旅行支票等。对"货币"进行定义的主要标准是一种资产可以被用作交易的容易程度以及这种资产的流动性大小。那么,货币到底具有什么基本职能呢?

首先,货币代表一定的价值,是能够衡量社会经济中所有商品或服务的尺度标准,是衡量商品或服务的通用单位。正如斯密所说:"分工已经完全确立,一个人自己劳动的生产物,便只能满足自己欲望的极小部分。他的大部分欲望,须用自己消费不了的剩余劳动生产物,交换自己所需要的别人劳动生产物的剩余部分来满足。"而只有货币才能衡量各种商品和服务的价值并完成各种交换过程。

其次,货币是能够被普遍接受的支付手段。在购买商品和支付账单时,纸币、旅行支票和个人支票都可以被广泛接受。而其他资产,如黄金等贵金属,在购买商品和服务时并不被广泛接受,因此,它们就不具有货币的职能。

再次,货币是持有人的一种资产,可以作为财富进行贮藏。所谓资产就是我们所拥有的有价值的东西。纸币、旅行支票和支票存款账户中的资金都是资产。但是借款权不能被视为一种资产,因此,它不构成货币供给的一部分。

最后,只有流动资产才可以被认为是货币。某种资产如果能够以很低的成本转换为现金,那么它就具有较高的流动性,因而具有货币职能。但是,股票和基金并不是货币,因为它们要转换为现金必须办理交割手续和向经纪人支付佣金,并必须在交易日进行。

货币制度就是保证一国货币在社会经济中充分发挥其各项职能的一系列规则规范及其对应的组织机构。一国的货币当局推动货币制度运行的权力来源于宪法和国家相关法律规定的赋予。一般地,中央银行是各个国家制定和实行货币政策的中枢机构,

1844年，英国通过《英格兰银行条例》使英格兰银行开始垄断英国银行券发行权，这被认为是中央银行诞生的标志。

(二) 中央银行与商业银行及其职能

一个国家的货币金融体系的运行离不开各种金融机构，一国金融机构一般包括中央银行、商业银行和非银行金融中介机构。从金融机构的发展过程来看，商业银行是社会经济生活中最早产生的，中央银行是金融机构发展过程中脱离出来的宏观金融监管机构，各种非银行金融中介机构的产生和发展是一国经济发展和金融体系完善的结果。非银行金融中介机构包括保险公司、会计公司、私人养老金基金、各种信用协会、各种理财公司等。

1. 中央银行及其职能

中央银行是一个国家金融体系的核心，它不以营利为目的，一般也不同于纯粹的政府机构，它是国家金融体系运行的监管者。中央银行体系的形成、发展与完善的状况说明该国金融体系和金融监管制度的成熟与健全程度，它对国家宏观经济运行发挥着不可替代的调控作用。

在现代经济中，中央银行是一个国家的最高金融管理当局，它监管全国金融活动，实施国家货币政策，保障国家宏观经济健康发展。一般而言，几乎所有的独立主权国家都有自己的中央银行。中央银行在中国是中国人民银行，在美国是美国联邦储备委员会，在法国是法兰西银行，在日本是日本银行，在英国是英格兰银行，在德国是德意志银行，等等。

通常认为，中央银行具有如下三大基本职能。

（1）中央银行是发行的银行。只有中央银行能够发行国家货币。

（2）中央银行是银行的银行。中央银行是各个商业银行等金融机构的最后贷款提供者和再贴现业务的提供者，同时为各商业银行保管存款准备金，并组织商业银行等各金融机构之间的资金或票据清算。中央银行通常只与商业银行等金融机构发生业务，而不直接面向其他企业或个人办理金融业务。

（3）中央银行是国家的银行。也就是中央银行通常代理国库，向国家提供信贷服务，保管国家外汇和黄金储备，制定和执行国家货币政策法规，代表国家监管全国金融机构，与其他国家中央银行建立业务往来，开展国际金融活动，等等。

一般而言，根据中央银行与国家政府的关系可以看出该国中央银行的独立性。中央银行的独立性强弱视各国建立中央银行制度的具体情况而定，不过，一般认为中央银行要实施统一独立的货币政策就应当具有一定的相对独立性，而不能完全成为政府的附属。

2. 商业银行

商业银行是一个国家的各种货币经营企业，它们以办理各种信用及其中介业务为手段，以获取最大化的利润为核心目的。商业银行是一个国家金融中介机构的主体，也是国家金融体系的主体和基础。商业银行的主要业务包括资产业务、负债业务和中间业务三大类。资产业务主要是对个人和企业贷款以及自身投资；负债业务主要是吸收社会各种存款；中间业务主要是为社会居民或企业办理各种货币支付、代理理财等各种委托业务,并从中收取手续费。

商业银行是社会资金流通的主要渠道。商业银行业务的开展种类和规模反映了一个国家金融经济的发展水平。

二、货币供给、货币分类、法定准备率、货币创造与货币乘数

在现代经济社会中,中央银行监控全社会金融活动实施货币政策的重要操作手段是货币供应量(money supply)。货币供应量是指全社会经济中实际存在的货币量。但是,由于现代各种金融工具在实际经济中的作用和功能不同,我们通常将全社会的货币供应量分为不同的货币层次来考察,所谓货币层次就是根据社会金融活动中货币资产的流动性大小将它们分为不同的层次,如 M_0、M_1、M_2、M_3 等。①

一般地,M_0 就是指现金(cash),即 M_0=现金(C)。现金包括国家发行的纸币和作为金属辅币的硬币。$M_1=M_0+$活期存款=现金+活期存款(+可开取现金支票或旅行支票的银行存款)。$M_2=M_1+$定期存款(+定期储蓄存款+货币市场存款等)。$M_3=M_2+$其他金融资产。

有时,人们也将货币供应分为狭义货币(M_1)和广义货币(M_2 及其之后的货币层次包含的内容)两大类。不论是现在还是将来,现代科技不断创造出各种各样的新的交易支付手段,并且不断提高各种支付手段的流动性,因此,货币层次所包含的内容具有趋于复杂的趋势,同时也具有不断促使不同金融资产在货币层次中趋向 M_2 或 M_1 的趋势。

社会经济中的货币供给还可以根据它们的具体来源分为两大类:原始货币与派生货币。原始货币(monetary base),或称基础货币,是指由中央银行实施发行的银行职能向社会发行的货币。派生货币是指中央银行发行的原始货币(或原始存款)经过商业银行体系的放大作用而向社会最终能够提供的货币(或派生存款)。因此,分析整个社会的货币供给不能只关注中央银行最初向社会投放的原始货币量,还应当更加重视原始货币经商业银行等各种金融机构放大取得的派生货币量(或派生存款量),而这部分货币量(或派生存款量)往往大于原始货币量数倍。原始货币经商业银行体系放大而取得派生货币(或派生存款)的过程被称作货币创造。

金融体系完成货币创造还与商业银行的存款准备金率(deposit reserve ratio)密切相关。商业银行等金融机构经营货币业务,通常吸收的存款中只留存一小部分在本行内以备储户支取存款之用,其他大部分资金被商业银行用于发放贷款或进行投资获取收益,这部分经常保留着以备支取存款之用的资金就是存款准备金。在现代金融体系中,中央银行一般都具体地规定了各商业银行必须严格保证的最低存款准备金率,这一比率就是法定存款准备金率,简称法定准备率。一般地,法定准备金一部分为银行库存现金,另一部分存在中央银行的存款账户上。在实际金融活动中,商业银行保留的存款准备金可能高于法定准备金,高出的部分称作超额准备金。

商业银行体系就是依靠商业银行运用法定存款准备金以外的货币资金完成货币创

---

① 在中国人民银行的官方网站 www.pbc.org.cn 的统计数据栏目里,可以找到月度的 M_0、M_1 和 M_2 数据。

造过程的。下面我们就举例简要说明社会货币创造过程。

假定法定准备率为10%，再假定中央银行（中国人民银行）向社会投放的基础货币1 000万元人民币被社会银行客户甲使用当作活期存款存入A商业银行，由此1 000万元人民币的基础货币进入商业银行系统之中。这样，A银行就具有1 000万元人民币的存款，根据法定准备率的规定，A银行将100万元人民币作为存款准备金存入中央银行，将其余900万元人民币全部贷出，又假定是贷给某一企业购买机器设备，乙机器设备厂在得到从A银行转来的这笔资金后又全部存入自己的开户行B银行，B银行在得到这900万元人民币存款后，根据法定准备率10%，留下90万元人民币准备金存入自己在中央银行的账户中，然后贷出剩余的810万元人民币，获取这810万元的丙企业又会将它存入自己的开户行C银行，C银行同理存入中央银行81万元准备金后将729万元贷出……由此，资金经商业银行体系不断存贷下去（当经济活动不断进行下去时，即当$n \to \infty$时），各个商业银行的存款总额可以计算如下：

$$1\,000 + 900 + 810 + 729 + \cdots = 1\,000(1 + 0.9 + 0.9^2 + 0.9^3 + \cdots + 0.9^{n-1})$$

$$= \frac{1\,000}{1 - 0.9} = 10\,000(万元) = 1(亿元)$$

对应的贷款总和为：

$$900 + 810 + 729 + \cdots = 1\,000(0.9 + 0.9^2 + 0.9^3 + \cdots + 0.9^n)$$

$$= 9\,000(万元)$$

上述例子中的派生存款和贷款的得出过程如表7-3所示。

表7-3 商业银行体系创造派生货币的过程　　　　　单位：万元

存款人(1)	存款准备金(2)=(3)×10%	银行存款(3)=(2)+(4)	银行贷款(4)=(3)×(1-10%)
甲	100	1 000	900
乙	90	900	810
丙	81	810	729
…	…	…	…
合计	1 000	10 000	9 000

从上述例子中我们看出，从中央银行发行的基础货币（以B表示）经过商业银行体系的存贷款业务，最终在经济中可以形成巨大的社会存款总额（以D表示），在这一例子中，社会存款总额（D）1亿元人民币是最初的基础货币（B）1 000万元人民币的10倍。

显然，社会存款总额D与最初的基础货币B和法定准备率（以r_d表示）之间存在如下关系：

$$D = \frac{B}{r_d}$$

或：

$$\frac{D}{B} = \frac{1}{r_d} \tag{7-1}$$

我们看到,社会存款总额 D 与最初的基础货币 B 之间存在一定的比率,这一比率就称为"货币创造乘数",简称"货币乘数(money multiplier)"。经过货币创造乘数的作用,基础货币最终增大了 $\frac{1}{r_d}$ 倍。而社会存款总额 D 能派生出货币,是具有较高能量或者说具有比较强大活动能力的货币,因此,基础货币又被称为"高能货币(H)"或"强力货币"。

商业银行体系的货币创造能力或货币乘数 k 的大小还受到两大因素影响:一是现金漏出率(以 r_h 表示);二是超额准备金率(以 r_e 表示)。我们在上述分析中有两个假定:一是商业银行的每一次存贷款过程中没有现金漏出,即各个企业没有提取出现金以作他用;但在实际经济生活中每一个银行客户在获取贷款后都会提取部分现金(其社会总额可以 R_h 表示)作为他用;二是不考虑商业银行的超额准备金率,即认为各商业银行没有超额存款准备金,只有法定准备率。但实际上,为了保证正常的经营活动,商业银行都会保留一定的超额准备金(其社会总额可以 R_e 表示)。现金漏出率和超额准备金率都会使资金退出商业银行体系,不参与连续不断的存贷款过程,因此,它们对于货币创造的作用类似法定准备率。

这样,考虑到现金漏出率 r_h 和超额准备金率 r_e,货币乘数公式应为:

$$k = \frac{1}{r_d + r_h + r_e} \tag{7-2}$$

显然,在考虑到现金漏出率 r_h 和超额准备金率 r_e 后的货币乘数比以前的 $\frac{1}{r_d}$ 缩小了。

另外,值得注意的是,在上述对货币乘数 k 的分析过程中,我们仅把活期存款总量 D 当作货币供给。如果我们将社会的货币供给总量看作是 M_1 即包括现金通货 C 和活期存款总额 D 的话,则货币乘数的计算如下:

$$k = \frac{M_1}{H} = \frac{C + D}{C + R_d + R_e} \tag{7-3}$$

式(7-3)中:R_d 为法定准备金总额。在式(7-3)右侧,分子分母同除以 D,可得:

$$k = \frac{M_1}{H} = \frac{C + D}{C + R_d + R_e} = \frac{\frac{C}{D} + 1}{\frac{C}{D} + \frac{R_d}{D} + \frac{R_e}{D}} = \frac{r_h + 1}{r_h + r_d + r_e} \tag{7-4}$$

还必须指出,货币创造乘数的作用也会发生相反的连锁反应。也就是说,如果有一个银行客户甲从其开户行 A 取出 1 000 万元人民币存款时,他的开户行 A 银行必须支付 1 000 万元人民币现款,其中的 100 万元由原有的准备金抵消,但为了弥补其中的 900 万元,A 银行必须向乙企业收回 900 万元贷款。这样,乙企业为偿还这 900 万元贷款又必须从 B 银行取出存款 900 万元……依此类推。我们可以如上述推算过程一样,计算出甲企业最初取出的 1 000 万元人民币经过整个银行体系后,全社会缩小了存款总额 1 亿元人民币。这样,商业银行相反的连锁反应会使整个商业银行体系按照货币乘数来缩小社会存款总额。

三、货币政策工具

货币政策一般都是由一国货币当局即中央银行制定和实施的。中央银行主要通过控制社会货币供应量来调节市场利率水平,以此影响社会总需求尤其是投资总额,控制社会物价水平,从而保障社会宏观经济健康发展。货币政策调节宏观经济不同于财政政策的直接调节,货币政策需要通过调节中间变量如利率水平才能影响社会总需求,因此是间接发挥作用。货币政策工具就是指一国货币当局(即中央银行)为控制货币供应量而实现货币政策目标进而调节宏观经济运行所使用的具体操作手段。

在经济萧条时期通常采用扩张性的货币政策。例如,中国自1996年5月至2002年2月,为了促使国民经济走出经济低迷、社会总需求萎缩和通货紧缩状态,中国人民银行先后于1996年5月1日、1996年8月23日、1997年10月23日、1998年3月25日、1998年7月1日、1998年12月7日、1999年6月10日、2002年2月21日进行了8次降息,一年期存款基准利率共下调了6.33%,一年期贷款基准利率共下调了7.44%。在经济高涨时期或通货膨胀时期实行紧缩性的货币政策,例如,为应对新一轮的经济过快高涨,防止经济出现过热势头,中国人民银行自2004年10月至2007年9月就进行了8次加息,即先后于2004年10月29日、2006年4月28日、2006年8月19日、2007年3月18日、2007年5月19日、2007年7月20日、2007年8月22日、2007年9月15日提高了存贷款基准利率水平,一年期存款基准利率共上调了1.89%,一年期贷款基准利率共上调了1.98%。

那么,中央银行具体都采用哪些货币政策工具呢?一般来讲,主要有如下传统的三大货币政策工具:法定准备率、再贴现率和公开市场业务。此外,中央银行还会运用其他一些工具,例如,"窗口指导"或"道义劝告",以及行政干预和对金融机构贷款规模控制等。

1. 法定准备率

法定准备率(required reserve ratio)是中央银行规定的各商业银行和其他金融机构必须严格遵守的最低存款准备金率。因此,凡是按照法定准备率缴存中央银行的各商业银行等金融机构存款就不能贷出或用于投资。例如,假定法定准备率为15%,某商业银行吸收存款1 000万元人民币,该商业银行必须留出150万元缴存中央银行(如中国人民银行)作为法定存款准备金,然后最多只能向社会贷出850万元。所以,中央银行可以通过调整法定准备率控制商业银行的信贷规模,进而控制全社会的货币供应量。如果中央银行实行扩张性的货币政策,它就会降低法定准备率,各商业银行只须缴存较少的法定存款准备金而将更多资金向社会贷出,借以扩张社会货币总供给量,促使利率水平下降,进而扩张社会投资规模,加快宏观经济发展;反之,中央银行实行紧缩性的货币政策,就会提高法定准备率,也就是规定商业银行缴存更多的法定存款准备金,缩减商业银行能够向社会贷出的资金,降低经济中的货币供给量,促使利率水平上升,即所谓"紧缩银根"或"抽紧银根",最终将过热的宏观经济平稳下来。

中央银行调整法定准备率,相当于调整了基础货币的数量,由于货币乘数的作用,法定准备率的微小变动,都会引起社会货币供给总量的较大变动。加之,这一调整牵涉到全社会所有金融机构,影响面较广。因此,一国货币当局实施货币政策时,通常都极为谨慎地调整法定准备率,一般调整的幅度较小,调整的频率也较低,数年才会调整一次,以免对宏观经济运行造成猛烈的冲击。

我国的存款准备金制度是在1984年建立起来的。1998年以来,为了配合宏观调控的需要,存款准备金率在1998年3月由13%下调到8%,1999年11月进一步下调到6%。面对货币信贷增长偏快的现实,2003年9月存款准备金率上调到7%。央行负责人表示,此举意味着将冻结商业银行1 500亿元的超额准备金。当时的货币乘数约为4.565,央行提高存款准备金率使商业银行减少了大约6 848亿元的存款创造。2004年,存款准备金率进一步上调到7.5%。同时,中国人民银行决定从2004年4月25日起实施差别存款准备金制度,对于资本充足率低于一定水平的金融机构,将执行8%的存款准备金率。① 此后,自2006年7月5日至2008年6月25日,央行连续16次调高存款准备金率。② 2008年9月国际金融危机对我国的影响开始显现时,又连续四次降低存款准备金率。

2. 再贴现率

再贴现率(rediscount ratio)是中央银行作为最后贷款人向各商业银行和其他金融机构放款的利率,即各商业银行将自身对社会各企业贴现获取的各种合法票据拿到中央银行要求贴现时的利率。再贴现实际上就是各商业银行与中央银行之间的票据买卖活动。显然,中央银行贴现进这些票据,就等于向社会供给与贴现金额等量的基础货币,反之亦然。因此,中央银行可以利用再贴现率的调整实现对社会货币供给量的调控。实行扩张性的货币政策时,可以降低再贴现率,提高基础货币供给;实行紧缩性的货币政策时,可以提高再贴现率,减少基础货币供给。2003年12月27日修正后的《中华人民共和国中国人民银行法》第二十八条规定:"中国人民银行根据执行货币政策的需要,可以决定对商业银行贷款的数额、期限、利率和方式,但贷款的期限不得超过一年。"

随着现代金融经济的发展,企业可以获取的融资渠道越来越多,企业向中央银行再贴现票据的可能性就会减小,因此,中央银行的再贴现政策实际是一种被动性的政策,其政策性有趋向衰弱的趋势。现在看来,中央银行的再贴现政策在"量"上(即增减基础货币的供给)还是存在其政策影响的,但在"价"上(即市场利率)的影响逐渐减弱。

3. 公开市场业务

公开市场业务(open-market operations)是指中央银行在竞争性市场上买卖各种有价证券。中央银行通过公开市场业务可以直接增减社会中的基础货币供给总量,并通过货币乘数作用,最终有效调控社会经济运行中的货币总供给。

在现代经济发展中,公开市场业务越来越成为中央银行调控社会货币供给的最主要手段。因为,公开市场业务具有法定准备率和再贴现率不可比拟的优点。首先,公开市场业务作为货币政策工具在操作上具有灵活性。由于中央银行是在竞争性市场上公开买卖有价证券,中央银行能够极为自由地就买卖的时间、数量和方向进行决策,即使出现某些失误也可及时纠正;但法定准备率和再贴现率是作为货币当局的政策原则推出的,因此就没有这种灵活性。其次,公开市场业务在调控效果上具有预测的准确性。

---

① 杨长江,石洪波. 宏观经济学[M]. 上海:复旦大学出版社,2004.
② 其中有两次是以1%的幅度调高的,分别是2007年12月和2008年6月。

中央银行一旦买进一定数量金额的有价证券,它就可以根据货币乘数计算出向社会最终增加了多少货币供给,当中央银行卖出一定数量金额的有价证券,它也可以计算出能够紧缩的货币供给数量。

随着金融自由化程度的加强、金融创新的不断推进和金融全球化趋势的发展,市场力量大大加强,与市场力量相悖的政策工具就会越来越失去其作用的有效发挥,而符合市场化趋势的公开市场业务就成为法定准备率、再贴现率和公开市场业务等传统货币政策工具"三大法宝"中中央银行最常用的政策工具,借以有效、及时、准确地调节货币供给和市场利率水平,因此,在成熟市场经济国家,公开市场业务已成为中央银行手中"一枝独秀"的货币政策工具。

中国公开市场操作包括人民币操作和外汇操作两部分。外汇公开市场操作1994年3月启动,人民币公开市场操作1998年5月26日恢复交易,规模逐步扩大。1999年以来,公开市场操作已成为中国人民银行货币政策日常操作的重要工具。中国人民银行从1998年开始建立公开市场业务一级交易商制度,选择了一批能够承担大额债券交易的商业银行作为公开市场业务的交易对象,目前公开市场业务一级交易商共包括40家商业银行。这些交易商可以运用国债、政策性金融债券等作为交易工具与中国人民银行开展公开市场业务。

4. 道义劝告或窗口指导

道义劝告或窗口指导也是中央银行使用的其他较为次要的货币政策手段。

道义劝告是指中央银行运用自己在金融体系中的特殊地位和威望,对商业银行及其他非银行金融机构进行书面或口头的说服和劝告,借以影响其贷款和投资方向,达到控制社会货币总供给的目的。如在经济萧条时期,鼓励商业银行扩大信贷规模;在通货膨胀或经济高涨时期,劝阻各商业银行不要任意扩大信贷规模,应适当加以控制。中央银行的这种劝告虽然没有法律上的约束力,但也往往能收到一定的效果。

5. 行政干预与贷款规模控制

行政干预是指中央银行对商业银行规定最高贷款规模限额,以此控制信贷规模;或者对商业银行的存贷款利率进行限制。

目前,我国经常采用的就是由中央银行规定存贷款基准利率(如上述的"降息"或"加息"内容就是这种措施)、制定金融机构存贷款利率浮动范围,特定时候仍然使用控制商业银行信贷规模计划的手段,由此控制商业银行向社会投放的货币供给量。

专栏7-1 中国人民银行货币政策工具

一、公开市场业务

在多数发达国家,公开市场操作是中央银行吞吐基础货币,调节市场流动性的主要货币政策工具,通过中央银行与市场交易对手进行有价证券和外汇交易,实现货币政策调控目标。中国公开市场操作包括人民币操作和外汇操作两部分。外汇公开市场操作1994年3月启动,人民币公开市场操作1998年5月26日恢复交易,规模逐步扩大。1999年以来,公开市场操作发展较快,目前已成为中国人民银行货币政策日常操作的主要工具之一。

从交易品种看,中国人民银行公开市场业务债券交易主要包括回购交易、现券交易和发行中央银行票据。其中回购交易分为正回购和逆回购两种,正回购为中国人民银行向一级交易商卖出有价证券,并约定在未来特定日期买回有价证券的交易行为,正回购为央行从市场收回流动性的操作,正回购到期则为央行向市场投放流动性的操作;逆回购为中国人民银行向一级交易商购买有价证券,并约定在未来特定日期将有价证券卖给一级交易商的交易行为,逆回购为央行向市场上投放流动性的操作,逆回购到期则为央行从市场收回流动性的操作。现券交易分为现券买断和现券卖断两种,前者为央行直接从二级市场买入债券,一次性地投放基础货币;后者为央行直接卖出持有债券,一次性地回笼基础货币。中央银行票据即中国人民银行发行的短期债券,央行通过发行央行票据可以回笼基础货币,央行票据到期则体现为投放基础货币。

根据货币调控需要,近年来中国人民银行不断开展公开市场业务工具创新。2013年1月,立足现有货币政策操作框架并借鉴国际经验,中国人民银行创设了"短期流动性调节工具(short-term liquidity operations,SLO)",作为公开市场常规操作的必要补充,在银行体系流动性出现临时性波动时相机使用。

二、存款准备金

存款准备金是指金融机构为保证客户提取存款和资金清算需要而准备的资金,金融机构按规定向中央银行缴纳的存款准备金占其存款总额的比例就是存款准备金率。存款准备金制度是在中央银行体制下建立起来的,世界上美国最早以法律形式规定商业银行向中央银行缴存存款准备金。存款准备金制度的初始作用是保证存款的支付和清算,之后才逐渐演变成为货币政策工具,中央银行通过调整存款准备金率,影响金融机构的信贷资金供应能力,从而间接调控货币供应量。

三、利率政策

利率政策是我国货币政策的重要组成部分,也是货币政策实施的主要手段之一。中国人民银行根据货币政策实施的需要,适时地运用利率工具,对利率水平和利率结构进行调整,进而影响社会资金供求状况,实现货币政策的既定目标。

目前,中国人民银行采用的利率工具主要有:①调整中央银行基准利率,包括:再贷款利率,指中国人民银行向金融机构发放再贷款所采用的利率;再贴现利率,指金融机构将所持有的已贴现票据向中国人民银行办理再贴现所采用的利率;存款准备金利率,指中国人民银行对金融机构缴存的法定存款准备金支付的利率;超额存款准备金利率,指中央银行对金融机构缴存的准备金中超过法定存款准备金水平的部分支付的利率;②调整金融机构法定存贷款利率;③制定金融机构存贷款利率的浮动范围;④制定相关政策对各类利率结构和档次进行调整等。

近年来,中国人民银行加强了对利率工具的运用。利率调整逐年频繁,利率调控方式更为灵活,调控机制日趋完善。随着利率市场化改革的逐步推进,作为货币政策主要手段之一的利率政策将逐步从对利率的直接调控向间接调控转化。利率作为重要的经济杠杆,在国家宏观调控体系中将发挥更加重要的作用。

四、中央银行贷款(再贷款)和再贴现业务

中央银行贷款是指中央银行对金融机构的贷款,简称再贷款,是中央银行调控基础货币的渠道之一。中央银行通过适时调整再贷款的总量及利率,吞吐基础货币,促进实现货币信贷总量调控目标,合理引导资金流向和信贷投向。自1984年人民银行专门行使中央银行职能以来,再贷款一直是我国中央银行的重要货币政策工具。近年来,适应金融宏观调控方式由直接调控转向间接调控,再贷款所占基础货币的比重逐步下降,结构和投向发生重要变化。新增再贷款主要用于促进信贷结构调整,引导扩大县域和"三农"信贷投放。

再贴现是中央银行对金融机构持有的未到期已贴现商业汇票予以贴现的行为。在我国,中央银行通过适时调整再贴现总量及利率,明确再贴现票据选择,达到吞吐基础货币和实施金融宏观调控的目的,同时发挥调整信贷结构的功能。

五、常备借贷便利

从国际经验看,中央银行通常综合运用常备借贷便利和公开市场操作两大类货币工具管理流动性。常备借贷便利的主要特点:一是它由金融机构主动发起,金融机构可根据自身流动性需求申请常备借贷便利;二是它是中央银行与金融机构"一对一"的交易,针对性强;三是它的交易对手覆盖面广,通常覆盖存款金融机构。

常备借贷便利是中国人民银行正常的流动性供给渠道,主要功能是满足金融机构期限较长的大额流动性需求,对象主要为政策性银行和全国性商业银行,期限为1～3个月,利率水平根据货币政策调控,引导市场利率的需要等综合确定。常备借贷便利以抵押方式发放,合格抵押品包括高信用评级的债券类资产及优质信贷资产等。

四、货币政策传导机制

货币政策的传导机制就是指货币政策变化引起社会总需求、最终影响宏观经济运行使得产出水平、就业、价格以及通货膨胀发生变化的过程。货币政策传导机制主要包括两个基本步骤:第一步是中央银行的货币政策手段使得货币供应量发生变化,导致市场利率的变化,也就是实际货币存量的变化引起资产价格和收入变化促使投资者改变资产组合;第二步是利率水平的变化使得社会总需求发生变化,如投资需求的变化、消费信贷的增减等。图7-1简要归纳了传导机制的各个阶段。

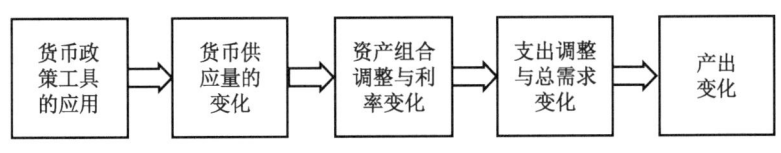

图7-1 货币政策传导机制

第三节 财政政策和货币政策的政策效力

所谓政策效力指的是对于一定的财政政策或货币政策调整,能够在多大程度上实现理想的政策目标。

一、财政政策效力分析

首先,财政政策的效力取决于相关乘数的大小,比如,政府打算通过增加购买支出来提高总需求水平,对于一定的支出增加,政府购买乘数越大,总需求水平提高得就越多,政策效力就越大;反之,政府购买乘数越小,总需求水平提高得就越少,政策效果就越不明显。

其次,财政政策的效力还要受到挤出效应(crowding-out effect)的影响。如图 7-2 所示,政府购买支出增加使 IS 曲线从 IS_1 右移到了 IS_2,在不考虑货币市场的情况下,经济中的均衡产出将从 y_1 增加到 y_2。但是在考虑到货币市场后,情况就变得复杂了。政府购买支出的增加提高了总支出水平,总支出增加带来了总收入水平的提高,而总收入提高会增加货币需求,在货币供给保持不变的情况下,货币需求的增加会导致利率提高,利率的提高必然会减少投资支出,从而部分地抵消掉政府购买支出增加所产生的扩张效果。

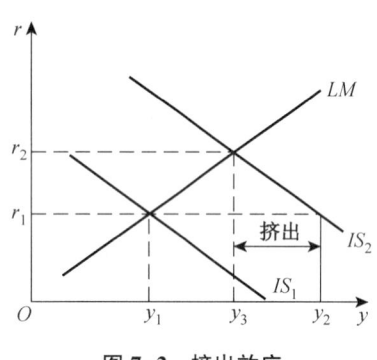

图 7-2 挤出效应

这一点可以从图 7-2 中清楚地看到,LM 曲线与 IS_2 曲线的交点是最终均衡点,对应的均衡利率和均衡产出分别为 r_2 和 y_3。这说明总需求的增加使均衡利率水平提高了,而最终的均衡产出 y_3 要小于 y_2。在货币供给不变的情况下,我们把这种由于政府购买支出增加而导致的利率上升及其引发的私人投资的减少称为挤出效应。在图 7-2 中,($y_2 - y_3$)代表的就是被挤出的产出。

因此,财政政策的效力还取决于挤出效应的大小。挤出效应越大,财政政策的效力就越小;反之,挤出效应越小,财政政策的效力就越大。

那么挤出效应的大小由哪些因素决定呢?从上面的分析我们知道,挤出效应要经历两个作用过程,一是收入增加导致的货币需求上升,进而使利率提高,这个作用的大小取决于货币需求的收入系数 k;二是利率提高导致投资减少,这个作用的大小取决于投资对利率的敏感系数 d。具体来说,如果货币需求的收入系数 k 越大,或者投资对利率越敏感,则挤出效应就越大,相应地,财政政策的效力就越小;反之,如果货币需求的收入系数 k 越小,或者投资对利率越不敏感,则挤出效应就越小,相应地,财政政策的效力就越大。下面我们分两方面对这一问题进行分析。

1. 财政政策的效力受 LM 曲线斜率的影响

我们可以借助图 7-3 来理解这个问题。根据第五章学习的关于 LM 曲线的知识,我们知道货币需求的收入系数 k 越大,表现为 LM 曲线越陡峭;货币需求的收入系数 k 越小,表现为 LM 曲线越平坦。图 7-3 直观地说明了在其他条件相同的情况下,两条斜率不同的 LM 曲线所带来的不同的挤出效应。图 7-3 中,与 LM_1 相对应的挤出效应所带来的产出减少为 (y_2-y_3),与 LM_2 相对应的挤出效应所带来的产出减少为 (y_2-y_4)。与 LM_1 相比,LM_2 的斜率更大,更为陡峭,此时挤出效应所带来的产出减少 (y_2-y_4) 大于 (y_2-y_3)。

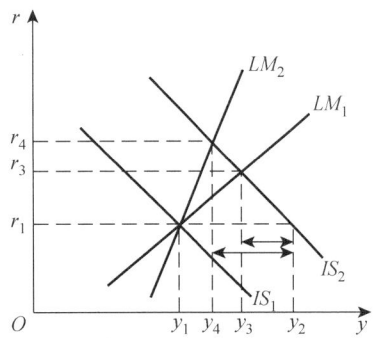

图 7-3　LM 曲线斜率与财政政策效力

我们可以这样总结:在其他条件保持不变的情况下,LM 曲线越平坦,财政政策的效果就越明显;反之,LM 曲线越陡峭,财政政策的效果就越不明显。

在极端的情况下,存在 LM 曲线完全水平的凯恩斯区域和 LM 曲线完全垂直的古典区域。在凯恩斯区域,经济中存在流动性陷阱,总需求的增加不会对利率产生影响,因此不存在挤出效应,如图 7-4(a)所示。此时财政政策完全有效。在古典区域,LM 曲线完全垂直,政府购买增加只会带来利率上升,而对均衡产出没有影响,此时存在完全的挤出效应。这意味着无论政府购买增加多少,都会挤出相应数量的私人部门投资,财政政策完全无效,如图 7-4(b)所示。

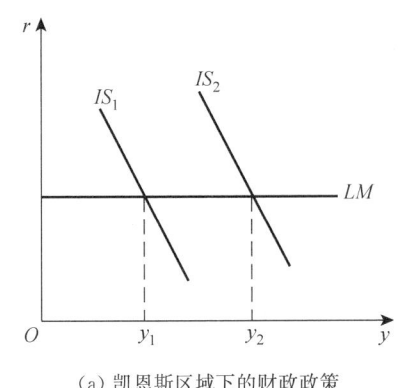

(a) 凯恩斯区域下的财政政策

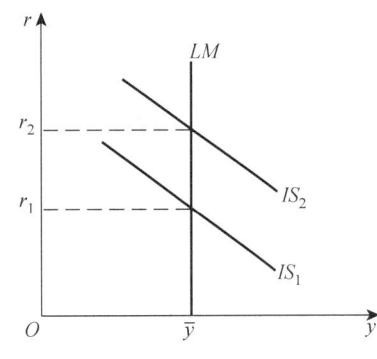

(b) 古典区域下的财政政策

图 7-4　凯恩斯区域和古典区域下的财政政策

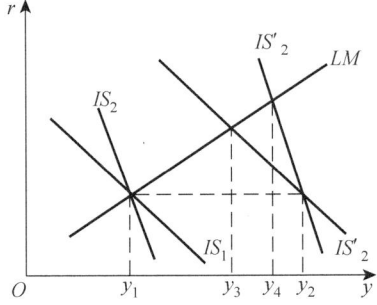

图 7-5　IS 曲线斜率与财政政策效力

2. 财政政策的效力受 IS 曲线斜率的影响

根据第五章学习的关于 IS 曲线的知识,我们知道投资对利率的敏感系数 d 越大,即投资对利率越敏感,IS 曲线越平坦;投资对利率的敏感系数 d 越小,即投资对利率越不敏感,IS 曲线越陡峭。图 7-5 直观地说明了在其他条件相同的情况下,两条斜率不同的 IS 曲线所带来的不同的挤出效应。在图 7-5 中,假设政府增加同等数额的政府购买支出,则

IS_1 与 IS_2 水平右移的距离相等,都等于:

$$k_g \times \Delta g = \frac{1}{1-\beta(1-t)} \times \Delta g$$

与 IS_1 相对应的挤出效应所带来的产出减少为 (y_2-y_3),与 IS_2 相对应的挤出效应所带来的产出减少为 (y_2-y_4)。与 IS_1 相比,IS_2 的斜率绝对值更大,更为陡峭,此时挤出效应所带来的产出减少 (y_2-y_4) 小于 (y_2-y_3)。

我们可以这样总结:在其他条件保持不变的情况下,IS 曲线越平坦,财政政策的效果就越不明显;反之,IS 曲线越陡峭,财政政策的效果就越明显。

二、货币政策效力分析

货币政策通过调整货币供应量来影响利率水平,进而改变投资支出和总需求,其政策效力主要取决于投资对利率的敏感系数 d。一定的货币供应量变动会引起利率发生一定变化,此时如果 d 值越大,即投资对利率越敏感,则对总需求的影响就比较大,货币政策的效果就比较明显;反之,如果 d 值越小,投资对利率越不敏感,则对总需求的影响就比较小,货币政策的效果就不明显。

投资对利率越敏感,IS 曲线的斜率就越平坦;投资对利率越不敏感,IS 曲线的斜率就越陡峭。因此,我们可以总结为:IS 曲线的斜率越平坦,货币政策的效力就越大;IS 曲线的斜率越陡峭,货币政策的效力就越小。这一点可以从图 7-6(a)和(b)中直观地看出。

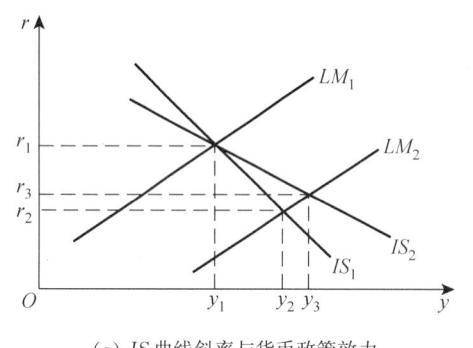
(a) IS 曲线斜率与货币政策效力

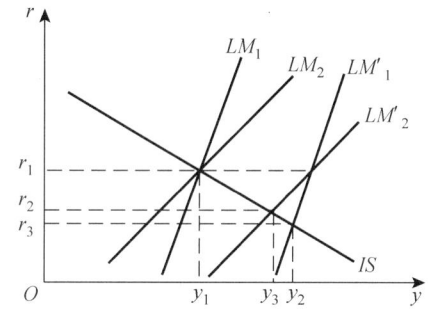
(b) LM 曲线斜率与货币政策效力

图 7-6 货币政策的效力分析

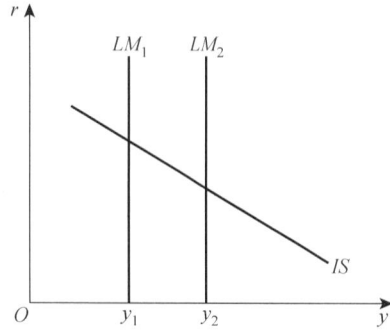

图 7-7 古典区域下的货币政策

需要指出的是,当经济处于流动性陷阱时,LM 曲线完全水平,货币的投机性需求无限大,任何货币供给的增加都会被公众持有,不能降低利率水平,因而也就无法增加总需求,此时货币政策完全无效,而财政政策完全有效。反之,当经济处于 LM 曲线完全垂直的古典区域时,货币政策就完全有效,而财政政策则完全无效,如图 7-7 所示。

第四节 财政政策与货币政策的混合应用

在本章的第一节和第二节,我们分别讨论了财政政策和货币政策的相关工具及应用。但是,无论是财政政策还是货币政策的政策效力均存在局限。财政政策的效力受到相关购买乘数和挤出效应的影响。如果购买乘数比较大,或者挤出效应比较小,财政政策的效力就比较大;相反,如果购买乘数比较小,或者挤出效应比较大,财政政策的效力就会比较小。而货币政策的效力主要取决于投资对利率的敏感程度。投资对利率越敏感,货币政策的效力就越大;投资对利率越不敏感,货币政策的效力就越小。

正是因为财政政策和货币政策的效力都受到了一定的制约,所以才需要进行政策的配合使用,把财政政策和货币政策配合起来,能够实现单个政策不能达到的目标,更有效地调节经济的运行。

一、财政政策和货币政策混合运用的各种组合

混合运用两种宏观政策效果如图 7-8 所示。若最初均衡点在 E_0 点,政府实施扩张性的财政政策使 IS 右移到 IS' 与 LM 相交在新的均衡点 E_1,均衡产出增加为 y_1,利率增为 r_1;为减弱或降低利率上升,可以配合实施扩张性的货币政策,扩大社会货币供应量促使 LM 曲线右移到 LM' 与 IS' 相交在新均衡点 E_2,产出增为 y_2,利率下降为 r_2。从图 7-8 中可大致看到宏观政策混合的影响:同时或分别扩张性的政策都可使总产出增加,但是利率变动方向难以确定。紧缩性的政策效果则反之。

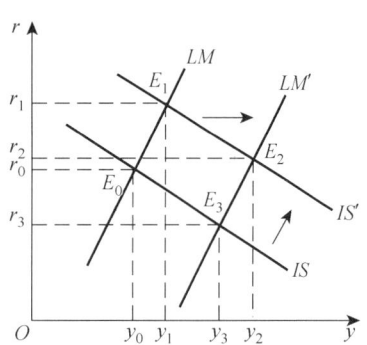

图 7-8 财政政策与货币政策的混合运用

下面我们将财政政策与货币政策划分为扩张性的与紧缩性的政策来讨论它们的混合运用,以及这种混合运用带来的最终总产出和利率的变化,如表 7-4 所示。

表 7-4 财政与货币政策的混合运用的政策效果

政策组合方式	财政政策	货币政策	产出变动	利率变动
1	扩张性	紧缩性	不确定	上升
2	紧缩性	扩张性	不确定	下降
3	扩张性	扩张性	增加	不确定
4	紧缩性	紧缩性	减少	不确定

根据财政政策和货币政策发挥作用的特点,财政政策是直接出自政府行政部门,比较直接严格;而货币政策出自具有相对独立性的中央银行,需要一定的传导机制,比较间接但影响面较广。因此,表 7-4 的政策配合可以根据具体宏观经济形势和不同的调控目标来实施。一般而言,当宏观经济进入低迷时期,可以实施政策组合 1,这样,既可

增加社会总产出,又可避免出现通货膨胀;当宏观经济出现高涨但通货膨胀不严重时,可以实施政策组合2,这样,既能够适当压缩社会总需求避免经济过热,又可降低利率水平;当宏观经济出现严重萧条时,可以实施政策组合3,这样,既可增加社会总需求增加社会总产出,也可增加货币总供给降低利率,削弱财政政策的挤出效应,促进总产出增加;当宏观经济出现过热和通货膨胀时,可以实施政策组合4,这样,既可减少社会货币总供给以提高利率收紧银根,降低社会总需求,又可利用紧缩性的财政政策促进总需求的降低并防止利率过分降低。

当然,经济实践中会出现多种复杂情况,宏观经济政策组合的具体内容可以千差万别,但是它们的基本效力大致如表7-4所示。

二、我国实施宏观经济政策的实践

随着我国社会主义市场经济体制的建立与完善,宏观经济政策的制定与实施也逐步趋于灵活、成熟。但是,由于我国社会经济转型的特殊性,具体的宏观经济政策配合实施也具有明显的中国特色。我们可以根据1992年以来我国经济运行的实际状况来分析考察政府所采取的宏观经济政策组合及其作用效果。以下文中数据都来源于历年《中国统计年鉴》。根据需要制作了对应图表,如图7-9、图7-10和图7-11所示。

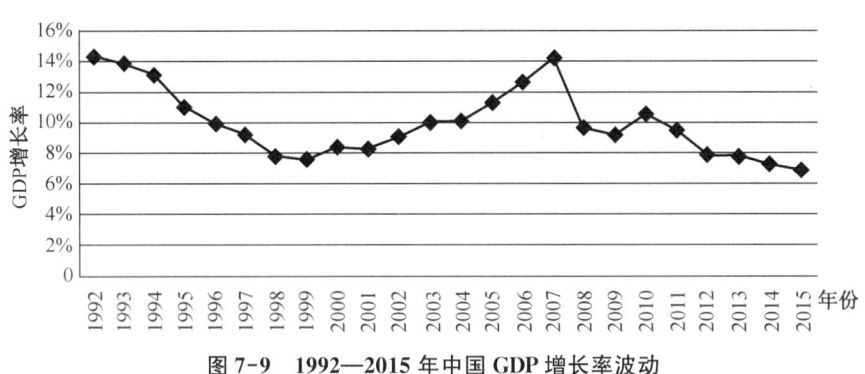

图 7-9　1992—2015 年中国 GDP 增长率波动

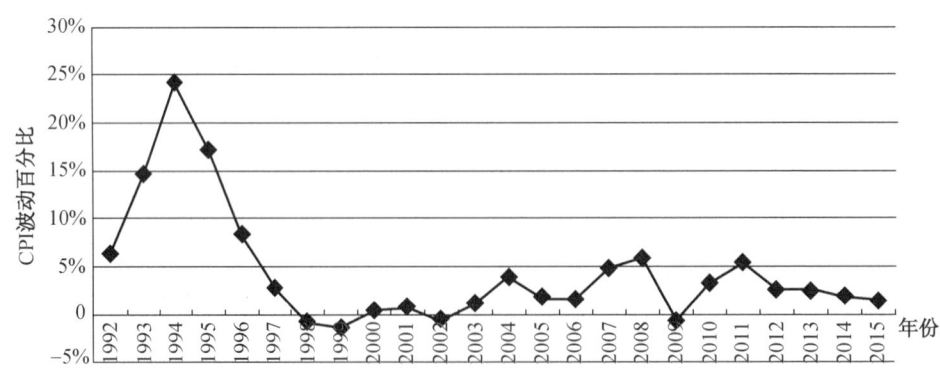

图 7-10　1992—2015 年中国居民消费价格指数(CPI)波动

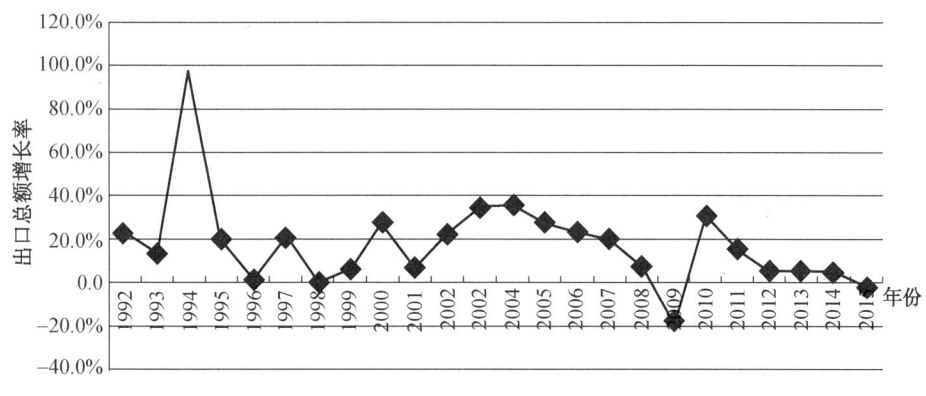

图 7-11　1992—2015 年中国出口总额增长率

我们可以从反映我国自 1992 年以来宏观经济运行状况的图 7-9、图 7-10 和图 7-11 进行归纳，结合我国实际的宏观经济政策组合形成表 7-5。表 7-5 中所列宏观经济政策的具体实施原则的表述都来自每年年初的国务院总理所作的《政府工作报告》对当年宏观经济调控工作所作安排的表述。当然，在个别年份里，宏观经济政策在实际执行过程中由于国内国际经济环境的变化会有所调整，例如，1998 年，在年初所作的《政府工作报告》里仍判断应当实行适度从紧的财政与货币政策，这是没有考虑到东南亚金融危机的巨大影响，只是对 1997 年当年及以前国内经济"软着陆"的要求而作的政策延续。但是，东南亚金融危机影响深远，极大削弱了我国的出口能力，总需求急剧下降，需尽快刺激国内需求以增加总需求，因此，1998 年在金融危机影响显露之际，国家及时调整宏观经济政策，放弃适度从紧的宏观经济政策组合，而实行积极的财政政策和货币政策，发行数千亿元长期国债和多次降息。在 1998 年之后的几年里，这种政策组合态势仍然有所延续。

在实行了多年积极的财政政策和较为稳健的货币政策措施后，国家经济步入高速增长态势，在 2005 年之后，国内物价水平逐渐上升，经济出现过热势头，国家宏观经济政策组合逐步趋于稳健，并在具体操作中适当收缩。自 2007 年下半年至 2008 年上半年国内一般物价水平持续高涨，例如，据国家统计局公布的数据，2008 年前 5 个月各月的居民消费价格指数与上年同期相比都在 108 左右（上年同期＝100），而商品零售价格指数最高达到 107.5，为进入 21 世纪以来的最高点。国内股市自 2007 年年末冲高到 6 000 余点后虽有所回落，但依然居高于 5 000 点左右。因此，在 2008 年的政府工作报告里就提出实施"稳健的财政政策和从紧的货币政策"，重在从紧的货币政策，力图治理货币信贷投放仍然偏多和尚未缓解的流动性过剩矛盾，缓解价格上涨压力，控制货币供应量和信贷过快增长。货币政策措施重点在于抑制价格总水平过快上涨，避免导致明显的通货膨胀。

但是，自 2008 年 9 月以后，国际经济形势急转直下，对我国的不利影响明显加重，中央政府把宏观调控的着力点转到防止经济增速过快下滑上来，实施积极的财政政策和适度宽松的货币政策，三次提高出口退税率，五次下调金融机构存贷款基准利率，四次下调存款准备金率，暂免储蓄存款利息个人所得税，下调证券交易印花税，降低住房交易税费，加大对中小企业信贷支持，于 2008 年 11 月推出了 4 万亿元的刺激经济计划。

并且在2008年的工作报告中提出在2009年仍然坚持积极的财政政策和适度宽松的货币政策以尽快扭转经济增速下滑趋势。这一政策组合在2009—2012年仍然得到延续。

表7-5 1992—2015年我国宏观经济运行主要指标及政府所采取的宏观经济政策组合

年份	GDP增长率	CPI波动	城镇登记失业率波动	出口总额增长率波动	宏观经济政策组合	
1992	14.2%	6.4%	2.3%	22.2%	财政支出从坚持"从紧原则"转向"适度从紧和量入为出"	保持货币发行和信贷的"适度规模",防止投资膨胀和通货膨胀
1993	14.0%	11.4%	2.6%	13.0%		
1994	13.1%	24.1%	2.8%	97.2%		
1995	10.9%	11.7%	2.9%	19.5%		
1996	10.0%	8.3%	3.0%	1.0%	"适度从紧"	"适度从紧"
1997	9.3%	2.8%	3.1%	20.5%		
1998	7.8%	−0.8%	3.1%	0.4%	从"适度从紧"转向"积极的"	
1999	7.6%	−1.4%	3.1%	6.1%	"积极的"	"稳健的"
2000	8.4%	0.4%	3.1%	27.7%		
2001	8.3%	0.7%	3.6%	6.7%		
2002	9.1%	−0.8%	4.0%	22.4%		
2003	10.0%	1.2%	4.3%	34.7%		
2004	10.1%	3.9%	4.2%	35.3%		
2005	10.4%	1.8%	4.2%	27.6%	"稳健的"	"稳健的"
2006	11.6%	1.5%	4.1%	23.9%		
2007	13.0%	4.8%	4.0%	20.4%		
2008	9.6%	5.9%	4.2%	7.4%	"积极的"	"适度宽松的"
2009	9.2%	−0.7%	4.3%	−16.3%		
2010	10.6%	3.3%	4.1%	33.9%		
2011	9.5%	5.4%	4.1%	17.2%		
2012	7.7%	2.6%	4.1%	2.3%	"积极的"	"稳健的"
2013	7.7%	2.6%	4.1%	5.7%		
2014	7.4%	2%	4.1%	2.4%		
2015	6.9%	1.4%	4.1%	−1.9%		

中国经济在2014年出现了很多新的问题,具体表现为经济增长的明显减速。随着新一届国家领导人的上任,"稳增长、调结构"成为政府政策关注的对象。①

---

① 在2015年的政府工作报告中,李克强总理指出"继续实施积极的财政政策和稳健的货币政策,更加注重预调微调,更加注重定向调控,用好增量,盘活存量,重点支持薄弱环节。以微观活力支撑宏观稳定,以供给创新带动需求扩大,以结构调整促进总量平衡,确保经济运行在合理区间。"在2016年的政府工作报告中,李克强总理指出"继续实施积极的财政政策和稳健的货币政策,创新宏观调控方式,加强区间调控、定向调控、相机调控,统筹运用财政、货币政策和产业、投资、价格等政策工具,采取结构性改革尤其是供给侧结构性改革举措,为经济发展营造良好环境。"

总之，我国宏观经济政策组合是根据我国社会经济发展的特点而制定和实施的，与西方市场经济国家相比，基本手段可能区别不大，但是，由于我国社会主义市场经济的独特运行环境和社会经济发展阶段，宏观调控的具体要求不同，我国宏观经济政策组合的具体措施必定存在较大差异，所呈现的效果也不同。

第五节　宏观经济政策存在的问题及争议

宏观经济学短期分析的基本内容是研究经济波动，以及用于克服波动的一般财政政策和货币政策的影响。在此基础上，我们需要进一步讨论的是，如果考虑到具体的操作层面，宏观经济政策能否产生理想的效果（即宏观经济政策的有效性问题）。此外，在面临着更多选择时，宏观经济政策的制定应当遵循什么样的原则才是最优的。这些问题一直以来都困扰着经济学家和决策者，并成为宏观经济学争论的焦点之一。

关于宏观经济政策的有效性问题，一些经济学家认为，实施有效的宏观经济政策能够熨平经济波动。从前面的讨论中可以看出，当政府实施"逆经济风向标"的宏观经济政策时——即经济过热时实施紧缩型宏观经济政策；经济萧条时实施扩张型宏观经济政策，经济将会平稳运行。

与上述观点相反，另一些经济学家则认为，宏观经济政策对于稳定经济是无效的。他们认为政府在政策取向上应该采取放任的态度，而不是积极干预。对于第一种观点（即认为宏观经济政策有效的观点，称为积极政策论），我们在前几章的讨论已经为其提供了理论上的支持。现在我们要来看第二种观点（即认为宏观经济政策无效的观点，称为消极政策论）。

消极政策论者所提出的观点似乎与"古典主义"对于经济政策作用的看法是一致的。除市场失灵外，政府无须过多干预经济，因为市场机制具有其内在稳定性，宏观经济政策的介入不仅"无效"，反而有可能会妨碍市场的正常运行。

虽然消极政策论者的观点与"古典主义"对于经济政策的看法类似，然而他们的依据却有所不同。"古典主义"主要从市场运行的内在机制（价格具有伸缩性）的角度出发来阐述其关于政策的看法；而本章所要介绍的消极政策论者却是从宏观经济政策具体操作层面的角度出发得出他们的结论。

除政策有效性的争论之外，决策者在制定政策时应遵循某种既定的规则还是应当根据经济形势的不同而"相机"做出抉择，这构成了宏观经济学关于经济政策的又一大争论。相机抉择是我们在前几章中所讨论的主要话题：政府应该根据经济形势的变化制定出相应的政策，以平稳经济的运行。然而反对相机抉择的经济学家却从政治因素及政策实施的"前后不一致性"角度讨论了相机抉择机制对经济运行的不良影响。

一、政策存在时滞效应

消极政策论者之所以认为宏观经济政策对于稳定经济是无效的，一个主要的依据是认为政策存在着时滞效应。

在电影中,追车镜头是最常见的,机智的车手运用娴熟的驾驶技巧,在拥挤的公路躲避一个又一个危险,最后总能化险为夷。但好莱坞大片《泰坦尼克号》中的海难一幕,也令人震撼。就在邮轮与冰山相撞之前,船长已发觉到了危险,但此刻转舵已经无济于事。巨轮对舵的反应,与汽车对方向盘的反应相比,要迟缓得多。即便是经验丰富的老船长,发现冰山就在眼前时,再怎么掌控邮轮,灾难也不可避免。

正如驾驶汽车和航行一样,现实经济并不总是处于平稳运行状态。如果决策者能够及时发现经济中的不稳定因素,并能马上做出正确判断,制定出相应的政策,而且政策的执行以及生效也是即时性的,那么经济就能够立即恢复到稳定状态。但现实并非总是处于理想状态,就像泰坦尼克号的船长一样,决策者不一定能及时发现"冰山",或者即便做出了决策也不能及时产生作用。因此,消极政策论的支持者认为,正是由于时间上的滞后性使得宏观经济政策失效,甚至产生事与愿违的结果,因此,反对政府干预经济。

宏观经济政策的制定与执行,以及在政策产生影响的每一阶段,都会存在时滞效应。经济学家将这些政策的时滞效应分为内部时滞和外部时滞。区分内部时滞与外部时滞的关键,在于政策实施的时点,前者发生于政策实施之前,而后者则是政策实施后的滞后影响。

1. 内部时滞

内部时滞是指冲击发生到相应的经济政策实施所花费的时间。决策者确认冲击已发生,而后才能够实施适当的政策,这是内部时滞产生的原因。内部时滞的长短取决于决策者对经济形势发展的预见能力、制定政策的效率和行动的果断性。一般意义上,由于时滞产生的时间和性质的不同,内部时滞又可分为三种:认识时滞、决策时滞和行动时滞。

认识时滞是指在冲击出现与决策者确认必须实施适当的宏观经济政策之间的那段时间。认识时滞的长短,主要取决于决策者获取信息的敏捷程度、预测能力。这种时滞可以很长,也可以很短。

决策时滞是指认识到需要采取行动到政策确定之间的时间间隔。决策时滞一般取决于决策者的决策能力、决策体制的结构和效率等因素。决策者的素质高、能力强,决策体制的结构合理,决策程序的效率高,往往能够缩短决策时滞。一般而言,如果决策机制过于强调决策的民主性会拉长决策的内部时滞,但科学的民主决策机制却能够缩短政策的外部时滞。

行动时滞是政策决定和政策开始实施之间的间隔。决策者做出决策以后,动员各种可控资源,并采用各种调控手段使既定的宏观经济政策正式、全面实施总是需要一定的时间。

由于内部时滞产生于政策实施之前,克服内部时滞的办法就是增强决策者的信息搜集、判断能力,科学简化有关立法、行政程序,增强决策和执行机构设置的科学性、合理性,提高政策执行人员素质。

2. 外部时滞

外部时滞是指政策实施后到政策行为对经济产生影响的时间。政策实施后不能对支出、收入和就业在瞬间产生影响,是导致外部时滞的原因。

外部时滞的长短,一是与宏观经济政策对经济的调控手段和工具的传导机制相关。如金融体系的完善程度和金融市场的活动水平,对货币政策的外部时滞就有很大影响。二是与有关市场主体的敏感度相关。市场主体对宏观经济政策的反应快,接收到相应信息后,为了自身利益,就会即刻调整其行为,这时外部时滞就比较短,反之则较长。三是与决策者的决策力度相关。决策力度大,外部时滞无疑会短一些,反之则长一些。但宏观经济政策力度过大时,有可能产生较大的副作用,如过度的扩张性货币政策可能引发通货膨胀。四是与有关市场主体的预期相关。市场主体依据其预期顺应宏观经济政策的实施而调整其行为,外部时滞会短一些,而相背于宏观经济政策的实施调整其行为,则必然会出现各种"对策",外部时滞就会被拉长。如中央政府为抑制经济过热,实施紧缩型政策组合,但地方政府为了短期政绩仍然刺激地方的投资行为,就会在客观上延长紧缩型政策的外部时滞。

消极政策论者认为,由于时滞的存在,经济稳定政策要取得预期效果基本上是不可能的。不仅如此,政府为稳定经济所做的努力反而有可能成为导致经济不稳定的一个因素。

3. 财政政策和货币政策的时滞效应

一般来说,实施财政政策和货币政策具有不同的时滞效应。财政政策调节经济运行的难题在于内部时滞过长。各国财政政策的实施,都需要经过国会或政府机构的表决、批准,有时甚至需要立法。复杂而缓慢的审核与批复程序往往延缓财政政策的实施。但不同的国家,具有不同的制度。在英国这样的议会制国家,内部时滞较短,财政政策能够很快实施。此外,对应于不同的财政政策,政策时滞也不相同。政府购买政策(主要是政府采购和基础设施投资)的行动时滞和外部时滞较长(由于政府购买需要调动的资源庞大,而基础设施建设周期长),税收政策的决策时滞长而外部时滞短(税率的变化需要相关政府机构和国会的批准,但税率一经改变就会对经济产生影响)。

货币政策的内部时滞,相对于财政政策而言要短得多,原因在于中央银行可以在很短的时间内决定并执行新的货币政策。但货币政策的外部时滞却很长。货币政策外部时滞的长短取决于中央银行与商业银行、居民、企业和政府等一系列经济主体的直接和间接关系,这些关系又主要由金融市场和产品市场的运行所决定,但中央银行往往难以把握和控制其他经济主体的反应,而这一系列行为主体的反应特征在很大程度上会影响货币政策的传导过程。所以,货币政策的外部时滞一般长于内部时滞。

以中央银行如何通过货币政策控制通货膨胀为例。首先,中央银行提高利率会使总支出减少,进而收入减少,同时收入的减少导致消费支出的降低,接着又降低了总支出。实际 GDP 和可支配收入一起减少,消费支出也会减少,最后实际 GDP 增长减慢,物价降低。在美国,研究表明,货币政策的变动大约在 6 个月后才会对物价产生影响[1]。

在我国,根据 1995 年 1 月至 2003 年 3 月的月度数据测算,狭义货币供应量、信贷规模和利率对国内生产总值 GDP 的作用时滞分别为 7 个月、4 个月和 8 个月,对物价水平 CPI 的作用时滞分别为 3 个月、5 个月和 6 个月[2]。

---

[1] 曼昆.宏观经济学[M].北京:中国人民大学出版社,2005.
[2] 卞志村.我国货币政策外部时滞经验分析[J].数量经济技术经济研究,2004(3).

二、理性预期与卢卡斯批判

"理性预期"一词,由穆斯(1961年)在"理性预期与价格变动理论"①一文中首次提出,而理性预期理论是20世纪70年代从货币主义的理论中演化而来。穆斯是从工程学文献中借用这一概念,他假定:公众在进行预测时,总是以自己尽可能收集到的信息作为依据。但穆斯的这一理论当时并未在经济学界引起多大反响,直到20世纪70年代卢卡斯发表了"产量——通货膨胀交替的一些国际证据"②等一系列论文,并将理性预期理论应用于宏观经济政策分析,才掀起了"理性预期革命",并奠定了理性预期理论在经济学中的地位。

1. 理性预期

理性预期(rational expectation)是指公众预先充分掌握了一切可以利用的信息,并在对这些信息进行理智整理的基础上预测未来。这种预期之所以被称为"理性的",是因为公众对历史能提供的所有信息加以最有效利用,并经过周密的思考之后,才做出的一种预期。因此,在理性预期下,对经济变量的预期平均值总是等于该经济变量的实际值。而所出现的误差是由随机扰动所致。理性预期的主体只会犯随机性误差,而不会犯系统性误差。

虽然说理性预期是最准确和最有效的预期形成形式,但针对理性预期的批评却从未停止过,在这里我们简要地分析一下常见的两种反对意见。主要的一种批评涉及信息成本,即公众获取和处理那些可公开获得的信息,以形成理性预期所需的成本(时间、努力和金钱)。既然获取和处理信息有成本,那么公众就不可能使用所有可得到的公开信息。针对这种批评的辩护观点认为,"理性"公众在形成他们的预期时,有动力去最佳地利用所有可获取的公开信息。即公众有动力把信息运用到这样一点,在这一点上,边际收益(以预期精确度的改进衡量)等于边际成本(从获取和处理所有可得到的公开信息的角度分析)。此外,理性预期并不要求公众独立地去获取和处理可获得的公开信息。公众可以间接地,如从新闻媒介和专业研究机构发表的预测和评论中获取信息。

另一个更为严厉的批评意见则认为,由于经济学家们自己对什么是正确模型都存在巨大的分歧,那么公众在现实中是如何获取"正确的"经济模型的知识,分散的市场行为主体能否"了解"经济的真实模型是一个很有争议的问题。对于以上的批评,卢卡斯给出了经典的回应:鸟没有学过复杂的空气动力学却能飞得很好。理性预期学派认为:因为公众不断地吸取教训,能够做到"吃一堑,长一智",从而有效利用一切信息来逐渐修正预期,因此,理性预期是一种合理的理论假设。

2. 卢卡斯批判

由于公众会对政策变化所带来的影响做出理性的预期,并相应地改变自己的行为,这就为政策研究者提出了一个尖锐的问题:当政府准备实施一项政策时,我们需要知道

---

① Muth. Rational Expectation and the Theory of Price Movements[J]. Econometrica, 1961(7).

② Lucas, Some International Evidence on Output-Inflation Tradeoff[J]. American Economic Review, 1973(6).

公众依据自身的判断可能对这项政策如何做出反应。除非我们充分了解公众对政策的预期,否则我们就不能从各变量和政策之间的历史关系中找出答案。

1981年卢卡斯发表了题为"对经济计量政策评估的批评"①的论文,他认为传统的凯恩斯模型不能用于研究政策变化的影响,因为传统的政策评估方法——如依靠标准宏观经济计量模型的方法——没有充分考虑到政策对预期的影响。卢卡斯对传统政策评估的批评,就是著名的"卢卡斯批判"(lucas critique)。

借助 AD-AS 模型,可以简要说明在理性预期的假设前提下,传统凯恩斯主义宏观经济政策失效的基本依据,如图 7-12 所示。

在图 7-12 的 AD-AS 模型中,经济起初在点 A 处运行,该点是初始的总需求曲线(AD_0)与短期总供给曲线(SAS)及长期总供给曲线(LAS)的交点,经济处于充分就业产出水平。

现在假设决策者为刺激经济,宣布将要增加货币供给。政府将货币供给由 M_0 增加到 M_1,总需求曲线将由 AD_0 向右移动至 AD_1,如果工人和企业对此没有任何反应的话,短期总供给曲线将保持不变(SAS_0)。扩张性货币政策的实施将使总产出从 y^* 增加到 y_1。这是凯恩斯主义者的观点。

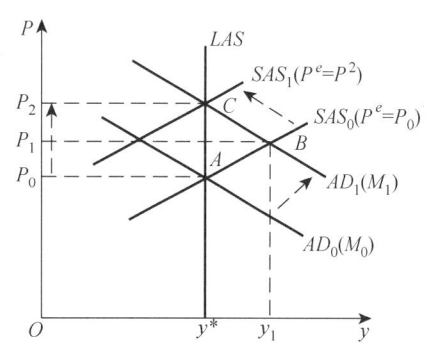

图 7-12　理性预期与宏观经济政策失效

但根据理性预期的观点,理性的公众在形成他们的预期时,会将因扩张性政策所导致的价格上升考虑进自己的预期,即工人与企业预期未来的价格水平会上升(AD_1 与长期总供给曲线 LAS 的交点)。根据第五章的分析,这将会导致总供给曲线由 SAS_0 向左移动到 SAS_1。经济将从 A 点迅速移动到 C 点,因此,货币供给的增加并没有使产出获得增加,而仅仅造成通货膨胀(价格水平从 P_0 上升到 P_2)。

我们再来考察出乎公众意料之外的、突然的政府政策变化所产生的影响,即政府在实施扩张性货币政策之前并没有向公众宣布,而是突然增加了经济中的货币供给量。此时,拥有不完全信息的公众不会预见到物价水平的上涨,SAS_0 不发生移动,未预期的价格水平的上涨使得实际工资下降,企业对之的反应是增加劳动需求,从而总产出沿着 SAS_0 增加,图 7-12 中的 P^e 代表公众价格预期。然而,这只是公众预期的随机性误差造成的。公众将纠正误差(这种纠正过程是迅速的),结合公众将价格的预期调整至与"长期均衡点"(C 点)相互一致的水平,通过短期总供给曲线的移动,产出就会迅速回到充分就业水平。

从上述过程中可以看到"卢卡斯批判"的基本思想:在凯恩斯主义的理论体系中,由于没有考虑到预期的作用,短期总供给曲线被视为固定不变,导致宏观经济政策通过影响总需求而对实际经济产生影响。而理性预期学派却认为,人们会利用一切信息对价

---

① Lucas, Econometric Policy Evaluation: A Critique, in K. Brunner and A. Meltzer(eds), The Philips Curve and Labor Markets, Amsterdam: North Holland[J]. Carnegie-Rochester Series on Public Policy, 1976.

格的变动做出自己的预期,当政府政策改变时,人们会对预期进行适时调整,所以短期总供给曲线并不是固定不变,而是会针对宏观经济政策的变动做出相应调整。因此,在制定宏观经济政策时,政策制定者应该了解和重视这种调整。

在我国,地方政府的"理性预期"行为有时候会使宏观经济政策的实际结果与政策制定者的初始目的发生偏离。比如,针对不断升温的宏观经济,中央政府曾于2003年年底开始发出经济应该放缓的信号,并采取了许多温和的"微调"措施,力图能够实现最优的经济"软着陆"。但是,这些温和的"微调"却得到了逆向效果。在许多地方,投资额反而有增无减,被中央列为低水平重复建设、加以抑制的行业依旧顶风而起,地方经济呈现出一幅"大干快上"的热闹景象。

为何会出现这种中央喊停,各地经济却冲刺的现象?其根源在于地方政府与中央政府在多次的博弈中形成了一种理性预期。为了能在中国特有的经济周期波动中获取最佳的发展空间,地方政府官员会在经济紧缩的前夜进行冲刺。而这种白天学习贯彻中央精神,晚上继续加班加点开工的行为,往往都能取得经济上的成功,如可以在下一轮经济启动时占得先机,可以先将项目突击上马而向上级政府进行融资的"倒逼"等。而最后这些地方官员政治上的"进步"就是对这种行为的肯定。有了理性预期概念,也就不难理解地方政府的非理性冲刺行为了。

三、单一规则与相机抉择

除了对宏观经济政策有效性的争论外,经济政策的制定应当遵循固定的单一规则(single rule,即遵循某种既定的规则)还是可以相机抉择(discretionary approaches),是关于宏观经济政策的另一个有争议的话题。

如果决策者事先向公众发布了各种情况下政策如何制定的信息,并能始终遵守事先的各种承诺,则宏观经济政策就是按单一规则实施的,体现出决策者的公信力。而在相机抉择的情况下,决策者不受任何单一规则的制约,可以根据实际情况最优化当期政策选择,使得宏观经济政策的实施有很大的灵活性。所以相机抉择是决策者认为在恰当的时候改变政策。

这里我们需要区别单一规则、相机抉择与积极政策、消极政策这两组相对概念。诺贝尔经济学奖得主米尔顿·弗里德曼曾提出一个单一规则政策:不管经济形势如何,货币当局只要保持货币量供给以一个固定的速率增长,就能够成功避免通货膨胀。由于受货币主义观点的影响,人们往往认为,大多数单一规则是针对消极政策,并且偏爱货币以固定比例增长。但实际上,无论积极政策还是消极政策,都可以遵循一定的单一规则。以货币供应增长率为例,消极的货币政策可以规定,无论发生任何情况,货币增长率将保持在4%。而一项积极政策同样可以遵循这样的单一规则:

$$\text{货币增长率} = 4\% + 2(\text{失业率} - 5.5\%)$$

上述方程暗示的积极货币政策的规则为:在5.5%的失业率时,货币增长为4%,如果失业率上升到5.5%以上,货币增长自动增加;如失业率为6%,货币供给增长率就为5%。反之,失业率下降到5.5%以下时,货币增长将低于4%。通过上式可以发现,一个积极的旨在稳定经济的货币政策,通过将货币增长与失业率相联系,同样可以使得政策的实施不存在任何相机抉择的因素。

支持相机抉择的经济学家认为,宏观经济政策的制定是以宏观经济状态为依据的,任何时点的宏观经济政策都不应是固定的,而应该随经济状态灵活变动。相机抉择,就如同在公路上行车,司机可以选择相机抉择的政策,决定车辆行驶速度、与其他车辆的距离以及在哪个车道上行驶。

与相机抉择相比,支持单一规则的经济学家却主张,不管经济形势如何,政策应当采取某种既定的单一规则。单一规则的支持者认为,由于宏观经济政策非常重要,它不能交由决策者"相机抉择"。一方面,决策者往往不是专业的经济学家,而且其决策的过程容易受到利益集团的左右,因此,若采用"相机抉择"的决策机制,宏观经济政策有可能会步入歧途;另一方面,政府其实也是由普通的个人所组成,这些政府官员有着自己的利益目标,当决策者的目标与公众的目标相背离时,"相机抉择"使政府官员追求自己利益的机会主义行为获得生存的空间,并且可能导致政治性经济周期的产生。

基于上述考虑,一些经济学家提倡应该将经济政策的制定与政治过程相分离。他们认为,单一规则正如路边的停车标志牌,"不管前面的道路如何,即使道路上没有任何其他车辆也应该停车",这样就避免了因决策者的无能或机会主义倾向而给经济带来危害。

1. 前后不一致性

假如决策者是充分可信任的,政策的制定是否可以相机抉择呢? 相机抉择的支持者认为,由于相机抉择是根据不同的经济状况,制定相应时点上最优的政策,体现了政策制定的灵活性,因此,只要决策者具有充分的理性和公信力,就能针对经济状况的变化做出适时、准确的反应。

然而情况却并非如想象的那么简单,反对相机抉择的经济学家认为,即便决策者拥有充分的理性和公信力,仍然需要事先以固定的单一规则来约束决策者的行为。因为从特定时点上来看,相机抉择可能是最优的,但长期的政策绩效却并非是最优的。经济学上用政策的前后不一致性(或称动态不一致性)来解释这一问题。

从某个时点开始,决策者需要选择一组政策组合,以使经济绩效达到最优,当前所制定的政策组合,包括了现在和将来两个不同时间段的政策实施计划,但是,正如一句谚语所说,"计划赶不上变化",在将来的某一个时点,决策者发现,如果实施不同于前期所确定下来的那些政策组合,有可能会带来更好的经济绩效,决策者于是根据后来所在时点的经济状况,设计出一组新的政策组合,这就会产生政策的不一致性问题。

2004年诺贝尔经济学奖获得者基德兰德和普雷斯科特在理性预期理论与博弈论的基础上发展了宏观经济政策的前后不一致问题,用以证明凯恩斯理论主张的相机抉择短期可能最优而长期次优[1]。前后不一致性问题的核心是:经过千挑万选,一项经济

---

[1] Kydland, Prescott. Ruler Rather Than Discretion: The Inconsistency of Optimal Plans[J]. Journal of Political Economy,1977(6).

政策终于出台了,政策一旦出台就会影响家庭和公司对政策的预期,当这些预期转化为实际行动时,决策者就会对他们的决定作出修改,结果却是最好的政策被抛弃。这样的结果与其说是决策者的目标与公众的目标不同所致,还不如说是不同时间对经济政策的制约因素不同所致。基德兰德和普雷斯科特指出,如果决策者缺乏预先作出判断的能力的话,往往会制定导致高通货膨胀率的政策。假设决策者的目标是小幅通货膨胀,并将这一政策公之于众;又进一步假设这样的政策导致了低通货膨胀预期和工资的小幅上升。一旦出现这种情况,必然诱惑政策制定者实行更高的通货膨胀政策,因为这样可以在短期内减少失业。他们认为,这样的诱惑将使经济陷入高通货膨胀而不能自拔,并且于解决失业无补。

2. 货币政策的单一规则

即使我们相信单一规则胜于相机抉择,但对宏观经济政策的制定仍然存在争论。当中央银行决定执行单一规则的货币政策时,究竟应该以什么目标规则制定货币政策。

第一种货币政策单一规则是由弗里德曼提出的:货币供应量应该保持在一个固定的增长率水平,这样能够保证产出、就业和物价的稳定。这是一种最具代表性的货币政策单一规则。

第二种被广泛接受的货币政策单一规则是,将名义GDP稳定在一个水平上作为目标。根据这种规则,中央银行对外公布一个计划的名义GDP。如果名义GDP高于计划目标,就降低货币增长率,以抑制总需求。反之,则提高货币增长率,刺激总需求。

第三种规则是以通货膨胀为目标。根据这种规则,中央银行事先公布一个最低的通货膨胀目标,当实际通货膨胀偏离这一目标,中央银行就将调整货币供给。

需要说明的是,即便是单一规则,也总会发生变化。为了保证货币政策的实施能实现社会福利最大化,各国普遍采取的对策是加强中央银行的独立性。通过法律程序保证中央银行的独立性,这一做法的目的在于将中央银行制定的货币政策隔离于政治活动,使其较少受政治的影响,保持货币政策规则的一致性。有些经济学家的研究显示,较为独立的中央银行与低而稳定的通货膨胀密切相关。例如,德国、瑞士和美国等中央银行独立性较强的国家,平均通货膨胀率较低。而中央银行独立性较低的国家,如西班牙、新西兰等国家通货膨胀率较高。

本章小结

本章介绍了财政政策的概念、财政政策工具、自动稳定器的原理以及挤出效应的原理;介绍了一国银行体系的基本结构,货币乘数的概念和货币创造的原理及货币政策工具。在此基础上分析了我国的财政政策和货币政策实践。

关键术语

财政政策　货币政策　财政政策工具　货币政策工具　自动稳定器　货币乘数　存款准备金率

练习题

一、思考题

1. 财政政策的工具有哪些？它们是如何影响总需求的？如果政府要制定积极的财政政策，可以有哪些选择？请分别指出这些政策工具的局限性。

2. 货币政策是怎样影响经济运行的？如果政府要制定积极的货币政策，可以有哪些选择？请分别指出这些政策工具的局限性。

3. 什么是自动稳定机制？请举例说明。

4. 请结合 IS-LM 模型作图说明扩张性财政政策和扩张性货币政策混合使用的效果。

5. 请找出一个政策性时滞的案例，并分析如何缩短政策的时滞。

6. 请阅读总理在两会上所做的《政府工作报告》，找出关于财政政策和货币政策方向的表述，与同学讨论这些政策方向产生的背景。

7. 请阅读以下两篇与希腊债务危机有关的文章，《希腊：" 清算日 "总是有惊无险》http://www.infzm.com/content/109652 和《这个国家是怎样被做空的》http://www.infzm.com/content/110489，和同学讨论希腊债务危机产生的原因。

8. 挤出效应的产生需要具备哪些条件？

二、计算题

1. 假设货币需求为 $L = 0.5y - 20r$，实际货币供给为 200，$c = 100 + 0.8y_d$，$t = 0.25y$，$i = 150 - 8r$，$g = 150$。

   (1) 分别求 IS 和 LM 方程、均衡收入、利率和投资。
   (2) 若其他条件不变，g 增加 60，求均衡收入、利率和投资。
   (3) 是否存在挤出效应？为什么？请作图描述上述状况。

2. 假设货币需求为 $L = 0.2y - 10r$，货币供给为 200 美元，$c = 100 + 0.8y_d$，$t = 50$ 美元，$i = 100$，$g = 140$ 美元。

   (1) 分别求 IS 和 LM 方程、均衡收入、利率和投资。
   (2) 若其他条件不变，g 增加 100 美元，求均衡收入、利率和投资。
   (3) 是否存在挤出效应？如果存在，挤出效应的值为多少？请说明理由。

3. 假设一经济中有如下关系：消费 $c = 100 + 0.8Y_d$，投资 $i = 50$，政府支出 $g = 200$，政府转移支付 $tr = 62.5$，边际税率 $t = 0.25$，单位为 10 亿元。

   (1) 求均衡收入。
   (2) 求预算盈余 BS。
   (3) 若投资增加到 $i = 100$ 时，预算盈余有何变化？为什么会发生这一变化？

4. 假设货币需求为 $L = 0.5y$，实际货币供给为 200，$c = 100 + 0.8y_d$，$t = 0.25y$，$i = 150 - 8r$，$g = 150$。

   (1) 分别求 IS 和 LM 方程、均衡收入、利率和投资。

(2) 若其他条件不变,g 增加 50,求均衡收入、利率和投资。
(3) 是否存在挤出效应?为什么?请作图描述上述状况。

三、案例分析

1. 请阅读以下案例并思考如下问题:什么是分税制?1994 年中国政府为什么推出分税制?在 20 世纪 80 年代中央与地方财政分权之后,为什么预算外收入迅速演变成为一个庞大的地方收入来源?

20 世纪 80 年代以来,中央与地方财政分配实行"分灶吃饭"体制,但这种向下分权的财政体制却缺乏稳定性。尤其是,它导致中央财政收入的不稳定和捉襟见肘的尴尬局面不断出现,因此中央不得不频繁地去修改、甚至去破坏这个体制。例如,以研究中央-地方关系为专长的经济学家黄佩华(Christine Wong)教授提到,中央为了扩大在财政收入总额中所占的份额,采取多种措施频频从地方财政"抽调"资金。她列举的事件包括:从 1981 年起,国家每年发行国库券,并向地方借款;1983 年起开征能源交通重点建设基金,并将骨干企业收归中央;1987 年,发行电力建设债券;1988 年取消少数民族定额补助递增规定。除此之外,中央还陆续出台一些被戏称为"中央请客,地方拿钱"的增收减支措施,致使财政包干体制变得很不稳定,挫伤地方积极性。面对中央对财政体制不断作出的单方面的随意修正,地方也发展出一系列应对中央的策略性办法。中央"抽调资金"与地方"明挖暗藏"的行为极大地加深了双方的戒备心理。

针对这种现象,张闫龙在"财政分权与省以下政府间关系的演变"一文中曾特别提到过一个重要的细节。他说,那个时期中央相关政策文件的一些措辞可以清晰地揭示这一时期中央与地方财政关系中存在的巨大摩擦。例如,国务院 1988 年发布的多个文件中的结尾处反复有这样的文字:"……各级人民政府领导同志要严格按照国家的方针政策,发展经济,管好财政。要进一步加强全局观点,体谅中央的困难,正确处理中央和地方的利益关系";"要严格执行财政、财务制度,加强审计监督。各地实行财政包干办法以后,要认真执行国家规定的各种财政、财务制度。凡应当征收的税款要按时、足额收上来,不能违反税收管理权限,擅自减税免税;不能把预算内的收入转移到预算外,或者私设'小金库'";"各项开支要严格按照国家有关规定支付,不能违反财务制度、会计制度;所有收支都要按规定如实反映,不得打'埋伏'、报假账。凡是违反财政纪律或弄虚作假的,审计部门要认真检查处理,问题严重的,要给予纪律处分";"要加强对财政工作的领导,积极支持财政部门履行自己的职责,严肃财经纪律。各级人民政府要带头执行国家的财经制度,不得越权行事,自作主张,影响全局,更不得以或明或暗的方式去指使财政部门违反国家规定处理财政问题"。

地方不努力征税的这个对策性行为有助于解释财政包干制度下预算收入的增长为什么趋于下降。可是,如果以此相信地方政府没有从地方的经济增长中获得更多的收入控制,那就错了,否则我们不能解释是什么为地方经济的增长提供了强有力的正面的激励。正如国务院的文件提醒的那样,"把预算内的收入转移到预算外,或者私设'小金库'"其实已经成为地方政府的重要收入来源。这个更复杂的问题把我们引向了一个非常独特的中国现象,那就是地方预算外收入的存在和增长。

在中国，预算外收入并不是财政分权改革的产物，它在计划经济时期就已经存在，但是那个时候的规模比较小，与改革后时期不可同日而语。在20世纪80年代中央与地方财政分权之后，预算外收入迅速演变成为一个庞大的地方收入来源。预算外收入的构成和来源并没有固定的模式，但都是地方政府自收自支不纳入预算管理的收入。一般包括地方财政部门管理的预算外资金（如各种税收附加和基金、集中事业单位的经营性收入、集中企业单位的收费等）、行政事业单位管理的预算外资金（如地方政府的税收附加和基金、行政事业单位的收费等）、国有企业的预算外资金（如部分折旧上缴、部分利税的上缴等）以及由地方政府管理的社会保障基金等。根据国家统计局的数据，由于预算外资金的增长，到1992年全国预算外资金的规模为3 855亿元，是当年预算内财政收入的97.7%。

1993年11月，中共十四届三中全会通过了《关于建立社会主义市场经济体制的若干问题的决定》，明确提出了整体推进的改革战略，其中包括要在1994年起建立新的政府间财政税收关系，将原来的财政包干制度改造成合理划分中央与地方（包括省和县）职权基础上的"分税制"。

2. 请阅读以下材料并思考如下问题：为什么说中国政府的财政分权治理不彻底？请简要分析中国财政分权制度未来的改革方向。

中国财税一大要点是理顺中央和地方财政关系，"营改增"全面铺开对于这一关系有何影响？现行中央和地方税收收入的分享体制是以1994年的分税制为基础并经历了多次调整后形成的。按照分税制财政体制的规定，根据事权与财权结合的原则，按税种划分中央与地方收入。首先，将维护国家权益、实施宏观调控所必需的税种划分为中央税；将同经济发展直接相关的主要税种划分为中央与地方共享税；其次，将适合地方征管的税种划分为地方税，充实地方税税种，增加地方税收入。此外，分设国家与地方两套税务系统，国家税务系统负责征收中央税和中央与地方共享税，地方税务系统负责征收地方税。应该说，这次分税制财政体制的改革具有重大的历史进步意义。它不仅摆脱了长期以来中央和地方财政关系规则的不稳定和不规范，还引入了现代财政分权治理的理念，从而向财政法治化国家迈出了坚实和重要的一步。

然而，由于国家政体没有发生根本变化，中央和地方在事权划分方面没有做出更为清晰的划分，省以下各级政府的税收收入分享体制缺乏规范性原则的约束，中央和地方财政以及地方各级财政关系都没有完全建立在"法定原则"的基础上，因而中国的财政分权治理是不彻底的。中共十八届三中全会提出财税改革的三大任务之一就是要理顺中央和地方财政体制。随着政府预算和税制改革两大任务的不断推进，特别是"营改增"试点的全面实施，原先地方政府因"营改增"试点减少的收入由中央补贴的做法难以为继，因而重新调整中央和地方的增值税收入分享比例，变得无法回避和拖延。在这样的背景下，2016年4月29日国务院下发了《全面推开营改增试点后调整中央与地方增值税收入划分过渡方案》（国发〔2016〕26），明确该方案的过渡期暂定为2~3年。过渡期结束后，将根据中央与地方事权和支出责任划分、地方税体系建设等改革进展情况再研究是否适当调整。虽然这是一份过渡性的短期改革方案，但必将对中央和地方财政关系及至省以下地方各级财政关系产生重大影响。

增值税收入在中央和地方之间的分享比例及其基数选择,虽然直接影响到了中央和地方的财政关系,但只是一个表面现象而已。因为这个比例或者基数本身并不能说明其合理性。从学理上说,能够支撑中央和地方财政利益关系合理性的,既不是上年或当年的收入基数,也不是未来年度可预测的某个或某几个相关因素,而是其背后不同群体的利益关系的合理性基础。在一国范围内,中央政府与地方政府之间的利益,主要涉及全国公众的共同利益和不同地方公众局部利益的关系问题。如何处理这种利益冲突,需要有相应的理论支撑和引导。

从理论上说,正确处理中央和地方财政利益关系,首先需要合理划分不同政府之间的事权,然后在此基础上根据不同情况将财政资源与事权相匹配。中央和地方政府之间良好的事权划分需要考虑两个方面:一是地方政府自主的独立性,以保证其所代表群体局部利益的独立性;二是中央政府能够对地方进行控制和管理,保证地区发展的平衡。在事权的分配上,根据决策的主体不同划分,地方政府的事权可归纳为三种类型:一是地方根据本地情况自主选择的事权;二是地方政府根据国家相关法律必须承担的法定事权;三是地方政府接受中央和上级政府安排本级政府的委托事权。由于不同的事权体现出不同性质的中央和地方财政利益关系,因此需要依据不同的原则配置相应的财政资源。

首先,对于地方政府自主决策的事权,应该按照"财权与事权相匹配的原则"来处理中央和地方政府的财政关系,因其所涉及事项的利益完全由当地居民享受,因此其相应成本应该由当地居民来承担。在这一原则指导下,对于地方自主决定的公共事项,如果涉及当代和下代人共同利益的,则可以通过发行地方建设公债的方式来筹集必要的资金;如果涉及本地当代全体或部分公众共同利益的,则可以通过地方税或者地方公共收费等方式来筹集资金。

其次,对于地方政府承担的法定事权,应该遵循"事权与财力相匹配的原则"分别根据以下三种情况来处理中央和地方的财政关系。一是如果此类法定事权的履行不能形成有利于当地公众的地方公共利益,则其财力应该全部由中央政府提供,当地公众不应该承担任何成本;二是如果地方政府能够从中受益,则应该按照受益的程度来分担此法定事项的成本;三是如果当地公众不仅没有任何受益反而遭受利益损害,则中央政府不仅要承担此法定事项的筹资成本,还要根据受害的程度给予当地公众相应的补偿。

再次,对于中央政府或上级政府委托当地政府的事项,由于决策权在中央或上级政府,地方只是按照委托方的要求去做,就应该按照"事权与支出责任相匹配的原则"来处理此类公共事项所涉及的利益关系。由于此类事项主要服务于上级政府,与当地民众的利益相关度不够紧密,相关支出责任理应全部由中央政府或上级政府来承担,因此其所需的财政资源也理应由中央或上级政府来提供,而不应该增加当地居民的负担。

在操作层面,中国的财政体制改革要从厘清省以下各级地方政府间的财政关系着手。长期以来,中国在处理中央和地方财政关系方面,重点一直在中央和省级政府层面,而对于省以下各级政府的财政关系却并未纳入规范化的视野,因此在现实中不仅有着很大的地区差异,而且也出现财政资源向上集聚的倾向,导致基层政府财政资源的不足,从而使基本公共服务均等化的目标难以实现。为了改变这种情况,要把中央和地方财政关系问题的处理思路从"自上而下"转变为"由下而上",即从最基层的政府或者公共组织开始,按照行政、教育、医疗卫生、公共安全、环境保护、道路建设等不同的公共管理功能,逐一梳理不同性质的事权类型,以前述理论思路为指导,结合不同地区的实际情况,扎扎实实地尽可能划清基层各级政府的事权,并在此基础上逐步调整财政资源的配置,使其相互对应,通过法治化的途径加以确认和稳定。随着基层政府事权与财政资源的匹配一致和良好运作,上层政府财政关系的妥善处理也就有了坚实的基础。

第八章 失业和通货膨胀

◎ 学习目的与要求

本章分别阐述了失业和通货膨胀的类型、原因、影响、治理的对策以及失业和通货膨胀的关系。

通过本章学习,掌握失业的类型、失业的影响和降低失业率的对策,熟练掌握通货膨胀的类型、形成原因、经济效应和反通货膨胀的对策,了解菲利普斯曲线的概念与政策含义。

微课:通货膨胀

充分就业和物价稳定,作为宏观调控四大目标中的两个重要目标,历来被各国政府高度重视。失业和通货膨胀问题,不只影响经济的正常运转,也会影响一国政治的稳定。因此,在宏观经济学研究中,失业和通货膨胀问题也一直被当作重点内容而进行详细和深入的分析。

本章所学习的内容,以国民收入决定理论和财政货币政策理论为基础,对失业和通胀的类型、原因及对策进行细致分析,为全面理解宏观经济运行奠定基础。

第一节 失业及失业种类

一、失业及其衡量

失业(unemployment)是指符合法定工作条件、有工作愿望的人,愿意接受现行工资且正在寻找工作但还没有找到工作的经济现象。符合法定工作条件、有工作愿望、愿意接受现行工资且正在寻找工作但还没有找到工作的人,就是失业者。把握失业的含义,必须注意两点:第一,符合法定工作条件。失业者是指具有某种工作条件的人,如达到法定的劳动年龄、具有劳动能力和劳动技能等。如果一个人没有工作过程中所需要的工作能力,没有劳动技能,虽然没有工作,也不属于失业者。第二,有工作的愿望且愿意接受现行的工资。对于有工作愿望且愿意接受现行工资水平的人来说,尽管积极寻找工作但仍然没有找到工作,就属于失业者。如果没有工作的愿望,或虽然有工作愿望但不愿意接受现行的工资水平而没有工作的人,不属于失业者。

失业的状况可以通过失业率来衡量。关于失业的统计不同国家在方法上存在差异,一些国家主要以领取失业救济金的人数作为失业人数进行统计,另外一些国家专门委托有关劳动统计部门对一定数目的样本家庭定期进行抽样调查,求得失业人口的数目。以美国为例,失业率来自对 5 万左右家庭的调查。根据对调查问题的回答,每个家庭的成年人(16 岁及以上)被归为三种类型:其一是就业者,这一类包括那些在调查时作为有报酬的雇员在工作、在自有企业中工作或是在家庭成员的企业中从事无报酬工作的人。它还包括当时没有工作但实际上有工作而只是由于假期、疾病或坏天气等原因而临时缺勤的人;其二是失业者,这一类包括那些愿意工作但没有工作,并在此前 4 个星期中力图寻找工作的人。它还包括被解雇的正在等候召回的人;其三是不属于劳动力者,这一类包括那些不属于前两类的人,如全职学生、料理家务者或退休者。需要注意的是,一个想工作但放弃寻找工作的丧失信心的人不被计入劳动力。

劳动力是就业者与失业者之和,失业率是失业者在劳动力中所占的百分比。也即：

$$劳动力 = 就业人数 + 失业人数$$
$$失业率 = (失业人数 \div 劳动力) \times 100\%$$

与此相关的一个统计数字是劳动力参与率,即成年人口中属于劳动力人数的百分比：

$$劳动力参与率 = (劳动力 \div 劳动年龄人口) \times 100\%$$
$$就业率 = (就业人数 \div 劳动年龄人口) \times 100\%$$

根据某国2014年4月不同人口类型的分布,可得到以上指标的具体数字：

$$劳动力 = 1.457 + 0.097 = 1.554(亿人)$$
$$失业率 = 0.097 \div 1.554 \times 100\% = 6.2\%$$
$$劳动力参与率 = 1.554 \div 2.474 \times 100\% = 62.8\%$$
$$就业率 = 1.457 \div 2.474 \times 100\% = 58.9\%$$

从数字中可以看出,这一时期,某国接近2/3的成年人属于劳动力,其中约有6.2%的人属于失业者,失业者占不在劳动力人口的比例约为9.5%。

二、失业的种类及原因

1. 自愿失业与非自愿失业

失业有很多种类,根据主观愿意就业与否,分为自愿失业与非自愿失业。自愿失业是指工人所要求的实际工资超过其边际生产率,或者说不愿意接受现行的工作条件和收入水平而未被雇用而造成的失业。非自愿失业是指有劳动能力、愿意接受现行工资水平但仍然找不到工作的现象。后者是由于客观原因所造成的,因而可以通过经济手段和政策来消除。

2. 摩擦性失业、结构性失业和周期性失业

摩擦性失业是指在生产过程中由于难以避免的摩擦而造成的短期、局部性失业。这种失业在性质上是过渡性或短期性的。它通常起源于劳动力的供给方。摩擦性失业被认为在任何时候都存在,但对任何个人或家庭来说,它都是过渡性的。因此,摩擦性失业不被认为是严重的经济问题。

结构性失业是指劳动力的供给和需求不匹配所造成的失业,其特点是既有失业,又有职位空缺,失业者或者没有合适的技能,或者居住地点不当,因此,无法填补现有的职位空缺。结构性失业在性质上是长期性的,而且通常起源于劳动力的需求方。

结构性失业是由经济变化导致的,这些经济变化引起特定市场或区域中的特定类型劳动力的需求相对低于其供给。在特定市场中,劳动力的需求相对较低可能由于以下原因：一是技术变化,尽管技术变化被认为能减少成本,扩大整个经济的生产能力,但它可能也会对某些特定市场(或产业)带来破坏性极大的影响；二是消费者偏好的变化,消费者产品偏好的改变在某些地区扩大了生产,增加了就业,但在其他地区减少了生产和就业；三是劳动力的不流动性,这种不流动性延长了由于技术变化或消费者偏好改变而造成的失业时间。工作机会的减少本应引起失业者流动,但不流动性却没有使这种

情况发生。

周期性失业是指经济周期中的衰退或萧条时,因需求下降而造成的失业,这种失业是由整个经济的支出和产出下降造成的。当经济中的总需求的减少降低了总产出时,会引起整个经济体系的较普遍的失业。

除了这几种主要失业类型外,经济学中常说的失业类型还包括隐藏性失业或隐性失业。所谓隐藏性失业是指表面上有工作,但实际上对产出并没有做出贡献的人,即有"职"无"工"的人,也就是说,这些工作人员的边际生产力为零。

专栏8-1 调查失业率与登记失业率

我国一直采用登记失业率作为失业率统计的官方数据与指标,但自2011年,我国正式实施调查失业率,并于2014年首次发布官方调查失业率数据。调查失业率与登记失业率两者存在以下几点差别。

(1)基本概念不同。城镇登记失业率是指城镇登记失业人员占城镇单位就业人员(扣除使用的农村劳动力、聘用的离退休人员、港澳台及外方人员)、城镇单位中的不在岗职工、城镇私营业主、个体户主、城镇私营企业和个体就业人员、城镇登记失业人员之和的比重。其中城镇登记失业人员是指有非农业户口,在一定的劳动年龄内(16周岁至退休年龄),有劳动能力,无业而要求就业,并在当地就业服务机构进行求职登记的人员。调查失业率是通过劳动力情况抽样调查所取得的就业与失业汇总数据进行计算的,具体是指调查失业人员占调查从业人数与调查失业人数之和的比重。其中调查失业人员是指调查中,年龄在16周岁以上,有工作能力而未工作、近3个月内寻找过工作且有合适的工作能在两周内开始工作的人员。

(2)调查内容不同。城镇登记失业率和调查失业率这两个指标的调查内容有诸多差异,主要表现为以下几点:

一是调查范围不同。城镇登记失业率的调查范围为全市。调查失业率的调查范围是抽中的城镇和乡村;调查单位为抽中的户,既有家庭户,也有集体户。

二是调查对象不同。城镇登记失业率调查对象早期为本市非农户籍人员,现扩大到失地农民,男性16~60周岁,女性16~50周岁,在校生不在调查之列;调查失业率调查对象为被抽中户中调查时点居住在本户的人和本户人口中已外出但不满半年的人。

三是调查项目不同。城镇登记失业率调查项目分为家庭人员情况指标10个,就业及培训状况指标13个;调查失业率调查项目分为按户填报的项目5个和按人填报的项目29个。

四是调查方式不同。城镇登记失业率是乡镇街道劳保部门根据办理就业失业登记证情况,及时将办理情况录入到省就业信息系统网内,市、县就业管理部门每月或每季度将录入情况进行汇总、审核、上报和发布;调查失业率是由调查员手执PDA入户进行调查录入,即录即报,各级统计部门在劳动力调查平台上对上报数据进行审核、验收;调查频率为月度;调查时点为每月 10 日零时,入户登记时间为每月 10~14 日。

(3) 数据管理部门不同。城镇登记失业率的统计工作由人力资源和社会保障部门开展数据采集、录入、审核、上报和发布。调查失业率的统计工作由统计部门负责开展入户调查、数据采集、录入、审核、上报等工作。

(4) 调查目的不同。城镇登记失业率的调查目的是从社会保障角度出发,为城镇失业者提供失业保险金、就业培训等帮助。调查失业率的调查目的是为及时、准确地反映我国城乡劳动力资源、就业和失业人口总量、结构和分布情况,为政府准确判断就业形势,制定和调整就业政策,改善宏观调控,加强就业服务提供依据。

第二节 失业的影响及其治理

一、奥肯定律

奥肯定律是美国经济学家阿瑟·奥肯(Arthur Okun)于 1962 年提出来的失业率上升与经济增长率下降之间相互关系的原理。

奥肯定律可用公式写为:

$$(y - y_f) \div y_f = -a(u - u^*) \tag{8-1}$$

式(8-1)中:y 代表现时的实际 GDP 的增长率;y_f 代表潜在 GDP 的增长率;u 代表现时的实际失业率;u^* 代表自然失业率;a 代表由现时的实际失业率相对于自然失业率的变动而引起的实际产出增长率对潜在产出增长率的变化系数。

奥肯定律指出,实际 GNP 相对潜在 GNP 每下降 2%,失业率就上升 1%。反之,实际 GNP 增加 2%,失业率就下降 1%。奥肯定律揭示了失业与经济增长之间的内在关系,失业的变动引起经济增长的变动,同样,经济增长的变动也引起失业的相应变动。从失业增加引起经济增长减少的角度看,奥肯定律其实说明了失业对经济带来的损失。

二、失业的经济社会影响

(1) 失业对家庭的影响。失业增加使失业者的家庭收入和消费受到消极影响。失业后,家庭收入急剧下降,消费支出也随之下降。

(2) 失业对厂商的影响。失业增加后,厂商产品的销售市场萎缩,有效需求下降。于是产出降低,生产能力闲置,利润率开始下降。厂商面临如此景况,就要减少投资需求,减少新生产能力的形成。

(3) 失业对国民经济的影响。失业增加后,由于家庭消费减少和厂商投资下降,使整个国民经济的增长受到抑制。美国经济学家萨缪尔森指出:高失业时期的损失是一个现代经济中最大的有记录的损失,它们比垄断所引起的微观经济浪费的无效率或关税、配额引起的浪费要大许多倍。

(4)失业的社会影响。失业会导致个人的尊严受损,会导致家庭关系紧张,会导致生活水平下降和疾病增多,失业还会导致犯罪增多和社会秩序的混乱。

三、降低失业率的对策

1. 增加总需求

在潜在产出一定且实际产出小于潜在产出的条件下,只要增加需求,就可以增加实际产出,从而可以扩大就业,降低失业率。

图 8-1 表明,当潜在产出 y_f 和总供给 AS 一定时,不断增加总需求,从 AD_1 增到 AD_2,再增到 AD_3,那么实际产出就从 y_1 增到 y_2,再从 y_2 增到 y_3,随着实际产出的增长,失业率相应下降。

2. 增加总供给

在实际产出越来越接近潜在产出时,提高总需求所带来的产出效应越来越小,而提高物价的效应越来越大。在这种情况下,要进一步降低失业率,就必须提高潜在产出和总供给。当潜在产出和总供给曲线向右移动以后,就可以使实际产出增长,失业率降低。

图 8-2 表明,当潜在产出由 y_{f1} 提高到 y_{f2} 时,总供给也相应地从 AS_1 提高到 AS_2。这时,总需求曲线与新的总供给曲线相交,都提高了实际产出,同时也降低了失业率。

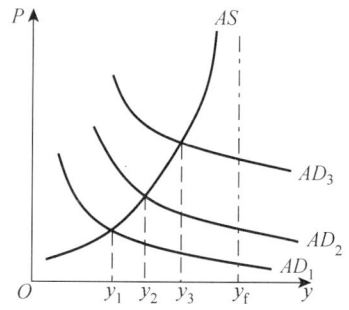

图 8-1 增加总需求降低失业率

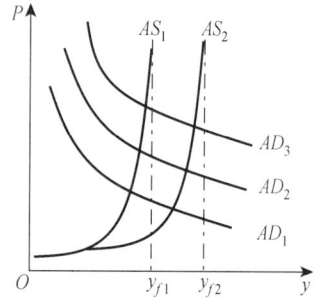

图 8-2 增加总供给降低失业率

第三节 通货膨胀及其原因

一、通货膨胀的含义

通货膨胀(inflation)是指物价水平在一定时期内持续的、普遍的上升过程,或者说货币实际购买力在一定时期内持续的下降过程。理解通货膨胀要注意两点:一是少数几种商品的价格上涨不能称为通货膨胀,必须是大部分商品的价格同时上涨;二是偶尔的价格上涨也不能称为通货膨胀,必须是物价在一段时间内持续的上涨。

衡量通货膨胀的指标是物价指数。物价指数的计算公式如下：

$$物价指数 = \frac{\sum P_t Q_t}{\sum P_0 Q_t} \times 100 \tag{8-2}$$

式(8-2)中：P_0、P_t 是基期和本期的价格水平；Q_t 是本期的商品量。

根据计算物价指数时包括的产品和劳务种类的不同，可以计算出三种主要的物价指数：

(1) 消费者价格指数(简称 CPI)，也称零售物价指数或生活费用指数，是衡量各个时期居民个人的日常生活用品和劳务的价格水平变化的指标。该指标由于更贴近居民生活，在检验通货膨胀效应方面有其他指标难以比拟的优越性。其计算公式为：

$$CPI = \frac{一组固定商品按当期价格计算的价值}{一组固定商品按基期价格计算的价值} \times 100 \tag{8-3}$$

例如，设 2010 年为基年，如果 2010 年某国普通家庭每个月购买一组商品的费用是 1 000 元，2015 年购买同样一组商品的费用是 1 235 元，那么该国 2015 年消费价格指数就是：

$$CPI = \frac{1\ 235}{1\ 000} \times 100 = 123.5$$

(2) 生产者价格指数(简称 PPI)，又称批发价格指数，是衡量各个时期生产者在生产过程中使用的生产原料和中间投入品等的价格水平的变动而得到的指数。它与 CPI 的不同之处在于，它包括原材料和中间产品。PPI 表示一般价格水平变化的一个信号，被当作经济周期的早期指示性指标之一，常被政策制定者在经济分析和宏观决策中使用。

(3) GDP 折算指数，是衡量各个时期所有产品和劳务的价格变化的指标。它是将国内生产总值或国民生产总值的名义值化为实际值所使用的价格指数，是衡量通货膨胀的基本指标之一。其计算公式为：

$$GDP\ 折算指数 = \frac{按现行价格计算的 GDP}{按基期价格计算的 GDP} \times 100 \tag{8-4}$$

例如，某国 2016 年 GDP 为 6 000 亿元，而按基期价格计算的 GDP 为 4 500 亿元，则 GDP 折算指数为：

$$GDP\ 折算指数 = \frac{6\ 000}{4\ 500} \times 100 = 133$$

这三种指数都能反映出基本相同的通货膨胀率变动趋势，但数值并不相同，原因在于各种指数包括的范围不同。通常采用消费物价指数来衡量通货膨胀水平。20 世纪 90 年代后期我国统计局将 CPI 作为主要的物价衡量指标，并和工业品出厂价格指数、原材料、燃料、动力购进价格指数一起构成我国的物价测度指标体系。

二、通货膨胀的类型

对于通货膨胀,可以从以下不同的角度来进行划分。

根据价格上升的速度可以将通货膨胀分成三类:第一,温和的通货膨胀,指每年物价上升的比例在10%以内;第二,奔腾的通货膨胀,指年通货膨胀率在10%以上且在100%以下;第三,超级通货膨胀,指通货膨胀率在100%以上。

按照人们的预期程度加以区分,通货膨胀可以分成两种:一种是未预期的通货膨胀,即人们没有预料到价格会上涨,或者是价格上涨的速度超过了人们的预计;另一种是预期到的通货膨胀,即人们预料到价格会上涨。这两种通货膨胀对人们正常生活的影响是不同的。

三、通货膨胀的原因

形成通货膨胀的原因是多方面的。宏观经济主体及其行为、微观经济主体及其行为,都会从货币供给量、需求、供给、经济结构等方面引发通货膨胀。

1. 货币供给增加形成的通货膨胀

把通货膨胀与货币供给联系起来的经济理论是以货币数量论为理论依据的。货币数量论用交易方程作为分析工具,提出了商品价格决定于货币供给量的理论。货币数量论者提出的交易方程是:

$$MV = Py \tag{8-5}$$

式(8-5)中的 M、V、P、y 分别表示货币的供给量、货币的流通速度、商品价格水平和实际国民收入。等式的左边,是经济中的总支出;等式的右边,是名义收入。货币数量论认为,在这个等式中,货币流通速度 V 和实际国民收入 y 在短期内都是常数,因此,物价水平 P 就随着货币供给量的变动而变动。当货币供给量增加时,物价水平就上升,形成通货膨胀。

货币数量论中的传统货币数量论和现代货币数量论在通货膨胀的原因上,具有相同的观点,但是,它们也有一个值得注意的区别,即传统货币数量论认为货币供给量的变动只是影响物价的变动,而现代货币数量论则认为货币供给量的变动会影响总产量或国民收入的变动。

专栏8-2 通货膨胀只有在纸币制度下才发生吗

许多人认为通货膨胀是纸币条件下的特有产物,在金属货币流通条件下不可能发生。实际上这种看法是很不确切的。通货膨胀的发生有在纸币条件下的,也有金属货币条件下的。

从公元138—301年,罗马军人的服装价格上涨了166倍,自2世纪中叶到3世纪末,小麦的价格上涨了200倍。按照复利计算,这段时间的物价上涨率每年在5%~6%。罗马帝国时期的农产品是生活资料中最重要的组成部分,所以小麦价格的上涨标志CPI在上涨,它也意味着物价水平的持续上涨——这也是人类历史上有记载的最早的通货膨胀。

罗马帝国当时实行的是金属货币制度,包括金、银、铜和青铜。货币成色下降是通货膨胀的罪魁祸首——在金属货币时期,这应该是一个惯常的现象。罗马帝国的统治者一方面发行不足值的货币,另一方面是在铸币中加进去一些不那么贵重的金属,譬如在金币中添加一定量的铅,凭借统治者的权威让民众相信这些货币的价值不变。据记载,在公元1世纪含银量达90%的迪纳里厄斯(Denarrius,罗马帝国的一种小银币),在戈尔蒂安皇帝统治的公元238年含银量只有28%;而到了公元268年的喀劳秋二世,含银量已经下滑到只有0.02%。这样,垄断货币铸造权的统治者所持有的货币数量就增加了,他们企图以此来强化对帝国资源的控制。

尽管官方规定了铸币的价值,但是罗马帝国的民众很清楚铸币中贵金属的真正含量。他们知道,与原来的相比,铸币中的贵金属减少了,铸币失去了原来的价值,现在换取同样数量的衣服或者小麦需要比以前更多的货币,也就是说,物价上涨了。与此同时,足值的货币被储存起来,成色不足的货币被普遍使用,这种劣币驱逐良币的规律,在1588年被英国伊丽莎白女王一世的顾问托马斯·格雷欣爵士所发现,在经济学中称为"格雷欣法则"。

公元3世纪罗马帝国的通货膨胀并不是一个孤立的社会现象,它是更大范围内社会变化的一部分,也是罗马帝国崩溃的一个原因。

2. 需求拉动的通货膨胀

需求拉动的通货膨胀也叫超额需求通货膨胀,是指因总需求增加而引起的一般价格水平普遍和持续的上涨。

需求拉动的通货膨胀有两种理论。一种是凯恩斯提出的充分就业时的需求拉动的通货膨胀理论,一种是鲍莫尔提出的非充分就业时的需求拉动的通货膨胀理论。

凯恩斯认为,当经济实现充分就业时,如果实际总需求大于实现了充分就业的总需求,其差额就构成了"通货膨胀缺口",导致通货膨胀,如图8-3(a)所示。当总需求不断增加、总需求曲线 AD_1 不断右移至 AD_2、AD_3 时,价格水平就相应由 P_1 上升到 P_2、P_3,同时,收入量也由 y_1 不断增加到 y_2、y_f——这一段的价格上涨是"瓶颈式"通货膨胀。当总需求 AD_3 继续增加至 AD_4 时,由于总供给已经达到充分就业水平,即 AS 曲线呈现垂直形状,总需求的增加不会使收入 y_3 再增加,故在总供给或收入不变的情况下,价格由 P_3 上升到 P_4——这一段的价格上涨就是"需求拉动"的通货膨胀。

鲍莫尔认为,不仅在实现了充分就业的条件下会出现通货膨胀,而且在没有实现充分就业的条件下也会出现通货膨胀。未实现充分就业时,总需求增加所引起的通货膨胀率的高低取决于总供给曲线的斜率。总供给曲线的斜率越大,总需求增加所引起的产量就越小,引起的物价上涨的幅度就越大,通货膨胀越严重,如图8-3(b)所示。总供给曲线 AS 一定,总需求 AD 不断增加,当从 AD_1 上升到 AD_2 时,国民收入从 y_1 增加

到 y_2；当从 AD_2 上升到 AD_3 时，国民收入从 y_2 上升到 y_3；当从 AD_3 上升到 AD_4 时，国民收入从 y_3 增加到 y_4，增加得越来越慢，而价格相应地从 P_1 上升到 P_2、从 P_2 上升到 P_3、从 P_3 上升到 P_4，上升得越来越快。可以看到，当总供给曲线越来越接近潜在产出时，需求增加推动国民收入增长的作用在下降，而推动物价上涨的作用则在上升。总之，当总供给曲线一定时，连续增加总需求，就会在推动国民收入增长的同时，推动物价水平的上涨。这样，当太多的货币支出追逐太少的商品时，就发生了需求拉动的通货膨胀。

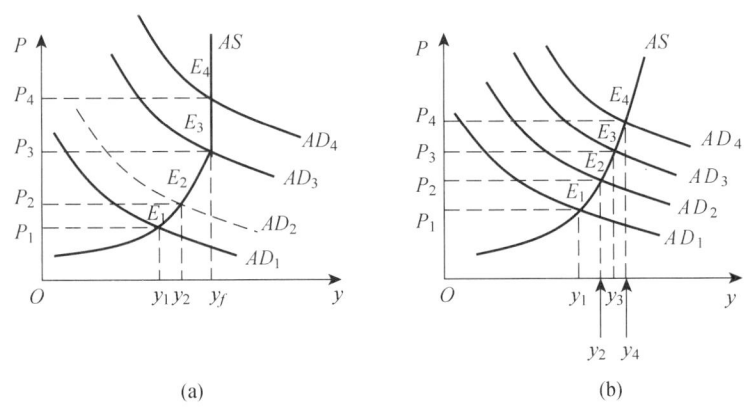

图 8-3　需求拉动的通货膨胀

3. 成本推动的通货膨胀

成本推动的通货膨胀也称成本通货膨胀或供给通货膨胀，是指总供给的减少所引起的一般价格水平普遍和持续的上涨。

当总需求曲线一定时，总供给曲线因成本提高而向左移动，于是在国民产出降低的同时，物价却上涨了，如图 8-4 所示。

图 8-4 中，总需求曲线 AD 一定，当总供给减少即总供给曲线由 AS_1 向左移动到 AS_2 时，国民收入由 y_1 减少到 y_2，价格则由 P_1 上升到 P_2。

成本增长的原因有工资成本增长、利润增长和进口原材料成本增加，与此相应，有三种成本推动的通

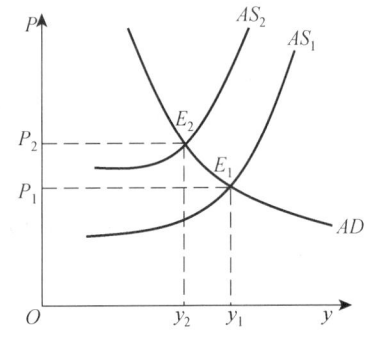

图 8-4　成本推动的通货膨胀

货膨胀理论：第一种是关于工资成本推动的通货膨胀理论；第二种是关于利润推动的通货膨胀理论；第三种是关于原材料成本推动的通货膨胀理论。

工资成本推动的通货膨胀是指工资的上涨所引起的物价的普遍上涨。关于工资成本推动的通货膨胀理论认为，工会组织对增加工资的要求是引起成本推动的通货膨胀的原因。在工会组织的要求下，劳动市场成为不完全竞争的生产要素市场，企业在许多工会会员失业的情况下，仍然支付高工资。由于工资决定中攀比原则的存在，没有工会的企业也支付高工资，因为工资低无法留住企业所需要的工人。于是，工资成本就会普

遍上涨,导致物价普遍上涨,出现通货膨胀。

利润推动的通货膨胀是指具有垄断地位的企业为实现更多的利润而提高价格所引起的一般价格水平的普遍上涨。关于利润推动的通货膨胀理论认为,垄断企业作为产品供给一方,不是市场价格的接受者,而是价格的操纵者,垄断企业能够操纵价格。操纵价格是一种能够得到高额利润的垄断价格。在操纵价格大量存在的条件下,会引起物价的普遍上涨,引发通货膨胀。

原材料成本推动的通货膨胀是指由于进口原材料的价格提高而引起的物价的普遍上涨。关于原材料成本推动的通货膨胀理论认为,一国从外国进口的商品,有些作为原材料进入本国的生产过程。当这种进口商品的价格上涨后,本国的生产成本就会上升,推动本国物价上涨,引发通货膨胀。例如,进口石油的价格上升,就使以石油为原材料的企业的生产经营成本上涨。

4. 结构性通货膨胀

结构性通货膨胀是指经济结构的非均衡状况所引起的一般价格水平普遍和持续的上涨。结构性通货膨胀理论的提出者认为,在没有需求拉动和成本推动的条件下,只是由于经济结构的失衡也可以引发通货膨胀。在现实经济中,有的部门劳动生产率高,有的部门劳动生产率低,有的部门属于先进部门,有的部门属于落后部门。劳动生产率高的生产部门提高了货币工资后,劳动生产率低的生产部门的货币工资也在"公平"原则下要求提高,否则劳动生产率低的生产部门的工人就感到"不公平"。当劳动生产率低的生产部门的货币工资也提高以后,劳动生产率低的生产部门提供的产品(或服务)的价格也必然提高。这样,整个社会工资增长率高于劳动生产率的增长率,从而引发了一般物价水平持续和普遍的上涨,出现通货膨胀。

第四节 通货膨胀的经济效应及治理

一、通货膨胀的经济效应

通货膨胀既会对个人的经济生活产生各种影响,也会对整个社会的经济生活产生重大影响,一般可以将通货膨胀对经济的影响分成两种,即通货膨胀的收入再分配效应和通货膨胀的产出效应。

1. 通货膨胀的收入再分配效应

通货膨胀意味着人们手中持有货币的购买力下降,从某种程度上来讲,是人们过去劳动成果的缩水,也就是说通货膨胀会导致人们的实际收入水平发生变化,这就是通货膨胀的再分配效应,但是通货膨胀对不同经济主体的再分配效应是不同的。

(1) 通货膨胀不利于靠固定货币收入维持生活的人。对于固定收入阶层来说,其收入是固定的货币数额,落后于上升的物价水平,也就是说他们获得货币收入的实际购买力下降,其实际收入因通货膨胀而减少,如果他们的收入不能随通货膨胀率变动的话,他们的生活水平必然降低。

（2）通货膨胀对储蓄者不利。随着价格上涨，存款的购买力就会降低，那些持有闲置货币和存款在银行的人会受到严重打击。同样，像保险金、养老金以及其他固定价值的证券财产等，它们本来是作为防患未然和养老的，在通货膨胀中，其实际价值也会下降。

（3）通货膨胀还会在债务人和债权人之间产生收入再分配的作用。具体地说，通货膨胀牺牲了债权人的利益而使债务人得益。

2. 通货膨胀的产出效应

一般认为，温和的通货膨胀对经济发展比较有利。因为人们消费时有"买涨不买跌"的倾向，即当人们认为物价会涨时，会采取及时消费的策略，消费增加会刺激厂商扩大生产规模，从而使就业增加、国民收入上升；而当人们认为物价将下跌时，会采取持币等待的策略，消费减少会导致厂商缩小生产规模，从而导致失业增加、国民收入下降。当然，这只是一般的分析，通货膨胀的产出效应有如下三种情况。

（1）随着通货膨胀的出现，产出增加。这就是需求拉动型通货膨胀的刺激，促进了产出水平的提高，这种情况产生的前提条件是有一定的资源闲置。在一个经济体系有一定的资源闲置的情况下，物价温和的上涨会刺激人们的购买欲望，从而增加消费，拉动就业和产出水平的提高。

（2）成本推动的通货膨胀引致失业，也就是说通货膨胀引起就业和产出水平的下降。这种情况产生的前提条件是经济体系已经实现了充分就业，在这种情况下，如果发生成本推动的通货膨胀，则原来总需求所能购买的实际产品的数量将会减少，也就是说，当成本推动的压力抬高物价水平时，既定的总需求只能在市场上支持一个较小的实际产出。所以，实际产出会下降，失业率会上升。

（3）超级通货膨胀导致经济崩溃。首先，当物价持续上升时，居民户和企业都会产生通货膨胀的预期，即估计物价会再度升高。在这种情况下，人们就不会让自己的储蓄和现行的收入贬值，而宁愿在价格上升前将货币花掉，从而产生过度的消费购买，导致储蓄和投资都会减少，产出水平下降；其次，随着通货膨胀而来的是生活费用的上升，劳动者会要求提高工资，企业成本上升，导致企业生产规模缩小，产出水平下降；再次，企业在通货膨胀率上升时会力求增加存货，以便在稍后按高价出售以增加利润，从而使得市场可供销售的货物可能减少，物价将进一步上升；最后，当出现恶性通货膨胀时，情况会变得更坏，经济体系极有可能陷入崩溃。

二、反通货膨胀的政策

1. 用衰退来降低通货膨胀

用衰退来降低通货膨胀的方法是指通过降低国民收入来降低通货膨胀的方法。根据降低国民收入速度的快慢，用衰退降低通货膨胀的方法分为渐进式降低通货膨胀的方法和激进式降低通货膨胀的方法。

渐进式降低通货膨胀的方法是指用较长的时间和每个时期降低较少的通货膨胀率来消除通货膨胀的方法。实际的通货膨胀率取决于人们对通货膨胀率的预期和通货膨胀压力，即实际通货膨胀率是通货膨胀率预期与通货膨胀压力之和，可表示为：

$$\pi_t = \pi^e + h\frac{y_{t-1} - y^*}{y^*} \tag{8-4}$$

式(8-4)中：π_t 表示 t 时期的通货膨胀率；π^e 为预期通货膨胀率；h 是一个常数；y_{t-1} 表示 $t-1$ 期实际国民收入；y^* 表示潜在国民收入；$\frac{y_{t-1} - y^*}{y^*}$ 表示通货膨胀压力。由于 π^e 可以用上一个时期的通货膨胀率即 π_{t-1} 来表示，所以，式(8-4)又可以表示为：

$$\pi_t = \pi_{t-1} + h\frac{y_{t-1} - y^*}{y^*} \tag{8-5}$$

可以通过紧缩的财政政策和货币政策把实际国民收入 y_{t-1} 降下来。这样降低国民收入的过程，实际上就是一次经济衰退过程。衰退的程度取决于实际国民收入下降的程度。随着经济衰退，通货膨胀率就会下降。

渐进式降低通货膨胀率的过程中，实际国民收入是缓慢下降的。渐进式降低通货膨胀的方法可以用图 8-5 描述出来。

激进式降低通货膨胀的方法是指用较短的时间和每个时期降低较多的通货膨胀率来消除通货膨胀的方法。依据附加预期变量的价格调整方程，只要把实际国民收入下调的力度加大，就可以减轻通货膨胀的压力，从而实现快速降低通货膨胀率的目标。激进式降低通货膨胀的方法也可以用图 8-6 描述出来。

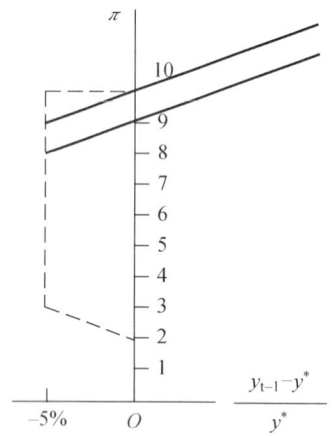

图 8-5 渐进式降低通货膨胀的方法

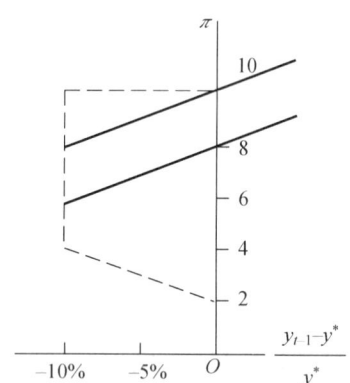

图 8-6 激进式降低通货膨胀的方法

西方经济学家认为，渐进式降低通货膨胀的方法与激进式降低通货膨胀的方法各有优劣。激进式降低通货膨胀的方法能够在较短时期内比较快地实现降低通货膨胀率的目标，增强对政府控制物价能力的信心，减缓通货膨胀的心理预期，但短期内带来的失业量也很大；渐进式降低通货膨胀方法的一个特点是逐步降低失业率，从而使社会成员承受较小的失业压力，但社会成员会在较长时间内承受较高的通货膨胀率。

2. 收入政策

收入政策是政府为了降低一般物价水平上升的速度,而采取的限制货币工资和价格的政策。因此,收入政策也称为工资和物价管制政策。

收入政策的理论基础是成本推动的通货膨胀理论。西方经济学家认为工会是垄断组织,工会与垄断厂商分别具有提高工资与商品价格的垄断力量。工会与垄断厂商的垄断,使生产成本不断上升,导致了成本推动的通货膨胀。因此,要降低通货膨胀率,就要对工资和物价进行管制,实行收入政策。收入政策有如下三种具体方法。

(1) 实行工资和价格指导指标。工资和价格指导就是把工资和物价上涨的幅度限定在一定的范围内。1962年年初,美国总统经济顾问委员会在提交总统的年度报告中,首次提出实行工资和价格指导指标。当时规定,当年的工资和价格增长率为3.2%。但是,事实上,在工资限制在这个指标内的同时,商品价格则高出了3.2%这个指标,于是引起了工人的反对,到1968年,美国总统经济顾问委员会于1962年提出的工资和价格指导指标暂告废止。

(2) 冻结工资和物价。在1971年8月,美国总统尼克松宣布实行3个月的工资和物价冻结的政策。同年11月,冻结工资和物价的政策进入第二阶段。这种政策,在抑制工资和物价上涨上,收到了比较显著的效果。美国的通货膨胀水平,1968年为4.2%,1969年为5.5%,1970年为5.7%,而在实行了冻结工资和物价的收入政策后,从1971年至1972年中期,通货膨胀只上涨了3.2%。

(3) 实行以税收为基础的收入政策。这种政策以减税、增税作为奖惩手段,以减税政策来奖励遵守工资增长界限的企业,对不遵守工资增长界限的企业实行增税政策以示惩罚。其实,这种政策仅为企业抑制工资上涨提供了政策依据和动力。

3. 改变预期

改变预期是指在相信政府有控制通货膨胀能力的基础上改变对通货膨胀率的预期。改变预期可以制止工资与物价螺旋上升。斯蒂格利茨认为,对通货膨胀的心理预期对通货膨胀起着巨大的作用。要想引导企业不涨物价和工人不涨工资,在很大程度上应当打破企业和工人对通货膨胀的心理预期。要打破人们对通货膨胀的心理预期,政府必须对经济实行剧烈的、持久的干预。政府要敢于务求实效,否则,就不能实现改变预期以控制通货膨胀的目的。

如果政府控制通货膨胀率的措施足以使人们相信政府控制通货膨胀的能力,人们就会降低甚至消除对通货膨胀的预期,使政府为增加就业而采取的政策产生有效性。

如果政府控制通货膨胀率的措施不足以使人们相信政府控制通货膨胀,人们的通货膨胀预期就不能消除,通货膨胀率预期就继续推动通货膨胀过程。人们一旦形成对通货膨胀的心理预期就具有惯性,而改变这种具有惯性的心理预期,不下猛料是实现不了的。正因为如此,上面介绍的渐进式降低通货膨胀的方法和激进式降低通货膨胀的方法相比较,激进式降低通货膨胀的方法在降低通货膨胀的作用上比渐进式降低通货膨胀的方法更有效,因为它更体现政府控制通货膨胀的决心,因此,更能使人们增强对政府控制通货膨胀的信心,从而降低和消除通货膨胀的心理预期。

4. 实行异端稳定措施

异端稳定措施是针对恶性通货膨胀而采取的控制通货膨胀的方法。

恶性通货膨胀的一般原因是货币供给的高速增长。以德国为例,第一次世界大战之后,德国经历了一次历史上最引人注目的超速通货膨胀。在战争结束时,同盟国要求德国支付巨额赔款。这种支付引起德国财政赤字,德国最终通过大量发行货币来为赔款筹资。从1922年1月至1924年12月,德国的货币和物价都以惊人的比率上升。例如,一份报纸的价格从1921年1月的0.3马克上升至1922年5月的1马克、1922年10月的8马克、1923年2月的100马克直至1923年9月的1 000马克。在1923年秋季,一份报纸的价格从10月1日2 000马克、10月15日12万马克、10月29日100万马克、11月9日500万马克直至11月17日7 000万马克。

恶性通货膨胀的特殊原因是各种重大事件,如战争、巨大的财政赤字和债务等。在战争中,政府为了更多地从社会无偿得到战争资源,就通过货币的财政发行从市场上抢购物资,旧中国的国民党政府就是这样做的。1938年,中国的物价上涨50%,到1939年,物价上涨了100%,1940年物价又上涨了100%多,从此开始至1946年,物价年均上涨300%多,至1947年,恶性通货膨胀爆发。1947年的物价是1946年的15倍,1947—1948年,物价指数由6位数增加到9位数,至1949年增加到16位数。一个国家的政府如果积累了巨大的财政赤字和债务,就会形成巨大的恶性通货膨胀的压力。为减少巨大的财政赤字和债务,一个国家的政府往往实行通货膨胀的政策,把债务负担转嫁到社会或外国去。在国内,通货膨胀的政策可以减少国家的债务负担;在国际上,如果债务国是国际货币发行国,它实行通货膨胀的政策可以使债权国实际债权下降,也就是使债务国少偿还外债。

恶性通货膨胀是一种严重的经济综合征。要制止恶性通货膨胀,就必须采取多种措施。

(1) 制止汇率下降。一般地,一个国家的汇率下降,会使进口商品价格上涨。如果这些商品价格成为本国的生产成本,就会以成本推动的形式推动本国的物价上涨。因此,制止本国汇率下降,在一定程度上可起到制止通货膨胀的作用。

(2) 制止大规模的预算赤字。如上所述,财政赤字过大是造成恶性通货膨胀的原因之一。因此,要制止恶性通货膨胀,就必须极大地降低预算赤字。

(3) 对工资和物价的直接干预,就是通过设置工资和价格的上限的方法制止通货膨胀。这样的方法可以制止成本上涨,提高人们对于物价稳定计划的信心,改变人们的通货膨胀预期,克服通货膨胀惯性。

(4) 暂停偿还外债。如果一个国家需要偿还的外债时期比较集中,且数量巨大,同时出口又乏力,就会形成汇率下降和通货膨胀的经济态势。在这种情况下,暂时停止偿还外债,就可以使用有限的外汇储备来稳定汇率,制止汇率下降和通货膨胀。

(5) 进行货币改革。当本币由于通货膨胀而使物价十分高时,就会流行一种奇特的市场病症——"计数疲劳症",即人们因计算物价难度的加大而导致的心理病症。一件很小的商品,其价格已经不能用单位货币来计价,而是用几位数字的货币额来计价。在这种情况出现后,要使恶性通货膨胀降下来,采取通货膨胀改革是一项得力措施。例如,为了制止恶性通货膨胀,德国在1923年采取了如下措施:与协约国重新谈判,削减战争赔款;减少其他政府支出,增加税收来平衡预算;发行新币替代旧币,新的1马克相当于1万亿旧马克。德国中央银行也将新的马克发行量控制在32亿马克。这些措施结束了德国的超级通货膨胀。

专栏8-3 通货紧缩

通货紧缩是指商品和劳务的货币价格总水平持续明显下降的过程,其衡量指标有三个:消费价格指数、批发物价指数和GNP平减指数。

一、通货紧缩的成因分析

1. 西方学者对通货紧缩的成因分析

弗里德曼和舒瓦茨认为,1920—1921年出现的严重通货紧缩完全是货币紧缩的结果。从1919年4月至1920年6月,纽约的联邦储备银行曾几次提高贴现率。1929—1933年大萧条,通货紧缩的出现也是同样的原因。

格林斯潘(1998年)提出,导致通货紧缩另一个可能的原因是资产泡沫的破裂对经济产生的致命消极影响。20世纪30年代初的大萧条及产品价格的持续下跌,同1929年开始的资产价格下降密切相关。正是资产泡沫的破裂,摧毁了本已问题重重的金融中介。

伯纳克、詹姆斯(1991年)和伯纳克(1995年)的研究表明,在萧条期间维持金本位制在很大程度上导致了通货紧缩的加重。

克鲁格曼(1999年)认为,当一个国家货币贬值,但又由于联系汇率制的约束而不能贬值时,通货紧缩就发生了。

迈耶(1999年)认为,日益激烈的全球竞争和降低成本的科技创新是导致生产出现增长趋势、供给增加和物价下降的重要的结构性因素。同样,格林斯潘(1999年)也指出,由技术推动导致的劳动生产率不断提高,尤其是信息技术的发展所引发的仍在进行的结构性变化,使价格的抑制过程在一定程度上得到自我加强。

2. 我国学者对1997年以来中国通货紧缩现象成因的分析

自1997年10月我国物价开始负增长以来,连续二十几个月出现了物价普遍下降的通货紧缩现象。中国学者对这一现象形成的原因分析如下:

(1) 上轮经济"软着陆"的滞后效应,同时也是对前几年通货膨胀时期形成的不合理物价水平的自动调整。从时间上看,1997年10月开始的物价负增长,是1995年1月开始的物价指数增长率下降的自然延伸。

(2) 经济运行的深层次原因。改革开放20多年来,中国经济在高速发展的同时,部门和地区间的重复建设及产业结构老化的问题也相应积累和沉淀,导致出现大多数商品供过于求的局面。相对于居民的购买欲望而言,目前中国的需求不足更多地表现为供需之间的结构性不对称。

(3) 不能把目前中国的通货紧缩仅仅归结为有效需求不足。造成中国通货紧缩的根本原因在于企业亏损,在于企业成本上升所造成的企业利润率和资金回报率的下降。

（4）20世纪90年代后期，中国加快了建立现代市场经济的步伐，在推进国有企业向现代企业制度转化的过程中，国家在个人住房分配制度、公费医疗制度、教育制度、养老和保险制度方面展开了较为深入的改革，而居民的收入并未与改革同步增长。由于未来不确定的支出大大增加和预期收益前景不佳，从而极大地限制了居民的消费支出，造成通货紧缩的发生。

（5）由于企业经济效益低下，三角债盛行而导致整个社会的信用基础脆弱，同时，由于各种主客观原因形成金融机构的大量不良资产，使金融机构信心不足，放贷的积极性下降，因此，货币供应增幅也相应下降。

（6）随着现代市场经济框架基本建成，企业间的竞争日益激烈，企业之间实行价格战策略。同时，由于技术进步，致使劳动生产率提高，也使得产品成本相对下降，最终使这些产品价格获得下降的空间。

（7）农业持续丰收，农产品的市场价格远低于国家的收购保护价，使得占零售物价指数权重较大的食品类价格持续下降，进而带动物价总水平下降。

（8）受世界经济调整特别是亚洲金融危机的影响，国内生产的商品和服务的外部需求急剧下降；同时由于周边国家的货币贬值，我国出口竞争面临的压力增大，这两个方面都意味着国内商品和劳务供应的增加，促使物价水平下降。

（9）由于进口快速增长，加之走私猖獗，国际市场的商品价格下跌直接带动国内市场价格的下跌。

二、通货紧缩对经济运行的影响

通货紧缩在一定程度上来说，对每一个持币待购的消费者都是有利的，因为在低利率和低物价的情况下，人们的实际购买力会增加。因此，伴随着经济增长率上升的长期轻度通货紧缩，能使社会经济在安定的环境中以一个恰当的速度增长。但是，通货紧缩的历史教训是非常深刻的，最典型的通货紧缩发生在20世纪30年代大危机期间。在进入21世纪的今天，通货紧缩仍然威胁着世界经济，具体表现在以下几个方面。

（1）通货紧缩会形成经济衰退。一方面，由于价格总水平下降，货币的购买力增强，但人们倾向于增加储蓄推迟消费；另一方面，由于需求抑制导致商业活动萎缩，最终导致经济萧条或衰退。

（2）通货紧缩会减少投资。物价下跌因而实际利率上升，投资成本上升，且投资前景黯淡，因而投资项目越来越缺乏吸引力。

（3）通货紧缩还能引起银行危机。由于通货紧缩使实际利率上升，从而加重了债务人的负担，若不按时还贷，则使银行不良资产比例上升；通货紧缩会使资产抵押和担保的价值下跌；同时银行会产生惜贷行为，从而导致信贷供给和需求的萎缩。

（4）通货紧缩会给政策带来更大的潜在风险。

三、治理通货紧缩的措施

1. 西方各国所采取的政策和措施

（1）通过立法，整顿金融秩序。如1998年12月16日，日本国会相继通过了

《金融重建关联法》和《金融功能早期健全法》。《金融重建关联法》主要是针对已破产或濒临破产的金融机构,即政府对已破产或濒临破产的金融机构流入资金,取得控制权,由政府主导来处理金融机构的不良资产,以稳定金融机构保护存款人的利益,防止出现挤兑以及转移存款的行为。根据《金融功能早期健全法》,日本政府对日本长期信用银行和日本债券信用银行、一些地方银行实施政府特别管理,避免了这些金融机构的破产对日本经济和国际金融市场造成危机,对稳定日本的金融体系提供了法律资金方面的保证。

(2) 适度放松的货币政策。从欧洲和美国来看,明显地采用了货币政策来平息亚洲经济危机所带来的通货紧缩压力,在改进稳健货币政策的基础上保持货币供应平衡增长。许多发达国家加快调整准备金率政策,甚至实行0准备金率。1998年新美联储连续3次下调利率,以缓和金融市场上对信贷供给和金融工具流动性的担忧;欧元国在1998年12月3日宣布联合降息;日本于1999年2月实行了短期金融市场同业拆借利率为0的利率政策,全面支持金融机构的短期资金需求,增强银行信用,稳定金融体系,减少银行的借贷行为,降低人们的通货紧缩预期。

(3) 扩张性财政政策。日本政府采取大规模增加财政开支和财政赤字的办法,同时还推进了减税措施。1998年4月,日本政府宣布了一项历史上规模最大的价值16.6万亿日元的综合经济对策。

(4) 积极鼓励企业重组,加快产业结构的调整。为了适应经济全球化日益发展所带来的机遇和挑战,也为了对现有生产能力和资源配置进行调整,消除过剩生产能力,西方各国政府都积极鼓励企业进行重组。美国联合技术公司的代表认为,通货紧缩特别有利于公司进行战略性重组,该公司利用这个时机加大全球范围内重组活动的力度。与此同时,为了更多地吸收工人就业,减轻失业压力,加快技术创新,增加总供给和总需求,政府也大力鼓励中小企业的创业活动。产业结构调整可以说是这些国家近年对付通货紧缩的一个重要政策特色。

2. 中国治理通货紧缩的政策措施

1997年10月,中国的物价开始负增长,出现了通货紧缩的经济现象,由于伴随通货紧缩的是7.1%以上的经济增长,所以,也谈不上是"严重"的通货紧缩。由于中国通货紧缩的形成机制比较复杂,所以,需要运用灵活的财政、货币、产业政策和措施使总量经济恢复均衡状态。具体来说,采取如下几项宏观经济政策。

(1) 积极的财政政策。积极的财政政策一般地讲有三种组合形态:一是减轻税负的同时,扩大财政支出;二是税收不减,扩大财政支出;三是税收增加,而财政支出比税收增长更大幅度地增加。无论采取哪种形态的组合,其结果都是财政赤字增加和债务的扩大。从1998年开始,我国政府采取了积极的财政政策,它实质上是扩张性财政政策。扩大财政支出的渠道主要是以发行债券的方式来扩大建设性支出。由于我国中央财政债务储存度已经偏高,大规模发行国债的空间并不是很大,因此,可考虑发行地方政府债券。另外在税收方面对不同行业应给予不同的税收优惠,这样不但可以刺激社会投资,还可以推动国家产业结构的调整。当然,在推行积极的财政政策的同时,要注意掌握好力度,既要缩减财政"挤出效应",又要避免市场物价的强烈反弹。

(2) 积极的货币政策。从货币政策方面来看,近两年来我国主要采取了降低存贷款利率、取消贷款规模限制,降低商业银行的存款准备金以及发展个人消费信贷等措施。可以说,这一时期的货币政策是中华人民共和国成立以来我国政府在拉动经济增长方面所采取的力度最大、频率最高的一次,如存贷款利率在2年内连续7次下调。但从最终效果来看,并非特别明显。究其原因,是政策与其赖以发挥作用的环节脱节。另外,由于我国利息率并未实现自由化,利息率和货币供应量之间的相关性较差,因此,必须加速国内利息率自由化进程,在此基础上,形成以中央银行公布的贴现率为准、由市场资金供求关系决定的利息率体系。同时,要进一步推进消费贷款,消费贷款的增加将会增加货币流通量,提高消费者即期购买能力,是扩大内需、拉动经济的有效手段。

(3) 加快结构的调整。当供需矛盾突出时,在供需总量矛盾的背后,通常存在着结构性矛盾,这在我国的宏观经济中更为突出,因此,要治理我国的通货紧缩必须对结构进行调整。首先,调整所有制结构。国有企业的亏损问题是一个很突出的问题。在亏损的国有企业中,中小企业占90%,为此,应通过所有制结构的战略性调整,对那些长期亏损的国有中小企业进行彻底清理,把主要力量放在提高质量、提高水平上而非外延型的规模扩张上。其次,调整产业结构。一方面减少对纺织、煤炭等传统产业的投入,消除其过剩生产能力,同时运用先进技术来改造传统产业,加速传统产业向现代产业转化,不断提高产品的质量和档次,改善企业的经济效益;另一方面加大电子、计算机、生物等高新技术领域的投资力度,加快我国产业结构的调整和升级,不断增强我国产业的国际竞争力。

(4) 大力改善消费环境。首先,要加快农村道路、电网、通信等公共设施建设,改善农村的市场流通环境和商品售后服务环境;其次,要加快城市道路建设,尽快完全取消对居民使用汽车的限制,降低汽车的使用成本,但在具体实施时要综合考虑一些实际情况,如在刺激购买需求时,要相应考虑我国的道路承受能力以及环境保护问题;再次,要开展真正有实质性优惠的消费信贷,简化信贷审批手续,特别应加大对农民购买农用机械的信贷力度;最后,要采取有效措施改变居民收入预期下降,支出预期上升的现状,促进消费需求增长;加快就业保障制度的建立健全,增强百姓的安全感,加强再就业工程。

第五节 失业与通货膨胀的关系——菲利普斯曲线

一、菲利普斯曲线的含义

1958年,在英国任教的新西兰经济学家菲利普斯(Phillips)在研究了1861—1957

年的英国失业率和货币工资增长率的统计资料后,提出了一条用以研究失业率和货币工资增长率之间替代关系的曲线,在以横轴表示失业率,纵轴表示货币工资增长率的坐标系中,画出一条向右下方倾斜的曲线,这就是最初的菲利普斯曲线。该曲线表明:当失业率较低时,货币工资增长率较高;反之,当失业率较高时,货币工资增长率较低,甚至为负数。

菲利普斯曲线本来只是用来描述失业率与货币工资增长率之间的关系,但后来有的经济学者认为,工资是成本的主要构成部分,从而也是产品价格的主要构成部分,因此,可以用通货膨胀率来代替货币工资增长率。这样一来,菲利普斯曲线(phillips curve)就变成了一条用来描述失业率与通货膨胀率之间替代关系的曲线:当失业率高时,通货膨胀率就低;当失业率低时,通货膨胀率就高。菲利普斯曲线,如图8-7所示。图8-7中,横轴代表失业率u,纵轴代表通货膨胀率π,向右下方倾斜的曲线PC即为菲利普斯曲线,菲利普斯曲线说明了失业率与通货膨胀率之间存在着替代关系。

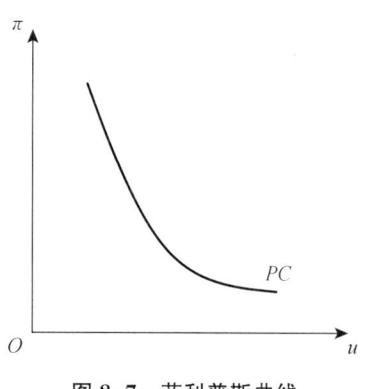

图 8-7 菲利普斯曲线

二、菲利普斯曲线的移动

1. 菲利普斯曲线上的点的移动

在同一条菲利普斯曲线上,存在着点的移动,每次移动都是失业率与通货膨胀率的新的组合。当在失业上选取高失业率时,菲利普斯曲线上的点就在同一条菲利普斯曲线上向右下方移动,于是就有更低的通货膨胀率与之搭配;反之,在失业上选取低失业率,就有高通货膨胀率与之搭配。菲利普斯上点的移动反映的是假定没有通货膨胀预期的条件下出现的失业率与通货膨胀率的交替关系。

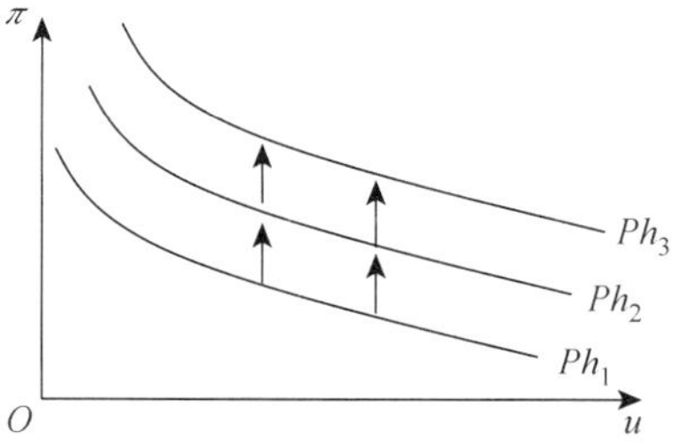

2. 菲利普斯曲线的移动

当人们对通货膨胀率具有一定预期后,就会出现:在失业率相同时,存在着比原来的菲利普斯曲线更高的通货膨胀率。或者说,在通货膨胀率相同时,存在着更高的失业率。于是,菲利普斯曲线就由原来的菲利普斯曲线 Ph_1 沿着通货膨胀率提高的方向向上移动,形成一条新的菲利普斯曲线 Ph_2。依次类推,还可以形成代表更高通货膨胀率的菲利普斯曲线 Ph_3 等,如图8-8所示。

图 8-8 菲利普斯曲线的移动

三、短期菲利普斯曲线与长期菲利普斯曲线

1. 自然率假说和菲利普斯曲线的划分

货币主义者提出了自然率假说。所谓自然率也称为自然失业率,是指没有货币干扰、劳动市场和产品市场处于均衡时的失业率。所以,自然失业率也被定义为是能使价

格和工资膨胀的向上及向下的力量处于平衡状态的失业率。当处于自然失业率时,通货膨胀率是稳定的,不会表现出逐渐加剧或者下降的趋势。货币主义者认为,自然失业率取决于实际的经济因素,与货币因素无关。货币主义者根据失业率是否稳定在自然失业率的状况,把菲利普斯曲线划分为短期菲利普斯曲线和长期菲利普斯曲线。

2. 短期菲利普斯曲线

短期菲利普斯曲线是可以围绕自然失业率上下波动的菲利普斯曲线,其典型的特征是存在着通货膨胀与失业的替代关系。这里所说的"短期"是指从预期到需要根据通货膨胀作出调整的时间间隔。短期菲利普斯曲线就是预期通货膨胀保持不变,通货膨胀率与失业率之间关系的曲线。在短期中,工人来不及调整通货膨胀预期,预期的通货膨胀率可能低于以后实际发生的通货膨胀率。这样,工人所得到的实际工资可能小于先前预期的实际工资,从而实际利润增加,刺激了投资,就业增加,失业率下降。在这个前提下,通货膨胀率与失业率之间存在交替关系。也就是说向右下方倾斜的菲利普斯曲线在短期内是可以成立的,因此,在短期中引起通货膨胀率上升的扩张性财政政策与扩张性货币政策是可以起到减少失业的作用的。这就是通常所说的宏观经济政策的短期有效性,如图8-9所示。

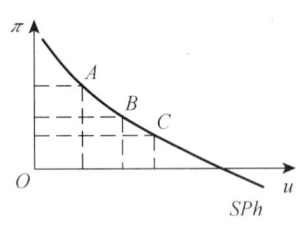

图8-9 短期的菲利普斯曲线

图8-9所表示的短期菲利普斯曲线SPh上有三个点A、B、C,B点的失业率是自然失业率,A点的失业率小于自然失业率,C点的失业率大于自然失业率。

3. 长期菲利普斯曲线

长期菲利普斯曲线是一条垂直于横轴的直线,它表示在长期中不存在通货膨胀与失业的替代关系。在长期中,工人将根据实际发生的情况不断调整自己的预期,工人预期的通货膨胀率与实际发生的通货膨胀率迟早会一致。这时工人会要求增加名义工资,使实际工资不变,从而通货膨胀就不会起到减少失业的作用。也就是说,在长期中,失业率与通货膨胀率之间并不存在替换关系,因此,长期菲利普斯曲线是一条垂直于横轴的线。并且,在长期中,经济总能实现充分就业,经济社会的失业率将处于自然失业率的水平,因此,通货膨胀率的变化不会影响长期中的失业率水平。

长期菲利普斯曲线是由短期菲利普斯曲线的移动形成的,如图 8-10 所示。

短期菲利普斯曲线的移动受着人们对通货膨胀的预期的影响。当通货膨胀率预期形成后,当失业

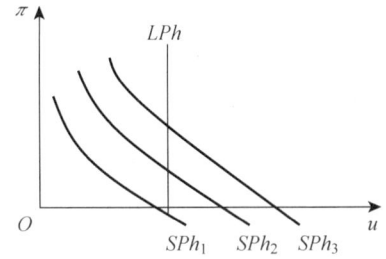

图 8-10 垂直的长期菲利普斯曲线

率低于自然失业率时,通货膨胀率的现实使工人坚信通货膨胀还会持续下去,于是要求提高工资,当工资增加后推动了物价上升,使菲利普斯曲线向上移动。之后,尽管失业率增加到自然失业率的水平,但通货膨胀率仍然停留在通货膨胀预期的水平上。随着对通货膨胀预期的提高,在失业率为自然失业率时的通货膨胀率也相继提高。因此,长期菲利普斯曲线是垂直的,它不存在通货膨胀与失业的替代关系。政府减少失业、刺激

就业的通货膨胀政策,在短期内是有效的,但在长期中,由于人们理性预期的存在,就失去有效性。实行通货膨胀的结果是物价不断上升,但失业并不会减少。

四、菲利普斯曲线的政策含义

1. 短期菲利普斯曲线的政策含义

短期菲利普斯曲线隐含的假定条件是实际产出小于潜在产出,因此,政府实行扩大需求的政策,虽然会引起通货膨胀,但却可以增加产出,降低失业率。也就是说,要想减少失业,就采取通货膨胀的政策;反之,要想降低通货膨胀率,就应使失业增加。

2. 长期菲利普斯曲线的政策含义

在长期中,政府连续实行扩大需求的政策,会使实际产出与潜在产出的差距越来越小,最终等于0,这时增加货币投放刺激需求,并不能提高总产出和降低失业率,而只是刺激通货膨胀率的上升。长期菲利普斯曲线的政策含义是:要想使刺激需求的政策产生积极效应,就必须提高供给和潜在产出能力。

本章小结

失业与通货膨胀是宏观调控四大目标中的两个重要问题,任何一个政府都无法绕开这两个问题治理经济,失业和通货膨胀对居民的生活影响非常直接,因此,也是民众最关心的宏观经济指标。

本章主要介绍了失业的概念、类型,失业的影响以及解决失业的方法;分析了通货膨胀的概念、衡量指标、类型及治理方法;讨论了菲利普斯曲线。

关键术语

失业 失业率 自然失业率 摩擦性失业 结构性失业 周期性失业 奥肯定律 通货膨胀 需求拉动通货膨胀 成本推进通货膨胀 菲利普斯曲线

练习题

一、思考题

1. 按照价格上升的速度进行分类,通货膨胀可以分为哪几类?
2. 简析结构性通货膨胀的原因。
3. 失业一般分为哪几种类型,各自原因是什么?
4. 结构性失业一般由哪几种原因造成?
5. 解释何为工资推动的通货膨胀?
6. 说明菲利普斯曲线及其政策含义。
7. 如果你的房东说:"工资、公用事业及别的费用都涨了,我也只能提你的房租。"这属于需求拉动还是成本推动的通货膨胀?如果店主说:"可以提价,别愁卖不了,店门口排队争购的人多着哩!"这属于什么类型的通货膨胀?

8. 为什么发生恶性通货膨胀时,人们宁愿坐出租而不愿坐公交车?

二、计算题

1. 已知劳动需求函数 $N_D = 20 - 0.5 \times \dfrac{W}{P}$,劳动供给函数 $N_S = 0.5 \times \dfrac{W}{P}$,寻找工作的人数供给 $J_S = 0.2 \times \dfrac{W}{P}$,试求:

(1) 均衡的实际工资。
(2) 均衡的就业水平。
(3) 寻找工作的人数。
(4) 失业人数。
(5) 劳动力总人数。

2. 若价格水平 1950 年为 54,1960 年为 69,1970 年为 92,1980 年为 178,试问 50 年代、60 年代和 70 年代的通货膨胀率各为多少?

3. 如果失业率与 GDP 之间满足奥肯定律:$(y - y_f) \div y_f = 3(u - u^*)$,其中:$u$ 是失业率;u^* 是自然失业率;y 是 GDP;y_f 是潜在 GDP。又假定 2001、2002、2003、2004 年的失业率分别是 8%、4%、5%、6%。求:

(1) 当自然失业率为 6% 时,2001—2004 年各年失业率所对应的 GDP 缺口。
(2) 比较 4 年实际 GDP 和潜在 GDP 的关系。
(3) 若 2003 年的实际 GDP 为 2 500 万亿元,计算当年的潜在 GDP 水平。

三、案例分析

1. 请阅读以下材料并思考如下问题:从 20 世纪 20 年代一直到 21 世纪以来,全球的恶性通货膨胀为何此起彼伏?试从通货膨胀成因及经济增长与通货膨胀关系等角度思考该问题。面对恶性通货膨胀,政府该如何治理经济?

德国 1922—1923 年

1923 年德国的经济状况——恶性通货膨胀,迄今为止只有 1946 年的匈牙利和 1949 年的中国能出其右。如果 1922 年 1 月的物价指数为 1,那么 1923 年 11 月的物价指数则为 100 亿。如果一个人在 1922 年年初持有 3 亿马克债券,2 年后,这些债券的票面价值早就买不到一片口香糖了。据估计,1923 年 11 月底,德国的年通货膨胀率为 325 000 000%。这意味着在 1923 年内,物价每两天就翻了个倍。沃伦教授和皮尔逊教授曾将德国的通货膨胀数字绘成书本大小的直观柱状图,可是限于纸张大小,未能给出 1923 年的数据柱,结果不得不在脚注中加以说明:如果将该年度的数据画出,其长度将达到 200 万英里。德国在一战败北之后,丧失了 1/7 的领土和 1/10 的人口,各种商行及工业产品均减少,同时须按 1921 年马克赔偿 1 320 亿赔款。在操作中,德国不得不靠发行纸币来渡过难关,结果是陷入灾难的深渊。当时政府以极低的利率向工商业者贷款,同时投放巨额纸币,它们又很快贬值,从而使债务人得以有廉价的马克偿还贷款。"新富"们在通货膨胀中发了大财,"旧富"们面临崩溃。各个经济部门和各个家庭生活在此不公平中受到致命打击。

匈牙利 1945—1946 年

大萧条首先在奥地利和匈牙利初露端倪,迫使它们在 1926 年放弃了由凡尔赛条约建立的匈牙利克朗(austrian-hungarian korona),而用被认为强势的新货币匈牙利平格(hungarian pengo)取而代之。接下来,这个不幸的国度又受到了第二次世界大战的牵连,在 1944 年,匈牙利平格最大面值为 1 000,1 年以后这个数字变成了 1 000 000。而到了 1946 年中期,居然变成了 100 000 000 000 000 000 000。意识到了这种程度的恶性通货膨胀和面值的增加速度没法维持下去,仅仅在诞生的短短 20 年后,匈牙利平格就被新货币福林(forint)所取代。有一些著名的老照片记录了这个事件,有张相片上记录了这样一个场面:匈牙利人如此厌恶平格,把钱都扔到了马路上,由于街上的钞票是如此之多,以至于清洁工不得不在街上打扫"钱的海洋"。到平格被舍弃的时候,平格对福林的兑换率为 $4\times10^{29}:1$,同时福林和美元的汇率为 11.74∶1。据估计,在平格被取代的时候,匈牙利所有流通中的货币加在一起的总数还不及 1/1 000 美元。

智利 1971—1981 年

一爬上总统宝座,社会主义者萨尔瓦多·阿兰德总统就下令将要国有化智利的主要工业部门。归功于管理问题(政府监管市场),这届政府很快入不敷出了,为了填补财政亏空,智利中央银行开始用惊人的速度用印刷机凭空印出纸币。这导致了到 1972 年年底,通货膨胀率达到了 600%;而到 1973 年年底甚至飙升到了 1 200%。也就是这 1 年在美国的支持下,奥古斯都·皮诺切特将军发动军事政变,建立了军事独裁政府。不久,在 1985 年,货币埃斯库多(escudo)(1960—1975 年)以 1 000∶1 的兑换率被新的比索(pese)取代。

阿根廷 1975—1992 年

在经历了史无前例的经济高速增长和创纪录的贸易盈余后,随着 1973 年的石油危机,阿根廷也终于陷入了经济阵痛,面对一场几乎不可避免的经济衰退,阿根廷国内的托洛茨基主义者和庇隆的追随者间的矛盾加剧了,一场政治动乱也终于爆发了。阿根廷政府拒绝靠借外债而靠发行大量纸币来填补财政亏空和贸易赤字,恶化了经济形势。在 1975 年,阿根廷比索的最大面值为 1 000。1 年以后 5 000 面值的比索问世了。1976 年 3 月,阿根廷的海、陆军联合发动政变,推翻了庇隆夫人的政权,军事领导人许诺会给国家带来稳定。到 1979 年,阿根廷比索的面值已经达到了 10 000。而到了 1981 年,阿根廷中央银行甚至发行了 1 000 000 面值的比索。阿根廷的经济情况并没好转,甚至在 1981—1982 年更加恶化了,1 年内 GDP 下降了 12%,这是自大萧条以来从未有过的。到 1983 年的货币改革时,1 阿根廷新比索能兑换 10 000 "旧"比索。然后到了 1985 年奥斯特拉尔(austral)出现了,以 1∶10 000 的比率兑换"新"比索。而后到了 1992 年,又出现了一种新比索来取代奥斯特拉尔,而这次兑换率为 1∶10 000。这个故事中,如果把这一连串的 0 加在一起的话,1992 年的 1 比索等同于 100 000 000 000 的 83 年前的比索。

秘鲁 1988—1991 年

在 20 世纪 80 年代,像许多其他拉丁美洲国家一样,秘鲁采纳了许多自由贸易政策。与此同时,政府扩大了公共投资,扩大了私有化规模,并拒绝偿还外债。结果,到了 20 世纪 90 年代,秘鲁这个经济小国,虽然曾一度对外商很有吸引力,却不仅在经历经济的负增长,而且在各个领域都面临严重的赤字,还发生了恶性通货膨胀。当恶性通货膨胀变得越来越显著时,秘鲁政府选择用印蒂(inti)来取代"旧"的索尔(sol),在 1985 年,1 印蒂可以兑换 1 000 索尔。新货币发行时的最大面值为 1 000。在 2 年后,到了 1988 年,月通货膨胀率达到了 132%,以后达到了 1990 年 9 月的 400%。为了应付步步高升的物价,在 1991 年,面值 10 000 000 的新货币出现了。秘鲁政府再次决定更换货币,这次登场的是新索尔(neuvo sol),兑换率为 1 000 000 000∶1。在这个故事里,仅仅在 6 年内,同一种名称的货币(索尔)的价值就涨了 10 亿倍。

安哥拉 1991—1999 年

安哥拉在 1975—2002 年饱受内战的摧残。这场冲突对国家的经济造成了很大压力,对它的货币宽扎(kwanza)也是。在 1991 年,宽扎的最大面值为 50 000。到了 1994 年,变成了 500 000。到了 1995 年,重新调整后的宽扎以 1∶1 000 的比例兑换旧宽扎。新的货币也有 500 000 的面值。1999 年当这个国家再次更换它的货币时,又用了一种新宽扎以 1∶1 000 000 的比率兑换先前调整后的宽扎,这次,和 1991 年的旧宽扎相比,一宽扎新货币等同于 10 亿宽扎旧货币。

南斯拉夫 1992—1995 年

在 1988—1989 年,南斯拉夫第纳尔(dinar)的最大面值从 50 000 跃到了 2 000 000。在 1992 年,新第纳尔以 1∶10 的兑换率更换了第纳尔,新币的最大面值为 50 000。到了 1993 年,又变成了 10 000 000 000。为了解决恶性通货膨胀问题,政府仅仅在货币上移除了 6 个 0,又一次用"新"的第纳尔以 1∶1 000 000 的兑换率取代了"旧"第纳尔。隔年,新货币又被更换了,这次是以 1∶1 000 000 000 的兑换率!到了 1995 年 1 月,2 年内物价上涨了 100 000 000 000%,结果是德国马克成了这个国家的法定货币。据估计在这段恶性通货膨胀的最高潮时期(1994 年 12 月),通货膨胀率在以每天 100% 的速度增加。事实上这段时间内许多南斯拉夫人都尽可能拖延付账单的时间,因为只要过几星期后,账单上的价格就会变得更便宜了!

津巴布韦 2000—2009 年

当非洲的津巴布韦在 1980 年成为一个独立的国家时,津巴布韦元(zimbabwe dollar)实际上比美元的价值还要高,汇率为 1∶1.25。由于没有节制地印出纸币和部族冲突造成的强征土地,津巴布韦元在21世纪初开始经历了恶性通货膨胀。到2004年,通货膨胀率达到了前所未有的624%,在2005年低于了3位数,而到了2006年又飙升到了1 730%。在2006年8月份,新的津巴布韦元以1∶1 000的兑换率取代了旧货币。到了2007年中,在1年内通货膨胀率达到了11 000%。到2008年5月,1亿面值和2.5亿面值的新津巴布韦元被发行了,而就在不到2周后,5亿面值的货币就出现了(大约值2.5美元)。1周不到,5亿、25亿和50亿津巴布韦元纸币被发行了,以后,到了7月份,出现了100亿面值的货币。在2008年8月份,政府从货币上勾掉了10个0,100亿津巴布韦元相当于1新津巴布韦元。据估计在这1年内,年通货膨胀率达到了$5×10^{18}$%,月通货膨胀率为1 300 000%。

2. 请阅读以下材料并思考如下问题:分析委内瑞拉恶性通货膨胀的成因。这给我们带来什么启示?

委内瑞拉的现金正一天天地变成一堆毫无价值的"废纸"。这是委内瑞拉人民生活的核心问题。通货膨胀迫使他们不得不为食品和药品等基础生活物资支付越来越多的钱。基础物资的短缺正在造成一场人道主义危机。遥想当初,委内瑞拉可是南美最富有的国家,该国拥有世界其他国家无法比拟的已探明石油储备。

2017年7月28日,1美元已经相当于10 389玻利瓦尔。而该周早些时候1美元才只相当于8 820玻利瓦尔。可以说,玻利瓦尔的价值在飞流直下。据dolartoday.com网站计算的非官方汇率显示,2017年年初,1美元能兑3 164玻利瓦尔。

过去5年间,玻利瓦尔的暴跌令人大跌眼镜。在2013年,20美元相当于629玻利瓦尔。在2017年7月28日,20美元相当于207 780玻利瓦尔。也就是说,截至2017年7月28日,玻利瓦尔5年里贬值330倍。

第九章 经济增长与经济周期理论

CHAPTER 9

◎ 学习目的与要求

本章分析了经济增长的影响因素以及经济周期性波动的原因。

通过本章学习,掌握新古典经济增长模型、乘数-加速数模型,了解经济增长的影响因素,经济周期产生的原因,以及实际经济周期理论。本章学习的难点是理解新古典经济增长模型、乘数-加速数模型。

微课:制度变革的力量

Learning objectives 学习目标

在本教材此前的分析中,都以潜在生产能力不变为前提。但从长期来看,各个国家的潜在生产能力都具有逐渐增长的特征。在短期内,政府追求的目标是围绕着潜在生产能力的经济均衡;在长期内,政府追求的则是经济增长和经济发展。

但是,各国经济在增长过程中,其增长率不可能是固定不变的,经常会发生波动,甚至可能出现负增长的情况。而且,各国经济的波动、起伏往往都呈现出周期性的特征。

第一节 经济增长理论

一、经济增长理论概述

(一)经济增长的含义

经济增长(economic growth)是指国民总产出的增加,通常以 GDP 或人均 GDP 的增长来衡量。和经济增长相关的另一个概念是经济发展。经济发展不仅包括经济增长,还包括国民的生活质量的提高,以及整个社会经济结构和制度结构的总体进步。经济发展是经济持续增长的结果,国民的生活水平和生活质量的提高、社会经济形态与结构的进步等很大程度上都依赖于经济增长。

(二)经济增长的决定因素

经济增长的影响因素有很多,但主要取决于人力资源、自然资源、资本、技术进步和制度创新五个方面。

1. 人力资源

劳动力的数量和质量是决定一国经济增长的重要因素。尤其是劳动者的技术水平、知识水平和纪律性,是决定一国经济增长的最重要的因素。一个国家可以购买最先进的生产设备、计算机以及其他物质资本,但是,这些资本品只有被那些有技术的、受过训练的劳动者使用才能使他们充分发挥作用。提高劳动者的知识水平、技术水平、健康程度和纪律意识,都将促进一国经济增长。

2. 自然资源

这里所指的自然资源主要包括耕地、矿产、森林、水力等。一些高收入国家,如加拿大和挪威,就是凭借丰富的资源,在农业、渔业和林业等方面获得高产而发展起来的。美国由于拥有广袤的土地,才成为世界上最大的谷物生产和出口国。但是,自然资源对经济增长的影响并不是绝对的。许多自然资源拥有量很少的国家,如日本,也可以通过发展劳动密集型与资本密集型产业而取得经济的快速发展。

3. 资本

这里的资本是指物质资本，包括厂房、机器设备、道路以及其他基础设施等。资本积累是经济增长的基础。厂房、机器设备等私人资本的积累，同劳动力相结合，会生产出更多的产品。道路以及其他基础设施，是由政府投资形成的社会资本，也是经济增长的必要条件。现代许多经济学家都认为，只有资本积累达到国民收入的一定比例，如10%～15%，经济才可能起飞。因此，资本积累是实现经济增长的先决条件。

4. 技术进步

技术进步对经济增长的影响主要体现在劳动生产率的提高上。技术进步主要是以一种技术与劳动者相结合，可以提高劳动者的技术水平；技术与资本相结合，可以带来效率更高的机器设备和更先进的基础设施。据罗伯特·莫顿·索洛（Robert Merton Solow）估算，在1909—1940年，美国2.9%的年增长率中，由技术进步引起的增长率为1.49%，即技术进步在经济增长中所作出的贡献占51%左右。

5. 制度创新

过去很长时间内，经济学家在分析经济增长和其他经济问题，而以诺斯（North）、登姆塞茨（Demsetz）等人为代表的新制度经济学，则把制度作为经济分析中的一个内生变量，认为制度变革也会对经济增长产生影响。制度是指行为规则，包括法规、规定、道德观念、风俗习惯等。新制度经济学研究了制度与经济增长、经济发展之间的关系，其基本结论是，制度对于经济增长的推动甚至比技术更为重要。例如，金融制度的创新减少和转移了投资风险，从而刺激和增加了投资，促进了经济增长。商业制度的创新使商业从零售店发展为百货店，再发展到大型超市，直到电子商务的兴起，降低了商业成本，便利了消费者，也促进了经济增长。

（三）经济增长理论的产生与发展

西方经济学家对经济增长问题的研究源于斯密。早在1776年出版的《国民财富的性质和原因的研究》一书中，斯密就详细论述了分工可以提高劳动生产率，以及资本积累可以促进就业，从而可以增加国家的财富和收入。此后，李嘉图在1817年出版的《政治经济学及赋税原理》一书中指出，实际工资从长期看将维持在基本生存所必需的水平上，由于人口不断增加而耕地有限，农产品价格必然上涨，实物地租和货币地租则相应增加，资本家的利润将下降，因此，必然影响生产的发展。19世纪下半期，马歇尔提出，资本家延缓其当前消费进行资本积累，以及企业家对企业的组织管理，会导致劳动生产率的提高和社会财富的增长。熊彼特在1912年出版的《经济发展理论》一书中提出"创新"理论，认为经济发展的根本动力产生于对社会贡献最大的少数企业家的"创新"活动。

而真正把经济增长作为一个专门的研究领域，是从凯恩斯主义产生以后的20世纪40年代开始的。凯恩斯在1936年出版的《通论》中提出，在提高有效需求的政策主张中，增加投资又是关键，投资的增加会扩大生产、增加国民投入，已经涉及了经济增长问题。

20世纪中后期，基于凯恩斯的"有效需求"理论，哈罗德和多马分别独立地建立了经济增长理论，即哈罗德-多马模型。该模型的关键假定是劳动和资本两种生产要素不能相互替代,在储蓄率、人口增长率不变且不存在技术进步和资本折旧的情况下,得出经济增长率为 $G = s/v$,其中:s 为储蓄率;v 是资本与产出比。该模型的结论是:要实现均衡的经济增长,经济增长率必须等于储蓄率与资本产出比的比率。

20世纪50年代,索洛、斯旺等人提出了新古典增长理论。新古典增长理论认为,经济增长过程体现为资本积累过程,而决定资本积累的因素是投资收益率。在规模收益不变的条件下,人均收入唯一地取决于资本与劳动比率,只有这一比率不断上升时,人均收入才能持续增长。资本劳动比率会在经济机制的作用下,自动地趋于均衡、稳态值。与此相对应,人均产量、经济增长也会自动地趋于均衡。当经济增长偏离稳定状态时,都存在某种力量使其恢复到长期的均衡增长状态。这与哈罗德-多马模型中提出的经济系统本身缺乏相应的调节能力是不同的。索洛等人还指出,经济增长的决定因素,从长远来看,是技术进步,而不是资本积累和劳动力的增加,因此,新古典增长理论并不能保证经济的长期持续增长。

20世纪80年代中后期,以1986年罗默的"收益递增和长期增长"和1988年卢卡斯的"论经济发展的机制"这两篇里程碑式的论文为标志,新经济增长理论开始形成。罗默提出了一个含有外溢性、物质产出收益递减和新知识生产收益递增的竞争性均衡增长模型。他认为生产要素应包括四方面:资本、非技术劳动、人力资本和新思想。其中,新思想是经济增长的主要因素。卢卡斯以物质资本积累和技术变动、人力资本以及专业化人力资本三个模型为依托,构建了一个内生的增长理论框架。他将人力资本作为一个独立的因素纳入经济增长模式,运用更加微观的、个量的分析方法,将舒尔茨的人力资本和索洛的技术进步结合起来,视人力资本积累为经济长期增长的决定性因素,并使之内生化,具体化为个人的、专业化的人力资本,认为只有这种特殊的专业化的人力资本的积累才是增长的真正源泉。

二、新古典经济增长模型

1956年,美国经济学家索洛(Solow)在其发表的"经济理论"一文中提出了经济增长的模型。该模型讨论了经济长期、稳定增长的条件及储蓄、人口等因素变动对经济增长的影响。索洛属于新古典综合派,因此,他的模型也被称为新古典增长模型。

(一)新古典增长模型的基本方程

索洛提出的生产函数具有规模报酬不变、资本与劳动可以互相替代等特点。假定生产函数的形式为:

$$y = f(K, L) \tag{9-1}$$

由于规模报酬不变,有:

$$\lambda y = f(\lambda K, \lambda L)(\lambda > 0) \tag{9-2}$$

令 $\lambda = \dfrac{1}{L}$,式(9-2)化为:

$$\frac{Y}{L} = f\left(\frac{K}{L}, \frac{L}{L}\right) \tag{9-3}$$

令 $\frac{Y}{L} = y$，$\frac{K}{L} = k$，则式(9-3)可写成：

$$y = f(k) \tag{9-4}$$

式(9-4)表示，人均产出依赖于人均资本存量。

求 k 对时间 t 的导数，可得：

$$\frac{dk}{dt} = \frac{d(K/L)}{dt} = \frac{1}{L^2}\left(L \times \frac{dK}{dt} - K\frac{dL}{dt}\right) \tag{9-5}$$

用 n 代表人口增长率，并假设劳动力增长率等于人口增长率，即 $\frac{dL}{dt}/L = n$。因为资本存量等于新投资减去折旧，假设折旧为零，则资本存量的增量就等于新的投资，即有：$\frac{dK}{dt} = \Delta K = I$。在一个封闭的经济中，储蓄等于投资，所以式(9-5)可以写成：

$$\frac{I}{L} = \frac{dk}{dt} - nk \tag{9-6}$$

用 s 代表社会储蓄率，则 $s = \frac{S}{Y}$，$I = S$ 也就是 $I = sY$。将该式两边除以 L，可以得到：

$$\frac{I}{L} = \frac{sY}{L} \tag{9-7}$$

将式(9-7)和式(9-4)代入式(9-6)，得：

$$sf(k) = \frac{dk}{dt} + nk \tag{9-8}$$

式(9-8)是索洛模型的基本方程式。据式(9-4)，$f(k)$ 是人均收入；$sf(k)$ 就是人均储蓄；$\frac{dk}{dt}$ 表示的是随时间推移而产生的人均资本的增量，这被称为"资本的深化"；nk 为人均资本(或人均投资)乘以劳动力增长率，表示给每一新增加的劳动力配备的资本，被称为"资本的广化"。式(9-8)说明，人均储蓄额用于资本的深化和广化两种用途。

将式(9-8)移项，可得：

$$\frac{dk}{dt} = sf(k) - nk \tag{9-9}$$

从式(9-9)可以看出，如果 $sf(k) > nk$，则 $\frac{dk}{dt} > 0$，表示人均资本水平提高。如果 $sf(k) = nk$，则表示人均资本水平不变。

(二) 稳态分析

索洛模型的稳态可以用图9-1来表示。

在图9-1中,横坐标为 k,表示人均资本。纵坐标为 y,表示人均产出。$f(k)$ 为人均产出曲线,$sf(k)$ 为人均储蓄曲线。由于人均储蓄小于人均产出(收入),所以 $sf(k)$ 曲线位于 $f(k)$ 线的下方。资本广化曲线 nk 为通过原点且斜率为 n 的射线。

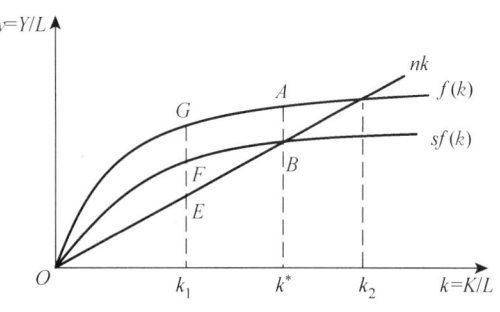

图 9-1 新古典增长模型

当人均资本为 k_1 时,$sf(k) > nk$,从而 $\frac{dk}{dt} > 0$。人均资本的增加会带来人均产出的增加。在 k^* 的左边,由于 $sf(k) > nk$,人均资本 k 会一直增加,直至达到 k^* 时,$sf(k) = nk$,人均资本不再增加,人均产出达到最大。这是因为,当人均资本为 k_1 时,人均收入为 Gk_1,其中人均储蓄为 Fk_1。这部分储蓄用于两种用途:Ek_1 用于资本的广化,FE 用于资本的深化。由于储蓄转化的资本量大于资本广化所需要的资本量,也就是由于劳动力数量增加所需要配备的资本量,人均资本增加了,从而带来了人均产出的增加。

当人均资本为 k_2 时,$sf(k) < nk$,从而 $\frac{dk}{dt} < 0$。储蓄转化的资本量小于资本广化所需要的资本量,人均资本会减少。人均资本的减少会带来人均产出的减少。在 k^* 的右边,由于 $sf(k) < nk$,人均资本 k 会一直减少,直至达到 k^* 时,$sf(k) = nk$,人均资本不再减少。

当人均资本为 k^* 时,$sf(k) = nk$,从而 $\frac{dk}{dt} = 0$。此时,全部人均储蓄都被用于资本的广化。人均资本不变,人均产量也不再变化,经济达到稳态均衡,这时的人均收入为 Y^*。

由此可见,在索洛模型中,人均资本量会在经济机制的作用下,自动地趋于均衡状态,也即稳态。经济均衡增长的条件是人均储蓄量等于资本广化量,资本深化量等于0,即:$sf(k) = nk$。此时,总产量和总资本存量等于劳动力的增长率 n。当经济增长偏离稳态时,都存在某种力量使其恢复到长期的均衡增长状态。

(三) 储蓄率对经济增长的影响

图9-2显示了储蓄率提高对经济增长的影响。

假定经济最初处于 C 点的稳态均衡。如果储蓄率 s 提高,人均储蓄曲线将由 $sf(k)$ 上移到 $s'f(k)$,稳态均衡点也移至 C' 点。比较两个稳态,可以发现,储蓄率的提高增加了稳态的人均资本和人均产出。

这里要指出的是,储蓄率的提高只是在短期内导致人均产出增长率的提高。从长期来看,储蓄率的提高只会提高人均资本和人均产量水平,不会影响经济的均衡增长率。因为在长期内,随着资本积累,人均资本的增长率会逐渐降低,人均产出的增长率也会逐渐降低恢复到原来的均衡增长率水平。

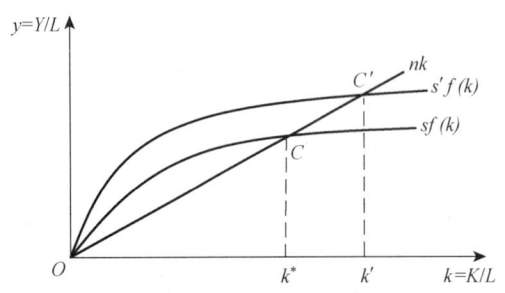

图 9-2　储蓄率变化对经济增长的影响　　　图 9-3　人口增长率变化对经济增长的影响

(四) 人口增长率对经济增长的影响

在图 9-3 中,经济最初位于 C 点的稳态均衡,现在假定人口增长率发生了变化,由 n 增加为 n',则图中的 nk 曲线就会移动到 $n'k$ 线,这时稳态的均衡也会发生变化,由原来的 C 点变为 C' 点。比较两种稳态,可知人口增长率的提高降低了人均资本的稳态水平 (由 k_0 减少到 k'),从而降低了人均产量的稳态水平。根据这一结论,西方学者指出:许多发展中国家人均收入水平较低的原因就是人口增长率上升导致人均产量下降。即使两个国家的储蓄率相同,但由于一个国家比另一个国家的人口增长率高,人口增长率低的国家会有较高的人均收入水平。

(五) 经济增长的黄金律

从全社会的角度看,产出可以分割为消费和积累两部分。产出一定时,消费多了,积累就会减少,反之亦然。经济发展的根本目的是提高人均消费水平,因此,经济发展的最佳路径就是能使人均消费水平最高的路径。那么,在什么条件下,能保证人均消费最大化,或者说,如何在保证人均消费最大化的情况下实现经济的稳态均衡增长。

人均消费等于人均收入减去人均储蓄,即:

$$\frac{C}{L} = \frac{Y}{L} - \frac{S}{L}$$

根据式(9-3)、式(9-4)和式(9-8),可得到:

$$\frac{C}{L} = Y - sf(k) = f(k) - \frac{\mathrm{d}k}{\mathrm{d}t} - nk \tag{9-9}$$

在经济稳态均衡增长的条件下,$\frac{\mathrm{d}k}{\mathrm{d}t} = 0$,因而存在:

$$\frac{C}{L} = f(k) - nk \tag{9-10}$$

为了使 $\frac{C}{L}$ 达到最大,要求 $\left(\frac{C}{L}\right)' = f'(k) - (nk)' = 0$。从而得出人均消费最大化的一阶条件是:

$$f'(k) = n \tag{9-11}$$

式(9-11)说明,为了使人均消费达到最大,资本劳动比率 k 的数值应该使资本的边际产量等于人口的增长率。这也被称为经济增长中资本分割的黄金律(golden rule)。它表明了资本与消费在产出(收入)中分割的最佳比例。

由黄金律可知,当人均资本高于黄金律水平时,可以通过增加消费的方式来降低人均资本至黄金律水平;当人均资本低于黄金律水平时,可以通过减少消费、增加储蓄的方式来提高人均资本至黄金律水平。

(六)技术进步对经济增长的影响

前面的分析没有考虑技术进步的因素,如果把技术进步考虑进来,则生产函数可以改写为:

$$Y = f(k, AL) \tag{9-12}$$

式(9-12)中:A 为技术进步参数;AL 被称为有效劳动或有效劳动投入,意味着掌握了技术的劳动者在相同的时间内可以生产或提供更多的产品或服务。A 越大,表示技术水平越高,会增加有效劳动的投入。

仍然假定生产函数是规模报酬不变的,于是有:

$$\lambda Y = f(\lambda k, \lambda AL) \quad (\lambda > 0)$$

令 $\lambda = 1/AL$,并令 $y = Y/AL$,$k = K/AL$,则有:

$$y = f(k) \tag{9-13}$$

式(9-13)中:y 表示的是有效劳动的人均产出;k 表示的是有效劳动人均资本。

假定技术进步率为 g,即 $dA/A = g$,则有效劳动增长率为 $n+g$,即有效劳动的增长来自两个方面:人口增长和每个劳动者更高的生产率。

重复式(9-4)至式(9-9)的分析,式(9-9)这时可表示为:

$$\frac{dk}{dt} = sf(k) - (n+g)k \tag{9-14}$$

式(9-14)说明,有效劳动人均资本的增长率取决于人均储蓄与劳动力的增长和技术进步所带来的资本需求之间的差额,也就是说,人均储蓄不仅要用于为原有劳动力和新增劳动力所配备的资本,还必须满足技术进步使劳动力效率提高所需要的资本。

由于这里的 y 是指有效劳动人均产出,k 是指有效劳动人均资本。在均衡增长状态下,k 和 y 按相同比例增长。总产出的增长率依赖于劳动力的增长率和技术进步增长率。人均产出则唯一地取决于技术进步率。在稳态下,有效劳动人均资本和产出是不变的,但由于有效劳动等于技术进步参数 A 乘以劳动投入,如果去掉技术进步因素,则一般意义上的人均资本和人均产量是增长的。

重复前面的相关分析,考虑技术进步条件下的黄金律这时可以表述为:

$$f'(k) = n + g \tag{9-15}$$

式(9-15)表示的是技术进步条件下的最佳经济增长路径。

三、内生增长理论

20世纪80年代末,内生增长理论(新增长理论)逐渐兴起。它是从1962年美国经济学家阿罗(Arrow)提出的"边干边学"(learning by doing)模型发展而来,解释了技术进步如何从经济增长过程内部发生。

阿罗认为,人们在生产过程中会积累生产经验,这种生产经验的积累对生产效率的提高和经济增长具有重要作用。在阿罗的模型中,产出不仅依赖于劳动力、资本等有形要素的投入,也依赖于生产经验等无形要素的投入。1986年,罗默在其论文"外国因素、收益递增和无限增长条件下的动态竞争均衡"中,对阿罗的模型进行了修正和发展。罗默认为,一方面,生产和投资过程本身促进了人力资本的积累,使人们对技术的掌握和运用越来越熟练,从而提高了生产率,促进经济增长;另一方面,在生产过程中,每个厂商都会从其他厂商那里获得新的知识和经验,从而增加自己的知识存量和技术积累,促进经济增长。这样,生产和投资促进知识积累和技术进步,知识积累和技术进步又促进经济增长,经济增长又会刺激投资增加,这就会形成一个互相推动的内在良性循环,从而使一国经济具有长期持续增长的可能性。

与新古典增长理论相比,罗默的理论更趋合理。这主要表现在:第一,罗默的理论承认知识能提高投资收益,这符合许多国家的投资收益率长期持续提高和经济高速增长并没有集中在劳动力与资本同步增长的国家的事实;第二,新古典增长理论认为技术进步只是偶然的,而罗默的理论则认为知识是一种生产要素,在经济活动中必然要像投入机器那样投入知识;第三,罗默认为有可能存在投资促进知识积累,知识积累又促进投资的良性循环,从而得出投资的持续增长能永久性地提高一个国家的经济增长率的结论。

专栏9-1 新经济增长理论的产生背景

新古典综合学派经济学家索洛在1957年发表的论文"技术变化与总生产函数"中,分析了技术进步对经济增长的作用。他在生产函数中又加入了技术进步因素,并试着将人均产出的增长由技术进步引起的部分和由人均资本占有量变化引起的部分区分开来。这里所说的技术进步就是指产出增长中不被生产要素的增加所解释的部分,索洛使用"技术变化"一词作为生产函数任意一种形式移动的缩语。"这样,技术的加速与减速、劳动力教育质量的改进、各种各样的移动生产函数的因素都归入到技术变化之中"。

从索洛的分析中可得出这样的结论:在技术条件相似的情况下,当资本存量的增长速度超过劳动力的增长速度时,追加投资的收益会随时间而下降,落后国家由于具有比发达国家高得多的投资回报率,因此穷国比富国具有更高的增长速度,穷国将很容易赶上富国,各国的人均收入增长率将趋于相等。这就是著名的"收敛性定理"。

> 索洛分析了 1909—1949 年美国的经济增长数据,发现在这 40 年中,美国的人均产出增加了一倍,而其中只有 12.5% 归因于资本集约程度的增长,而另外 87.5% 却没有得到解释,故被后人称为"索洛余值"。索洛将它们都归到技术变化中。这种用来测算技术进步的方法至今仍是评价技术进步的最常用的方法之一,即"索洛余值法"。
>
> 但是索洛没有对技术进步作出满意的解释,不知道产生技术进步的原因是什么。在他的模型中,技术进步被看作给定的外生因素,因此,被讥笑为"天上掉下的馅儿饼"。实际上,如果将技术进步作为一种要素引入增长模型,则经济就会出现规模收益递增的特点。而新古典主义的边际分析等理论都是在收益不变这一假设下进行的,无法处理收益递增模型。新经济增长理论的突破正是在这里,它提出了新的收益递增模型,重新解释了技术进步对经济增长的贡献。

第二节 经济周期理论

在经济的长期运行中,经常会出现繁荣与衰退、萧条与复苏的交替转换。也就是说,经济活动水平是波动的、起伏的,而且这种波动、起伏会呈现出周期性的特征。

一、经济周期的基本问题

(一) 经济周期的含义

经济周期(business cycle)是指宏观经济活动的扩张与收缩的交替过程和周期性波动。经济周期主要通过一组经济总量指标,如 GDP、就业、价格、金融市场指标等的波动表现出来。一些经济学家认为经济周期就是指实际产出水平(GDP)的上升和下降的交替出现,另一些经济学家则认为经济周期是指经济增长率的上升和下降循环出现的过程。也就是说,经济衰退或繁荣是指 GDP 增长率的下降或上升,而不是指 GDP 绝对量的下降或上升。因此,在实际经济运行过程中,存在着增长性衰退。

(二) 经济周期的阶段及其特征

一般可以将一个完整的经济周期划分为四个阶段:繁荣、衰退、萧条和复苏。其中繁荣和萧条是经济周期的两个主要阶段,衰退和复苏是两个过渡阶段。因此,也有经济学家将经济周期只分为两个阶段:繁荣阶段与萧条阶段,或者经济扩张阶段与经济收缩阶段。图 9-4 是一个典型的经济周期示意图。

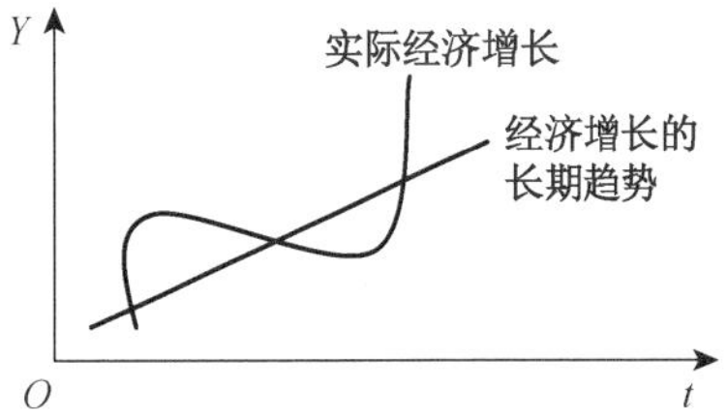

图 9-4 中横轴代表时间,纵轴代表产出或国民收入。图 9-4 中正斜率的直线是经济增长的长期趋势线,曲线是实际经济增长曲线。经济增长的长期趋势线的斜率是正的,表示随着时间的推移,资本存量增加和技术水平提高,潜在的生产能力不断

图 9-4 经济周期示意图

提高，经济具有长期增长的趋势。实际经济增长曲线围绕长期趋势线上下波动，形成了经济周期的四个阶段。

1. 繁荣阶段

在这一阶段，经济活动处于高水平。总需求不断增加，生产扩大，就业增加，产品畅销，价格水平较高。批发商和零售商的存货减少，纷纷向生产厂商订货，生产者利润大大增加，厂商投资扩大，就业率较高，劳动力得到充分利用，人们对经济发展普遍乐观。但是，繁荣阶段不可能一直持续下去，当消费增长放慢，引起投资减少，或投资因资金供给等原因减少时，经济活动就开始收缩，进入衰退阶段。

2. 衰退阶段

衰退阶段是经济的波峰过去，经济开始下滑。在衰退阶段初期，由于总需求开始减少，生产开始萎缩，失业增加，价格水平下降。失业增加使家庭收入减少，使总需求进一步减少，企业利润也随之下降。失业增加和收入预期的恶化又使消费需求螺旋式收缩，逐渐使经济跌落到萧条阶段。

3. 萧条阶段

在萧条阶段，价格水平较低，失业率高，公众消费水平下降，企业生产能力大量闲置，存货积压，利润进一步减少，甚至亏损。企业对前景缺乏信心，不愿增加新投资。萧条和衰退都是经济活动的收缩阶段，但两者的收缩程度是不同的。萧条阶段经济的低迷程度更深。但这种状况也不会一直持续下去，随着时间推移，企业的存货会不断减少，企业逐渐启动和扩大生产，生产设备的损耗也使企业逐渐考虑增加固定资产投资，社会总需求开始逐渐增加。这样，经济会慢慢进入复苏阶段。

4. 复苏阶段

随着总需求的逐渐增加，价格水平逐渐回升，企业的生产规模不断提高，利润开始增加，就业水平也开始不断提高。但是萧条阶段的阴影还没有完全消除，社会经济仍处于调整阶段，所以经济发展速度不会太快。随着经济发展速度不断增加，经济又进入繁荣阶段。

实际上，上述经济周期的四个阶段中，任何两个相连的阶段之间并没有绝对的界限。在现实经济运行中，每个经济周期的时间长短、波幅大小也不完全一样。经济的周期性波动主要指经济活动所经历的扩张与收缩的交替，而每个经济周期的具体形式、具体特征可能并不完全相同。例如，美国的各个经济繁荣阶段，有的持续 2 年（1924—1926 年，1927—1929 年，1958—1960 年），有的持续时间更长一些（1938—1945 年，1961—1970 年）。

衡量经济周期的最重要的指标是实际 GDP，因为它反映了整个国民经济运行状况。国民收入的波动也会引起其他经济指标的波动，因此，失业率、物价水平、投资额、利率、股票价格等也是衡量经济周期的重要指标。

二、经济周期的类型

经济学家根据经济周期时间的长短，将经济周期分为短周期、中周期和长周期三种类型。

1. 基钦周期——短周期

短周期是由英国经济学家约瑟夫·基钦(Joseph Kitchin)在1923年提出来的。基钦根据美国和英国1890年到1922年的利率、物价、生产、就业等统计资料从厂商生产过多时就会形成存货、从而减少生产的现象出发，把这种2~4年的短期调整称为"存货"周期，他提出，经济周期有大小两种，小周期平均长度约40个月，大周期则包括2个或3个小周期。经济学界通常把这种约40个月的周期称为短周期或基钦周期。基钦认为，这些短周期主要是由心理原因所引起的经济有节奏运动的结果，而这种心理原因又是因为受农业丰收或减产影响的食物价格变动造成。

2. 朱格拉周期——中周期

中周期是由法国经济学家朱格拉(Juglar)在1960年提出来的。朱格拉认为，危机或恐慌并不是一种独立的现象，而是社会经济运动三个阶段中的一个，这三个阶段是繁荣、危机与萧条。朱格拉以国民收入、失业率和大多数经济部门的生产、利润和价格波动为标志，把经济发展划分为三个阶段，这三个阶段反复出现，所形成的现象就是经济周期。他确定经济中平均每一个经济周期长度为9~10年，熊彼特后来把这种周期称为中周期，或朱格拉周期。汉森则把这种周期称为"主要经济周期"。此外，朱格拉最重视经济周期中价格水平的波动，认为它是货币、信贷和金融体系变动的基本原因。

3. 康德拉季耶夫周期——长周期

俄罗斯经济学家康德拉季耶夫提出，资本主义经济中存在着50~60年一个的周期，故称"康德拉季耶夫"周期，也称长周期。康德拉季耶夫是在分析了法国、英国、美国、德国等国家的批发价格水平、利率、工资和对外贸易、煤炭、生铁的产量和消费量以及铅的产量后得出的结论。他将18世纪80年代至1920年的时期分为三个长波：第一个长波是1789—1849年，上升部分为25年，下降部分为35年，共60年。第二个长波是1849—1896年，上升部分为24年，下降部分为23年，共47年。第三个长波从1896年起上升部分为24年，1920年以后进入下降阶段。

4. 库兹涅茨周期——长周期

1930年，美国经济学家库兹涅茨(Kuznets)提出了存在一种与房屋建筑相关的经济周期，这种周期平均长度为15~20年。这也是一种长周期，被称为"库兹涅茨"周期。他是通过分析英国、美国、德国、法国、比利时1866—1925年53种商品的历史统计资料得出这样的结论的。这种经济周期在美国许多经济活动中，尤其是建筑业中表现得特别明显，因此，库兹涅茨周期也被称为"建筑业周期"。

此外，熊波特在他的著作《经济周期》中对前三种经济周期作了高度综合与概括。他认为前三种周期尽管划分方法不一样，但并不矛盾。每个长周期中套有中周期，每个中周期中套有短周期。每个长周期包括6个中周期，每个中周期包括3个短周期。熊波特还把不同的技术创新与不同的周期联系起来，以三次重大创新为标志，划分了三个长周期：第一个周期，从1787—1842年，是"产业革命时期"；第二个周期，从1842—1897年，是"蒸汽和钢铁时期"；第三个周期，1897—1930年，是"电气、化学和汽车时期"。

三、经济周期的成因

关于经济周期的成因,西方经济学家从不同的角度进行研究,得出了不同的结论。这些结论主要分为两类:外因论和内因论。外因论认为是经济体系之外的某些因素导致了经济周期的产生。内因论则认为是经济周期发生的原因在经济体系内部。

(一) 外因论

外因论认为,周期源于经济体系之外的因素——太阳黑子活动、科学突破或技术创新、战争、革命、选举、金矿或新资源的发现等。

1. 太阳黑子理论

太阳黑子理论把经济的周期性波动归因于太阳黑子的周期性变化。因为据说太阳黑子的周期性变化会影响气候的周期变化,而这又会影响农业收成,而农业收成的多少又会影响工业和其他经济部门,从而引起整个经济的波动。太阳黑子的出现是有规律的,大约每10年出现一次,因而经济周期大约也是每10年一次。该理论由英国经济学家杰文斯父子(W. Jevons,H. Jevons)于1875年提出。

2. 创新理论

创新理论是美籍奥地利经济学家熊彼特提出用以解释经济波动与发展的一种理论。所谓创新是指一种新的生产函数,或者说是生产要素的一种"新组合"。采用新的生产方法、开辟新市场、开发新产品、建立新的企业组织形式,等等。创新为创新者带来了超额利润,引起其他企业的效仿,形成创新浪潮,引起生产的扩张,经济进入繁荣阶段。但随着新技术的普及,超额利润消失,生产下降,经济萎缩,直到下一次大规模的创新出现,经济才可能再度繁荣。总之,该理论把周期性的原因归之为科学技术的创新,而科学技术的创新不可能始终如一地持续不断地出现,从而必然有经济的周期性波动。

3. 政治性周期理论

政治性周期理论把经济周期性循环的原因归之为政府的周期性的决策:为了迎合选民的需要和其他政治需要,在某些特定时期采取扩张性政策,以降低失业率;在另一些时期,又采取紧缩性政策来对付通货膨胀。这种交替采取的扩张性或收缩性政策,人为地造成了经济的周期性波动。

(二) 内因论

内因论认为,经济周期源于经济体系内部——货币供给、投资、消费、心理预期等的变化导致了经济的周期性波动。

1. 货币因素论

货币因素论主要由英国经济学家霍特里(Hawtrey)在1913—1933年的一系列著作中提出的,美国经济学家弗里德曼后来对该理论进行了发展。该理论认为货币供应量和货币流通速度直接决定了名义国民收入的波动,经济波动完全是由于银行体系交替地扩张和紧缩信用所造成的,尤其以短期利率起着重要的作用。当银行体系降低利率扩大信贷时,消费与投资增加,经济进入繁荣。但信贷不可能无限扩大,当银行提高利率,紧缩银根时,消费与投资下降,经济步入衰退。

2. 投资过度论

投资过度论的代表人物是奥地利经济学家哈耶克等人,他们把经济的周期性循环归因于投资过度。由于投资过多,与消费品生产相对比,资本品生产发展过快。资本品生产的过度发展促使经济进入繁荣阶段,但资本品过度生产从而导致的过剩又会促进经济进入萧条阶段。

3. 消费不足论

消费不足论的代表人物是英国经济学家霍布森等人。该理论把经济的衰退归因于消费品需求赶不上社会对消费品生产的增长。这种不足又根据源于国民收入分配不公所造成的过度储蓄,这又与收入分配过于不平均有关。该理论只解释了经济周期危机产生的原因,而未说明其他三个阶段。

4. 心理论

心理论的主要代表为英国经济经济学家庇古、凯恩斯等人。该理论认为经济的循环周期取决于投资,而投资大小主要取决于业主对未来的预期。而预期却是一种心理现象,而心理现象又具有不确定性的特点。因此,经济波动的最终原因取决于人们对未来的预期。当预期乐观时,增加投资,经济步入复苏与繁荣;当预期悲观时,减少投资,经济则陷入衰退与萧条。随着人们情绪的变化,经济也就周期性地发生波动。

专栏9-2 太阳黑子与经济周期

英国富有独创精神的经济学家,提出边际效用价值学说从而开创了近代经济学的威廉·杰文思,曾在科学杂志《自然》上发表了论文"商业危机和太阳黑子"(1878年)。在该论文中,他发现当时推定平均为10.45年的太阳黑子活动周期,和他计算出的1721—1857年欧洲经济危机周期的10.466年大体一致。于是,他得出结论:印度和中国谷仓地带降雨量的增减导致这些地区出现周期性的荒年和饥馑,从而给当时从银行借入资金通过东印度公司进行对印、对华贸易的欧洲各国的众多企业也带来了周期性的商业恐慌和信用危机。

在他死后的1909年,他的长子哈佛·杰文思也发现美国谷物生产和印度、阿根廷等地的气压变化一致,都是以3年半为一个短周期。他认为:这种周期再加上企业心理作用的介入,两三个条件一叠加,就形成了7年或10年半的周期变异。他以此修正了其父亲的学说。其后,1914年,美国的亨利·穆尔还发现密西西比河流域的降雨量和收成以8年的周期联动,这与物价和经济景气循环的变化一致。

然而,1934年,权威的《经济学季刊》卷首发表了阿根廷大使馆加西亚·玛塔和哈佛大学费里克斯·谢夫纳的论文"太阳和经济的关系",他们虽然同样标榜太阳黑子学说,却否定谷物收成说,这引起了大家的关注。根据他们的分析,从

1876年至大萧条的1932年,这56年中,美国的农业生产和太阳黑子的数量变动无关,但工矿业生产却表现出了显著的相关性。于是,玛塔等人指出太阳紫外线辐射的周期性增减有可能通过生物学途径影响人类的心理。在这层意义上,他们的太阳黑子学说非常杰出,可以说是一种具有自然科学性质的经济景气循环理论。

二、乘数-加速数模型

乘数-加速数模型是从国民收入变动引起投资变动和投资变动引起国民收入变动两个方面来说明经济波动和经济周期产生的原因。

(一) 乘数原理

这里的乘数就是投资乘数,也就是投资增加所带来的国民收入增加的倍数。我们已经学习过,投资的增加会带来国民收入倍数的增加。当然,投资的减少也会带来国民收入倍数的减少。投资变化引起国民收入在正方两个方向对国民收入变动的放大效应就是乘数效应。

(二) 加速原理

加速原理就是用来说明收入或消费的变动如何引起投资加速变动的理论。

1. 加速数

加速数(acceleration principle),又称加速系数,是指资本增量与产量增量之比,也就是新增一单位产量所需增加的资本量。用 a 表示加速数;用 ΔK 表示资本增量;ΔQ 表示产量增量,则有:

$$a = \frac{\Delta K}{\Delta Q} \tag{9-16}$$

例如,如果在一定的生产技术水平之下,增加100万元的产量需要增加的净投资为300万元,则加速系数为3。

与加速系数相关的另一个概念是资本-产量比率,即生产一单位产量所需要的资本量,或者资本量与产量之比。在技术不变的条件下,加速系数与资本-产量比率的数值是相同的。

2. 加速原理举例

假定某企业的全部固定资本都由机器组成。该企业原有机器10台,每台价值30万元,总价值300万元。每台机器每年生产产品10件,总产值100万元。也就是说,总产值每增加10万元,需要增加1台机器。可以计算出加速数为:

$$a = \frac{\Delta K}{\Delta Q} = \frac{30}{10} = 3$$

假定每年有1台机器需要更换,价值30万元。也就是说,每年的重置投资为1台×30万元=30万元,加速原理如表9-1所示。

表 9-1　加速原理表　　　　　　　　　　　　　　单位：万元

年度	总产值	总产值增量	资本存量	净投资	重置投资	总投资
1	100	0	300	0	30	30
2	100	0	300	0	30	30
3	110	10	330	30	30	60
4	130	20	360	60	30	90
5	150	20	420	60	30	90
6	150	0	450	0	30	30
7	140	−10	420	−30	30	0
8	130	−10	390	−30	30	0

从表 9-1 可以看出，随着总产值的变动，投资也在随之发生如下变动：

第 1 年，10 台机器生产出的总产值是 100 万元。本年只需重置 1 台机器，价值 30 万元，总投资为重置投资加上净投资也是 30 万元。

第 2 年，如果总产值不变，还是 100 万元，则不需要新增投资，只需 30 万元的重置投资，总投资仍为 30 万元。

第 3 年，假设总产值增加到 110 万元，增加 10 万元，增加幅度为 10%。则需要新增投资 30 万元，加上重置投资 30 万元，总投资就是 60 万元，较上年增加幅度为 100%。

第 4 年，总产值增加到 130 万元，增加 20 万元，增加幅度为 18.2%。需要新增投资 60 万元，加上重置投资 30 万元，总投资为 90 万元，较上年增加幅度为 50%。

第 5 年，总产值增加到 150 万元，增加 20 万元，增加幅度为 15.4%。需要新增投资 60 万元，加上重置投资 30 万元，总投资是 90 万元，较上年增加幅度为 0。

第 6 年，总产值不变，仍然是 150 万元，不需要新增投资，总投资就是重置投资，为 30 万元，较上年减少 66.7%。

第 7 年，总产值减少 10 万元，到 140 万元，减少幅度为 6.67%。净投资会减少 30 万元，总投资为 0，较上年减少 100%。

第 8 年，总产值继续减少 10 万元，到 130 万元，减少幅度为 7.14%。净投资会再减少 30 万元，加上重置投资，总投资为 0，较上年减少幅度为 0。

3. 理解加速原理要注意的问题

(1) 投资的变动取决于收入（产量）增量的变动率，而不是收入（产量）变动的绝对量。只要收入（产量）的增长率下降，即使其绝对量还在增加，也会导致投资水平下降。

(2) 要使投资增长率保持不变，收入（产量）必须按一定比率连续增长；如果预期收入增长率放慢，投资就会减少或停止。这意味着即使收入水平不下降，只要放慢增长速度，也可能引起投资衰退和整个经济衰退。

(3) 加速原理的作用是双向的，收入（产量）的增加可以使投资更大幅度的增加；投资的减少也会使投资发生更大幅度的减少。

(4) 加速原理发挥作用的前提是没有闲置资本存在。如果企业存在闲置资本，收入增加时,企业只要把闲置的机器设备或生产能力重新使用就可以使产量增加,而不需要新增投资去购买机器设备,也就不会带来总投资的增加。

(三) 乘数与加速数的交互作用

1. 作用原理

乘数与加速原理交互作用引起经济周期的具体过程是:投资增加引起产量的更大增加,产量的更大增加又引起投资的更大增加,这样,经济就会逐渐走向繁荣。然而,产量达到一定水平后由于社会需求与资源的限制无法再增加,这时就会由于加速原理的作用使投资减少,投资的减少又会由于乘数的作用使产量继续减少,这两者的共同作用又会使经济进入萧条。萧条持续一定时期后由于产量回升又使投资增加,产量再增加,从而经济进入另一次繁荣。正是由于乘数与加速原理的共同作用,经济中就形成了由繁荣到萧条,又由萧条到繁荣的周期性运动过程。

2. 政策意义

乘数-加速数模型对于政府制定合适的宏观调控政策来影响经济的周期性波动具有一定的现实意义。

(1) 政府可以根据经济波动情况来调整政府投资或政府购买,以影响全社会的投资水平。在私人投资过少时,政府应及时增加投资,防止由此引发的经济螺旋式收缩。在经济繁荣时,政府应维持或减少投资,避免由此产生的经济过热。

(2) 政府可以通过影响加速数来影响经济波动。如果不考虑规模收益变动,加速数就是资本-产量比率。政府可以通过提高劳动生产率来影响加速数。加速数的变动会影响到乘数-加速数的交互作用,从而对经济波动产生一定影响。

(3) 可以通过影响边际消费倾向来影响投资乘数。投资乘数的大小决定了乘数-加速数交互作用时的力度大小。当经济不景气时,政府可以采取一些鼓励消费的措施,提高人们的边际消费倾向,进而提高投资增加对国民收入增加的作用效果。

三、经济周期理论的新进展

20世纪80年代以来,一些学者开始对传统的经济周期理论提出了挑战,其中最著名的是以爱德华·普雷斯科特(Edward Prescott)、基德兰德(Kydland)为代表提出的真实经济周期理论(real business cycle theory)。

(一) 关于经济周期的性质

凯恩斯主义学派把宏观经济分为长期与短期。他们认为,在长期中决定一个国家经济状况的是长期总供给,即长期中的生产能力,长期中的经济增长是一个稳定的趋势,称为潜在的国内生产总值或充分就业的国内生产总值。短期中的经济状况取决于总需求。经济周期是短期经济围绕这种长期趋势的变动,或者说短期经济与长期趋势的背离。真实经济周期理论否定了把经济分为长期与短期的说法,他们认为,在长期和短期中决定经济的因素是相同的,既有总供给又有总需求。由此出发,经济周期并不是短期经济与长期趋势的背离,即不是实际国内生产总值与潜在的或充分就业的国内生产总值的背离,经济周期本身就是经济趋势或者潜在的或充分就业的国内生产总值的变动,并不存在与长期趋势不同的短期经济背离。

(二) 关于经济周期的原因

经济周期的原因一直是经济学家研究的中心,到现在为止已有几十种理论之多。这些理论大体可分为内生论和外生论。内生论认为,经济周期产生于经济体系内的原因。外生论认为,经济周期产生于经济体系外的原因。凯恩斯主义经济周期理论属于内生论,真实经济周期理论属于外生论。

凯恩斯主义各派尽管对经济周期原因的解释并不完全相同,但都认为经济周期表明市场调节的不完善性。真实经济周期理论认为,市场机制本身是完善的,在长期或短期中都可以自发地使经济实现充分就业的均衡。经济周期源于经济体系之外的一些真实因素的冲击,这种冲击称为"外部冲击"。市场经济无法预测这些因素的变动与出现,也无法自发地迅速作出反应,故而经济中发生周期性波动。这些冲击经济的因素不产生于经济体系之内,与市场机制无关。所以,真实经济周期理论是典型的外因论。例如,最初一个经济处于正常的运行之中,突然出现了某个重大的技术突破。这种技术突破引起对新技术的投资迅速增加,这就带动了整个经济迅速发展,引起经济繁荣。但新技术突破不会一个接一个,当这次新技术突破引起的投资过热过去之后,经济又趋于平静。由此产生了经济的周期性波动。

(三) 真实经济周期理论的政策主张

凯恩斯主义学派认为,短期宏观经济需要稳定,也可以通过宏观经济政策来实现稳定。所以,他们都主张国家用财政政策和货币政策来干预经济。真实经济周期理论则认为,经济周期并不是市场机制的不完善性所引起的,不需要用国家的政策去干预市场机制,只要依靠市场机制经济就可以自发地实现充分就业的均衡。只有市场机制才会对经济波动作出自发而迅速的反应,使经济恢复均衡。例如,技术突破引起的投资扩张会带动整个经济繁荣,这时资源紧张会引起价格上升,价格上升就可以抑制过热的经济,使之恢复正常状态。相反,政府的宏观经济政策往往是滞后的,由于政府不可能作出正确的经济预测,政策本身的作用有滞后性,加之政府政策难免受利益集团的影响,决策者信息不充分,对经济运行的了解不够充分,政策的执行往往达不到预期效果。而且,宏观政策的失误往往作为一种不利的外部冲击而加剧了经济的不稳定性。用政府干预代替市场机制的结果,是破坏了经济稳定和经济本身自发调节的功能。

真实经济周期理论对传统的经济周期理论提出了有力的挑战,为宏观经济分析提供了新的思路和技术工具。当今几乎所有大学经济系的宏观经济学教程中,真实经济周期理论都占有非常重要的地位。从总体上看,真实经济周期理论已经成为当今宏观经济学理论体系中的一个不可或缺的重要组成部分。

本章介绍了经济增长理论和经济周期理论。经济学家通过建立模型来解释重要因素决定经济增长的机制。索洛模型表明,人均资本的变化量取决于三个因素:随人均储蓄(投资)量的增加而增加,随人均折旧的增加而减少,随劳动力增加而减少。人均资本量决定了经济增长率。经济周期的成因有各种不同的解释,不同的经济周期理论有不同的政策含义。

关键术语

经济增长　经济发展　资本-产量比率　索洛模型　黄金律　经济周期　繁荣　衰退　萧条　复苏　基钦周期　朱格拉周期　康德拉季耶夫周期　库兹涅茨周期　加速原理　加速数　乘数-加速数模型　真实经济周期理论

练习题

一、思考题

1. 索洛模型的现实意义是什么?
2. 根据黄金律,消费和储蓄应该保持一种什么样的关系,才能实现人均消费水平的最大化?
3. 技术进步条件下的最佳经济增长路径是什么?
4. 举出并讨论现实中制度创新促进经济增长的几个案例。
5. 经济周期可以划分为哪几个阶段?
6. 经济周期分为哪几种类型?各种类型的特征是什么?
7. 影响经济周期形成的原因有哪几种?
8. 乘数-加速数模型的政策含义是什么?
9. 实际经济周期理论的内容是什么?它在政策建议上与凯恩斯主义的经济周期理论有何不同?

二、案例分析

1. 请阅读以下材料并思考如下问题:为什么说中国经济增长对全球经济增长有巨大的影响?

2017年10月10日发布的《世界经济展望报告》,是国际货币基金组织在1年时间里,第四次上调2017、2018年两年中国经济增长预期。国际货币基金组织首席经济学家奥布斯特费尔德在接受央视记者采访时表示,中国经济增长势头强劲,对全球经济增长贡献巨大,因此国际货币基金组织再次上调了中国经济增长预期。

央视记者曹卿云:国际货币基金组织今年第四次上调中国经济增长预期,这主要是出于什么考量?这对于世界经济来说意味着什么?

国际货币基金组织首席经济学家奥布斯特费尔德:我们看到中国2017年上半年的经济增长强劲,两个季度的增速都达到6.9%。我们预计2017年全年中国的经济增速将达到6.8%。我们提高中国经济增长预期有几个原因:首先是中国政府的财政政策支持,这一点至关重要;此外,房地产市场发展强劲,而且整个亚洲地区的经济发展强劲,当然中国是整个亚洲区域经济的最主要驱动者,同时中国也可以从这个区域复苏中

得到更强劲的增长。目前在东亚地区,包括日本在内,中国是整个东亚地区经济增速最快的国家,中国是世界经济的一个非常重要的部分,特别是对全球经济增长贡献巨大。就百分比来看,中国的贡献比世界任何一个国家都要大,中国的好消息对于全世界都将是好消息。

央视记者曹卿云:中国共产党第十九次全国代表大会即将召开,国际货币基金组织对此有何关注?

国际货币基金组织首席经济学家奥布斯特费尔德:我们会密切关注十九大的召开,特别是关注会议的重大政治决策。我们期待在十九大后与中国紧密合作,特别是在中国经济再平衡进程,稳定经济增长以及增强金融系统韧性领域。

2. 请阅读以下材料并思考如下问题:什么是PMI指数?PMI指数持续走高意味着什么?非金融企业中长期贷款增加意味着什么?

2017年开局,工业生产和基建数据表现极为抢眼。尽管2017年1—2月由于季节性因素,统计局的主要宏观经济指标尚待3月中旬才能发布,但从已有的高频领先数据来看,2017年1—2月经济运行的活跃程度明显超过去年,制造业PMI上行、机械产品、工程用车销售火爆、工业品价格继续向上攀升,加之中长期贷款再创新高预示企业需求回暖,笔者认为,2017年开局中国经济表现好于预期。具体来看,有十大领先指标显示当下中国经济整体仍处于向好态势:

第一,PMI制造业指数继续走高。2017年2月官方制造业PMI不但超预期录得2012年4月以来的第三高值,且为2011年以来首次连续5个月高于a51。从PMI分项来看,新订单连续5个月处于52.5上方,为2011年以来首次;生产指数连续5个月超过53,为2014年下半年以来首次;产成品库存为2015年下半年以来最高,连续3个月回升,表明主动补库存可能已经开始。

第二,卫星制造业指数处于高位。近年来,运用大数据对经济活动分析是个创新之举,也能取得对传统问卷调查效果做以补充。SpaceKnow卫星制造业指数是通过大数据,追踪全国范围内逾6 000个工业基地的卫星图像所反映的制造业活动,通过算法进行过滤从而生成的制造业活动指数。该指数与传统PMI数据相同,以50作为荣枯分界线。而2017年1月SpaceKnow卫星制造业指数达到52,为2011年6月以来的高值,2月数据虽下滑至51.1,但亦维持高位,保持了5年半以来的次高值。

第三,中长期贷款创近两年新高,企业贷款需求增加。2017年1月的社会融资总额高达3.7万亿元,创下历史新高。2017年1月人民币贷款增加2.03万亿元,亦为历史次高。尤其值得注意的是,2017年1月非金融企业中长期贷款新增1.52万亿元,占当月全部新增贷款的74%,达近两年新高。中长期贷款的恢复,显示企业生产活动增加,特别是PPP项目加速落地带来的向好态势。

第四,房地产新开工年底反弹。由于去年国庆节以来的调控政策接踵而至,今年房地产市场存在很大的不确定性。但从房地产开工数据来看,当下房地产对经济的负面冲击尚未显现。相反,2016年12月全国房地产新开工数据反弹,作为房地产市场重要的领先指标,房地产新开工同比增速达到12.5%,比2016年11月提高了近10个百分点,显示伴随着开工项目推进,近一段时间的房地产投资仍不至于拖累经济。

第五,工业生产品价格继续攀升。2017年1月工业生产者出厂价格指数(PPI)创5年5个月新高,同比上升6.9%。而跟踪2017年2月高频数据可知,钢铁、石油等价格仍在上涨,笔者预计,2017年2月PPI增速会继续加快至7.5%。而这与体现在CPI价格中非食品价格环比达到0.7%的高点,相得益彰。当然,考虑到2017年2月春节过后,食品价格季节性回落,预计2017年2月CPI仅有1.3%,CPI与PPI的剪刀差或进一步加大。

第六,铁路货运量持续增加。李克强指数观测标的之一的铁路货运量和工业生产活动密切相关。统计局最新发布数据显示,2017年1月份全国铁路完成货运量3.11亿吨,按年增长10.4%,增速较2016年12月的9.8%有所加快,亦为连续第6个月实现正增长,显示工业运行状况持续好转。

第七,发电企业日均耗煤量有所增加。发电量数据与工业生产联系紧密,高度相关。2017年2月高频数据显示,2017年1—2月发电耗煤量日均为58.6万吨/天,相比于上年同期日均50.4万吨/天,同比增加16.2%。

第八,粗钢产量同比提升。钢铁产量亦是衡量传统经济活动的活跃程度的重要领先指标。2017年1—2月钢材产量仍然增加,根据截至2017年2月上旬的数据估算,2017年1—2月全国粗钢产量同比增加达到9.5%。其中,重点企业粗钢生产同比增加7.6%。

第九,重型卡车市场表现良好。自2016年第三季度以来,重型卡车的市场表现同样抢眼。根据中汽协公布的数据,2017年1月重型载货车产销增速分别为87.62%和125.15%,均为近6年来的新高。而回顾上一轮重卡行业如此火爆的情形,还要追溯到2010年,彼时恰是国内推出大规模经济刺激、加大基建投资以抵御全球金融危机之际。

第十,挖掘机行业供销两旺。作为工程运行活跃程度的重要晴雨表,当前挖掘机行业全面向好。尽管2017年1月春节是工程项目开工的传统淡季,但用于机械工程的挖掘机却淡季不淡。销售方面,在过去4个月销量同比增长70%的基础上,2017年1月淡季挖掘机销量也达到了54%的高速增长;需求旺盛的局面也拉动了产量的提升,自2016年下半年以来,挖掘机产量逐步走高,2016年12月产量同比增速达到65.4%,创2011年2月以来新高。

第十章 开放条件下的宏观经济政策

◎ 学习目的与要求

本章阐述了开放条件下的 IS-LM-BP 模型,分析了开放条件下的宏观经济政策。

通过本章学习,熟练掌握国际收支平衡表的内容、IS-LM-BP 模型及开放经济条件下的财政与货币政策,了解汇率的决定理论以及国际贸易基本理论。

微课:开放经济条件下的财政货币政策

导 读

当今世界是开放的世界,任何国家都不可能在封闭的条件下取得发展。开放经济背景下很多宏观经济政策的运行机制和效果与封闭经济相比存在很大差异,因此,宏观经济学必须分析和解释开放条件下宏观经济的运行和调控。

第一节 开放经济的基本知识

一、外汇及汇率

1. 外汇

外汇是使一国居民对另一国拥有资金要求权的所有货币凭证。外汇是一国与别国清算交易的主要手段。

2. 汇率

汇率(exchange rates)是一国通货与另一国通货相交换的价格。汇率也可以说是用一国货币购买另一国货币的价格。

影响一国汇率根本走向的,是一国的综合实力和经济增长速度。简单地说,一国经济的高速增长,意味着在经济活动中存在大量致富机会,这会带动国内外对该国货币的需求从而在汇率上反映为一国货币汇率的上升和货币的升值。相反,如果经济衰落,政局不稳,安全没有保证,政府信用丧失,就会导致汇率下跌。

3. 汇率的表示法

(1) 直接标价法:以一定单位的外国货币作为标准,折算为本国货币来表示其汇率。其计算公式为:

$$汇率(e) = 本国货币 / 单位外币$$

上式表示,一单位外国货币可以兑换多少本同货币。由于你想得到一单位外币,需要付出与汇率相等的本国货币,所以也叫应付标价法,该标价法是除英、美以外各国的通用标价法。我国也使用直接标价法。

(2) 间接标价法:以一定单位的本国货币为标准,折算为一定数额的外国货币来表示其汇率。美国和英国采用该种标价法。

例如,汇改前 1 美元等于 8.27 元人民币,对我国来说就是直接标价法;而 1 元人民币等于 0.122 美元就是间接标价法;对美国来说正好相反,前一种表示法是间接标价法,后一种表示法是直接标价法。直接标价与间接标价互为倒数,它所反映的两种货币的比价关系是一样的。

无论按哪一种方法进行标价,汇率总有两个:买入汇率和卖出汇率。两者的平衡价称为中间价。但是,在直接标价法中,前一个汇率是银行买入外汇的汇率,称为买价,它是银行买进外汇应付出的本国货币数;后一个汇率是银行卖出外汇的汇率,称为卖价,这是银行卖出外汇应收进的本币数。两者之间的差额是银行买卖外汇的手续费,也就是银行的收益,两者的差额一般在 0.1%～0.5%。在间接标价法下,情况则相反。

4. 汇率的升值与贬值

汇率升值表示用一定数量本币能够换到更多的外币,或者一定数量外币只能换到更少的本币。汇率贬值表示用一定数量本币只能换到更少的外币,或者一定数量外币能够换到更多的本币。

例如,如果人民币对美元的比率由 1 美元兑换 8.27 元人民币变为 1 美元兑换 5 元人民币,则人民币汇率升值;如果人民币对美元的比率变为 1 美元兑换 10 元人民币,则人民币汇率贬值。在前一种情况下,1 元人民币可以买到 0.121 美元变为可以买到 0.2 美元;在后一种情况下,1 元人民币从可以买到 0.121 美元变为只可以买到 0.1 美元。

二、汇率制度

1. 固定汇率制

固定汇率制指一国货币同他国货币的汇率基本固定,其波动限于一定的幅度之内。当代固定汇率制都是采取固定本币与某一种或某几种外币的汇率的办法,又称钉住汇率制,即与钉住对象货币保持固定汇率,对其他货币则与对象货币一齐浮动。

在这种汇率制度下,中央银行固定了汇率,并按这种汇率进行外汇买卖。在一国货币自由兑换时,中央银行为了保持这种汇率就要进行外汇的买卖。固定汇率有利于一国经济的稳定,也有利于维持国际金融体系和国际经济交往的稳定,减少国际贸易与国际投资的风险。但在一国货币自由兑换时,为了维持固定汇率,一国中央银行要有足够的外汇或黄金储备。如果不具备这一条件,必然出现外汇黑市,黑市汇率与官方汇率背离,不利于经济发展和外汇的管理。

2. 浮动汇率制

浮动汇率制指一国不规定本国货币与他国货币的官方汇率,汇率由外汇市场的供求关系自发地决定。其有自由浮动和管理浮动两种。

(1) 自由浮动是中央银行不仅不规定官方汇率,而且不对汇市采取任何干预措施。

(2) 管理浮动是中央银行对外汇市场进行一定程度的干预,通过参与购入和出售外汇影响汇率,试图使一定时期内汇价在有限程度内波动。

实行浮动汇率有利于通过汇率的波动来调节经济和国际收支,尤其是当中央银行外汇储备与黄金储备不足时,实行浮动汇率较为有利。但实行浮动汇率不利于国内经济与国际政治的稳定,汇率的变动将会对经济产生巨大的负面效应,把进口和出口置于巨大的风险之中。

三、汇率的影响和决定

如同商品价格由商品市场的供求关系决定一样,汇率取决于外汇市场的供求关系。一个国家的商品和服务出口将产生外国货币的供给和对本国货币的需求;反之,一个国家的商品和服务进口将产生本国货币的供给和对外国货币的需求。简而言之,对本币的需求意味着对外币的供给,对本币的供给则意味着对外币的需求。汇率的决定主要取决于以下几个因素。

1. 进出口的供求

假定一个只有两个国家的世界,一个是美国,一个是欧洲(把它作为一个整体),后者的货币是欧元。美国人用美元和欧洲人交换欧元。有三个原因使欧洲人想要美元,并促使他们把欧元拿到外汇市场上交换:一是想买美国的商品;二是想在美国投资;三是想投机,即如果欧洲人认为美元在将来对欧元会升值,那么他们就会持有美元,可以赚取升值后的多余的价值,这叫资本增益。与此相类似,也有三个原因使美国人想要欧元,并向外汇市场供应美元:一是想买欧洲商品;二是想在欧洲投资;三是想投机,如果他们认为欧元对美元在不久的将来会升值的话。问题是,美国人用 1 美元可以换得多少欧元,或同样地,欧洲人用 1 欧元可以换得多少美元?汇率只不过是美元与欧元之间的相对价格。

在自由竞争的市场中,价格是由需求与供给决定的:对于这两个国家的例子,可以从美元或欧元的供求角度,来考察汇率的决定问题,这两方面是等价的。欧洲人向外汇市场供应的欧元数与欧洲人需要的美元数相当;美国人供应的美元数与美国人需要的欧元数相当。欧洲人想要美元、美国人想要欧元的三个原因,是决定汇率的三个主要因素:第一个因素是进出口的供给和需求;第二个因素是投资的回报;第三个因素是基于对未来汇率变化的预期而产生的投机。没有国外借贷的贸易模型在几十年前是可用的,因为那时国际金融市场没有得到广泛的发展,而汇率主要是由进出口的供求形成的。今天,我们要超越进出口的视野,进入资本市场。

2. 投资的回报

当今,存在着数量巨大的国际间的借贷,这已成为决定汇率的第二大因素。资本市场是一个允许资金被借贷的市场,当今的资本市场又是全球性的。来自日本、欧洲和美国的投资者不断地寻找着回报最大的投资机会,如果美国的投资回报是最高的,那么,日本、欧洲的投资者就会把资产转移到美国。当投资者对哪怕一点点预期的投资回报差异迅速做出反应并移动自己的资产时,经济学家们称这种资本是完全流动的。在当今的世界里,资本是高度流动的,但不是完全流动的。世界经济与政治环境越稳定,资本的跨国流动性越好。

当引入国外借贷时,汇率的确定变得复杂了。汇率的均衡点不仅由进出口平衡确定,而且还受借贷决策的影响。一方面,外国投资者如果想在美国投资的话,他们就需要用美元购买在美国的资产,这将导致美元需求增加;另一方面,有些美国人想到国外投资,他们就要卖掉自己的美元,得到外国通货,然后进行这些投资。那么,是外国人想在美国投资多,还是美国人想在外国投资多,这将决定投资对汇率会产生什么样的影响。如果是更多的外国人想到美国投资,超过了想到外国投资的美国人,结果是美元汇率上升。

3. 投机

决定汇率的第三个因素是投机。对任何一种资产的需求都取决于对该资产在未来售出时的一种价值判断,这种判断来源于对它的预期,而货币在任何国家都是一种资产。如果美国人相信日元对美元将会升值,他们就会愿意持有日元。例如,假如现在是200日元兑1美元,而投资者认为日元将升值,认为到月底时将会是100日元兑1美元。如果他现在用1 000美元买200 000(按1美元兑200日元兑换),到月底时他再把日元兑换成美元,他将得到2 000美元。他只要持有日元1个月,就能得到100%的回报率。如果美国的投资者有这样的信念,他今天就会购买更多的日元。这就是对未来汇率变化的预期导致了今天的汇率提高。

为了获得货币升值所带来的可能的资本增益而产生对货币的需求,称作外汇投机。有了投机,市场汇率就不仅与进出口供求和投资有关,且与未来相关因素的预期有关。

综上所述,汇率是由对一种货币的供给和需求决定的,而决定该货币的供给和需求有三个因素:进出口的供求、投资的回报以及汇率未来预期的投机。

四、购买力平价理论

1. 一价法则

一价法则(the law of one price)是同一种物品在统一的市场中应当有相同价格。

假定某种商品在A、B两个国家之间可以自由流动且运输成本为零,那么,这种商品在A、B两个国家的价格就应当相等。由于在不同国家市场上同一种物品用不同货币标价,所以,均衡汇率应等于两国价格比率:

$$E_{AB} = \frac{P_A}{P_B} \tag{10-1}$$

式(10-1)中:P_A、P_B为A、B两国同种商品的价格;E_{AB}为A、B两国货币的汇率。

2. 购买力平价理论

购买力平价理论(purchasing power parity,PPP)的基本思想是:人们之所以需要外国货币,归根到底是因为外国货币在其发行国国内具有购买力;外国人之所以需要本国货币,也是因为它在本国具有购买力;因而,本国与外国货币之间兑换关系取决于两国货币购买力。又由于货币购买力大小受到物价水平影响,所以货币兑换率取决于两国价格水平比较。例如,相同一篮子商品和劳务或具有代表性的一组货物,在美国值20美元,在中国值100元人民币,那么,汇率就是1美元等于5元人民币;这个汇率就是均衡汇率。如果现行汇率偏离均衡汇率,如美元估值过高,而人民币估值过低,假定汇率为1∶7,那么,持有美元的人就会将美元换成人民币,因为只要用5元人民币就可以购买到1美元所能购买到的商品或劳务,将1美元所换的7元人民币用去5元还可赚2元。这样,对人民币的需求增加导致人民币币值上升,从而使汇率达到1∶5的均衡点。

还有一种相对购买力的平价理论。这一理论认为,汇率在不同时期的变化,反映的是两个国家在同一时期的物价指数的变化,即汇率是由两国物价指数变动幅度大小决定的。例如,仍以上例来说,设代表性的一组货物,从 2010—2015 年,在美国上涨 30%,在中国上涨 60%,那么汇率在 2015 年则为:20×(30%+1):100×(60%+1),即 1:6.153 8,即 1 美元值 6.153 8 元人民币。

五、实际汇率

实际汇率是指用同一种货币来度量的国外与国内价格水平的比率。

$$e = E \times P_f \div P \tag{10-2}$$

式(10-2)中:e 为实际汇率;P 和 P_f 分别为国内与国外的价格水平;E 为名义汇率。

实际汇率反映了国内价格与国外价格总水平的相对比值。其他条件不变,E 值上升(本币贬值)意味着国外商品相对于国内商品变得更贵,国内商品在国际市场上更具有竞争力;反之,E 值下降(本币升值)意味着国内商品相对于国外商品变得更贵,国内商品在国际市场上的竞争力下降。

六、净出口函数

在宏观经济学中,常将净出口简化地表示为:

$$nx = q - \gamma y + n \frac{EP_f}{P} \tag{10-3}$$

式(10-3)中:P 为国内价格;P_f 为国外价格;nx 为净出口;E 为汇率;q、n 和 γ 皆表示正参数,其中 γ 表示边际进口倾向,为净出口变动与引起这种变动的收入变动的比率。从式(10-3)可以看出:汇率变化和国内收入水平变化会影响净出口。

专栏 10-1 人民币正式加入 SDR

自 2016 年 10 月 1 日起,人民币正式纳入国际货币基金组织(IMF)特别提款权(SDR)货币篮子,成为继美元、欧元、日元、英镑后的第五种货币,其中人民币权重为 10.92%,位列第三。人民币加入 SDR,体现了国际社会对于中国综合国力和改革开放成效,特别是人民币国际使用功能的认可,是人民币国际化的重要里程碑。随着人民币储备货币地位逐渐被认可,越来越多的央行和货币当局把人民币作为其储备资产。2017 年上半年,欧洲央行共增加等值 5 亿欧元的人民币外汇储备。新加坡、俄罗斯等 60 多个国家和地区将人民币纳入外汇储备。人民币加入 SDR 意味着自 20 世纪 80 年代以来,第一次有新兴市场货币进入 SDR 货币篮子,这有助于改善以往单纯以发达国家货币作为储备货币的格局,增强 SDR 本身的代表性和吸引力。此外,人民币加入 SDR 还有助于提高 SDR 的稳定性,提升它在国际货币体系中的地位,增强它作为国际储备货币的功能,这也会进一步改善国际货币体系。中国将以此为契机,进一步激发市场活力,释放改革红利,为促进全球经济增长、维护全球金融稳定、完善全球经济治理作出积极贡献。

第二节 国际收支平衡表

一、国际收支概念

国际收支(balance of payments)是指一国居民在一定时期内与非居民之间所进行的全部经济交易活动。可从以下三个方面把握这个概念。

第一,国际收支是一定时期内(一般是1年)所进行的一切交易的总计,是一个流量概念。

第二,国际收支反映的对象是能以货币记录的交易。这些交易可能并不涉及货币支付,甚至可能并不存在交换,但仍需折合成货币加以记录。

第三,国际收支记录的是一国居民与非居民之间的交易。在国际收支统计中,居民并不依国籍而定,而是指一个国家的经济领土内具有一定经济利益中心的经济单位。一国的经济领土一般包括一个政府所管辖的地理领土,还包括该国天空、水域和邻近水域下的大陆架,以及该国在世界其他地方的飞地。在一国经济领土内具有一定的经济利益中心是指该经济单位在某国的经济领土内在1年或1年以上的时间中已经大规模地从事经济活动或交易,或计划如此行事。

狭义的国际收支是指一国在一定时期内同其他国家为清算到期的债权债务所发生的外汇收支的总和。因此,国际收支也可以表示一国在一定时期内,从国外的全部货币资金和向国外支付的全部货币资金的对比关系。一国国际收支的状况集中反映在一国的国际收支平衡表上。

二、国际收支平衡表

国际收支平衡表或国际收支表,又称国际收支平衡账户或国际收支账户,是对一定时期内的国际收支按特定账户分类和复式记账原则表示出来的会计报表。

1. 国际收支平衡表的贷方与借方

贷方(credits)(+):凡是涉及外国居民向本国居民支付的交易。

记入贷方的项目包括:本国商品出口,外国居民在本国旅行或购买本国提供的其他劳务;本国居民在海外投资所得的收入;本国居民接受外国居民的馈赠等单方转移;外国居民对本国进行的投资,等等。

借方(debits)(-):凡是涉及本国居民向外国居民支付的交易。

记入借方的项目包括:本国居民进口商品,本国居民在外国旅行或旅游;本国居民购买外国提供的其他劳务;向外国居民支付其在本国投资的收益;本国居民对外国居民的馈赠、赔偿和其他单方转移;本国居民对外国进行的投资;外国居民收回其在本国投资和贷款,等等。

2. 国际收支平衡表的主要项目或账户

一个国家各种国际收支项目可以划分为子类:经常项目、资本项目和平衡或结算项目。

(1) 经常项目。经常项目包括贸易收支、劳务收支和转移收支。贸易收支包括商品的进口和出口。商品进口表示向出口国支付外汇,记入借方;商品出口表示由进口国支付的外汇的收入,记入贷方。劳务收支包括商品运费、保险费和其他服务(如银行服务)费用、承包工程(包括劳务出口)、旅游,以及本国人在外国的贷款与投资的利息、红利与利润等外汇收入、用外汇支付的外国在本国的贷款与投资的红利、利息与利润等支出,此外还包括外交和公务的官方交易。转移收支包括私人转移如侨民汇款、赠款和政府转移收支的政府间的单方面资金转移(经济援助、军事援助、捐款等)。

(2) 资本项目。资本项目表示一国资本的输入与输出,如政府、国际金融机构、商业银行和跨国公司的投资等。资本分为短期资本和长期资本。短期资本指1年内回流的资本,主要用于经济交易差额的融通。长期资本指偿还期在1年以上,主要用于直接投资、有价证券投资与贷款等。

资本输入表示本国有外汇收入的项目,包括外国在本国的直接投资、本国向外国借款和出售有价证券以及外国偿还本国到期的借款。资本输出表示本国需要支付的外汇,即本国对外汇的需求,包括对国外的直接投资、本国对国外的贷款或购买外国有价证券以及本国偿还到期的外债。

(3) 平衡项目。国际收支平衡表是按复式簿记原理编制的,每笔经济交易同时分记有关的借贷两方,金额相等。因此,原则上国际收支平衡全部项目借方总额与贷方总额相等,其净差额为零。但是,国际收支平衡表的每一个具体项目的借方与贷方却经常是不平衡的。经常项目和资本项目总和的差额是通过官方储备项目抵消的。平衡项目大体体现为三项内容:①官方储备,它是指一国金融当局持有的储备资产(货币黄金、外汇储备等)及其对外国的债权,可以用于调整国际收支差额;②分配的特别提款权;③错误和遗漏,主要反映一国在统计国际收支各项数据时由于资料来源不一致或统计国际收支不准而发生的误差,如表10-1所示。

表10-1 某国国际收支平衡表(百万美元)

	借方(一)	贷方(+)
A. 经常项目		
1. 商品出口		600
2. 商品进口	500	
3. 服务出口		100
4. 服务进口	75	

续　表

	借方（一）	贷方（＋）
商品与服务贸易均衡		125
5. 转移支付		
给外国	100	
从外国收入		25
经常项目平衡		50
B. 资本项目		
6. 直接投资		
到外国投资	60	
外国来本国投资		30
7. 政府投资		
到国外	20	
来本国		40
8. 短期投资		
到国外	150	
来本国		30
资本项目平衡	130	
C. 平衡项目		
9. 黄金进出口净额		10
10. 外汇储备净额		60
11. 对外国中央银行债务净额		20
官方储备平衡		90
12. 误差与遗漏	10	

在国际收支平衡表中，经常项目和资本项目之和如果为正，代表国际收支顺差；反之代表逆差。国际收支顺差和逆差都必须通过官方储备项目的变动加以抵消，使总计为 0。如果官方储备与国际收支之间不能相互抵消，则说明在统计中存在着错误和遗漏，需要在错误和遗漏项目填写相应数字加以调整，使总计为 0。

三、顺差与逆差

如果一国在一定时期内的国际收入和国际支出相等，就说明该国的国际收支是平衡的。如果收入和支出不相等，就说明该国的国际收支不平衡。国际收支不平衡有两种情况：一是顺差，即国际收入大于国际支出；二是逆差，国际支出大于国际收入。一般而言，顺差使一个国家的国际收支处于有利地位，逆差使国际收支处于不利地位。但顺差与逆差对一国到底有利还是不利，这既要从历史和发展的角度去看，又要从当时的具体国情来看，不可一概而论。但不管怎么说，国际收支状况是各国政府短期宏观调节的四大目标之一。

1. 国际收支顺差

国际收支顺差表示持有国外资产的增加。对于经济处于成长中的小国来说，持续性的长期顺差（指 3～10 年），表示该国国际经济竞争力的增强或对外经济联系开放度的扩大及该国国际经济地位的提高。另外，政府可以将顺差用于储备，应付国际经济动荡,为本国经济成长提供国外先进技术、设备、产品等进口外汇支持。总之,一般而言,长期顺差将导致本币升值,促进发展中国家走向工业化。

当然,对于经济发展已经成熟或者趋于成熟的国家而言,持续性的国际收支顺差也会导致很多经济问题。首先,是可能导致国际贸易中顺差国与逆差国之间摩擦不断;其次,也是最重要的,是本币升值,国内出口减少,并因此影响经济增长和就业。因而,国际收支顺差并非都是有益的,需作具体分析。

2. 国际收支逆差

国际收支逆差表示持有国外资产的减少。一般来说,持续性的国际收支逆差对一国经济发展和稳定是不利的。

(1) 如果持续性的国际收支逆差源于贸易赤字,将对一国经济产生较大影响。它意味着该国在进出口平衡中处于不利地位,国际收支长期逆差必然导致本币汇率不断贬值,并导致与出口有关的部门就业机会不断减少,最终导致国民经济整体趋势不断下滑。

(2) 当国际收支逆差源于资本项目时,利弊不是很明确。作为一个发展中国家,经济发展需要大量资金,资本净流入有益于增加货币供给。资金净流出会减少资金供给,缩减投资规模。高储蓄国家只要资金应用适当,资金效率高,在经济发展趋于成熟、走向工业化过程中可以出现资金净流出引起的较长时间的国际收支逆差,但要适当控制,不宜过大。

应当指出的是,无论是净资本流出所带来的国际收支逆差还是净资本流入所带来的国际收支顺差,对于一个经济还未成熟的国家而言,都具有潜在的不稳定性,制定长期国际收支平衡政策必须看到这一点。

四、净资本流出函数

净资本流出(资本账户差额)函数为:

$$F = 流向国外的本国资本 - 流向本国的外国资本$$

如果本国利率高于国外利率,外国的投资和贷款就会流入本国,这时净资本流出减少;反之,如果本国利率低于国外利率,则本国的投资者就会向国外投资,或向国外企业放贷,这时净资本流出增加。一般地,净资本流出是本国利率和国外利率之差的函数。假定这一函数是线性的,则有:

$$F = \sigma(r_w - r) \tag{10-4}$$

式(10-4)中:F 为净资本流出;r_w 为国外利率;r 为本国利率;$\sigma > 0$,σ 为利率差额对 F 的影响幅度。在式(10-4)中,国外利率水平既定时,本国利率越高,流出的资本就越少,流入的资本就越多,即净资本流出少;反之亦然。因此,r 与 F 之间是反向变动关系,r_w 与 F 之间是正向变动关系。

五、国际收支平衡和 **BP** 曲线

经常账户和资本账户都会出现差额,但是,一国宏观经济要追求国际收支平衡。

1. 国际收支差额——研究平衡的前提

国际收支差额＝净出口－净资本流出，用公式表示为：

$$BP = nx - F \tag{10-5}$$

式(10-5)中：nx 表示净出口；F 表示净资本流出。

在宏观经济学中，一国国际收支平衡也称为外部均衡，是指一国国际收支差额为0，即 $BP = 0$。如果国际收支差额为正，即 $BP > 0$，称国际收支出现顺差，也称国际收支盈余；如果国际收支差额为负，即 $BP < 0$，则称国际收支出现逆差，也称国际收支赤字。

2. BP 方程

一国国际收支平衡，即有 $BP = 0$。此时，将净出口函数与净资本流出函数代入式(10-5)中，有：

$$q - \gamma y + n \frac{EP_f}{P} = \sigma(r_w - r) \tag{10-6}$$

化简得：

$$r = \frac{\gamma}{\sigma} y + \left(r_w - \frac{n}{\sigma} \times \frac{EP_f}{P} - \frac{q}{\sigma} \right) \tag{10-7}$$

式(10-7)被称为国际收支均衡函数，简称国际收支函数。在其他有关变量和参数既定的前提下，在以利率为纵坐标，收入为横坐标的直角坐标系内，国际收支函数的几何表示被称为国际收支曲线或 BP 曲线。由前述可知 q、n、γ 和 σ 皆为正参数，所以 BP 曲线的斜率为正，即 BP 曲线向右上方倾斜。

第三节 国际贸易的基本理论

一、斯密的绝对优势论

绝对优势论(theory of absolute advantage)是由斯密提出的。斯密是古典经济学的主要奠基人之一，也是国际分工及国际贸易理论的创始者，是他首先提出自由贸易的思想。在他所处的时代，英国由于产业革命的影响，经济实力不断增强，新兴的工业资产阶级迫切要求迅速发展资本主义，但却受到了封建行会制度和资本原始积累时期建立起来的重商主义政策体系的重重阻挠。重商主义的极端保护主义政策则从根本上阻碍了对外贸易的发展，新兴工业资产阶级无法从海外获得生产所需的廉价原料，极大地阻碍了贸易的扩大。斯密为了维护工业资产阶级的利益，在1776年发表的《国民财富的性质和原因的研究》(简称《国富论》)一书中，提出了自由主义经济思想，并创立了主张自由贸易的绝对优势论。斯密的绝对优势论主要包括以下内容。

(1) 斯密认为，分工能够提高劳动生产率，增进社会财富。如每个人都用自己擅长生产的东西去交换自己不擅长生产的东西，那对交换双方都有利。在他看来，交换是人类出于利己心并为达到利己的目的而进行的活动。人们为了追求私利，便乐于进行这种交换。为了交换,就要生产能交换的东西,这就产生了分工。

(2) 在如何进行分工的问题上,斯密认为,分工的标准是生产成本的高低。一国应把本国生产某种商品的成本即生产费用与外国同种商品的生产成本进行比较,以便决定是自己生产还是从外国进口。这就是要进行绝对成本的比较。

(3) 斯密进一步探讨了各国存在绝对成本差异的原因。他认为有利的生产条件导致了生产成本的差异,有利的生产条件主要包括:一是自然禀赋的优势,即一国在地理、环境、气候等自然条件方面的优势;二是国内劳动力所具有的特殊的技巧和技术的优势,这是通过教育、培训等获得的优势。一国只要存在某种优势,那么利用这种优势所生产的商品的成本就会绝对的低于其他国家。所以一国应选择绝对成本低的产品进行生产,换取绝对成本高的产品;这样双方都获得了绝对利益,这就是绝对利益论。

为了更好地理解绝对优势论,我们以下例进行说明。

假定英法两国同时生产小麦和布,英国生产 50 千克小麦和 20 匹布各需 100 人劳动 1 年,而法国生产 50 千克小麦需要 150 人劳动 1 年,生产 20 匹布需要 50 人劳动 1 年,如表 10-2 所示。

表 10-2 英国和法国绝对成本比较

	小麦	布
英国	100 人	100 人
法国	150 人	50 人

从表 10-2 中可以看出,生产同样数量的小麦,英国的生产成本比法国低,英国处于绝对优势;而生产同样数量的布,法国的生产成本比英国低,法国处于绝对优势。按照斯密的理论,各国应选择生产成本最低的商品进行生产,这样英国选择生产小麦,而从法国进口布,法国生产布而从英国进口小麦。通过分工,双方都获得了利益、具体利益表现在:

(1) 总产量提高了。英国专门生产小麦,可产小麦 100 千克,法国专门生产布,可产布 80 匹。这样,两国所耗费的劳动量不变,小麦的总产量没有变化,但布的总产量由 40 匹增加到 80 匹,增加了 1 倍。

(2) 各国消费量提高了。若英国用 50 千克小麦与法国交换 25 匹布,则两国的小麦消费水平未下降,而布的消费水平大大提高了。英国换得 25 匹布,比原来的 20 匹多了 5 匹;法国剩下 55 匹,比原来的 20 匹多了 35 匹。但双方的交换比例有其他的确定方式。

(3) 可以节约劳动。如果两国维持分工前的总产量不变,英国投入 200 人可以生产 100 千克小麦,而法国要生产 40 匹布只需投入 100 人,这样总投入的劳动力减少了。

由此可见,斯密的绝对优势论反映了当时社会经济中已经成熟了的要求,成为英国新兴工业资产阶级反对封建地主和重商主义者,发展资本主义的有力理论工具,为英国资本主义的发展起到了促进作用。他的关于分工能够提高劳动生产率、参加国际分工和开展国际贸易对所有参加国都有利的见解,至今仍有重要的意义。但是,他把贸易分工的基本原则局限在绝对成本的范围内,只能解释很少一部分贸易,更不能解释当代发展中国家普遍参与国际贸易的事实,因而其理论缺乏普遍意义,但为后来的国际贸易理论的发展打下了基础。

二、李嘉图的比较优势论

李嘉图的比较优势论(theory of comparative advantage)是在斯密的绝对优势论的基础上发展起来的。李嘉图发展了斯密的观点,认为各国不一定要专门生产劳动成本绝对低的产品,而只要专门生产劳动成本相对低的产品,便可进行对外贸易,并能从中获益和实现社会劳动的节约。

按照日本经济学家小岛清的定义:比较成本是一国两种产品生产成本的比率与他国相应产品生产成本比率的比较,因而是两国间产品成本比率的比率。

李嘉图假定英国和葡萄牙同时生产酒和呢绒。由于生产条件的差异,两国生产同量酒和呢绒的生产成本不同。生产一单位呢绒和一单位酒,英国各需100人劳动1年和120人劳动1年,葡萄牙各需90人劳动1年和80人劳动1年,如表10-3所示。

表10-3 英国和葡萄牙的比较成本

	呢绒	酒
英国	100人	120人
葡萄牙	90人	80人

根据表10-3,英国国内呢绒与酒的生产成本比率是$100:120=5/6$;葡萄牙国内呢绒与酒的生产成本比率是$90:80=9/8$。这样,两者生产成本的比率的比,即比较成本是:

$$(5/6):(9/8) = 20/27$$

从上式中可以看出英国生产呢绒的成本是生产酒的$5/6$,而葡萄牙生产呢绒的成本是生产酒的$9/8$,所以英国生产呢绒的成本是相对低的;葡萄牙生产酒的成本是生产呢绒的$8/9$,而英国生产酒的成本是生产呢绒的$6/5$,所以葡萄牙生产酒的成本是相对低的。按照李嘉图的思想,葡萄牙应"两优择其重",放弃生产成本比英国优势较少的呢绒,专门生产酒,并拿它向英国出口换取呢绒。英国应"两劣择其轻",放弃生产成本比葡萄牙劣势较多的酒,专门生产呢绒,并向葡萄牙出口呢绒以换取酒的进口,这样对双方都是有利的。这种按照比较成本原则进行专业化生产,然后通过交换所获得的利益,就是比较利益。具体来说,表现在以下三个方面。

(1) 按比较成本原理进行生产的国际分工,可以提高劳动生产率,增加两国产品的总产量。在国际分工前,两国1年中共生产2单位呢绒和2单位酒。在国际分工之后,两国总产量随之提高。英国专门生产呢绒,220人劳动1年可生产2.2单位的呢绒。葡萄牙专门生产酒,170人劳动1年共可生产2.125单位的酒。两种产品的总产量都提高了。这显然是劳动生产率提高的结果。

（2）随着产量的提高，通过贸易交换，可以提高两国的消费总量。李嘉图假定两种商品的交换比率为 1∶1，再假定英国用一半呢绒与葡萄牙交换酒，则英国呢绒的消费量为 1.1 单位，酒的消费量为 1.1 单位，分别比贸易分工前增加 0.1 单位。葡萄牙呢绒的消费量为 1.1 单位，酒的消费量为 1.025 单位，分别比贸易分工前增加 0.1 单位和 0.025 单位。

（3）可以节约劳动。如果两国的消费量不变，在国际分工的情况下，仍按 1∶1 的比例交换，英国只需用 100 人生产的 1 单位呢绒与葡萄牙换回自己需要的 1 单位酒，比自己生产节约了 20 人 1 年的劳动。葡萄牙只要用 80 人生产的 1 单位酒与英国换回自己所需要的 1 单位呢绒，比自己生产节约了 10 人 1 年的劳动。

比较优势的原理可以用世界服装贸易的例子来说明。不管怎样衡量，美国服装制造业的劳动生产率比小国要高许多，但是由于服装制造业的技术相对比较简单，美国在服装工业上的生产率优势比在其他工业如信息、电子等方面的优势要低，因而美国则主要生产其优势较大的产品，而放弃优势较低的产品，结果是服装从中国出口到美国。

李嘉图的学说是建立在一系列严格的假设条件之上的，这与事实偏离较大。学说本身也未能在价值规律的基础上予以科学的论证，未能揭示出国际分工形成和发展的主要原因，另外该学说采取静态分析法，更不能适应社会经济发展的要求，实际上一国的比较优势随着社会的发展也是不断变化的，而不是一成不变的，这些都成为该学说的理论局限性。但是，这一学说的基本思想，即在国际贸易中，各国均能取得程度不同的利益，各国应生产和输出自己具有相对优势的产品，对于各国通过外贸来发展生产，特别是对于很少具有绝对优势产品的发展中国家实行开放政策，建立出口基地，具有一定的指导意义。

三、要素禀赋理论

瑞典经济学家赫克歇尔（Heckscher）认为，如果假定两国的生产技术完全相同，则两国要素禀赋的不同就成为决定两国之间比较成本差异从而有必要进行贸易的唯一因素。赫克歇尔的学生俄林（Ohlin）在此基础上于 20 世纪 30 年代建立起一个完整的理论体系。这个理论体系即要素禀赋理论（factor endowment theory，又称 H-O 理论）。

俄林认为，国际贸易产生的根本原因在于各国在生产要素禀赋上存在着差异。同类产品存在的价格绝对差是各国进行交易的直接基础，而引起各国同类物品价格不同的原因是多方面的，最关键的是各国生产各种物品的成本比率不同，而成本比率是由使用要素的价格差别决定的，而要素价格是由要素相对存量决定的，要素存量则是由要素供给决定的，要素供给又是由要素禀赋决定的。这样得出的一般结论是：任何一个国家都应该生产并出口自己资源丰富的要素的产品，并进口自己资源缺乏的要素的产品。资本相对充裕的国家生产和出口资本密集型产品，进口劳动密集型产品；劳动相对充裕的国家则生产和出口劳动密集型产品，进口资本密集型产品。

四、新贸易理论

新贸易理论(new trade theory)是指 20 世纪 80 年代初以来,以克鲁格曼为代表的一批经济学家提出的一系列关于国际贸易的原因、国际分工的决定因素、贸易保护主义的效果以及最优贸易政策的思想和观点。起初新贸易理论旨在用实证的方法解释贸易格局,填补传统贸易理论的逻辑空白,后来发展成为以规模经济和非完全竞争市场为两大支柱的完整的经济理论体系。这些观点最早出现于克鲁格曼(1979 年、1980 年、1981 年)、迪克西特和诺曼(1980 年)、兰开斯特(1980 年)、赫尔普曼(1981 年)和埃西尔(1982 年)等经济学家的论著中。随后,又有一大批经济学家在这个领域中开始研究,如布兰德和斯潘塞(1985 年)、伊顿和格鲁斯曼(1986 年)。其中贡献最大的是克鲁格曼,他们使人们从新的视角来考察贸易问题,新贸易理论也成为国际贸易理论发展史上的一个新的里程碑。

1. "规模经济"贸易理论

传统资源禀赋理论认为,贸易是对资源差异的反应,一个拥有高技术低劳动力的国家会出口技术密集型产品,进口劳动密集型产品,这就是所谓的"小麦模式"。但是战后发达国家之间的贸易量迅速增加,这些贸易的发生仅从资源的差异上已经无法解释,因为发达国家的总体的技术水平相差不是很大。随着市场细分的加深,发达国家可贸易的产品不断增加,国家与国家之间的贸易行为更多地取决于一个国家在某一个时间段上在某个行业上所具有的规模优势。克鲁格曼指出"相当一部分国际贸易,特别是经济特征相似国家之间的贸易,其产生原因主要是报酬递增形成的国际分工,而不是国与国之间在资源禀赋上存在的差别。"在这里运用经济学中"规模经济"的研究方法,如果一个国家在某个行业面临的市场需求增加,就可以在这个行业扩大生产规模,从而使该产业的成本下降,赢得在国际市场上的竞争优势。

2. 不完全竞争下的贸易保护

"规模经济"有很多是由于历史的原因形成的,例如,"飞机模式"的贸易分工,在历史上,最先需要制造飞机的国家,就大量地积聚其生产规模,从而降低边际成本,这个不断积累的过程积累了大量的资本、技术和人才,又使经济的规模进一步扩大,最后形成少数几家具有垄断性质的飞机制造中心。这些制造厂商又在规模扩大的同时"干中学"从而积累了更多的技术,使进入该行业的门槛进一步提高,形成了国际市场上的不完全竞争。这些现象的出现,都同传统的贸易理论的假设相违背,如果继续在原来的假设基础上讨论新问题,就很难得出正确的政策,因此,克鲁格曼认为在新的不完全竞争的国际市场环境下,用暂时的保护来形成比较优势的永久性转换效果会比较好。

3. 新贸易理论的意义

(1)新贸易理论最重要的理论创新是从完全竞争这一个假定中摆脱出来,联系到了现实经济中出现的不完全竞争的情况,使国际贸易理论与现实能够更紧密地结合,使国际贸易理论更加适用于当今经济情况。

(2)将技术和贸易的分析与新贸易理论相联系,使这一动态分析成为新贸易理论的一种重要支撑。说明了技术的创新带来了规模报酬递增的情况,而这种情况继续发展形成了垄断等不完全竞争的市场条件,而且反过来说明垄断是技术创新必要的动力。

(3) 新贸易理论提倡政府进行干预,政府的政策重点是通过保护进口,促进出口。对外部性强的产业提供战略支持,不仅能促进该产业的发展,使其在国内外市场扩张成功,而且该国还能获取该产业作为战略支持产业得到迅速发展而产生的外部经济效应。

(4) 新贸易理论的核心,是强调政府通过干预对外贸易而扶持战略性产业的发展,使一国在不完全竞争和规模经济条件下获得资源最优配置的最佳选择。

第四节 开放条件下的 IS-LM-BP 模型

本章第一节已经对 BP 曲线进行了介绍,这一节将 IS 曲线、LM 曲线和 BP 曲线放在一起来研究开放经济的内外部均衡问题。IS 曲线表明产品市场的均衡,LM 曲线表明货币市场的均衡,BP 曲线表明国际收支平衡。三者相交时,内部均衡和外部均衡同时得以实现。

一、开放经济中的 IS 曲线

在开放经济条件下,IS 曲线发生了变化。

1. 收入恒等式比较

封闭经济:

$$Y = C + I + G$$

开放经济:

$$Y = C + I + G + NX$$

2. 收入恒等式的展开式比较

封闭经济:

$$Y = \alpha + \beta(Y - T) + e - dr + G \tag{10-8}$$

开放经济:

$$Y = \alpha + \beta(Y - T) + e - dr + G + \left(q - \gamma Y + n\frac{EP_f}{P}\right) \tag{10-9}$$

3. IS 方程比较

封闭经济:

$$Y = \frac{\alpha + e + G - \beta T}{1 - \beta} - \frac{dr}{1 - \beta} \tag{10-10}$$

开放经济:

$$Y = \frac{\alpha + e + G + q - \beta T}{1 - \beta + \gamma} - \frac{dr - n\dfrac{EP_f}{P}}{1 - \beta + \gamma} \tag{10-11}$$

或：

$$r = \frac{1}{d}\left(\alpha + e + g + q - \beta + n\frac{EP_f}{P}\right) - \frac{1-\beta+\gamma}{d}y \qquad (10\text{-}12)$$

二、IS-LM-BP 模型

将 BP 曲线引入 IS-LM 模型，即在产品市场和货币市场同时均衡条件下加入国际收支均衡的条件，便可以形成开放条件下的宏观经济模型，这一模型被称为 IS-LM-BP 模型。

IS-LM-BP 模型中的经济均衡要同时满足：

产品市场的均衡条件：

$$i + g + nx = s + t \qquad (10\text{-}13)$$

货币市场的均衡条件：

$$\frac{M}{P} = L_1(y) + L_2(r) = ky - hr \qquad (10\text{-}14)$$

国际收支均衡条件：

$$nx = F(r) \qquad (10\text{-}15)$$

以上三个条件共同决定 y、r 和 e 的水平。

根据式(10-13)、式(10-14)和式(10-15)，可以得到如下开放经济下的 IS-LM-BP 模型：

$$y = \frac{\alpha + e + g + q - \beta t}{1-\beta+\gamma} - \frac{dr - n\dfrac{EP_f}{p}}{1-\beta+\gamma} \qquad (10\text{-}16)$$

$$y = \frac{hr}{k} + \frac{1}{k}\left(\frac{M}{P}\right) \qquad (10\text{-}17)$$

$$r = \frac{\gamma}{\sigma}y + \left(rw - \frac{n}{\sigma} \times \frac{EP_f}{P} - \frac{q}{\sigma}\right) \qquad (10\text{-}18)$$

式(10-16)为 IS 曲线方程。式(10-17)为 LM 曲线方程。式(10-18)为 BP 曲线方程。

我们以纵坐标表示利率、横坐标表示国民收入，IS-LM-BP 模型可以用三条曲线，即 IS 曲线、LM 曲线和 BP 曲线来表示，如图 10-1 所示。开放经济的均衡要求商品市场、货币市场和国际收支同时达到均衡，而当 IS 曲线、LM 曲线和 BP 曲线恰好交于一点时，便会有唯一的一组利率 r_0、实际国民收入 y_0

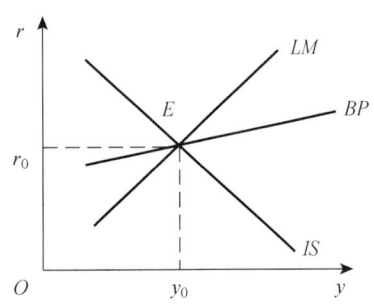

图 10-1　IS-LM-BP 模型

和汇率 e_0，使得产品市场均衡、货币市场均衡及国际收支均衡同时实现。这三条曲线的共同交点是唯一的一个三重均衡点。

三、资本完全流动下的 IS-LM-BP 模型

1. 资本完全流动时的 BP 曲线

在资本完全流动的假定下，$BP=0$ 一定是一条位于国外利率 r_w 水平上的水平线。在水平线上的点对应于国际收支盈余，以下的点对应于国际收支赤字。这还可以从 BP 方程式中得到。

$$r = \frac{\gamma}{\sigma}y + \left(rw - \frac{n}{\sigma} \times \frac{EP_f}{P} - \frac{q}{\sigma}\right) \qquad (10\text{-}19)$$

在式(10-19)中：令 σ 趋于 ∞，则 BP 曲线的方程就成为 $r = r_w$。

2. 固定汇率制度下的资本完全流动

初始状态：BP 为水平线，实现国际收支平衡的条件为 $r = r_w$；A 为均衡点。

如图 10-2 所示，若一国实行独立货币政策，增加货币供给，从而使 LM 右移至 LM'，出现国际收支赤字，这时存在汇率贬值压力，需中央银行进行干预。抛出外国货币，接受本国货币，造成本国货币供给减少，LM' 左移到均衡点 A。

在开放经济条件和固定汇率制下，一国无法实行独立的货币政策，否则汇率将存在变动压力。

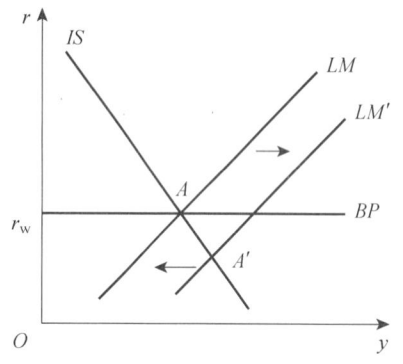

图 10-2　固定汇率制下的资本完全流动

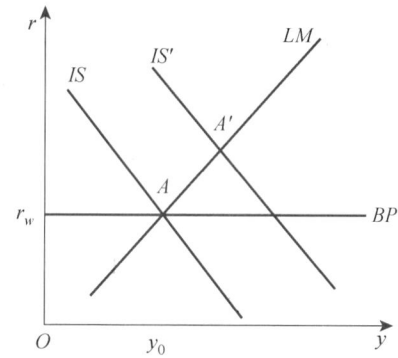

图 10-3　浮动汇率制下的资本完全流动

3. 浮动汇率制度下的资本完全流动

BP 为水平线，实现国际收支平衡的条件为 $r = r_w$；A 为均衡点。

如图 10-3 所示，若一国出口增加，使 IS 右移到 IS'，从而 $r > r_w$，并且产生国际收支盈余。这时，引起本国货币升值。汇率升值使本国出口减少、进口增加从而净出口减少，IS' 曲线自动回复到 IS 的水平。

在完全浮动汇率制下，一国货币当局不用干预外汇市场，汇率能够自动调整，保持外汇供求平衡。

专栏 10-2 如何看待人民币在国际货币体系中的稳定强势地位

2005 年以来,中国人民银行稳妥有序地推进人民币汇率市场化形成机制改革。逐步将人民币对美元汇率浮动幅度由 0.3% 扩大至 2%,先后取消了银行对客户非美元货币和美元挂牌汇率浮动区间限制。2015 年以来,中国人民银行又进一步强化了以市场供求为基础、参考一篮子货币进行调节的人民币汇率形成机制,提高了汇率政策的规则性、透明度和市场化水平。2005 年以来的汇改取得了显著效果,人民币汇率弹性不断增强,在合理均衡水平上保持了基本稳定。2005 年汇改至 2017 年 3 月末,人民币兑美元汇率中间价累计升值 19.96%,国际清算银行测算的名义有效汇率升值 35.15%,实际有效汇率升值 44.23%。无论是相比发达经济体货币还是新兴市场货币,人民币的波动率较低,币值也较为坚挺,人民币在全球货币体系中表现出稳定强势货币特征。近两年,受美联储退出量化宽松政策及加息、英国脱欧、特朗普政府政策的不确定性以及一些国际政治事件等因素的影响,人民币对美元汇率有所贬值,但贬值总体来说是有序的,人民币对一篮子货币汇率保持了基本稳定。应当看到,在美元走强的大背景下,全球主要货币对美元大多都有所贬值。比如,2014 年下半年至 2017 年 3 月末,欧元、日元、英镑和澳元分别对美元贬值 22.13%、8.85%、26.82% 和 19.67%,巴西雷亚尔、俄罗斯卢布、印度卢比和南非兰特分别对美元贬值 29.48%、38.99%、7.36% 和 20.47%,同期人民币兑美元汇率中间价仅贬值 10.83%,贬值幅度小于多数主要发达经济体和新兴经济体货币。同时,国际清算银行测算的人民币实际有效汇率和名义有效汇率还分别升值了 6.00% 和 5.10%。应当看到,汇率根本上是由经济基本面的相对变化决定的。随着中国经济运行中的积极变化和亮点进一步增多,市场预期更为乐观,我国跨境资本流动趋向平衡,外汇形势总体有所缓和。2017 年以来人民币汇率双向浮动,趋于均衡,人民币对美元略有升值,对一篮子货币汇率也保持了基本稳定。总的来看,尽管受美联储货币政策正常化节奏、特朗普政府减税政策以及其他国际政治经济事件等影响,未来美元走势还有不确定性,但国内影响人民币汇率的积极因素有望延续,经济基本面等因素将继续支持人民币在合理均衡水平上保持基本稳定。2016 年 10 月人民币正式加入国际货币基金组织 SDR 货币篮子,人民币与美元、欧元、日元、英镑共同成为国际货币基金组织认可的储备货币。随着人民币国际化进程的推进,将来会有更多的贸易和投资使用人民币,人民币将继续保持在国际货币体系中的稳定地位。下一阶段,中国将继续坚持汇率市场化改革方向,加大市场决定汇率的力度,进一步增强人民币汇率弹性,有序完善以市场供求为基础、双向浮动、有弹性的汇率运行机制,稳妥有序地推进人民币国际化进程,保持人民币在全球货币体系中的稳定地位。同时也将进一步优化宏观审慎政策框架,对资本流动进行逆周期调节,促进国际收支双向平衡。

第五节 开放条件下的财政政策与货币政策

一、浮动汇率制度下的财政政策

在浮动汇率制度下的开放经济中,扩张性财政政策的效应有时低于封闭经济下的财政政策效应,有时高于封闭经济下的财政政策效应,其结果依赖于 LM 曲线与 BP 曲线斜率的关系。

假设经济初始时处于失业和国际收支均衡状态,当 BP 曲线的斜率小于 LM 曲线的斜率时,政府支出增加,使得 IS 曲线右移,进而国民收入增加,净资本流出下降,本币有升值压力,本币升值使得净出口下降,IS 曲线和 BP 曲线都向左移动,国民收入进一步提高。

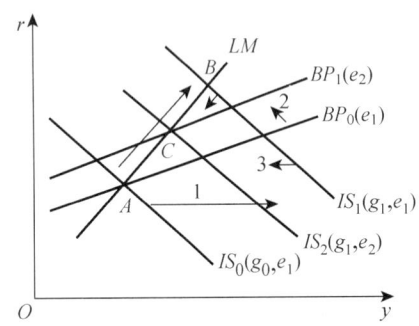

图 10-4 浮动汇率下的财政扩张

如图 10-4 所示,假定 LM 曲线比 BP 曲线陡,最初经济在 A 点表现为内部和外部的同时均衡。如果政府购买从 g_0 提高到 g_1,在汇率为 e_1 的初始条件下,IS 曲线将向右移动,IS 曲线的移动使经济在 B 点达到内部均衡,但国际部门的收支在 B 点处于盈余状态,这种情况下,本币就会升值或使汇率下降,如从 e_1 降为 e_2。尽管通常不会回复到原来的位置,但 BP 曲线和 IS 曲线均会向左移动。经济的新的均衡假定为图中的 C 点。从中可以看到,这时收入的提高与封闭经济时的情形相比要小一些。

BP 曲线斜率大于 LM 曲线斜率时的分析与此类似。当 BP 曲线比 LM 曲线陡时,与封闭经济的情形相比,扩张性财政政策对实际收入的影响将会被放大而不是被抑制。

二、浮动汇率制度下的货币政策

浮动汇率制度下,BP 曲线和 IS 曲线将因为汇率变动而变动。扩张性货币政策使 LM 曲线向右移动,并与 IS 曲线相交于新的内部均衡点,但国际收支处于赤字状态,推动汇率上升,这一过程将不断进行下去,直到经济达到一个新的一般均衡的位置。

如图 10-5 所示,最初经济在 A 点表现为内部和外部的同时均衡。货币扩张首先影响 LM 曲线,使其向右移动,并与 IS_0 曲线相交于 B 点。在 B 点经济虽然处于内部均衡,但 B 点位于 BP 曲线的下方,这意味着国际收支处于赤字状态。这种状态推动汇率进行调整,本国

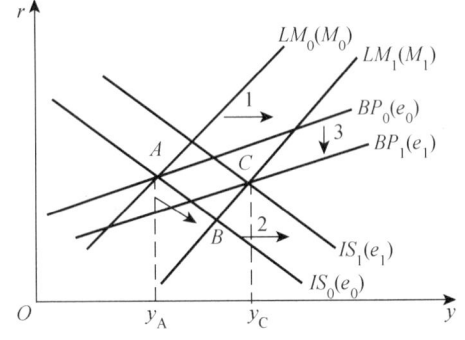

图 10-5 浮动汇率下的货币扩张

货币贬值,汇率上升。随着汇率上升,如从 e_0 上升到 e_1,BP 曲线和 IS 曲线向右移动,这个过程将会不断进行下去,直到经济达到一个新的一般均衡的位置,如图中的 C 点。从图中可以看出,货币扩张的结果是汇率提高,收入水平提高,其效果大于封闭经济的情形,但对利率水平的影响很不明确。

三、固定汇率制度下的财政政策

在固定汇率制度下,当 LM 曲线比 BP 曲线更陡峭时,伴随着政府实行扩张性的财政政策,IS 曲线向右移动,从而形成新的内部均衡点。由于新的均衡点位于 BP 曲线上方,故有顺差存在。这种情况说明尽管收入的提高会引起经常账户收支的恶化,但国内利率上升又会使更多的外国资本流入,最终导致国际收支出现盈余。当 BP 曲线比 LM 曲线更陡时,财政扩张政策的效果正好相反。

如图 10-6 所示,A 点为最初的经济均衡点,伴随着政府实行扩张性的财政政策,IS_0 曲线向右移动到 IS_1,从而形成新的内部均衡为 B 点。由于 B 点位于 BP 曲线上方,故产生国际收支盈余。由此带来本币升值或汇率下降的市场压力,由于本国货币当局用本国货币购买外币而被阻止。在这种情况下,尽管收入的提高引起经常账户的恶化,但国内利率上升势头如此之强,以至于更多的资本流入,最终导致国际收支出现盈余。

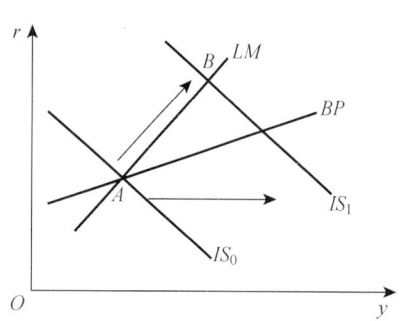

图 10-6 固定汇率制下的财政政策

四、固定汇率下的货币政策

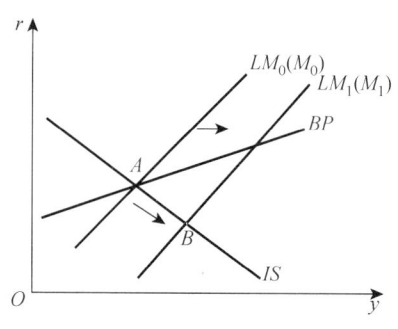

图 10-7 固定汇率制下的货币扩张

在固定汇率制度下,BP 曲线的位置不发生变化。如图 10-7 所示,假定经济最初处于图中的 A 点,这时经济同时处于内部均衡和外部均衡。若政府实行扩张性的货币政策,LM 曲线向右移动,从而形成新的内部均衡点 B。由于新的均衡点 B 位于 BP 曲线下方,故国际收支出现赤字。这时货币当局为了稳定本国货币的汇率,会用其外汇储备在外汇市场上购买本国货币以阻止其贬值。只要本国货币当局一直用其外汇储备来稳定国际市场上的本国货币的汇率,赤字就会继续存在。

在这种情况下,内外均衡之间就出现了不可调和的矛盾。失去了汇率的伸缩性,扩张性的货币政策的结果尽管提高了收入水平,但导致了国际收支的赤字。产生赤字的原因是利率的下降(资本外流)和收入提高(引起净出口的减少)。

五、克鲁格曼的"三元悖论"

罗伯特·蒙代尔(Robert Mundell)和马库斯·弗莱明(Marcus Flemins)提出的蒙代尔-弗莱明模型,即开放经济下的 IS-LM 模型,为不同汇率制度下的内外均衡政策的运用提供了一个非常有用的分析框架。1963 年,蒙代尔在《加拿大经济学杂志》上发表了"固定和浮动汇率下的资本流动和稳定政策"一文。在这篇具有划时代意义的论文中,蒙代尔分析了开放经济中货币政策和财政政策的短期效应。他的基本结论是:在资本高度流动的情况下,在浮动汇率制度下,货币政策有效、财政政策无效;在固定汇率制度下,财政政策有效、货币政策无效。20 世纪 50 年代,蒙代尔在国际货币基金组织的一位同事弗莱明也对开放经济中的稳定政策进行了相似的研究,因此,在教科书中,他们的思想被称为"蒙代尔-弗莱明模型"。

1997 年,克鲁格曼将货币政策的完全独立、资本的完全自由流动、汇率的稳定这三个变量统筹考虑,同时并不事先假定资本是完全自由流动的,即资本可以流动也可以不流动。这三个变量,即资本的完全自由流动、货币政策独立性、汇率的稳定之间存在着怎样的关系,克鲁格曼从理论与政策的角度,集中探讨了它们之间的互动关系。在蒙代尔-弗莱明模型的基础上,克鲁格曼进一步提出了所谓三元悖论,也称为"三元冲突"理论。即在开放经济条件下,货币政策的独立性、汇率的稳定性和资本的自由流动三个目标不可能同时实现,各国只能选择其中对自己有利的两个目标。例如,在金本位时期,汇率是稳定的,资本(黄金)可以自由流动,但是各国牺牲了货币政策的独立性。在布雷顿森林体系期间,各国的货币政策是独立的,汇率也是稳定的,但资本自由流动受到严格的限制。1973 年以后的浮动汇率制时期,各国的货币政策是独立的,资本的自由流动是完全的,但汇率的稳定性不能维持。目前,我国实行稳定的汇率制度,同时实行资本管制政策,因此,货币政策是独立的。

克鲁格曼的贡献在于把蒙代尔的资本自由流动与否假设变成了一个变量,把它内生化了。蒙代尔的模型假定资本的自由流动是外生给定的(蒙代尔认为,作为市场经济国家,资本自由流动是必需的),克鲁格曼将其变成了一个内生变量,把蒙代尔的两元模型变成了三元模型。

专栏 10-3 理性看待和正确应对"逆全球化"现象

近两年来,受欧美政治和经济形势的影响,"逆全球化"潮流不断涌现。近几十年来,经济全球化通过释放市场的力量,推动了全球生产体系的兴起,促进了全球贸易与生产的蓬勃发展。经济全球化在带来繁荣和发展的同时,也带来了贫困、冲突、分配不公和环境污染等问题。特别是随着 2008 年国际金融危机的爆发,经过 8 年多的调整,全球经济并没有迎来理想的复苏,相反却陷入持续的结构性低迷,贸易保护主义不断升级、全球多边机制不振、各类区域性的贸易投资协定碎片化,美欧的移民政策、投资政策、监管政策等朝着去全球化方向发展。席卷欧美的民粹主义认为,现在需要封锁边境、强调民族主义,本国第一、管好自己。他们的观点得到很多民众的认同,这实际上是一种"逆全球化"现象。

一、"逆全球化"趋势形成的根源

"逆全球化"趋势出现的根本原因,是近年来世界经济的持续低迷,全球部分地区经济不平等现象加剧,资源分配不公,社会上的被遗弃感和不安全感增强,从而让民心转向打"民粹牌"的政治人物,将他们视为救命稻草。

首先,公共政策失灵,导致经济低迷态势无法缓解。2008年国际金融危机对世界经济的打击是巨大的,正是在其影响下,世界生产总值、贸易、投资均出现大幅度下滑。以美国和欧盟为代表的西方发达国家,由于市场开放程度更高,经济的波动也更为剧烈。主要表现在:技术进步带来就业相对减少;资本和劳动间收益差距不断扩大;金融资本的全球化运作带来巨大风险。虽然公众舆论普遍认为各国应该在经济全球化危机爆发后作出重大的政策调整,增强保护社会的措施,但许多国家在过去几十年经济全球化上升期形成的思维惯性,使他们关于政策的讨论仍沿着原有轨迹展开。受政策惯性影响,政府提出的解决方案不仅无法缓解经济衰退,还让社会中下阶层群体在种种无效措施的实施过程中利益再度受损。这引起公众极大的不满,最终在发达国家中刺激了反自由贸易和反移民运动思潮的迅速发展。

其次,资源分配不公导致富者愈富,贫者愈贫。一方面,经济全球化进程中发达国家与发展中国家的贫富差距不断拉大,发展中国家对经济全球化进程的态度较为消极。发达国家不仅在经济上占有绝对优势,而且在国际经贸规则的制定中具有主导地位。虽然现存的国际经济秩序和国际经贸规则体系在某种程度上照顾了发展中国家的利益要求,但根本上仍然体现着发达国家的利益。同时,发达国家依靠先发优势,获得超额垄断利润。发展中国家为获得相应的先进产品,则需要付出更多的经济代价,这从客观上造成了世界经济发展的红利分配不均。另一方面,发达国家内部各阶层在经济全球化进程中的利益分配难以均衡。在经济全球化进程中,发达国家的精英阶层在分配经济全球化所带来的红利时占据了更多优势,而人数占绝大部分的中产阶层和低收入阶层出现收入下降的趋势。随着经济全球化进程的深入,发达国家制造业不断向发展中国家转移,导致一些工人阶层失业或从事更低收入的工作。同时,面对生产过程中不断增加的资本密集度,资本与劳动之间更高的替代弹性提高了国民收入中资本所有者的份额。富者愈富,贫者愈贫,马太效应显现使贫富差距拉大,是发达国家中下阶层抵制经济全球化,并成为"逆全球化"推动力量的主因。

最后,移民问题使得民众的被遗弃感和不安全感增强。移民问题是发达国家面临的一大挑战。以美国为例,移民对就业机会的影响主要集中在非技术工人群体。在2008年全球金融危机引发的大衰退中,美国实际GDP总值在当年第三季度开始下跌,在2010年就已开始出现再次增长,与此相反,失业率一直到2016年5月才恢复到与2006—2007年的4.6%相近的4.7%。脆弱的社会保障体系和失业型复苏的出现,决定了美国选民与其他发达国家的选民相比,更难以容忍经济的衰退。而对于欧洲来讲,在移民问题上面临的挑战,更集中体现在新移民由于宗教文化原因,无法融入主流社会所引发的一系列问题,如大规模社会冲突等。移民问题所带来的一系列政治、经济、社会安全隐患导致移民接纳国人民将矛头指向经济全球化,这也是"逆全球化"浪潮中民粹主义兴起的根源之一。

二、"逆全球化"现象及长期不利后果

英国公投脱欧是民粹主义的一次集体爆发。欧洲大陆过去几年的民粹主义源于大量难民的涌入导致从民众到社区、从各个国家到整个欧洲层面的种种治理挑战,欧洲各国政府在为难民问题付出巨大代价的同时,也在不遗余力地寻找解决方案。新移民和东道国某些社会群体之间的关系日趋紧张,底层的社会群体面临着失去就业机会、收入不平等等诸多问题,金融危机的爆发使他们的处境更为困难。虽然精英阶层作为西方社会的统治阶层,拥有规则的制定权,但作为交换条件,精英阶层需要为普通民众谋求一定的福利。当民众对现实生活产生不满时,民粹主义就会被激发,并以一种去制度化的方式来抵抗现有的精英政治。英国脱欧就是民粹主义集体爆发的一次典型体现。伴随而来的,欧洲各国民粹主义政治受到鼓舞,世界政治的民粹化趋势可能将加强。"逆全球化"趋势有可能在民粹主义影响下转变为现实。

贸易保护主义再次抬头使自由贸易理念边缘化。一是多边贸易体制短期内实现实质性突破较难。进入21世纪,越来越多的国家和地区参与到经济全球化和贸易自由化的进程当中,发达国家与发展中国家的经济发展进程不同,核心诉求不同,这就决定了在世界贸易组织框架下全体成员达成一致的可能性越来越小。同时,贸易自由化标准更高,涵盖范围更广,排他性更强。当下,自由贸易理念的挑战已由降低关税的初级阶段向技术性和体制性问题转化,发达国家不断在多边贸易谈判中增加技术性保护条款,建立多边贸易体系更加困难。比如,世界贸易组织多哈回合谈判已进行了15年之久,随着时间的推移,达成共识的可能性越来越低。二是随着世界经济低迷以及"逆全球化"趋势的出现,自由贸易理念被更多的国家所抛弃,取而代之的是不断升级的贸易保护主义。国际货币基金组织的数据显示,2015年,全球实施的限制性贸易措施多达736个,同比增加50%,是自由贸易促进措施的3倍。

三、适应和引导好经济全球化

对所有国家而言,经济全球化都是一把双刃剑,利弊兼而有之。"逆全球化"趋势揭示的问题应该引起国内、国际和全球层面的高度重视,它提醒政府在推动经济全球化的同时,还应关注和矫正其他方面的失衡和偏差。正如习近平总书记在世界经济论坛2017年年会开幕式上演讲所提到的,"经济全球化确实带来了新问题,但我们不能就此把经济全球化一棍子打死,而是要适应和引导好经济全球化,消解经济全球化的负面影响,让它更好惠及每个国家、每个民族"。"逆全球化"趋势至少让人们对今天的制度和政策进行反省,去努力解决已经出现和可能出现的种种矛盾和冲突,探索新的、更好的发展模式。

中国取得的经济成就得益于开放的经济模式,自由贸易、贸易便利化、对外投资、吸引外资和产能合作等措施始终是推动中国经济增长的重要因素。世界日益

向多极化方向发展,正在进入西方收缩经济全球化步伐的调整时期,这也是经济全球化模式的转变时期。当代的经济全球化进程将逐渐由新兴市场国家和发展中国家提供主要动力。平抑经济全球化逆动,推动世界经济开放发展和强劲复苏,不仅是中国自身发展的需要,也是国际社会特别是发展中国家对中国的期待,是大国的责任担当。

因此,我们应当加强对"逆全球化"趋势的全方位研究,注意从反经济全球化的抗议浪潮中倾听合理的呼声和有益建议,注意引导人们科学冷静地看待"逆全球化"现象,防止当代西方错误思潮趁机对我们进行的强烈冲击。同时,要认清形势,增强定力,坚定不移地发展外向型经济。笔者认为,今后一段时期应重点做好以下工作:

第一,倡导"共商共建共享"的包容性全球治理理念,坚定不移全面深化改革。在理念上推进以共同发展为导向的经济全球化和以"共商共建共享"为基础的全球经济治理。各国可以通过贸易和投资往来、产业分工等经济互动相互促进发展,大国有责任提供国际公共产品带动其他国家发展。共同发展并不排斥全球市场在资源配置中的作用,反而更加强调市场机制的效用,不提倡市场分割和排他性的俱乐部性质的经济机制,不赞成经济合作中附加的政治条件和价值观的约束,主张更加开放的全球市场和与其相适应的全球多边治理机制,以开放型经济谋求共同发展。

第二,继续扩大开放,积极参与主导国际规则的制定。现行的国际运行机制为西方发达国家所主导,具有明显的不公正性。2008年国际金融危机后,各国积极参与全球治理和相关规则的制定,希望在利益分配格局中争得更大的发言权和实际利益。随着我国经济实力的快速提升以及与世界经济的不断融合,全球治理及其规则的走向直接影响到我国的切身利益,各国对中国发挥更大作用既有期待,也想制约。对此,我国一方面要敢于承担与国际地位相匹配的大国责任;另一方面应看到,规则制定与我国市场开放的重点和改革的长期目标是具有一致性的。因此,需以更加积极、开放的态度参与全球治理和规则制定,既要坚持"以开放促改革",更要努力推进国内改革,为更高水平的对外开放提供必要条件。

第三,打造以G20为核心的全球经济治理长效机制。G20作为发达国家与发展中国家共同参与全球经济治理的核心平台,在国际金融危机期间,在宏观经济政策协调、化解全球金融系统性风险方面发挥了"救火队"的作用。危机过后,G20峰会动力不足、议题泛化,推动全球经济复苏的成果有限,亟须中国为代表的新兴市场国家协调各方利益,力促G20摆脱"清谈馆"的僵局。强化G20职能,建立全球经济治理长效机制,是推动经济全球化和全球经济治理转型的关键,中国应在贸易投资协定、可持续发展、基础设施建设等方面发挥更大作用。

第四,以共建"一带一路"和金砖国家合作机制推动经济全球化和全球治理模式的转型。作为"一带一路"建设的倡议国和金砖国家合作机制的主要成员,中国有能力和意愿在基础设施建设、投资贸易便利化和金融合作等方面加强同"一带一路"沿线国家和金砖国家保持密切经济联系。"一带一路"沿线集中了60多个国家,以五通(即政策沟通、道路联通、贸易畅通、货币流通、民心相通)为重点的建设内容,将为沿线国家的经济深度互动创造条件,这无疑为经济全球化发展增加了新的动力,也是世界多极化时期经济全球化转型的基础。金砖国家合作机制是以金砖国家为代表的新兴市场国家推动全球治理转型的主导性力量。在传统的全球治理体系中,没有反映世界格局的新变化,没有体现新兴市场国家的实力结构,金砖国家合作机制建立起的金砖国家新开发银行和应急储备安排,是服务合作和规范合作的机制创新,是全球治理体系改革的标志性成果。

本章小结

当今世界是开放的世界,各国之间经济交往日益密切,形成你中有我、我中有你的国际经济格局。本章从外汇与汇率入手,给出了国际收支平衡的 BP 曲线,在此基础上分析了开放条件下的 IS-LM-BP 模型,把宏观经济中的国民收入决定理论扩展到开放经济条件下进行分析,解释和说明开放条件下宏观经济运行的规律和特征。

关键术语

绝对优势论　比较优势论　要素禀赋理论　国际收支　国际收支平衡　BP 曲线　汇率　直接标价法　间接标价法　固定汇率　浮动汇率

练习题

一、思考题

1. 绝对优势理论和相对优势理论的区别和联系是什么?为什么说绝对优势理论可以看成是相对优势理论的特例?
2. 试描述固定汇率制下,BP 曲线斜率大于 LM 曲线斜率时财政政策的效果。
3. 试描述浮动汇率制下,BP 曲线斜率大于 LM 曲线斜率时财政政策的效果。
4. 国际收支平衡表包括哪些主要内容?下列各项情况应如何在国际收支平衡表中反映出来:
   (1) 本国公民以美元支付到外国旅游观光的开支。
   (2) 本国向外国出口商品,对方应在 90 天内付款。
   (3) 本国一企业收到其海外子公司的股利,即投资于该国一公司的股票。
   (4) 本国一居民得到其海外亲友的外汇现款捐赠。
5. 说明国际收支曲线(即 BP 曲线)的推导过程。
6. IS 曲线的斜率在封闭经济中和开放经济中有何不同?

二、案例分析

1. 请阅读以下材料并思考如下问题：当代全球经济是如何相互影响的？美国在其中处于什么地位？面对这种格局，中国应如何应对？

1）美联储维稳但措辞偏鹰派，缩表进程于10月开启

美联储 2017 年 9 月 21 日凌晨维持联邦基金利率在 1%～1.25% 不变，一如市场预期。在政策声明中，美联储措辞基调意外偏鹰派，表示缩表进程于 2017 年 10 月开启，此外，美联储还预估，2018 年加息 3 次，2019 年加息 2 次，2020 年加息 1 次。

美联储在对经济展望表达乐观观点的同时，也预计通胀 2% 的目标将在 2019 年实现，并将密切关注通胀形势。美联储对就业市场也保持乐观，认为就业市场增强，就业增长保持稳健，家庭支出温和扩张。近几个季度企业支出已经增加。据悉，此次决议声明获得 FOMC 一致投票通过。美联储表示，资产负债表的缩减将遵循 2017 年 6 月声明附录所公布的框架，即开始每月将减持 60 亿美元美国国债和 40 亿美元的抵押贷款支持证券(MBS)，总计每月 100 亿美元的缩表额度每 3 个月上调 1 次，增加 100 亿美元，直至国债和 MBS 的减持幅度依次达到每月 300 亿美元和 200 亿美元，即总额至每月最多 500 亿美元。缩表将持续到美联储的整体资产负债表在未来几年减少 1 万亿美元或更多。目前美联储的资产负债表总额超过 4 万亿美元。美联储预计将在某一时刻结束缩表进程，不过目前还没有具体日期。

2）美联储缩表的影响

缩表对美国经济产生的影响以及对世界经济的外溢影响不容小视，如图 10-8 所示。如果缩表成功，美联储将悄然为一次超常规货币政策试验画上句号，并为其他效仿美联储、祭出超级宽松政策大旗的央行提供借鉴。一旦出现问题，导致长期利率大幅跳升，就会伤害美国经济复苏，其外溢影响也可能导致全球金融市场动荡并诱发风险和危机。

作为美联储紧缩"弹药库"里的重量级武器，"缩表"的影响值得高度关注。不过，从已披露的操作方式和预期推进速度来看，美联储如期启动"缩表"，初期影响仍较为有限。

考虑到对美国自身经济增长可能造成的潜在风险，美联储不会太过激进。而一旦"缩表"导致金融市场大幅

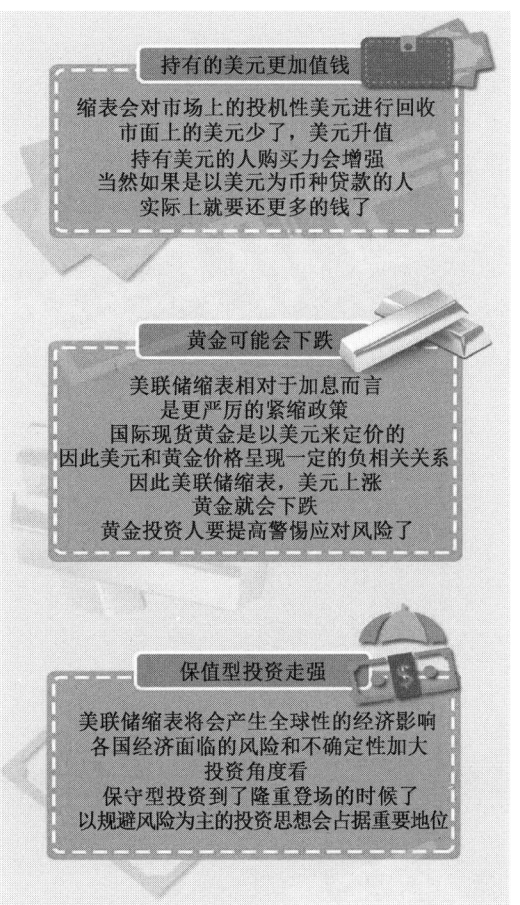

图 10-8 美联储缩表的影响

震荡或经济增长陷入停滞,也不排除美联储延缓甚至放弃行动的可能。

尽管初期影响有限,但随着"缩表"的推进,其长期冲击仍需警惕。中长期来看,"缩表"将直接影响美债供需关系,推动美债收益率上升,美债收益率正是全球资产定价的重要基准之一。此外,"缩表"将收紧美元流动性,给美元带来升值压力,考虑到资金回流美元资产等因素,新兴市场将面临更大的本币贬值和资金外流挑战。

2. 请阅读以下材料并思考如下问题:中国大多数企业在全球价值链中处于什么地位?如何进一步提升我国企业在全球价值链中的地位?

苹果公司生产的 iPhone 手机深受全球消费者欢迎,它的品牌和专利技术属于美国企业,在中国生产制造,中国是主要销售市场,这是全球价值链分布的典型案例。

一方面,苹果公司通过在华销售获得巨大利润。iPhone 手机在华销量占全球销量 1/5。根据苹果公司 2016 财年报告,其全年销售额为 2 142 亿美元,净收入 457 亿美元。美国调查公司 IDC 统计,iPhone 手机 2016 年的全球销量达到 2.15 亿台,其中在华销量 4 490 万台,在华销量占全球销量的 20.8%。如按照苹果公司在华销售占全球销售 1/5 的比例估算,该公司 2016 年在华销售额约为 430 亿美元,净收入约 91 亿美元。

另一方面,苹果公司通过全球生产布局,将 iPhone 手机的组装和制造放在中国,降低了生产成本。中国企业虽然承接了几乎全部 iPhone 手机的制造,但从中获利有限。第三方机构调查显示,一台 iPhone7 最低售价 649 美元,总成本大约为 237.45 美元,其中归于中国的加工成本仅约 5.96 美元;在价值 153.88 美元的核心电子元器件中,中国仅一家公司参与电池供应,价值约 2.5 美元。也就是说,中国企业加工和提供电池总共获得 8.5 美元,而美国企业仅在提供核心元器件一项上就获得 64 美元。

附录 1

综合案例：
中国就业现状调查报告

中国就业数据显示,一个对政策构成硬约束的"就业红线"并不存在。也就是说,即便经济软着陆至 6.5% 左右的增速,中国也不会遇到严重的就业问题。从 2013 年开始,中国劳动力供给开始绝对地减少,而劳动力新增需求依然稳定在每年 1 000 万人以上,中国未来的就业问题不是需求不足,而是供给不足,一个刺激性的政策只会加重中国劳动力短缺的问题。当中国农村"被就业"的 1.4 亿~1.6 亿农民在 2020 年前后被吸收殆尽,中国经济将完全跨入一元经济时代。

一、中国劳动力供给绝对量趋减

国家统计局 2013 年统计公报显示,2012 年中国 15～59 岁的劳动年龄人口比重首次下降,同时,劳动年龄人口的绝对数减少了 345 万人。

国际上对劳动年龄的划分是"15 岁以上不满 65 岁"。据估计,2013 年开始,"15～64 岁"劳动年龄人口开始减少,减少规模近 70 万人。时间越靠后,下降幅度越大。

如果以 64 岁为劳动人口年龄的上限,从 2011 年抽样的年龄分组数据看,劳动年龄人口的"进和出"开始进入势均力敌阶段,5 年后退出劳动年龄的人口数量快速增加。如果以 59 岁为劳动年龄人口上限,则劳动年龄人口自 2012 年开始快速减少。

更值得警醒的是,未来 5~20 年内,中国一个巨大的年龄层逐渐老去,直至丧失劳动能力。数据显示,40~59 岁的年龄组占总样本的 29.9%,可见中国老龄化程度将快速上升。中国 65 岁以上人口比重在 2012 年已达 14.4%,这一比例已相当于日本 1995 年的水平,说中国"未富先老"不为过。预计这一指标 2020 年达 18.8%,2030 年达 24.1%。

劳动力供给中还有一个很重要的概念是劳动参与率。世行统计数据显示,1986 年之后,中国的劳动参与率从超高的 80% 持续下降至 2010 年的 74.2%,但显著高于中等收入国家 2010 年的 63.6% 和我国台湾地区的 60.4%。

劳动参与率是经济活动人口占劳动年龄人口的比率。中国劳动参与率在 2010 年高达 78.4%,比世行数据高出 4.2%。较高的劳动参与率意味着更多人愿意提供劳动,但也预示着其下降空间更大。本质上,劳动参与率反映了潜在劳动者对于工作收入与闲暇的选择偏好,取决于经济发展水平和社会保障水平。因此,经济发展和社会保障水平越高,劳动参与率越低。

类比中等收入国家,中国劳动参与率至少还有 10%~14% 的下降空间。过去 20 年中国劳动参与率平均每年下降 0.4%,按此推算中国未来劳动力供给,2013 年将为 7.77 亿人,2020 年减少为 7.35 亿人。按此计算劳动力供给的年度变化,2012 年正好处于由正转负的临界值。2013 年开始,中国劳动力供给的绝对量开始减少。

二、非农就业与需求预测

量化中国就业,最大的问题在于就业统计缺陷造成数据质量不高,而就业统计最大的缺陷在农民就业。

用就业人数和经济活动人口构造一个就业率指标,根据其含义,这个指标应该可以反映劳动力的利用率,但在中国,这个指标与经济增长并没有表现出明显的正相关。

原因何在?除了数据质量问题,农业就业统计可能是另一个主因。统计局解释,就业人员是指"在16周岁及以上,从事一定社会劳动并取得劳动报酬或经营收入的人员",由此,乡村就业人员就成为劳动力蓄水池,除了学、孕、病、残,15~64岁的农村人口就可以成为乡村就业人员,这部分就业与经济增长基本无关,而与人口结构等社会和制度性因素有关。数据可证,2000年劳动参与率高达93.2%,2010年降至88.3%,这还是一个极高的水平,2010年,中国整体劳动参与率才74%,低收入国家的劳动参与率仅为75%。这说明,农业或农村就业里"不存在失业",在农村,只要有劳动能力的适龄人口,都被统计到就业中去了。

以第二和第三产业的就业人数加总看中国非农就业人口,与经济增长存在正相关,1992—2012年两者相关系数达0.79。

可以估算就业-GDP弹性和GDP增长率来大致判断未来非农劳动力需求。2006年以来,非农就业-GDP弹性处于上升趋势中。这个趋势反映了中国经济结构和就业结构逐渐走向成熟:非农产业,尤其是第三产业在经济增长和就业吸纳中的作用逐渐增强。

中国就业弹性曾经历1998—2004年的大起大落。其中1998—2002年超低的就业增长弹性,被认为是该期间中国统计作假的证据之一。2004年之后,中国GDP就业弹性的下降,主要是因为期间加速重化工业化,使得经济增长对就业的吸纳能力趋弱。

假设非农就业弹性按照2006年以来的平均速度增加,在服务业比重逐渐提升下,这种假设并无不合理。如果2020年之前中国经济增速在6.5%~7.5%,则中国非农就业需求2013年为5.2亿人,2020年为6.22亿~6.06亿人。

三、农业就业实际需求:1.2亿~1.4亿人

广义农业部门就业,即第一产业就业情况。

通俗讲,就业人员是指"16岁以上能挣钱的,从业人员是指有正规工作的就业人员。从业人员是就业人员的子集"。由此,农业就业是指"在16周岁及以上,在农业部门从事社会劳动并取得劳动报酬或经营收入的人员","城镇人口是指居住在城镇范围内的全部常住人口;乡村人口是除上述人口以外的全部人口"。因此,农村就业可以理解为"在16周岁及以上,从事一定社会劳动并取得劳动报酬或经营收入的农村人口"。

农业就业和农村就业不完全等同,但有交集。农业就业人员里面有"城里人",按照2010年人口普查的长表数据,1.27亿人的人口样本,劳动年龄(15~64岁)人口9 372万人,城镇劳动年龄人口4 925万人,中间有486万16~64岁的人员从事农业,占样本中城市劳动年龄人口约9.8%。

农村就业人员也从事非农产业。按照官方统计,2010年,农村4.14亿人的就业人员中,有53%、即2.18亿人在乡镇企业、私营企业就业或从事个体经营,我们相信这2.18亿人的相当部分为非农就业。

中国农业部门就业相当于劳动力的"蓄水池"。农业部门即第一产业就业增长率与第二产业就业明显负相关,与经济增长负相关。其背后的逻辑是:当经济变差时,工业部门就业减少,从农业部门转出进入非农就业的人数就会变少,反之亦成立。按照中国统计实务,农业就业统计应该是"有工作意愿、但没有从现代部门获取劳动报酬的劳动力的总和",包括"农业就业人员和农村户籍的失业人员"。

以中国2010年每平方千米耕地面积可吸纳104～121个农业劳动力计,农业就业的实际需求在1.2亿～1.4亿人。未来农业部门的就业依然会保持在1.2亿～1.4亿人。

四、未来就业供需与劳动力转移

以农业就业需求估计中值1.3亿人、对非农就业需求采用6.5%增长率下的估算,2012年之后,劳动力供给缓慢减少,而劳动力需求稳步上升。

我们将每年就业供需的边际变化做一个比较,即便我们不知道中国真实失业率处于何种水平,但供需边际变化所提供的信息显示,从2013年开始,中国劳动力供给开始绝对地减少,而对劳动力的新增需求依然稳定在每年1 000万人以上,中国未来的就业问题不是需求不足,而是供给不足的问题,一个刺激性的政策只会加重中国劳动力短缺的问题。

劳动力供需变化有重要时点。

2004年开始,中国的民工荒现象开始产生,主因是出口大幅增长,沿海地区对农民工需求突然增加,接近并超过了劳动力供给。

2008年,虽然经济下滑导致劳动力需求放缓,但就业供需形势并没与明显逆转。此后刺激政策下,劳动力需求继续回升,供给紧张状况进一步扩大。

2013年,劳动力供给开始转向负增长,但对劳动力的需求依然在增加……

如果综合考虑农村和城镇就业,中国2012年的就业率为82%,这意味着中国还有一部分剩余劳动力可供吸收,这部分剩余劳动力在农村。据统计,城市劳动力市场的供求比2012年已达1.07,这意味着就业岗位比求职人数还多,这说明,城市就业市场供不应求。

五、城镇就业状况

2010年城镇人口的劳动参与率为70.6%,低于全国平均劳动参与率,但依然高于中等收入国家水平。从城镇就业率(失业率)估算,1992年以来,中国城镇的失业率水平平均在5.5%,即中国的城镇就业状况较为充分。

实际上,中国城镇失业率只能反映摩擦性失业变化,其中关键在于流动人口就业统计。因为中国城镇户籍人口远不能满足非农就业需求,如2011年,我国城市户籍人口为4.7亿人,考虑就业能力和劳动参与率,城市户籍的劳动力供给约为3亿人,但2011

年我国的非农就业达 5 亿人。

城镇就业的供需缺口靠进城农民工弥补。而农民工无论在城市和农村,只要没有去劳动部门登记失业,其从业状态都是"就业",在城里打工算就业,失业回农村,也被统计部门认为是"就业",因为中国农村的就业统计里根本没有失业。

从城镇就业行业分布看,2010 年样本城镇劳动年龄人口的就业统计中,一、二、三产业的就业占比分别为 15%、35% 和 50%。2010 年城镇就业人员共约 3.5 亿人,按此计算,三个产业的就业人口分别为 0.5 亿人、1.2 亿人和 1.7 亿人。

六、农村:1.4 亿~1.6 亿人"被就业"

从 8.9 亿人农村户籍人口剔除 2.2 亿人常住城镇的流动人口,2010 年中国农村人口达 6.7 亿人,其中农村劳动年龄人口为 4.6 亿人,劳动年龄人口占比为 70.8%。

假定中国农村就业人口即等于经济活动人口,2010 年为 4.1 亿人,按此计算劳动参与率高达 87.1%,但 65 岁以上农村人口或被纳入统计,在 2010 年人口普查长表中,65 岁以上劳动人口占样本农村劳动人口的 5.2%,若剔除高龄农村劳动人口,中国农村劳动参与率则为 82%,仍然高于 2010 年低收入国家的劳动参与率 75.1% 的水平。

2010 年的 4.1 亿人农村劳动人口干什么了呢? 统计数据显示,就业于乡镇企业的有 1.6 亿人,占比 38%,就业于私营和个体企业的有 0.6 亿人,占比 14%,其他 48% 应该从事传统农业。2010 年人口普查数据显示,样本就业人口中,有 74% 的农业适龄劳动力从事农业,17% 从事第二产业,10% 从事第三产业。按此比例,4.1 亿人农村就业人口中,3 亿人从事农业、0.7 亿人从事第二产业、0.4 亿人从事第三产业。若将年度就业统计中的"第一产业就业人员"减去城镇就业人员中的农业劳动者,得到农村就业人员中的农业劳动者。2010 年普查数据中,3 236 万人适龄农业就业人员有 486 万人来自城镇,占比 15%,这意味着剩下的 85% 来自农村。按此比例,2.8 亿人农业就业中有 2.4 亿人来自农村,0.4 亿人来自城镇。

由此,包括农业就业在内的全国就业的行业分布和地域分布。2010 年,中国城镇就业人员 3.5 亿人,其中 3.1 亿人为非农就业,0.4 亿人从事农业;乡村就业人员 4.1 亿人,其中 1.7 亿人为非农就业,2.4 亿人从事农业。从另一个维度看,2010 年中国非农就业 4.8 亿人,其中 3.1 亿人为城镇居民,1.7 亿人来自农村;农业就业共 2.8 亿人,其中 0.4 亿人来自城镇,2.4 亿人为农村居民。

但是,中国的耕地资源禀赋决定了,农业人口只需要 1.2 亿~1.4 亿人。显然,城镇居民中从事农业的 0.4 亿人是主动就业,剩下的,有 0.8 亿~1.0 亿人为农村居民的真实就业,1.4 亿~1.6 亿个劳动力"被就业",这部分人员仍可以转移到城镇,这就是中国农村和农业就业的现状。

七、城乡劳动力转移

中国的真实就业率低,主要是因为农村中的农业就业人员没有充分就业,1.5 亿人(估计中值)"被就业"人员占 2010 年全部就业人员的 19%,挤出就业水分,2010 年就业率从 97% 下降到了 78%。既然农村还有剩余劳动力,为什么城市就业形势还是比较紧张。

城市新增人口构成显示，2000年以来，中国城市人口以年均2 110万人的规模增长，其中，城市人口自然增长年均70万人，城市化人口约年均增加1 250万人，平均每年进城农民工790万人。这就是中国城乡之间人口流动的现状。

按此估算，每年转移的城市的人口规模为2 040万人。按照城镇平均71.6%的劳动参与率和平均94.4%的就业率，城市平均每年新增劳动力1 379万人，这解释了城市就业紧张的问题。

为什么不能以更快速度进行人口转移，我们认为，这主要与城市户籍管理放松的力度、城市软环境或硬环境对新增人口的吸纳能力、城市就业信息向农村的扩散速度、农业劳动人口隐性失业的机会成本和农村"劳动密集型"生产方式的调整速度等因素有关。

因此，人口转移速度一定时间内受客观因素的限制。这也决定了中国未来一段时间城镇化就业处于紧平衡状态，即便经济缓慢减速在6.5%左右，人们所担心的"就业红线"可能并不存在。按此速度，中国农村"被就业"的1.4亿～1.6亿人农民将在2020年前后被吸收殆尽。届时，中国经济将完全跨入一元经济时代。

思考题：
1. 何为失业率？何为劳动参与率？
2. 如何理解案例中所说"农村：1.4亿～1.6亿人'被就业'"？
3. 试述中国经济减速对失业率会产生哪些影响？

附录 2

综合案例：世界抵达货币政策的极限了吗

我们已到达货币政策的极限了吗？没有。中央银行的药箱仍是满满的。不过，更激进地使用旧疗法，或者使用全新疗法，都会产生政治、金融和经济风险。更糟糕的是，这么做无法解决高收入经济体面对的一些更大的难题。因此，在理想世界中，货币政策不应继续是"唯一的选择"（经济学家、投资经理穆罕默德·埃尔-埃利安（Mohamed El-Erian）所著《唯一的选择》（The Only Game in Town）的书名暗示，当前情形恰恰如此）。遗憾的是，我们并非生活在理想的世界里。在现实世界中，央行必须继续充当我们的首选医生。

各国央行已正确地采取了比以往任何时候都要激进的疗法。主要发达经济体的央行都把短期干预利率设置为接近 0 的水平。自 1995 年以来，日本央行（BoJ）一直把利率维持在这么低的水平。自 2009 年年初以来，美联储（Fed）和英国央行（BoE）一直采取超低利率政策。到 2013 年，欧洲央行（ECB）也开始跟进，尽管动作太晚了。

这些央行还通过量化宽松——日本央行则采取"量化兼质化宽松"（包括延长所购资产的期限）——大幅扩大了自己的资产负债表。与美联储一样，英国央行已停止购买资产。但是，英国央行资产负债表相对英国国内生产总值（GDP）的比例，已达其史上最高。日本央行和欧洲央行目前仍在扩大自身资产负债表。

正如英国央行行长马克·卡尼（Mark Carney）2016 年 2 月在上海所指出的："央行的创新已……扩展到负利率，全球产出中大约有 1/4 是政策利率低于 0 的经济体创造出来的。"

然而，即便经过多年的如此努力，美国仍是唯一实现核心消费价格通胀率目标的重要高收入经济体。也正因为如此，唯有美联储启动了紧缩周期，不过动作小心翼翼，联邦基金利率现在仍低于 0.5%。

针对这一明显失败，有人提出了达成通胀率目标并不重要的观点。有些人甚至辩称，通缩也有好处。这一看法是错误的，原因有以下三点。

第一，如果通胀率为 0，或者更糟，通胀率变为负值，那么我们将更难实现相对物价和工资的必要变化。这里的障碍是名义工资刚性。这一难题在欧元区这样的多国货币联盟尤为突出。

第二，在通缩情况下，只有显著低于 0 的名义负利率才能产生实际负利率。若没有实际负利率，各国或许最终会陷入更长期的需求不足、失业率升高和投资不振。

第三，在通缩情况下，给定水平名义债务所隐含的实际债务负担会螺旋式上升。这就可能产生"债务通缩"，美国经济学家欧文·费雪（Irving Fisher）在 20 世纪 30 年代解释过这种情况。尽管日本成功地把通缩稳定在低水平上，但这可能是该国积极使用财政政策的结果。由于欧元区排除了财政政策，那里通缩加速的风险或许会更高。

因此，央行达成通胀率目标非常重要。这需要很低，甚至负值的名义利率。正如欧洲央行行长马里奥·德拉吉（Mario Draghi）在不久前一次演讲中所解释的那样，许多人抱怨称,低利率本身就是问题所在。"但是,"他回答说,"低利率本身并不是问题,而是另一个深层次问题的表象,那就是全球投资需求不足,无法吸收经济中的全部储蓄。"

问题在于,货币政策能在多大程度上解决长期需求不足的难题。一个答案是,央行拥有提供进一步货币刺激的多种手段:低利率甚至负利率、资产购买、前瞻指引、提高通胀率目标、直接为政府赤字提供货币融资,以及直接向家庭派发现金。

在不久前的博客文章中,美联储前主席本·伯南克(Ben Bernanke)阐释了这些工具的强大作用。对于负利率可能低到什么程度,他甚至可能太过谨慎了,他说,"超过某个临界点后,人们将选择持有货币,利率为0"。但是,创建一种基于现金的支付系统,是一项艰难且成本高昂的任务。更根本的问题是,正如马丁·桑德布(Martin Sandbu)所指出的那样,央行或普通银行有可能限制人们取现,或者对存款取现收费。有些经济学家甚至建议取消现金。

不过,进一步采取货币政策的确会遇到重大困难。

第一,货币政策越是非常规,衡量其效果的难度越大。有必要创造刚好足够的额外需求,但又不能创造太多需求,同时要让副作用处于可控范围。做到这一点是相当困难的,重要原因在于,货币政策是通过多条渠道发生作用的。另外,影响可能是不可预测的。比如说,负利率到底会因表明央行并未耗尽弹药而增强信心,还是会因证明病症有多么严重而削弱信心。

第二,有些疗法或许会比疾病更有害。最令人担心的或许是,极端货币政策可能扭曲资产价格,并引发新的金融泡沫。另一种批评是,依赖货币政策疗法会减轻政府执行必要结构性改革的压力。此外,明显旨在影响汇率的政策可能被视为以邻为壑的勾当。

第三,极端货币政策会遇到政治障碍。比如说,债权人反对一切旨在降息的政策。此外,人们担心,直接为政府赤字提供货币融资将只会助长财政挥霍。

除这三点外,严重依赖货币政策还有两大难题。

其一是,如果根本难题在于储蓄相对于投资过剩,那么财政政策将是更有针对性的对策。比如,在日本,非金融企业部门的储蓄过高一直是个重大难题。显而易见的对策是提高对留存收益的征税。提高消费税完全是误入歧途。替代方案将是,政府增加在优先公共投资项目上的支出。

另一条反对理由是,需求不足并非唯一难题。至少同样重要的难题,是生产率提高的速度在放缓,以及许多国家存在的市场不灵活。出于此类原因,一个更全面的解决方案应当包括结构性改革。正如国际货币基金组织(IMF)所指出的那样,结构性改革不是万灵丹,尤其在短期内不是。但是,需要把结构性改革作为政策组合的一部分。

货币政策并未用尽,积极采用货币政策是必不可少的。但不适当地依赖货币政策,则会带来问题。

一个难点是,采取进一步的货币政策面临政治障碍。另一个障碍是,需要衡量政策,并减弱副作用。财政政策应在需求管理中扮演重要得多的角色。更重要的是,货币政策只能减轻、而不能治愈增长率低和市场不灵活的结构性问题。我们仍需要积极的货币政策。但货币政策并非我们需要的全部。

思考题：

1. 什么是流动性陷阱？目前的状况是否陷入流动性陷阱？
2. 结合本材料分析货币政策的局限性。

附录 3

综合案例：经济转型、市场扭曲与中国消费不足：一个新视角

中国居民储蓄率大大高于其他国家且在2000年之后呈现不断上升趋势。中国储蓄率对国际经验的严重"偏离"意味着简单地应用标准消费理论来诠释中国居民储蓄是很困难的"异常"的储蓄率背后必然有某些"特殊"的中国元素。中国与世界其他主要国家的核心区别在于,中国同时处于快速经济增长和剧烈经济转型的过程中。但是中国目前的消费率已经低于日本和韩国高速经济增长过程中的最低值,因此,经济转型可能是理解中国居民消费不足的关键。

经济转型是指从计划经济向市场经济转型,因此,在经济转型过程中必然出现市场经济和计划经济共存的情况,这是中国经济的特殊之处。在过去的几年里,中国经济市场化程度不断提升但要素市场扭曲依然长期存在,产品市场垄断现象难以打破,政府对市场的干预尚未消除。经济转型过程的这些因素是否会影响消费需求,其作用机制如何,本部分在以往文献基础上对此展开讨论。

如前所述,居民消费占比过低是消费需求不足的根本原因。同时,居民消费占比又可以分解为(居民消费÷居民收入)×(居民收入÷GDP)两项。因此,居民消费占比持续下降是由居民储蓄率持续上升、居民收入占比持续下降共同导致的。鉴于此,本部分分别讨论经济转型对居民储蓄率和居民收入占比的影响。现有研究表明,经济转型过程中要素市场扭曲和产品市场垄断是中国居民储蓄持续上升的重要原因,而财政分权下的地方政府行为导致居民收入占比持续下滑。

金融市场扭曲对居民消费和储蓄行为有着深远影响。与西方国家不同,中国金融市场扭曲主要表现为长期存在的金融抑制现象,而不仅是经典文献中强调的流动性约束。金融抑制主要形式是存贷款利率限制(Bai等,1999年)。研究表明,中国官方利率至少比市场利率平均低50%~100%,且绝大部分低息贷款配置给了与政府关系密切的国有企业(Garnaut等,2001年)。李涛和陈斌开(2012年)从理论和经验两方面研究了金融抑制对中国居民消费行为的影响。就理论而言,以压低利率为主的金融抑制政策至少可以通过两个渠道影响居民消费行为:第一,在金融市场上,穷人往往是存款者,富人往往是贷款者,低利率政策本质上形成了一种穷人补贴富人的"倒挂"机制,导致收入分配不断恶化(陈斌开和林毅夫,2012年)。而收入差距扩大将导致居民消费率下降(杨汝仿和朱诗娥,2007年;陈斌开,2012年)。第二,从居民消费行为角度看利率是居民消费跨期替代的关键决定因素,低利率政策将通过替代效应降低居民消费增长率,同时通过财富效应降低居民消费水平。李涛和陈斌开(2012年)的研究发现,金融抑制存在明显的财富效应,低利率导致居民的预期可支配收入下降、储蓄率上升、未来和当期消费水平同时下降。

在金融市场扭曲的同时,中国劳动力市场依然处于分割状态。在户籍制度的影响下,中国已经形成城市内部的社会分割,即同一城市内部有户籍人口和非户籍人口的"新二元结构"。对于非本地户籍的移民人口,他们无法享受本地教育、医疗、住房等方面的公共服务,同时在工作机会上也容易受到歧视,这将极大地抑制移民的消费。陈斌开等(2010年)详细研究了户籍制度对居民消费的影响。从理论上而言,户籍制度至少可以从两方面影响居民消费:一方面,外来移民的住房、医疗、教育和社会保障更不健全并且职业更不稳定,这将提高移民群体的预防性储蓄动机;另一方面,由于职业的不稳定和房产等抵押品较少,外来劳动力在金融市场上更容易受到信贷约束进而制约其消费。如果无城镇户籍的外来劳动力消费倾向更低,那么随着外来劳动力数量和收入的增长,在加总的层面上看总消费的增长速度必然低于总收入的增长,而储蓄率也将不断提高。他们的研究发现城市内部非户籍人口的边际消费倾向比城镇居民低14.6%,这意味着放松户籍制度可以将移民人均消费水平提高,居民总体消费水平提高。

住房价格快速上涨被认为是中国居民家庭高储蓄的一个重要原因(Chamon 和 Prasad,2010年;Wei 和 Zhang,2011年;况伟大,2011年;谢洁玉等,2012年)。过去10年,中国房价持续上涨使得居民不得不"为买房而储蓄",导致中国居民储蓄率不断攀升。陈斌开和杨汝岱(2013年)详细研究了住房价格与居民储蓄的关系发现,收入水平较低、没有住房或住房面积较小的家庭受住房价格上涨的影响更大,因为这些家庭"为买房而储蓄"的动机更强。同时不仅中国的年轻人在"为买房而储蓄",老年人也存在"为子女买房而储蓄"的动机,导致中国居民储蓄率全面上升。进一步研究发现,中国住房价格上升的主要原因是土地供给短缺。自2003年以来,中国城市化进程快速推进但城市土地供给被严格限制,直接导致了房价的快速上涨。同时在财政分权体制下政府通过控制土地供给推高房价,进而提高土地出让金收入。由此可见土地市场扭曲是中国居民消费需求不足的另外一个重要原因。

在要素市场扭曲(包括金融市场、劳动力市场和土地市场)的同时,中国产品市场垄断也还没有完全消除。随着收入增长,居民在教育、医疗等方面的需求将持续上升。然而,中国教育和医疗供给主要由公共部门提供,供给远远赶不上需求的上升,造成了"看病贵、看病难","上学贵、上学难"等一系列现象。杨汝岱和陈斌开(2009年)研究了高等教育改革对居民消费的影响,发现教育收费提高和教育支出不确定性上升提高了居民消费。近年来,教育对消费的影响已经不局限于高等教育对于质量较高的中小学,甚至幼儿园,"上学贵、上学难"问题也越来越严重导致居民不得不"为子女教育而储蓄"。同样,由于优质医疗资源的紧缺,居民还不得不"为医疗而储蓄"。无论是医疗还是教育,供给不足和价格畸高的重要原因都是产品市场的垄断,缺乏竞争的教育和医疗市场造成了"看病贵、看病难","上学贵、上学难"问题,进而导致居民不得不为上学和医疗而储蓄。

居民收入占国民收入比重持续下降是居民消费率不断下滑的重要原因。近年来,学者们对居民收入占比下降的原因展开了大量研究。Kuijs(2005年)认为,快速工业化是居民收入占比下降的重要原因。李稻葵等(2009年)基于跨国数据的研究发现,劳动收入份额下降是经济发展不同阶段的产物。龚刚和杨光(2010年)则从劳动力无限供给的角度分析了劳动收入份额下降的原因。徐忠等(2010年)发现公共部门储蓄对中国储蓄率上升有重要影响。林毅夫和陈斌开(2013年)强调政府重工业优先发展战略对收入分配的影响。白重恩和钱震杰(2009年)基于分解的方法发现,产业结构变迁才是劳动收入份额下降的重要解释因素。然而工业化和产业结构快速转变背后的原因又是什么，这些文献都未能给出有效的回答。从经济转型过程中的地方政府行为出发对这些现象提供了一个逻辑一致的解释。

财政分权导致地方政府为吸引投资、促进当地经济增长而竞争。为吸引更多的投资，地方政府需要优质基础设施。部分基础设施投资可以促进企业的有效生产和流通（如道路），而其他基础设施投资则等价于直接补贴企业（如电力等）。Chen 和 Yao（2011年）研究了政府基础设施投资对国民收入分配结构和居民消费需求的影响。他们发现，政府基础设施投资对企业的影响是非平衡的，对基础设施依赖程度更高的第二产业制造业、建筑业等将在政府基础设施投资中获得更大的收益。同时，由于第二产业是地方政府主要税收来源，基础设施投资也会更加偏向第二产业。因为第二产业资本密集度高于其他产业，第二产业比例的上升将导致劳动收入占总收入份额的下降，进而导致消费率下降。另外，由于部分基础设施投资实际构成对资本投资的直接补贴，因此，会降低资本成本，引导企业选择更加资本密集型的技术，导致第二产业内部资本密集度提高，这将进一步降低劳动份额和居民消费率。

从以上的分析中可以看出经济转型过程中的市场扭曲（包括要素市场和产品市场）和地方政府行为构成了中国消费不足的重要原因。无论是市场扭曲还是地方政府行为，都是经典消费理论中不曾考虑的因素，而这些"特殊"因素也是理解"中国事实"偏离于"国际经验"的关键所在。经济转型过程中这些因素对居民消费影响的相对重要性如何，现有文献还没有给出答案，这也是下一步值得研究的方向。

思考题：
1. 请根据材料分析导致中国居民消费不足的主要原因。
2. 金融市场扭曲如何导致中国居民消费不足？
3. 城乡劳动力市场分割如何导致中国居民消费不足？

附录 4

综合案例：
中国经济调整的两难困境

随着全球经济继续在不确定中徘徊,全世界的眼光都聚焦到了中国身上,而中国人也对本国经济充满关切,既希望本国经济学家做出分析和预测,也很在意"旁观者"的看法。2016年3月22日,在FT中文网举办的一次座谈会暨读者见面会上,英国《金融时报》副总编、首席经济评论员马丁·沃尔夫和任职于中国社会科学院的中国经济学家余永定,就此进行了一场高端对话。座谈会由英国《金融时报》中文网总编辑王丰主持。

座谈会以沃尔夫的演讲开始。沃尔夫首先高度赞扬了中国已经取得的经济发展成就。他认为,如果中国能在未来的二三十年里延续自20世纪70年代末以来的发展速度和轨迹,就能实现跃升为发达国家的梦想。目前,中国的历史性转型进程已走到了半山腰,但未来还有不少的困难和挑战。

中国前总理温家宝曾表示,中国经济是"不稳定、不平衡、不协调、不可持续的",这句话曾经被西方媒体广泛引用,这次被沃尔夫再度引用。而且在沃尔夫看来,当前这些问题变得更加突出了。用曾任美国总统尼克松的经济顾问的赫伯特·斯坦的话说"无法永远维系的东西,注定要终结",因而中国必须认真对待经济增长之旅戛然而止的可能性。

沃尔夫承认,30多年来中国的经济增长表现非同凡响,增速甚至高于比中国更早"腾飞"的一些东亚国家和地区,如日本、韩国等。美国一直是中国等后发国家增长的参照系,而目前中国以购买力平价折算的人均GDP与美国的比例差距,相当于1980年代中期韩国与美国的差距。中国照这样发展下去,再需要30年,就能达到目前韩国与美国相比的繁荣程度。而且到那时中国经济规模将比北美和欧洲加起来还要庞大,这将是非常耀眼的成绩。

但是,中国要完成追赶西方的漫长旅程,需要克服五个障碍。

首先,非常态的高速发展总是存在重新归于平庸的趋势,这个现象比长期高速增长更为常见。沃尔夫举例说,在1971年,经济学家曾对日本、中国台湾、墨西哥和巴西四个经济体寄予厚望,但后两个经济体最终令人失望地停滞了下来。中国需要提防类似的命运。

其次,沃尔夫认为,因为中国经济规模非常庞大,所以如果要实现"成为高收入国家"的目标(即人均GDP数值达到同期美国的3/4左右),中国经济规模在未来20~30年里应该增长至目前的5倍左右,而这个任务很艰巨。而且,中国将对世界环境和经济承载能力造成严峻压力,这需要中国在大幅提高能源利用效率,尤其是在碳排放方面。中国的高速增长还会冲击全球货币和金融体系,以及国际机构和国际关系。

第三个障碍是中国的政治改革。根据世界银行的排名,中国目前在政府负责性、有效性、监管质量、法治水平和腐败防控等方面的排名,距离作为一个如此重要的国家而受到的期待尚有一定的距离。如果中国希望变成发达国家,必须在这些指标上有明显提升。

第四个问题是中国已经到达"刘易斯拐点"。21世纪以来,中国实际工资快速上升。2012年以来,中国潜在实际增长率已经下降到7%甚至更低。要适应经济增速放缓同时劳动力成本变高的新现实,对中国而言绝非易事。沃尔夫打比方说,当自行车的速度减慢时,骑起来会变得更困难。

第五个也是最迫在眉睫的障碍是经济结构的不平衡:中国的增长过度依赖投资;国内债务迅速积累,这种增长速度是不可持续的;国内储蓄(不限于家庭储蓄)过高,无法在国内得到有效利用。这些不平衡性造成了两个困难:既难以继续维持高增长,也无法平稳地让增长慢下来。

接着,作为重点,沃尔夫详细阐述了最后一个挑战。具体的问题是,中国的投资率高于其他高速增长国家,而中国的需求也依赖于投资。中国近年来全要素生产率下降,与这种高投资增长模式有一定的关系。而中国的增量资本产出率(ICOR)已经从20世纪90年代末的3.5上升到7,这意味着投资对经济增长的边际贡献已下降了一半。中国的资本产出率甚至已经高于除日本之外的所有G7成员国。总而言之,中国对投资的依赖的确有些过度了。在这种情况下,中国过剩产能越来越多,效率越来越低下,这会损害未来的发展势头和需求增长潜力。

与此相关的另一个问题是负债率上升,尤其是企业债务占GDP的比例在过去8年里几乎翻了一倍。中国债务占GDP的比例已经达到甚至超过美国的水平,如果继续这样下去,中国负债程度就会达到历史上各国前所未有的水平,而这显然是不可持续的。

更严重的问题是,调整这种依赖高投资的状态隐藏着巨大的风险。沃尔夫计算说,如果中国的资本产出率只是保持在当前水平上,而经济增长率是6%的话,投资占GDP的比例就应该降低10个百分点,到达35%,即20世纪90年代大部分时间的水平,而这按国际标准仍然是较高的。但如果这个过程快速发生,需求比重也将下降10%,中国可能陷入经济衰退。但如果不发生这种情况,中国的债务将继续爆炸性积累,资源继续浪费。显然这构成了当前中国面临的两难。

沃尔夫推论说,在此情况下,关键显然在于掌控调整的节奏,让其逐渐发生,但又不至于过慢。这意味着,在较长时间里,中国要让投资增速慢于GDP增速,而让消费增速快于GDP增速。但在目前,中国家庭可支配收入只占GDP的60%,中国家庭将收入的约1/3用于储蓄。要让家庭消费增速快于GDP增速,充分而必要的条件是,或者家庭可支配收入占GDP的比例上升,或者家庭储蓄率下降。但在目前经济前景充满不确定性的情况下,后一种情况很难发生。而如果是前一种情况的话,就意味着要让企业利润更多转化为家庭收入,这将挤压企业利润,从而影响企业投资能力。为了维持企业投资,政府应该加快信贷创造。信贷增长过快会不会引发金融危机,沃尔夫表示,中国目前不用担心这个,因为政府偿债能力良好,同时控制着银行。

但增加信贷也可能是一柄"双刃剑"。因为在繁荣时期加杠杆,贷款人将获得高于其预期的收益,但如果经济增长放慢,贷款人和借款人的收益都将低于他们的预期,从而会减少承担风险的活动,而这意味着,就算是不发生大规模的破产潮,经济活动也会陷入普遍低迷状态。而信贷扩张持续的时间越长,这些资产负债表效应就将越大,但传统的经济学又对这些资产负债表效应关注不够。

总之,中国决策者一方面为了避免在未来发生硬着陆,目前希望债务规模不要继续积累;另一方面,为了在眼前避免一场衰退,又得推动债务的短期积累。简言之,中国目前的增长路径是不可持续的,但要转向某种更依赖消费的路径,短期内也可能带来很多不良影响。这种情况的延续最终到底会造成什么结果,沃尔夫也没有答案。

在沃尔夫演讲结束后,余永定进行了回应。他首先明言,相对于沃尔夫的看法,他要更乐观一些。沃尔夫提出的中国经济长期增长的五个障碍都是切实存在的,不过,目前中国已经不再刻意拿美国作为追赶目标,而是一心一意关注于自身的发展,这样就可以避免一些不必要的追赶焦虑。

同时,余永定说,在我们谈论未来时,必须非常谦虚,因为世界充满了不确定性。他举1972年"罗马俱乐部"关于"增长的极限"的报告为例——后来的事实证明"罗马俱乐部"对资源枯竭的担忧太悲观了。余永定认为,我们还是要相信技术进步,可能改变整个经济发展面貌。总体上沃尔夫提出的问题中国应该重视,但也要给自己留点余地和信心。他认为,总结中国已经取得的成绩,有几点经验很重要:一是要坚持开放和改革;二是要思想解放;三是要维持政治稳定;四是要维护世界和平的局面,不要陷入对外战争。

具体到当前的经济调整困难上,余永定赞同地说,中国过去的增长方式确实存在着很大毛病,尤其是过于依赖投资和出口。他具体回应了沃尔夫的分析。他认为,沃尔夫的分析基础是"哈罗德·多马模型",经济增长速度等于投资率除以资本产出率。中国现在的资本产出率是3.5左右,而且在不断增加,再过几年,有可能会达到5。沃尔夫对资本产出率将会上升的预计是正确的。

余永定同样认为,由于中国依赖投资,所以资本产出率越来越高,资本的使用效率越来越低。长期以来,为了保持较高的经济增长速度,中国必须维持较高的投资率,但更高的投资率使得资本的使用效率下降,所以资本产出率进一步提升,这就形成一个恶性循环。现在中国不能再走这条路了。但调整也很困难,快不得也慢不得。慢了问题越来越严重,快了经济增长会急剧下降。这与沃尔夫的观点基本相同。

目前中国投资占GDP 50%左右,消费率也占到50%左右,经常项目顺差占GDP的比例稍大于0,储蓄率是50%以上。沃尔夫在演讲中认为,理想的状态是消费率应该是65%,其中包括15%的公共消费,投资率应该是35%,经常项目顺差占GDP的比例大概是0,储蓄率35%。余永定认为这样的格局将会很合理。

沃尔夫在他的分析中假设中国资本产出率是5,所以,当投资率是35%时,经济增长大致能够保持7%。余永定认为这个假设太乐观了一些。因为,如果中国投资率只有35%,是无法保持7%的增长速度的。现实情况也是这样,现在中国的投资率是47%左右,但经济增长速度不到7%。余永定强调,沃尔夫在演讲里假设资本产出率是常数,其实资本产出率在中国不是一个常数,而是逐渐增加的,效率越来越低。由于资本产出率不断增加,所以增量资本产出率非常高,达7左右。这就造成了49%左右的投资率只有7%的经济增长速度,这是一个大麻烦。

余永定提出,沃尔夫在谈论投资率的时候,使用的是资本形成除以GDP。但在中国,人们谈论投资增长速度的时候,用的是固定资产投资,在谈论投资率的时候,用的是资本形成,这两个是不同的概念。这个统计问题造成了一个矛盾:按道理固定资产投资和资本形成量大概是一样的,即使有差异,可以解释,但现在中国的这个差异变得极为巨大,已经不可解释了。

"所以,你问我中国的投资率是多少,我诚实的回答是我不知道,中国投资增长速度是多少,我诚实的回答,也是不知道。"余永定说。

但最终余永定还是表达了乐观的期待:"根据过去的历史和逻辑,只要中国政府能够集思广益,能够听取大众的意见,只要经济学家和广大民众充分讨论,那么在大家的智慧的基础上,制定合理的政策,那么中国还可以继续克服现在的困难,涉险过关。"

思考题:
1. 中国应该如何破除沃尔夫提出的经济增长的五个障碍?
2. 2000年以来,中国经济增长对投资的依赖主要表现在哪些方面?
3. 依赖投资的中国经济增长未来存在哪些风险?
4. 2009年中央政府4万亿元投资计划给中国经济带来了哪些利好和风险?
5. 你对未来中国经济的持续增长是否乐观?说明理由。

附录 5

综合案例：林毅夫：李约瑟之谜和中国的复兴

一、为什么中国在 1978 年之后蓬勃发展

如何复兴中国,这是近代中国知识精英孜孜以求的一个问题。自鸦片战争之后,中国知识分子尝试各种方法包括洋务运动引进技术来增强军事实力,通过革命推翻帝制,开启民主科学的新文化运动和社会主义建国。但是,直到 1978 年的改革开放之前,中国还是一个贫穷落后的国家。为什么从 1978 年起,中国能如此迅速地发展?在过去连续 38 年,中国保持 9.6% 的年均 GDP 增长率,贸易增长率更是达到 14.8%。以这么高的速度、持续这么长时间的增长,堪称人类经济史上未曾有过的奇迹。

在上述的高速增长之后,2009 年,中国超过日本,成为世界第二大经济体。2010 年,中国超过德国,成为世界最大的出口国家,获得了"世界工厂"的称号。而在工业革命之后,英国成为世界工厂。随后轮到美国、德国和日本。现在中国获得了这个称号。2013 年,中国超越美国,成为世界第一大贸易国。2014 年,以购买力平价为衡量标准,中国成为世界第一大经济体。为什么过去的 40 年发生了天翻地覆的变化?如果李约瑟现在重新思考中国未来前景的相关问题,我们会有新的"李约瑟之谜"。

为何 1978 年之后中国能快速发展,我的答案非常简单。中国在 1978 年之后如此迅速地发展得益于后来者优势。经济发展意味着人均 GDP 与人均收入的持续增长,人均收入的持续增长,有赖于劳动生产率的持续提高。如何做到这一点,从新结构经济学的视角来说,需要现有的产业内不断地技术创新,以及新的更高附加值的产业不断涌现,可以将劳动力和各种资源从附加值低的产业重新配置到附加值高的产业。只有在工业革命之后,快速的技术创新和产业升级才成为可能。

对于先进的高收入国家,自从工业革命之后,他们的技术与产业已经位于世界前沿。技术创新对发达国家来说意味着什么,意味着技术发明。产业升级意味着什么,同样也是发明新产业。发明需要大量的资本投入,并面临极大风险。实证经验表明,19 世纪中叶之后,包括英国、西欧、北美在内的高收入国家的年平均 GDP 增长率约为 3%。

对想要提高收入的发展中国家来说,也需要提升劳动生产率。发展中国家既可以发明新产业新技术,也可以从高收入国家借鉴比自己现在用的技术好的成熟技术,进入比自己现在的产业附加值高的成熟产业。这种技术和产业借鉴大大降低了技术创新和产业升级的成本与风险。如果发展中国家能充分利用这些优势,它们会比发达国家发展得更快。

第二次世界大战之后,全球共有 13 个经济体懂得利用与发达国家的技术与产业的差距所给予的后来者优势,实现了年均 7% 或更高、持续 25 年或更长时间的经济发展。中国在 1978 年之后,成为这 13 个经济体中的一员。所以,基于对工业革命的理解,第一个问题的回答非常简单。发展中国家与高收入国家之间的收入差距意味着技术和产业的差距。如果一个发展中经济体能够充分利用这个差距所给予的在技术创新和产业

升级上的后来者优势,那他们就能迅速发展。

二、为何在1978年之前发展缓慢

在1978年之前,后来者优势已经存在百年之久。自从英国工业革命之后,这种差距就一直存在并逐渐增大。在18世纪初,中国经济仍占世界GDP总量的1/3。而到1949年,这个比例跌至4.2%,意味着中国与发达国家的差距增大,到1978年时也只有4.9%。后来者优势应该一直存在,但为什么中国在1978年之前没能从中获利,我的答案也很简单,那是因为中国主动放弃了这种优势。

自从中国在鸦片战争中战败,中华民族的伟大复兴已经成为中国的主旋律。1949年,随着中华人民共和国的成立,中国取得政治独立。当时的民族抱负是尽快追赶发达国家。中国政府当时的策略是"十年超英,十五年赶美"。这种发展导向意味着中国想要立即建设和英国、美国当时拥有的先进的资本密集型大产业。但是,这些先进的产业都有专利保护,想要引进必须得付出高额的专利费。实际上,因为那些产业与国防安全有关,即使想支付专利费,发达国家也不会给。所以中国想要发展这样的产业,就必须自己发明,因而,放弃了后来者优势。

当时的中国是一个贫穷的、资本极端短缺的农业国家,在资本密集型产业上没有比较优势。资本密集产业最重要的成本是资本的成本,在资本短缺的中国投资成本会比资本丰富的发达国家高出很多,这些产业内的企业在开放竞争的市场中缺乏自生能力。因此,在发展中国家无法靠市场的力量自发发展起来,政府需要直接动员资源、配置资源,并且靠对市场的干预和扭曲给予各种保护补贴才能把这样的产业建立起来。然而,政府对市场的干预扭曲必然导致各种资源的错误配置,所以,这种发展方式即使使得中国能够在20世纪60年代试爆原子弹、70年代发射人造卫星,中国整体的发展效率很低,1949—1978年,中国经济占世界总量的百分比仅仅从4.2%增长至4.9%。

1978年,中国改变了发展策略,开始发展符合比较优势的劳动密集型产业,并在政府的因势利导下形成了竞争优势,占领了国内国际市场,积累了资本,比较优势发生变化,在产业和技术升级中利用了后来者优势,因此,经济才迅速发展起来。

思考题:
1. 什么是后来者优势?
2. 为什么1978年之后中国经济取得了蓬勃发展?
3. 为什么1978年之前中国经济发展缓慢?
4. 请预测中国未来的经济发展。

参 考 文 献

[1] 高鸿业.西方经济学(宏观部分)[M].6版.北京:中国人民大学出版社,2014.
[2] 杰弗里·萨克斯,费利普·萨克斯.全球视角的宏观经济学[M].上海:上海人民出版社,2004.
[3] 约翰·梅纳德·凯恩斯.就业、利息和货币通论[M].宋韵声,译.北京:华夏出版社,2005.
[4] 约翰·B·泰勒.宏观经济学[M].李淑玲,等,译.北京:北京大学出版社,2006.
[5] 厉以宁.宏观经济学的产生和发展[M].长沙:湖南人民出版社,1997.
[6] 曼昆.经济学原理:宏观经济学分册[M].6版.梁小民,梁砾,译.北京:北京大学出版社,2014.
[7] 王持位.宏观经济运行分析[M].北京:首都经济贸易大学出版社,2001.
[8] 许宪春.中国国民经济核算体系改革与发展[M].北京:经济科学出版社,1997.
[9] 许宪春.中国国民经济核算与宏观经济问题研究[M].北京:中国统计出版社,2003.
[10] 斯蒂格利茨.《经济学》小品和案例[M].王尔山,等,译.北京:中国人民大学出版社,1998.
[11] 曹家和.宏观经济学[M].北京:清华大学出版社,北京交通大学出版社,2006.
[12] 叶航.宏观经济学教程[M].杭州:浙江大学出版社,2005.
[13] 陈荣耀,方胜春,吉余峰.宏观经济学[M].上海:东华大学出版社,2003.
[14] 张远超,孟祥仲.宏观经济学[M].3版.北京:经济科学出版社,2010.
[15] 李致平.现代宏观经济学[M].3版.合肥:中国科学技术大学出版社,2014.
[16] 王胜.新开放经济宏观经济学理论研究[M].武汉:武汉大学出版社,2006.
[17] 石良平.宏观经济学[M].2版.北京:高等教育出版社,2004.
[18] 黄亚钧.宏观经济学[M].3版.北京:高等教育出版社,2009.
[19] 叶德磊.宏观经济学[M].3版.北京:高等教育出版社,2014.
[20] 孙斌艺.现代经济学(宏观经济学部分)[M].上海:立信会计出版社,2005.
[21] 袁志刚.宏观经济学[M].2版.北京:高等教育出版社,2015.
[22] 姜波克,等.开放条件下的宏观金融稳定与安全[M].上海:复旦大学出版社,2005.
[23] 姜波克,等.开放经济下的政策搭配[M].上海:复旦大学出版社,1999.
[24] 尹伯成.宏观经济学简明教程[M].上海:上海人民出版社,2014.
[25] 陈学彬.金融理论与政策:宏观经济分析视角[M].上海:复旦大学出版社,2012.
[26] 苏桔芳.中国通货膨胀不确定性研究[M].社会科学文献出版社,2010.
[27] 索洛,等.通货膨胀、失业与货币政策[M].张晓晶,李永军,译.北京:中国人民大学出版社,2004.
[28] 伯南克,等.通货膨胀目标制国际经验[M].孙刚,等.大连:东北财经大学出版社,2006.
[29] 刘元春,等.中国通货膨胀成因的研究[M].中国经济问题丛书·宏观经济研究系列.北京.中国人民大学出版社,2008.
[30] 姜波克.国际金融新编[M].5版.上海:复旦大学出版社,2012.
[31] 弗里德曼.资本主义与自由[M].张瑞玉,译.北京:商务印书馆,2004.
[32] 哈里·兰德雷斯,大卫·C·柯南德尔.经济思想史[M].周文,译.北京:人民邮电出版社,2014.
[33] 布赖恩·斯诺登,等.现代宏观经济学指南——个思想流派研究引论[M].苏剑,等,译.北京:商

务印书馆,1998.

[34] 曼昆.经济学原理:宏观分册[M].7版.梁小民,梁砾,译.北京:北京大学出版社,2015.

[35] 周小川.关于储蓄率问题的思考[EB/OL].搜狐财经,2009-03-24[2017-06-17].http://business.sohu.com/20090324/n262983139.shtml.

[36] 朱天,张军.中国投资率高估之谜[EB/OL].观察网,2014-08-6[2017-06-17].http://www.guancha.cn/ZhuTian/2014_08_06_253860.shtml.

[37] 陈兴杰.GDP总量仅相当于广东省 俄罗斯经济已难翻身？[EB/OL].搜狐财经,2016-04-22[2017-06-17]http://business.sohu.com/20160422/n445485430.shtml.

[38] 陆铭.开发区建不好,只会浪费土地[EB/OL].澎湃新闻网,2017-07-19[2017-10-01].http://www.thepaper.cn/newsDetail_forward_1735881.

[39] 黄金萍.换手机才是低频消费,出境游已经是中频消费![EB/OL].南方周末,2017-06-19[2017-10-2].http://www.infzm.com/content/125373.

[40] 百科.经济百科.普通经济学.凯恩斯[EB/OL].价值中国网,2009-03-17[2018-03-07].http://www.chinavalue.net/Wiki/%E5%87%AF%E6%81%A9%E6%96%AF.aspx.

[41] 王吉鹏.国产大飞机的乘数效应[EB/OL].中国机床商务网,2017-07-01[2018-03-07].http://www.jc35.com/ne/ws/detail/65258.html.

[42] 伍戈,谢洁玉.凯恩斯主义的现实边界[EB/OL].FT中文网,2016-06-14[2018-03-07].http://www.ftchinese.com/story/001067971.

[43] 金奇.中国企业借新债偿旧债[EB/OL].FT中文网,2016-05-12[2018-03-07].http://www.ftchinese.com/story/001067502#adchannelID=1300.

[44] 周浩.中国经济是否会出现流动性陷阱[EB/OL].FT中文网,2016-08-11[2018-03-07].http://www.ftchinese.com/story/001068853?full=y.

[45] 曼昆.经济学原理:宏观经济学分册[M].6版.梁小民,梁砾,译.北京:北京大学出版社,2012.

[46] 曼昆.经济学原理:宏观经济学分册[M].5版.梁小民,梁砾,译.北京:北京大学出版社,2011.

[47] 佚名.4万亿投资一项大规模的财政刺激方案[EB/OL].腾讯财经,2008-12-03[2018-03-07].https://finance.qq.com/a/20081203/000017.htm.

[48] 佚名.美国陷入自身的"石油诅咒",石油危机演变成经济衰退[EB/OL].凤凰财经,2016-10-20[2018-03-07].http://finance.ifeng.com/a/20161020/14950019_0.shtml.

[49] 张军,不为公众所知的改革:一位经济学家的改革记述[M].,北京:中信出版社,2009.

[50] 朱为群,上海财经大学公共经济与管理学院教授,后营改增时代:应重塑中央与地方财政关系[EB/OL].北京,FT中文网,2016-05-25[2017-12-01].http://www.ftchinese.com/story/001067699?page=2.

[51] 刘建东.城镇登记失业率与调查失业率差异分析[J].中国统计,2016(10):58-59.

[52] 许梦博.罗马、欧洲、中国历史上的通货膨胀[J].人民论坛,2011(2):74-76.

[53] 张准.委内瑞拉恶性通货膨胀的应对及反思[J].河南牧业经济学院学报,2017(4):1-6.

[54] 贺水金.中、德两国恶性通货膨胀之比较研究[J].社会科学,2007(8):46-60.

[55] 陈薇.宏观经济学[M].北京:清华大学出版社,2014.

[56] 岛中雄二.太阳黑子活动如何影响经济周期[EB/OL].新浪网,2015-09-16[2017-09-21].http://blog.sina.com.cn/s/blog_ab1916190102vrbe.html.

[57] 贺超.IMF首席经济学家.中国对全球经济增长贡献巨大[EB/OL].环球网,2017-10-12[2017-12-15].http://finance.huanqiu.com/chanjing/2017-10/11321893.html?ad=1.

[58] 沈建光.从十个指标看中国经济周期[EB/OL].华尔街见闻网,2017-03-03[2017-10-11].

https://wallstreetcn.com/articles/293050.

[59] 中国人民银行.人民币正式加入 SDR[EB/OL].2017 人民币国际化报告.中国人民银行网站,2017-10-17[2018-03-10].http://www.pbc.gov.cn/huobizhengceersi/214481/214511/214695/3398597/index.html.

[60] 中国人民银行.如何看待人民币在国际货币体系中的稳定强势地位[EB/OL].2017 年第一季度中国货币政策执行报告.中国人民银行网站,2017-05-12[2018-03-10].http://www.pbc.gov.cn/goutongjiaoliu/113456/113469/3307409/index.html.

[61] 范黎波,施屹舟.理性看待和正确应对"逆全球化"现象[N].光明日报,2017.04.02.

[62] 凤凰财经综合.美联储维持利率不变:宣布 10 月开始缩表有何影响?[EB/OL].凤凰财经网,2017-09-21[2018-03-10].http://finance.ifeng.com/a/20170921/15685913_0.shtml.

[63] 中国商务部.关于中美经贸关系的研究报告,原题:案例五:苹果公司的故事[EB/OL].商务部,2017-05-25[2018-03-10].http://www.mofcom.gov.cn/article/i/dxfw/nbgz/201708/20170802628808.shtml.

[64] 陈勇,中国就业现状调查报告[N].证券时报,2013.07.27.

[65] 马丁·沃尔夫.世界抵达货币政策的极限了吗?[EB/OL].邢嵬,译.FT 中文网,2016-06-02[2018-03-07].http://www.ftchinese.com/story/001067837?full=y.

[66] 陈斌开,陈琳,谭安邦.理解中国消费不足:基于文献的述评[J].世界经济,2014(7).

[67] 刘波整理.中国经济调整的两难困境 2016 年 4 月 5 日[EB/OL].FT 中文网,2016-04-05[2018-03-07].http://www.ftchinese.com/story/001066935?page=rest.

[68] 林毅夫.李约瑟之谜和中国的复兴[EB/OL].爱思想网,2017-12-30[2018-02-17].http://www.aisixiang.com/data/107543.html=rest.